近代宁波海洋渔业史料辑录

何其茂　孙善根 主编

浙江工商大学出版社
ZHEJIANG GONGSHANG UNIVERSITY PRESS
·杭州·

图书在版编目(CIP)数据

近代宁波海洋渔业史料辑录 / 何其茂，孙善根主编.
—杭州：浙江工商大学出版社，2022.8
ISBN 978-7-5178-4956-8

Ⅰ．①近… Ⅱ．①何… ②孙… Ⅲ．①海洋渔业一经
济史一史料一宁波一近代 Ⅳ．①F326.475.53

中国版本图书馆 CIP 数据核字(2022)第 083181 号

近代宁波海洋渔业史料辑录
JINDAI NINGBO HAIYANG YUYE SHILIAO JILU
何其茂　孙善根 主编

责任编辑	童红霞
责任校对	夏湘娣
封面设计	童宏宇
责任印制	包建辉
出版发行	浙江工商大学出版社
	（杭州市教工路 198 号　邮政编码 310012）
	（e-mail：zjgsupress@163.com）
	（网址：http://www.zjgsupress.com）
	电话：0571－88904980，88831806（传真）
排　版	杭州朝曦图文设计有限公司
印　刷	杭州高腾印务有限公司
开　本	710mm×1000mm　1/16
印　张	25
字　数	383 千
版 印 次	2022 年 8 月第 1 版　2022 年 8 月第 1 次印刷
书　号	ISBN 978-7-5178-4956-8
定　价	78.00 元

序

　　浙江为海洋大省,其中海洋渔场面积为 22.3 万平方公里,约为全省陆域面积 10.55 万平方公里的 2 倍,大小海岛 3061 个,居全国之首。浙江素有"鱼米之乡"之称,兼得山海之利,海洋是浙江最重要的自然资源之一,深刻地影响了浙江人的生产与生活方式乃至社会文化。浙江海洋渔业历史悠久,从井头山、河姆渡、塔山等遗址出土的贝铲、贝丘、木桨以及大量鱼纹陶器来看,早在 6000—8000 年前,就已有先民从事海洋渔业。

　　向东是大海,浙东宁波,濒临东海,近靠中国最大的渔场——舟山渔场,是一个名副其实的海洋资源大市和渔业大市。长期以来特别是清末以后,宁波得天独厚的渔业自然资源,先民们的奋力开拓以及在历代辛勤劳作中积累的丰富渔事经验,不断推动着宁波海洋渔业的发展与进步,使其在中国海洋渔业史上占有重要的地位。

　　宁波渔文化促进会组织力量编纂《近代宁波海洋渔业史料辑录》一书,显然是一件很有意义的事。全书 27 余万字,资料翔实,内容丰富,在相当程度上反映了近代宁波海洋渔业的历史变迁及其深刻内容。本书由六大部分组成,一是"综合编",主要是关于近代宁波及其属地渔业的综合性报道与记载,包括相关渔业资源与渔业调查等,使读者对其有一个大致的了解。二是"政策与言论编",讲述的是历届政府的渔业政策与报刊中有关渔业的言论等。三是"生产与销售编",主要以渔业捕捞与市场销售的报道与记载为主。四是"团体与组织编",主要是有关渔业团体与组织活动(如渔业公所、渔会、渔业合作社等)的报道与记载。五是"社会与治理编",主要是有关渔民与渔区社会事业、社会问题及其治理等的报道与记载。六是"困境与应对编",详细辑录了有关渔业遭遇的各类问题与挑战及其应对措施等方面的报道与记载。

文献资料是开展相关研究的基础与前提,本书就为研究近代宁波海洋渔业历史提供了大量第一手资料,其中,以"省立水产模范工厂""浙江外海渔业总局""渔获物的购买"及渔区调查资料等尤为详尽,甚为珍贵;本书也为《浙江通志·渔业志》提供了许多鲜活而有价值的文献史料。对此我们表示祝贺,也表示感谢。

以史为鉴,开创未来。希望通过《近代宁波海洋渔业史料辑录》一书,吸引更多对海洋渔业历史感兴趣的同道中人进一步了解宁波海洋,了解宁波的海洋渔业历史,传承宁波乃至浙江的地域特色文化,大力宣传与弘扬海洋文化,为浙江海洋大省建设发挥应有的作用。

《浙江通志·渔业志》编辑部总编　余匡军

编 纂 体 例

一、本书主要辑录晚清以来《申报》《时事公报》《四明日报》《宁波民国日报》《上海宁波日报》《浙江省建设月刊》《宁波日报》等甬、沪、杭等地报刊有关近代宁波海洋渔业的报道与记载,从中展示晚清以来宁波一地海洋渔业丰富多元的历史面相与曲折艰难的变迁历程。

二、本书所指的近代宁波地域范围,为旧宁波府所属的鄞县、镇海、奉化、慈溪、象山、定海六县。近代的时间概念与当下学术界相一致,即起于清末,止于中华人民共和国成立。

三、为便于检阅,本书将所辑内容分为综合编(关于近代宁波及其属地渔业的综合性报道与记载,包括相关渔业资源与渔业调查等)、政策与言论编(历届政府的渔业政策与报刊中有关渔业的言论等)、生产与销售编(其间有关渔业捕捞与市场销售的报道与记载,包括渔业生产技术与辅助技术、鱼市场、海产品等)、团体与组织编(有关渔业团体与组织活动的报道与记载,包括渔业公所、渔会与渔业合作社以及宁波旅外渔业团体,如上海冰鲜业敦和公所等)、社会与治理编(有关渔民与渔区社会事业、社会问题及其治理等的报道与记载)、困境与应对编(其间有关渔业遭遇的各类问题与挑战及其应对措施的报道)六大部分。

四、全书编排按内容分类后以时间(除 1910 年《四明日报》以农历纪年外,其余均以公元纪年)为序,每一则史料的编排顺序为标题、正文、材料来源、报刊中出现的时间。

五、为保持历史文献的原始性、真实性,对原文不符合现代汉语语法以及前后不一致(同音字混用)之处基本不作更改,如"渔业"有时为"鱼业","周千麟"

有时为"周千淋"或"周千琳"等,请读者明辨;其中明显的错别字则加以改正。

六、对原地名按现地名进行注释。

七、对原文中的繁异字,一般以现行简化字处理,有些古体字,则保留原字。

八、对原文中因字迹模糊或印刷原因而辨别不清的字,用"□"表示,X 符号为原文所有。

目录

Contents

目 录

一、综合编

甬属渔民总数

宁属各帮渔民向例每年禀报一次,现由渔团局员将三十二年份渔民总数造册报府,计鄞县二十五甲,统共渔民二千四百三十五名;镇海县十五甲,统共渔民一千三百十二名;奉化县八甲,统共渔民六百七十二名;象山县七甲,统共渔民五百六十二名;定海厅二十五甲,统共渔民二千零三十八名;慈溪县无。

(《申报》1908 年 1 月 16 日)

宁台温外海渔业谈

宁、台、温三属外海洋面物产之丰,为全浙冠,自科学进步,水产之利益倍增,各国无不注意于此。日本在十年前,每年水产所获,不过数千万元,近来非常增加,迨至一万万元,渔业船数,约四五十万。吾浙渔业,仍多用旧式船只,故从事远洋渔业者不多。兹将浙江外海近来渔业状况,分道如左,深望从事渔业者,多设船轮,增加出品,勿弃大利于水中也。

一、渔船种类。浙江渔船,名目繁多,曰钓渔船、拉渔船、挑捕船、溜网船、涨网船、对渔船,渔船之名异职异,要皆捕鱼则同也。二、冰船只数。鱼之为物,易生臭腐,故必须鲜冰覆盖,始无朽坏之患,吾浙外海此项船只,共计有五六百艘之多,而不事捕取,专载冰至海中,将各渔船所捕得之鱼,转运至岸销售,盖备冰以防鱼烂也。三、各种鱼名。海外所捕之鱼,有黄鱼、鲞鱼、鲵鱼、带鱼、板鱼、比目、铜盆、赤色虎鱼、鳗鱼、鲨鱼等,每年在上海之销数,计值五六百万云。四、所产鱼数。浙省宁波温台等处,各捕户每年所捕之鱼,约值一千五六百万元左右,自然之利,不可谓不厚矣。五、渔业公司。(甲)浙江渔业公司,创办十九年,设上海南市如意里,经理陈荫庭。(乙)浙海渔业公司,创设七年,设浙江镇海,经理陈子常。六、现在渔轮。浙江渔业公司有福海轮一艘,此轮系德国制造,每年捕取海产,值二十万数千元;浙海公司,有富浙、裕浙二艘,每年捕取海产,值三十万数千元。查是项渔轮,既可增加海产出品,并可在外海保护渔船,巡缉海盗,救护风险,而其效用不可谓不大也。七、捕取时期。渔轮每年白露节起,至下年立夏节止,计八个月,捕取旧式渔船,每多在立夏节后白露节前捕取,盖大寒鱼多在水底,故非渔轮不克。立夏后鱼多浮水面,旧式渔船,皆能竞捕。八、水产学校。浙江在台州有水产学校一所,成绩均极普通,学生亦不见发达,毕业已有数次,乃因渔业机关鲜少,是项人员,仍赋闲家乡,无事可为,今岁夏前教育厅长遴选二员,派往日本练习云。

(《时事公报》1922 年 12 月 18 日)

宁波渔业概述

陈训正

渔区:天生利薮,无界限可言,惟渔船出入捕鱼,其路线所经里数,犹可迹求。自镇海关起计东□国界与日本海线相距约一百九十六海里,南至象山南田,与台州海线相距约五十八海里,西至乍浦洋面,约四十四海里,北至马鞍群岛,约六十二海岛,综计渔区方里二万八千八百海里。

渔船驻泊地与各洋面之路线里距表

驻泊地	爵溪	石浦	东沙角	长涂	中街山	胸山	马迹山	陈钱山	沈家门
时期	春汛	春冬汛	春汛	春汛	春夏汛	春汛	春秋汛	春秋夏汛	冬汛
各洋面	大木洋①	九海里	十八海里						四十五海里

① 大木洋:大目洋。

续　表

驻泊地	爵溪	石浦	东沙角	长涂	中街山	胸山	马迹山	陈钱山	沈家门
时期	春汛	春冬汛	春汛	春汛	春夏汛	春汛	春秋汛	春秋夏汛	冬汛
各洋面 黄大洋				八海里	八海里				十八海里
浪冈①					二十一海里			二十海里	
胸港②			二十四海里	十二海里		八海里	二十八海里		
黄泽港						二十海里			四十二海里
黄龙港								十六海里	五十二海里
羊山③			十八海里			二十二海里	二十六海里		
大戡洋			三十四海里			二十海里	十六海里		
吕泗洋								三百七十海里	

渔汛:约分四汛,第一汛一月至四月,为将旺未旺时期。第二汛五六两月,为最旺时期。第三汛七八两月,为最衰时间。第四汛九月至十二月,为次旺时间。

渔船数出入及产销地一览表

船之名称	渔帮及商船	出洋	回洋	鱼品	产地	销地
墨鱼船	鄞县定桥陶公山帮约千号以上,定海帮约五六百号	立夏前后	小暑后	墨鱼、蟟蛸、墨枣	尽山④、黄龙四礁⑤、青滨、黄胜⑥、小班庙子沽⑦、花鸟⑧、洛华	墨鱼、墨枣由中路钓船进甬销售;蟟蛸由闽商销售者多,进甬者少

---

① 浪冈:浪岗。

② 胸港:岱衢。

③ 羊山:洋山。

④ 尽山:嵊山。

⑤ 四礁:泗礁。

⑥ 黄胜:黄兴。

⑦ 庙子沽:庙子湖。

⑧ 花鸟:花鸟岛。

续 表

船之名称	渔帮及商船	出洋	回洋	鱼品	产地	销地
涨网船,又名打桩船,小者曰抛钉	镇北帮约三百号,定海帮约四百号	清明前后或秋冬涨网	夏至后	大小黄鱼、墨鱼、鳗、虎鱼、鲳鱼、小带鱼、杂鱼、虾蟹,本帮秋捕海蜇,冬捕杂鱼	南至白沙、胡芦、月呙、虾岐①等处,北至胸岱②、大小羊③、黄龙、四礁、尽山等处	鲜者随时由冰鲜船运甬,其他在岛中晒鲞后由中路船运甬销售
大箔④船	象帮约二百余号,宁帮约五六百号,定海帮约三百号	清明节,或霜降前仍出洋	立秋,其霜降前出者回洋迟早不定	同涨网船	南至奉象洋面,北至胸岱、大小羊、尽山等洋面	同上
溜网船,□爵溪者名独溜	蟹浦⑤帮约五百号,定海帮约六百号,爵溪未详	清明前居多	随时进出,无一定时期	鲫鱼、鲵鱼、鲨鱼、箬鳎、铜盆鱼、虾蟹	南至温州洋面,东至琉球洋面,北至大小羊、马鞍群岛洋面	由本船自备冰盐或进乍浦或甬江销售
高钓船	奉化大溪堰帮约百余号	清明,或白霜后仍出洋	大暑,白露后出者至冬至回洋	鲨鱼、虎鱼、鳗	南至象山,北至大小羊、尽山等洋面	鲨鱼售与闽商,鱼翅运甬销售,余晒鲞运甬
淡菜船,其船常年在海山	鄞东南乡约千余人,进出俱乘中路钓船	夏至后	霜降后,亦有长年不回并采取紫菜	淡菜大者曰贡干,小者曰干肉,咸者曰卤菜	同墨鱼	由中路船装运进甬或至沪
海艳船	即采淡菜者	小暑后	秋分后		同上	同上
元蟹船,其船长年在沙	镇海新碶头帮约六十余号	大暑	过年回洋	蟛圆蟹,由本船备盐自腌	崇明、奉贤、南汇等沙	亦有自运进甬者
小对船	鄞东钱湖帮约一百余号,定海帮多寡不定	立秋	秋分后	大黄鱼、桂花黄鱼、杂鱼	马迹、大小羊、胸港等处,不往南洋	由冰鲜船售运甬或进沪不定

① 虾岐:虾峙。

② 胸岱:岱衢。

③ 大小羊:大小洋山。

④ 大箔:大薄。

⑤ 蟹浦:澥浦。

续　表

船之名称	渔帮及商船	出洋	回洋	鱼品	产地	销地
大对船	东湖帮约三百号,定海帮约四百对	霜降	谷雨后	带鱼、小黄鱼、墨鱼、鳗、杂鱼	霜降时在尽山洋面,冬至后至胸岱及沈家门等处	由冰鲜船转运至甬或乍浦、杭州、上海、长江等处销售
扗海船,又称闽渔船	闽帮约五六百号	同上	同上	带鱼	沈家门	由咸鲜船转运甬、沪或杭州、长江等处

渔之岁息

案每年渔船放洋,大船约二千号,中船约一千号,小船约一千六百号,共计大中小渔船四千六百余号,每号船丰收时,可捕鱼数万斤至数十万斤不等,歉收时则数百斤至数千斤不等,平均以八千斤计之,约可得鱼三千六百万斤。查各船所得鱼以黄鱼为最多,鳓鱼、墨鱼、鲨鱼、带鱼次之,鲍鱼、虎鱼、鳗鳎、鲳鱼、青鲗、马鲛等又次之,通常价每斤自五分至四角不等,以平均一角计之,岁收亦在三百六十万元以上。

附国外海产输入概况

东洋蚶产日本神户,输入中国已二十余年,其蚶大而且腥,清光绪间每担价只七角五分,渐增至一元三角,系在神户交易,近年则移在上海交易,每担价约三元许,每年入口约一万二三千担,共额在四万元以上。又花旗青鳝,俗称"东洋鱼"[①],其实北美产,每年输入约十万箱,每箱三百斤,价十五元,共额一百五十万元。又"海艳"[②]由日本输入,每年约一千箱,每箱价十八元,共额一万八千元。案以上三种皆足夺浙海之渔利,而青鳝之输入尤多,实青鳝在定海归杂鱼一类,无专捕之者,所产亦不旺,此缘青鳝多在深水中,非旧法捕捞所能多获,不得谓浙海少是产也。

---

① 东洋鱼:学名"澳洲鲭",俗称"青占鱼"。
② 海艳:海蜒。

渔具及捕法

案寻常捕鱼用物,如叉如簖,适用于内港渔船者多,外海只近岸滩涂,间有设簖于浅水处,关鱼入内,俟潮退而捕之者;又则绝无用处,其常用之具,惟"钩""网"两种而已。钩之用,分"勒钩""揪钩"二种,"勒钩"每船用长绳一为总网,短绳较细者千余支,系于总网上,每支距离三尺许,其端施钩,又于支节间施浮子,俾随潮涨落,一鱼着钩,牵动他钩,亦随而附集,令不得脱逃,此捕大鱼之诀也。"揪钩"每船备钩线五十篮,每篮配钩八十枚,放钩时,先用大碇抛入海底,将船扣定,然后将钩饵依次施放,每间三篮,用小碇扣住总线,又用八斤重之砖系于碇尾,使之压沉海底,五十篮总线连接为一,各总线有无数施钩之短线,以诱鱼吞噬,此又一法也。网之用有四,一曰"溜网",置于船首,随潮而溜,分轻重二法,轻者捕带鱼、鳓鱼,重者捕鲨鱼、鲍鱼及蟹,一曰"涨网",种根海底,迎潮涨网,分固定、流动二法,固定者为打桩船,流动者为跳捕船、抛打船、大箭船、串网船。又有依山拖网,以捕墨鱼,傍岸推网,以捕小杂鱼,此外如扳罾、弸罾,亦皆网类,而因捕法不同,以殊其用,凡此皆船之单独取鱼者也,其合并取鱼者,曰大小□,法用二船,各带网之下网所施长索之一端,网如仰笠,网口周围极大,约十分之七为上网,系浮子浮于水面,十分之三为下网,系石碇沉于水中,两船分向前行约数里,同时收索起下网,至两船相遇,然后再收上网,而鱼乃收入网中矣。

关于发展渔业之计划

(一)省立浙江水产模范工厂。

(二)农商部渔业技术传习所。

(三)浙江外海渔业总局。

以上三机关设立之本意,专为发展渔业,改良渔捞,保护渔民起见,然事经官办,往往有其名而无其实,或因经费未充,不易措手。主从数十人,但问食问俸,绝少成绩可言,或因职权太广,主办未专,苟不得人,反致侵扰,此皆无可讳饰之事实也。

附省立浙江水产模范工厂之略史

民国四年,浙江巡按使提交省议会议决,至五年八月,省委曹文渊为厂长,六年一月开办,择定海县西门外旧大校场营地建设,计地址五十三亩零,四围以河为界,其已造成者,计办公室十二间、工场十六间、锅炉房二间、栈房三间、烘房三间、盐鱼室二十四间、工人宿舍十八间、庖丁二处、门房一间,又六丈高砖结烟囱一支、二丈高蓄水塔一座,四面缭以围墙,墙外有大晒场一方、照墙一堵,加以购置机械器具等类,共计费银圆二万六千元,均由省库拨给,此为临时费。又有临时资本基金,年定三万元,至常年办事之需,月约一千元。惟以上各费,每年多寡不等,先期由省长提交议会议决,照数支拨。内部组织,厂长兼技术员一人,专任技术员二人,助理技术员三人,庶务一人,会计一人,文牍书记一人,营业员五人,监工一人,机匠一人,工头一人,工役五人,工人多寡不等。厂中分六大部,一事务部,二罐储部,三原动力部,四盐干腌藏部,五骨壳部,六化制部。办法先办食用、工用两种,出品亦分六项,一盐干品,二腌藏品,三干制品,四罐储品,五介壳品,六化制品。现时营业情形,以制造盐干鱼鲞为大宗,罐头食物、螺扣等次之,化制物品则无一定,随时试验。又于岱山东沙角,设立分厂,制造盐干鱼鲞等类。本厂除春季添制鱼鲞外,长年以做螺扣及罐头食品为主。此外如沈家门、石浦等处,则视水性洋花之盛旺,临时设立鲜干鱼鲞制造派出所各一所。冬季则租海船一二艘,往来于江浙洋面,收买鱼鲜。每年雇用工人,以春季为最多,约可百余人,冬季次之,秋夏则仅长工四五十人。其销货地点,如罐头食物、螺扣等,以沪甬杭为主,盐干鱼鲞,以沪杭宁绍温为多,螟蜅则由本地销售,亦有运往香港等处者。

附农商部渔业技术传习所之略史

民国七年一月间,由北京农商部派员到定海,暂借学宫内县议会地方为所址,所内设所长一人、技术员二人、事务员三人,以传授捕鱼技术,改良渔具、渔术为宗旨,传习方法,分所内、渔场、渔港三种。所内传习,于每年一月至三月,由所招集渔民,授以渔具制造及各种机械试用方法。渔场传习,于每年四月至七月及十一二两月,由所分派技术员,乘实习船,携带渔具,驶赴渔场,实地练习,渔港传习。于每年九十两月,由所分派技术员,前往渔船聚集之港湾内,实行讲演。传习之渔民,暂以二十人为限,学膳宿费,一概不收。

附浙江外海渔业总局之略史

设在舟山街头,民国九年八月间开办,十二月成立,以整理外海渔业行政,发展渔业为宗旨,由实业厅呈请省长,委任前省议会议员费锡龄为总局局长,又设分局于临海、永嘉二县,其分局长由总局长□任。总局设文牍一人,会计兼庶务一人,调查四人。又组织评议会,延聘评议员十二人,每年开常会一次,遇有紧要事件,得随时召集临时会。其职权分为六项:(一)关于渔业调查事项;(二)关于渔业公所公会等之整顿事项;(三)关于保护渔业事项;(四)关于振兴渔业事项;(五)关于征收渔业船舶牌照费事项;(六)关于渔业范围以内之其他事项。其经费均由省税支出之。

(《四明日报》临时增刊 1923 年 11 月 1 日)

禁止砍伐沿河海岸森林

可蔽烈日　可蔽飓风　远行赖以标准　逢雾赖以认识

象山石浦船业公会会长潘赞卿日前具呈交通部略称,船路生涯,劳苦为最,夏则烈日施威,栖息乏所,秋则飓风陡起,屏蔽无场,或远行而港面生疏,或逢雾而方向迷离,请咨农商部通行各省实业厅转令各县知事分饬各农林机关。凡对于溪河海岸以及礁渚堪供航行目标之所有古木,编作国有林,严禁砍伐,并对于溪河海岸礁渚,注重造林,庶日来则憩息有所,风来则屏蔽有场,远行赖以标准,逢露赖以认识云云。当经该部以所称各节,不无理由,而于保护堤岸,尤有裨益,特咨农商部查照核办见复,至纫公谊等因。旋经农商部查明沿河海岸森林,可供航行目标之用者,依森林法第六条应编为保安林,禁止砍伐,所有溪边河岸,并应广为种植,巩固堤防。该会长所呈,不为无见,准咨前因,即咨行夏省长,转令实业厅,查照饬属照办,以利航业,而重林政矣。

(《时事公报》1925 年 3 月 30 日)

派员调查渔业要项

　　浙东渔业由郭实业厅长拟委员实地调查一节,已志一日本报。兹将该厅指示委员应行调查各事项续志于下。一沿海渔民约有几帮,是否各有公所公会,有无照现行渔会法改设渔会者。一捕捞器具,约分几类,有无照新式改良者。一渔民与渔商是否联络一气,有无受渔商抑勒之处。一渔民当渔汛出海时,是否向各该处渔行钱庄贷款,倘需借贷,每帮约贷若干,利息若何,如筹设渔业银行,设于何处为宜,集股是否容易。一镇海渔商前办之浙海渔业公司,现在情形若何,原有之富浙、裕浙两渔轮,是否依旧存在。一前江浙渔业公司之福海、富海两渔轮,自前年由宁波总商会领去后,是否循旧作捕鱼护洋之用,代渔民报关一事,是否照行,现由何人主持一切。一上海之东海渔业公司,是否日本人所设,其办理情形若何,每年获利若干。一沿海渔民何帮为最盛,每年总收入约共若干。

(《时事公报》1926 年 3 月 3 日)

浙洋渔业之一席话

沈家门来客之口述

　　定海沈家门为渔船聚集处,盖浙洋中渔汛之大,近以定海为最也。昨有客自沈家门来,为言今年渔汛不旺,推原其故,并非海荒,实由某国人侵入领海捕鱼所致。今年自三月黄花渔汛起后,海面即常发见外国渔轮。据奉化桐照帮渔船言,北自乍浦,南迄温州,大洋内外国渔轮甚多,彼等且有用帆船及舢舨,驶入近海者,其捕满一船,即交诸渔轮,故转运甚快。不但此也,彼辈轮输中无论帆船轮船,都备有快枪,轮船上且装有大炮。前日定海杨山地方有张姓渔船被劫,而同时外国帆船数艘驶过,海盗并不敢向前开枪,彼等在洋面上既很稳固,所以内地渔船万分不及。若照此下去,海上渔汛,将年衰一年。而沿海数百万穷黎,衣食之源,逐渐分去,是亦地方之可为杞忧者。记者以事关海权及民生,用述其言,为当道者告。

(《时事公报》1926 年 6 月 12 日)

调查宁属渔业状况之结果

定海渔民为最多　渔业银行即将开办

建厅近为改进鄞、定、镇三县渔业，经派员实地调查，并指导工作，及试办渔业合作社、筹设渔业银行，业已调查完竣，返省呈报。兹将其呈报各项情形，分志如下：

三县之渔业概况：查鄞县、镇海、定海三县渔业，当以定海为最，约有二三万人分散各岛，其主要渔业约为对船、大蒲船、溜网船、涨网船、墨鱼船等。鄞县渔民约有万人，在东钱湖、姜山、咸祥等处，其主要渔业为对船、墨鱼船、大蒲船等三种。镇海渔业人数最少，约仅千人，在蟹浦、贵驷桥、湾塘一带，计分溜网船、涨网船二种，而渔场均在定邑一带洋面，故交易所，多在沈家门、岱山等地。其贩卖方法，须经鱼栈、鱼行介绍，由行贩行栈，赚取佣金，佣金之多少，随地而异，平均约每元八分。又渔民经济，均甚贫苦，能自备资本经营者极少，多半与鱼行、鱼栈结有相当借贷关系，而借款并无利息，惟所获货，须归其贩卖，是以渔民之受损失甚大，此应亟宜筹设银行、合作社，以资救济。又年来海盗横行，蹂躏渔民，影响渔业前途，实匪浅鲜。查各县船只，年有减少，此即吾浙渔业非特未能发展，且有锐减之势，此护洋问题，实属急不容缓。

推行渔业合作社：依据目下情形，一时难望其实现，因年来受海盗之恶影响，而对于经济问题，反在其次，故视合作之组织，亦不甚需要，更以渔民智识，异常幼稚，而所业又行踪无定，于合作组织办理上均较他业为难。着手组织，似属不易，故第一步工作，应先从宣传入手，现已会同各该县拟具进行办法。

渔业银行将开办：定海一县已有刘寄亭、王莼聆二人发起，现拟加入官股四万元，总额五十万元，先缴集十二万五千元，即行开办。兹拟赎买地基为行址，曾呈厅请示。至鄞县、镇海二县，因资金无着，未能单独进行，拟加股与定海合办，总行即设定海，因二县渔业场所亦均在定邑一带，而于鄞镇分设代办处。

（《宁波旅沪同乡会月刊》第 96 期，1931 年 7 月）

定海渔业之现状

盐斤价昂　影响获量　日渔侵略　渔业破产

定海岱山渔盐,向为该县生产之最丰富者,关于全县之经济颇巨,而近年来渔业渐见衰落。查系日本渔船时加侵略所致,然盐产亦为缉私之严厉,故渐歉收,政府虽有救济之声,奈未见实施,记者日前赴定,遍历所属各岛屿,考察渔业概况,略有所记,兹述之如次。

渔帮类别

台帮,其渔船分红头对、白鸭对两种,起捕最早,自南洋顺流而下,至端午而止。奉化帮、东门帮、定海帮,其起捕略迟,至立秋节而止。近日渔汛又届,各帮渔船约计有七千余对,除小部分在衢山洋面网捕、钩捕外,余均在东沙角洋面,或江苏所属洋面。查各帮渔船,各有其固定之区域,决不可任意施捕。盖奉化帮在念母涂,台帮在沙河新道头,东门帮在铁板沙,尚有螺门帮者未详,定海帮在西沙角,温州帮在虾脑①、青滨一带,专捕墨鱼,在海面或沿海各地渔网张挂,触目皆是。

各帮公所

各帮渔船,均有公所,以求保障,奉化帮有双义公所,台帮有临安公所,定海帮有维丰公所,其他未详。每一公所,均有董事为负责人,专司渔民福利事务,遇有要事,同集东沙角办事处,商议讨论各项要务,惟年来时有力不从心之阻碍,只凭鞠躬尽瘁而已。

渔厂破产

岱山昔有渔厂三百余家,因连年亏折,结果只剩百余家,而其中多数犹似开非开者,渔业之破产,已暴露无遗。惟前有中国银行、通商银行,在该岛设立办事处,专向渔业放款,取息尚轻,于渔业颇多利益。能否挽回颓势,尚未可预卜。

---

① 虾脑:花鸟。

而渔民性喜烟赌,虽经行政督察专员之劝告,亦未见减少。盖严厉查禁,必引起极端之反响云。

(《时事公报》1935 年 4 月 17 日)

调查鄞县定海镇海三县渔业状况之报告

戴 渠

自五月七日奉令前往鄞县、定海、镇海等三县渔村及渔市,实地调查,并会同各该县县长,拟具指导组织渔业合作社及筹设渔业银行进行办法,业于六月十日事竣回厅。爰将调查所得及会办经过情形,报告如左(下):

1. 人数及类别

该三县渔业,当以定海为最盛,渔民约近二三万人,分散于各岛,次为鄞县,约有一万余人,最少为镇海,约仅千人。其所业渔业种类繁多,兹就其重要者,列表如下:

一、渔业概况

名称	大对船	小对船	大莆船	涨网船	墨鱼船	溜网船	淡菜船	备考
船数(其数视鱼汛旺衰时有增减)	鄞邑东钱湖约三百对,定海各岛约七百对	鄞邑约百号,定海各岛约百余号	鄞邑咸祥约八十余号,定海各岛约六百号	又名打桩船,镇海北乡约十余号,定海各岛约三百余号	亦有名小对,鄞邑姜山桃公山①等约一千三百六十号,定邑海山各岛约五六百号	镇海澥浦约六十号,湾塘约六十号,定海海山各岛约一千余号,又小溜一百号	其船常年在海山各岛,鄞邑东南乡约近千人进出,俱乘中路船	节令栏内所填时期并非一致,各地均略有不同,兹就大概而言。又沿海各处尚有串网业,渔民长年在海边各岛游弋就近挑鱼入市售卖
节令(出洋、回洋)	自上年霜降节出洋至谷雨回洋	自夏至后出洋秋分后回洋,亦有九月底出洋次年清明回洋	自清明前出洋至大暑后回洋,或延长捕秋及冬	自清明出洋至夏至回洋间亦涨秋冬	自立夏节出洋至小暑后回洋	清明后出洋至大暑前回洋,亦有常川在洋随时进出(即捕秋及冬)	自夏至后出洋至霜降后回洋,亦有常年不回并采取紫菜	

---

① 桃公山:陶公山。

名称	大对船	小对船	大莆船	涨网船	墨鱼船	溜网船	淡菜船	备考
鱼场（仅就大概而载）	霜降时至嵊山洋面，冬至后至沈家门岠岱查山等洋面	马迹、大小羊山、岠港、苗子湖、鱼山等处	南至定象洋面，北至岱岠、大小羊山、嵊山等处	南至葫芦、月岙、白沙、虾峙等处，北至岠岱①黄陇、泗焦②、徐贡、嵊山等处	青滨、黄陇、尽山、里泗等岛	南至温台定象洋面，东至嵊山东洋，北至岠岱、大小羊山、里泗等处	同墨鱼	
鱼品（杂鱼甚众，不及细载）	带鱼、小黄鱼为大宗，其余墨鱼、鳗鱼以及杂鱼等	大黄鱼、桂花黄鱼、杂鱼等	大小黄鱼、墨鱼、鳗鱼、虎鱼、鲳鱼、小带鱼、杂鱼、虾蟹等，秋则捕海蜇、冬捕多杂鱼	同大莆	鲜名墨鱼，鲞曰螟蜅，或有不剖盐晒曰墨枣	勒鱼③、米鱼、沙鱼以及杂鱼、虾蟹等	大曰贡干，小曰干肉，盐曰卤菜	
销售	在洋面时售于冰鲜钓船运销各处	同大对	鲜则在洋售卖冰鲜钓船，盐则在岛晒鲞，由中路船运销各处	同大莆	由中路船进甬销售，螟蜅由闽商销售	鱼船自备冰盐，或进乍浦、岱山、甬江等处销售，随时不定	用中路船装运	
附议	容量约三四万斤，每船七人，每对十四人	容量五六千斤，每船四人，每对八人	容量约二三万斤，每船人数大则六人，小则五人	有大、中、小三种，大每船九人，中每船六人，小则三人	容量一二千斤不等，每船三人	大小二种：大者容量三四万斤，每船八人，小者约万余斤，每船六人	淡菜船亦有兼捕海艳	

2.渔汛及渔市

　　渔汛约分四期，第一汛二月至五月为将旺未旺期，第二汛六七两月为最旺期，第三汛八九两月为最衰期，第四汛十月至一月为次旺期。又以水族种类不同，而有分别。现仅就主要的鱼产物分述于次：

---

　　①　岠岱:岱衢。

　　②　泗焦:泗礁。

　　③　勒鱼:鳓鱼。

大黄鱼五六月最旺,九月次之,小黄鱼二三月,带鱼冬至前后,墨鱼立夏前后,鳓鱼谷雨后最旺。

渔市,即支配登岸鱼介于各市场,均在于沿海渔船集中之根据地,而鄞、镇两县,因鱼场的关系,故渔市也多在定海各处。现将各渔市所集中的鱼船类别与交易时期,约举如下:

沈家门以大对船为中心,渔期在十、十一、十二、一、二等数月。

高亭以溜网咸鲜为中心,渔期常年均有。

长涂以溜网咸鲜为中心,渔期为一、三、四、五、六、七、十、十一、十二等各月。

东沙角及衢山,均属夏汛鱼船,以大莆、溜网为最。

又镇之澥浦及宁波等埠,亦略有贩卖,惟为数甚少耳。此外该三县渔船尚有赴乍浦、嵊山等渔市售卖,而沈家门、东沙角亦有外帮渔船之交易,如台帮、温帮及闽之钓渔船等。

3.鱼船的组织

约分三种:a.渔东雇伙行渔;b.合股行渔(一名硬脚船),系渔民联合租得渔具,利益均沾,各为船员;c.合资行渔,即本身不事捞捕,而投资合股。以第一种为最多,且同一年内,组织上亦有不同,如捕秋则以合股者居多,因秋汛利益最少,而又危险,渔东等每多休息,不事捞捕,将渔具租给渔伙。

4.渔业用品的供给

网具、食用品等,以来自温台者居多,凡主要之渔市地,均设有专营之商店,其售价视现款交易与赊欠而有不同,赊欠者又以雇主之信用,再分上下。其价格赊欠,较之现款交易,相差颇大,平均约增二三成。收款约在每汛终止时或每水归港后,因之渔民之贫困者,益难支持。

5.渔获物的贩卖

普通渔民得鱼后,其销售方法,除极少数不甚繁盛的地方,小本经营者,得能设摊及沿街叫卖外,几概由行栈经手,而行栈即尽中介人性质,向双方取得佣金。佣金之多寡,随地而异,平均约每元八分,渔民负担约三分至五分不等。惟高亭一地,均取之客商,而渔户无佣。又付款尚须九九之扣,其鱼款贩卖时,先付一部分或半价,余至每汛结束后清算,或预定期限,而价格虽有规定,每月一定,或每汛一定,由主客公议,或公所公议;但实际并不如此,仍视到货之多少而有增减。又行栈之账目,每每以多报少,再以秤手之从中作弊,种种侵蚀剥削,不胜枚举,一般渔民均受行头钱之束缚,实无可如何。此沿海各口岸之渔行,往往经营一季,坐食一年。现为明晰起见,各将渔获物贩卖系统,列表并说明如次:

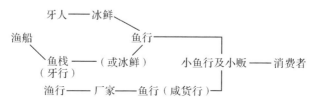

a. 牙人

系介绍渔船及冰鲜之买卖,代为过秤,而向双方抽取佣金。

b. 鱼行鱼栈

为鱼产贩卖之主要居间机关,在沈家门者,名为鱼栈(沈家门鱼栈约有六十二家),在岱山等处者,名为鱼行,实则一而二,二而一,不过鱼栈之经手。买主以各地鲜货行居多;间亦有经冰鲜转卖,而鱼行经手,买主都系厂家;又鱼栈间亦收买鱼类,自行销售,而鱼行仅任中介而已。

c. 冰鲜

在各渔船集中之洋面,向渔船收买渔获物,用冰贮藏,运销各市场,鄞、镇二县约各百号,定海约有百余号。

d. 厂家

系收买渔获物,加以盐制或晒鲞,而后销售各地,在岱山东沙角一处,约有大小厂家一百二十家。

6. 渔业现状

查年来各帮渔船,日见减少,渔业已呈衰落之势,而镇海一县更甚。如北乡澥浦,早有溜网船三百余号,现仅五六十号,贵驷桥、憩桥等,早有涨网船百余号,现仅十余号,又新碶头原有之元蟹船四五十号,今已无形消灭矣。推厥原因,不外乎日轮侵渔,海盗横行,致生活不能安定,稍有糊口机会,均谋改业,不再落海;而镇邑渔民,更以鱼场关系,为业渔便利计,每向海岛迁居,海山各岛,及江苏崇明为数亦属不少。

二、渔业经济

1.渔业所需之资本及赢利

其资本视所业类别及时期而有分别,赢亏一项,最难预计。兹就重要之渔船,举述于下:

(一)大对船,分长船、短船、春船

A.长船(自九月底十月初开至翌年六月回)约需资本四千元,收获最丰可达六千元。

B.短船(九月底十月初开至翌年四月回)约需资本三千元,收获最丰可达五千元。

C.春船(一月底或二月初开至四月回)约需资本一千八百元,最大收获约可达三千元。

(二)大莆船,一汛资本约需一千二百元(旧船)/一千五百元(新船),收获最丰可达二千余元。

(三)涨网船,一汛资本约需一千四百元,收获最丰可达二千余元。

(四)墨鱼船及小对船,一汛资本约需四五百元,收获最丰达一千元。

溜网船,分冬春、夏汛、秋汛:

A.冬春合计约需资本二千五百元,收获最丰可达四千元。

B.夏汛约需资本一千五百元,收获最丰可达二千六百元。

C.秋汛约需资本八百元,收获最丰可达一千四百元。

上述资本系全盘计算,但事实上每船资本,仅需数百元至千余元而已;因渔伙及渔具等费用,一时并未付清。

2.资金流通惯例

渔民资本,极为缺乏,每当渔汛之前,其能自备资本而经营者,不过十分之一二,此外则向重利盘剥之行栈,及当地之财主借贷以经营之,而行栈亦须向各地行厂或钱庄借贷,以资周转。

3. 借贷利率与条件

其向私人借款者,则利率极大,且又不易借到,故多向行栈借款。在行栈借得资本,普通均不取息,过期后,则照普通利息计算(期限约为一汛)。但须受其约束,即渔获物必须归其贩卖,在此转手之间,彼可取佣;况每出之抑勒,是以渔民之赔亏损失甚大。在贷款方面言之,以既乏担保,又无抵押,渔汛而佳,尚能如愿以偿,否则即有无力清偿之虑,间遇天灾人祸,亦致本利无归。故每逢渔户失败,行栈亦能作第二次贷款,而在渔民方面,则与其坐而待毙,不若忍痛受贷,如遇幸运,一家亦得安饱,此各地借款之现状也。

三、渔民生活

渔民生活因地方而不同,此外同一地方,概以经济状况之宽裕与否,而有参差;但一般观察,似较农民为苦。

1. 教育

我国教育,素不发达,而此不发达之程度,尤以渔村为甚,一般渔民,概多目不识丁,平均识字之人,尚不及十分之一,故渔民简直无教育之可言。

2. 习尚

渔民因智识程度低下,平时颇多无益之消耗,如烟、酒、嫖、赌等每年浪费不少;且又生性好勇斗狠,偶遇渔汛减收,辄敢越货杀人,流为盗匪;而对于神佛,则异常信仰。

3. 团体

往昔渔民仅有帮派之团结,各帮间均互相对立,往往因小小之利益冲突,而起斗争,以致闹成流血惨剧。渔民既缺乏智识,且帮派相互倾轧,于是渔商士绅,利用其弱点,代为组织公所,以资剥削。而渔民生性率直,颇易就范,对于公所先生,则唯命是听,故公所之最大义务,即系调解纠纷,每年中由各渔户提收公所费若干,平均约每船四五元、五六元不等,亦有贩卖鱼获每元(约收费一厘)或每件(即二百斤)收费,如兼办护洋,应再加护洋费若干。兹将该三县公所列表于下。

名称	帮别	所在地	渔船类别及船数	备考
渔业联合会	鄞县东钱湖帮	沈家门	大对船约一百六十对	
永安公所	同上	同上	大对船约一百十四对	
永泰公所	鄞县姜山帮	菁溪	墨鱼船约三百号	
永庆公所	鄞县姜王帮	尽山	墨鱼船约九百号	
永宁公所	鄞县桃公山帮	桃公山	墨鱼船约一百六十号	
协和公所	鄞县详帮	东沙角	大莆船约八十余号	
维丰兆公所	镇海灞浦帮	灞浦	泓网船约六十号	
北莆公所	镇定各帮	鄞县双街	溜网船约百余号	
兴安公所	定海沥港帮	沥港	溜网船约百号	
恒安公所	定海沈家门帮	沈家门	大莆船约六十号	
维丰公所	定海岱山东沙角帮	东沙角	大莆船约六十号	
人和公所	定邑海山帮	沈家门	大对船约七百对	该公所系办理护洋事宜,所属渔船系永和、灵顺二公所及沈家门渔业等公会船联合而成
潭门渔会	定海潭门帮	总会潭门分会东沙角	大莆船约二百号	前为庆安公所,近改渔会,尚未正式备案
永丰公所	定海梁横帮	梁横	溜网船约六十号	
信远公所	定海钓山帮	钓山	溜网船约四十号	
靖安公所	定海钓门帮	钓门	溜网船约七十号	
元一公所	定海鱼山帮	鱼山	小渔网船约百号	

名称	帮别	所在地	渔船类别及船数	备考
南平公所	定海蚂蚁山帮	舟山	涨网船约八十号	
指南公所	岱山南峰山帮	南峰山	涨网船约三十号	
南定公所	岱山高亭帮	高亭	溜网船约三百号	
镇定公所	同上	同上	溜网船约二百号	
保定公所	同上	同上	溜网船约四十号	
元和公所	长涂东西剑帮	长涂	溜网船约一百五十号	
长庆公所	长涂帮	同上	溜网船约八十号	
长济公所	同上	同上	溜网船约七十号	
同和公所	定海衢山帮	衢山	溜网船约一百五十号	
品享公所	定海峙东帮	舟山	涨网船约一百号	
保和公所	定海湖泥帮	衢山	大莆船约八九十号	
仁和公所	定海六横佛肚帮	同上	大莆船约百余号	
靖海公所	定海庙子湖帮	庙子湖	墨鱼船约百号	
鱼信公所	岱山帮	岱山	大莆船约四十号	
普益公所	定海秀山帮	秀山	溜网船约四十号	

此外冰鲜鱼行鱼栈厂家等亦有公所之组织。

四、渔民之苦痛及渔业衰落之原因

1. 海盗

年来海盗充斥,渔船出口,动遭抢劫,如最近(六月二日)镇海瀣浦渔户戴才允,在黄盘洋面被盗绑去渔伙六人,而水警队又不尽职,甚至与匪联络,互相利用。据闻某舰一次捕得盗匪四人,受赂四百元,即行释放。

2. 日本渔轮侵渔

日轮越界捕鱼,时有发现。又每次故意将我国渔船撞毁。查本年三月间,沈家门渔户吴何卿对船被日渔轮(八十六号)撞毁,该轮对于落水渔民,非但不施救护,甚至不准上船。

3. 冒牌鲜客与鱼款落空

查鲜客收鲜,因怕海盗劫掠,颇少现钱交易,故收鲜时,仅在鱼款折上盖明牌号图章,于是时有冒牌收鲜情事发生,而渔民多不识字,况在海上交易,又无充分证据,此实防不胜防。又鱼行(鲜货行)惟谋自己之利益,不计鲜客之人格信用如何,滥放行头钱,一旦鲜客失败,便完全将渔款扣去,鲜客即随而倒坍,而渔民之鱼款,亦因是落空矣。

4. 鱼行鱼栈之剥削

已详渔获物之贩卖一项内,兹不再述。

5. 盐场缉私人员之苛扰

查渔船用盐之期限,曾有明文规定,本可相安无事;无如现今之缉私人员,以渔民无知,每肆诈欺,百端敲剥,期限亦任意减短,一经查获,即为贩运私盐,处以重罚。

6. 渔船牌税之欠平

每有今年购买他人旧船,而征其已往三年之税。

(《浙江省建设月刊》第 6 卷第 6 期,1932 年 12 月)

镇海之桃花源访问记

春色妩媚，万物益照，月之十日，得渔民之告，谓有一绝地之岛屿，千百年来尚保全净土之称，坚邀记者往游，乃于次晨，扬风帆，破巨浪而往，迨达该屿，小住二日始返。兹将见闻所得，撮要述之。

史图无稽：是屿土名白山滩墟，属镇海县治，距县城约一百七十海里。查县志及地图，均无是屿之记载，而屿之面积因未预备测量仪器，亦不知其若干方里，又兼人地生疏，致不克作遍处游，乃作简单之调查而已。

地方概况：屿上居民男女老幼，约计四百余人，户数约一百二十余户，而道途崎岖，露天粪坑尤多，其田地所植物，稻麦甚少，而杂粮蔬菜与家畜尚伙，居民大都系渔业者，惟墨守旧法，获量殊不丰盈。

教育一瞥：屿内有私塾式小学一所，注重字算，学童约四十余名，间有赤足上课者，比比皆是。因华洋通商，近百年来，各国商品绝无点滴流入也，固无论其他礼教焉。至塾师待遇以年计，奈坚不告以薪水，惟告饮食由各学生家庭每日轮值供给云。

团结甚坚：屿内有自卫团一所，备五响快枪十余枝，团丁轮流服役，形如军国民教育之国家，守望相助。若有争执讼事，由当地年高德昭之辈调解，至为公允，故鲜有怨隙在怀者。然居民以生活简单，对于货币之物，需求甚感薄弱，故与外界接触甚稀。至银行钞票，甚有不识者，亦有可嚎者，见记者服学生装，咸示异态。间有妇女与小孩，称记者为变种红毛人，闻之若有所感，乃询一邵某者，此地属于何县县治，则瞠目不能对，惟云老爷若要捐税，这里没有值钱产物，请恩宥云云。记者乃告以游历而来，始含笑无言云。

（《宁波民国日报》1935 年 4 月 21 日）

赵专员电请蒋委员长将嵊山岛划浙管辖

居民无一苏籍　位置接壤浙境
为整理渔区计实有改划必要

第五特区行政督察专员兼保安第二分处长赵次胜，近准外海渔业合作社主席委员史锦纯建议，将江苏崇明县属嵊山划为本省定海县管辖。赵业已采纳，昨电呈蒋委员长，请电饬江浙二省府会勘改正，以重疆界。兹分志各情如次：

居民渔民均宁波籍

贵阳蒋委员长钧鉴：江苏崇明县属嵊山岛，证明历史地理交通人事，均应划归浙江定海县管辖，且该岛居民渔民，均宁波籍，保护渔汛，又向归宁波。职近为整理渔区，年有改划必要，仰乞电饬江浙二省府，会勘改正，以重疆界。职赵次胜叩印。

嵊山繁荣渔民造成

史锦纯建议原文云：山孤峙海上，直一荒岛耳，谓有今日之繁荣者，完全由渔民造成，帆墙林立，舢舰衔接，渔民出发于是，退休于是，营谋亦于是，不啻视为第二故乡。而关于渔的商业经营，复如蚁之附膻，相率偕来，闾阎栉比鳞次，寝成一海上都市，此辈率系鄞定两邑人，依附既久，乐为土著。若籍隶江苏者，则绝无一人，盖此一片土，已无形为两邑之人所有矣。

接壤浙境交通便利

其地虽属江苏之崇明，然距离殊遥，由嵊至外潼沙（吴淞港口）海程英里五十四哩，再进至吴淞又四十哩，抵崇明又二十哩，合计英里一百十四哩，重洋隔绝，不相闻问。处处阻滞，无一定轮舶驶行，欲往返于崇明者，惟为舟航行，危险特甚，否则必须绕道定海转上海，而距吾浙属之定海，则仅英里五十五哩，两相比较，远且过半，航行其间，则有朝阳、东海等轮，每来复一次，居民称便。其位置因接壤浙境,钱塘江水东注入海,必须流焉,就地理立场言,本属浙江范围内也。

渔业衰落一大原因

苏省以其地处偏僻,从未遣官治理,仅由崇明县遥相控制。顾因交通不便,往返困难,乃恝然置之。本省以地非我属,介不过问,天高皇帝远,居民不知法纪为何物,懦者莫可告诉,黠者横行无忌。作奸犯科者,咸视此为逋逃薮,发生事故,往往至不可收拾,无从措手。呜呼!平素既未采风问俗,又乌能知其民习哉,风俗败坏,鲜有廉耻。每届渔汛旺时,土娼充斥,倚门卖笑,逢人拉引,渔民类皆未挈妻孥,且多旷夫,筑杏巢营艳窟,纸醉金迷,其情若狂。既无官治,孰能禁之,辛苦所得,尽付缠头。迨出渔归去,已两手空空,或且一身是债,欲归不得。总计此项耗费,年可惊人,渔业之衰落,其道固属多端,此其一大原因也。

域中土地无分彼此

此极怪现象,皆由于无专员治理之者,始演成耳。两省当局,一则苦于鞭长莫及,一则不欲越俎代谋,驯至形同化外,听其自然。假使划归本省管辖,当局以土地我属,必起而整顿,负责治理,居人动受法制束缚,则化顽为良,奸究绝迹,宁复有斯现象哉。乃苏省不肯让人,本省亦不此之图,枉劳定海谢前县长,一度声请,梦幻泡影,终呼负负。殆省当局惮烦耶,抑嫌无理由耶,夫事无大小,当深究其事实之趋势,以谋适应,并须顾及利害关系之比较。渔民的眼光,今已改变方向,移其注意于嵊山,故群集斯土。惟须有良好政治,为之统治与指导,地既邻近,本省殊不容放弃,宜奋起直追,设法划归吾有,开始整理。沈家门固为中国第二渔场,然在今日实际上嵊山已有取而代之之势,当局尤应努力建设,使完成一渔业中心区,实践总理东方大港遗训,将护渔各种机关均移往之。苏省力既勿能及远,正不必徒拥其名,等是域中土地,何分谁家天下,似毋庸以拱手让人为可耻,但问是否利吾民乎。一得之愚,聊供采纳。

(《宁波民国日报》1935 年 5 月 5 日)

省党部调查渔盐民生活

定海吴全源　宁海杨雪亭

　　省党部以查本省东部濒海,为渔盐出产之巨,沿海居民,类多以渔盐为业,地位扼要,人口稠密,第因所居僻处海隅,且以执业关系,恒为一般人所忽视,为明了实际状况,俾便设法指导改善生活起见,特制定调查沿海渔民生活状况办法,暨各帮渔民调查应查项目、各种渔船调查应查项目、盐民调查应查项目各一种,分发遵照,精密查报。定县指令吴全源负责主持办理,所有调查费用,准在党务经费内开支,并饬拟定调查步骤及开始日期先行具报备查。党务整理委员乔寄石奉令后,昨已转令该会遵照办理具报。又闻宁海县指定杨雪亭调查云。

　　　　　　　　　　　　　　　　　　(《宁波民国日报》1935 年 5 月 11 日)

嵊泗列岛移治运动

　　宁波旅沪同乡会及定海旅沪同乡会、奉化旅沪同乡会,选据嵊泗列岛居民代表函称,要求将该列岛划归浙之定海县管辖。该会等以兹事体大,特于本月二日,召集各关系团体,开联席会议,计到全浙公会代表褚慧僧、殷铸夫、查仲坚,温州同乡会代表黄子瑜、殷叔祥,台州同乡会代表李维熊,定海同乡会代表陈翊庭、赵昌渭,定海渔业团体代表张晓明,宁波渔业团体代表戴菊芳等,一致议决,呈请蒋委员长、内政部暨浙省政府,重予查勘,划归浙治。兹探录其原呈如下:

　　呈为嵊泗列岛,本属浙辖,环境事实,同感需要,拟请仍归浙治,以顺民情事。案据旅居嵊山、泗礁各岛同乡,纷纷来会声称,同乡等旅居各岛,历年甚久,大半从事渔业,亦间有经商者。缘该列岛地处浙境,与定海县属之黄陇[①],仅带水之隔,岛上侨民,均由浙之宁台温三属迁移而来,以宁属各县为尤多,几占全数三分之二以上,举凡金融之流通,航行之往来,在在与宁属有密切之关联,即寄递邮件,亦不经崇明而经定海。往年岛上治安,向由浙江水上公安队负责。

---

　　① 黄陇:黄龙。

讵其治权属于苏省之崇明,以距离辽远,上下隔阂,时受胥吏之苛扰,下情不能上达,致岛民受屈莫伸,人心不安,各业难以发展。兹就同乡等公意,拟请贵会转呈政府,将该列岛划归浙之定海县管辖,庶岛民疾苦,得以随时上闻,全岛同乡,实所企祷等情到会。查嵊泗列岛,西名马鞍群岛,在北纬三十度至三十一度、东经一百二十一度之间,迤西即巴克列岛及乱形列岛,离钱塘江出口处约计一百余公里。就地质学家考察所得,该列岛与舟山群岛,同为象山山脉之盘结区域。又钱塘江由尖山嘴出口,北流直冲南汇嘴,折而东南。该列岛为潮流所及之区,以地理学上之天然界限而言,自应理归浙治者一也。各岛距崇明县治一百二十余海里,离定海仅一百海里,是该列岛实偏近于定海,其间一部分之地,与定属黄陇,仅一水之隔,如崇明公务人员,欲往嵊山者,必须绕道上海、定海,费时四日之久,始达目的地,而定海与该岛间,现有航轮三艘,往还来复,朝发夕至,岛民称便,且崇明与该列岛间,无直接通邮之便,以邮区划入宁波,故各种邮件,必须宁波转达,此就交通之现状言,该列岛应划归浙治者二也。该岛现为重要渔区,从事渔业者胥属浙人,所有渔民渔商银钱往来,无不以定海、宁波各钱庄为出入,有用现款者,亦有用票据者,对崇明方面,绝无银钱上之关系。此就整个之渔业经济情形言,该列岛应划归浙治者三也。据《浙江通志》载,南宋时自定海(即今镇海)招宝山至洛华山壁下山之间,设水上十二铺,铺设烽燧,坚其壁垒,固其防御,以杜敌寇沿海之患,是今之嵊泗列岛,在宋时本属浙治,可无疑义。又据《定海志》载,元时该列岛属昌国郡属之蓬莱乡管辖,迄明中叶,倭寇肆虐,总督胡宗宪,将浙东沿海诸岛,分为上中下三屯,下屯即今之嵊山、马迹诸岛,由定海、沈家门水师遍历巡哨,设有惊恐,则指臂相应,烽火相望,是则该列岛实为我浙之屏翰,唇齿相关。自逊清以还,该列岛常为海盗寄迹之所,由江浙两省水师会哨于此。民国成立,会哨之制中断,完全由浙江负保护之责,江苏绝不过问。以上事实,俱有史籍可资稽考,以海防之历史言,该列岛应划归浙治者四也。总之,该处各岛居民,全属浙籍,风俗习惯,均与浙同,亲戚故旧,均在浙境,与苏属崇明,不过名义上之联系,崇人之视各岛,有如秦越人之肥瘠,疾痛疴痒,汉不相关。该同乡等拟请划归浙治,自属切要,经属会等一再会议,金以划治原则,必深明其事实之趋势,以为依归,默察其环境之需要,以谋适应。该嵊泗列岛,同属政府治下,固无浙治苏治之分,唯为便利施治随顺民情起见,实有划归浙治之必要,谊关桑梓,不得不代为陈请。除分呈蒋委员长外,理合附具关说,吁请钧部(内政部)俯赐鉴核,迅准派员查勘,划归浙治,以顺舆情,实深公感。钧府(浙省府)俯准转咨内政部,派员查勘,划归浙治,以顺舆情,实为公感。钧座(蒋委员长)俯念桑梓,迅予主持,分电内政部暨苏浙两省府,惟如所请划归浙治,以顺舆情,实深公感。

(《申报》1935 年 6 月 15 日)

渔民捐税负担　韩岭等处已查竣

海门石浦等处正在调查中

浙省沿海渔民捐税负担,及海上安全情形,经由水产试验场派技术员金之玉前往本省沿海各渔区调查以来,计有爵溪、公屿、蟹浦、憩桥、陶公山、永安、韩岭、乍浦、白沙浦、海盐、沈家门等处,现尚调查中者计有石浦、海门、松门、台州、温州、平阳、乐清、玉环、临海等各处,一俟全部查竣,即将拟具书告呈厅察核云。

(《宁波民国日报》1935 年 7 月 28 日)

鄞县渔业之调查

林茂春　吴玉麒

一、绪言

渔业调查工作,须有相当之经验,专门之学识,敏锐之观察,及公允之判断,然后方能有正确可靠之结果。编者等奉命调查,觉责任之重,惟恐才力有所不逮;但又不敢不奋勉从事,以期有成。本编错误遗漏之处,望读者于发见时,随时函告,俾于再版时,得以更正。

调查及编报告时,得场长陈同白之指导及诸同事之协助;在外工作时,得当地人士如曹国香、戴敦宙、戴仁恩、曹世豪、戴来清诸先生之帮助,编者均于此谨表谢忱。

二、渔区概况

位置地势

鄞县位于北纬 $29°52'$,东经 $121°32'$,乃浙东滨海之区,然其海岸线为诸县中之最短者。境内仅东部大嵩江流入象山港,可直接通海,余则南连奉化,北接慈溪,东隔镇海,西界余姚。地势则东南低而西北高,地形则南北狭而东西广。其东西相距为一百六十余里,南北约七十里,总面积为四千一百三十五方里。西部全为山乡,东南则山乡平地各半,中部则为平地,其山乡平地各占总面积之半。县城则在余姚江、奉化江会流点之西岸,距甬江口十三浬[①],距上海一百三十六浬,陆道距杭州省城七十八浬。

交 通

该县水陆交通甚便,而宁波县城为全县交通之中心。兹将宁波与各地水陆交通分述如下:

1.水道。该县河流交错,船行甚便,外可直达江浙各埠,内河汽船则四通八达,计有上海、舟山、龙山、镇海、清水浦、余姚、西坞、文亭、铜盆浦、坎门、温州、宁海、宝幢、甲村、东钱湖等航线。

2.陆道。陆上交通,西有沪杭甬铁道迄于曹娥江边,每日开行三班,由曹娥可乘杭绍曹嵊等公路汽车,直达杭州;南有鄞奉公路直通奉化,与奉海奉新二路相接;北有鄞镇慈路可通镇海之龙山,慈溪之观海卫。此外尚有宁穿宁横二路,一达镇海之穿山,可乘慈杭飞虹二汽轮往舟山各岛;一达横山,可乘新永安新得安二汽船往象山南田。

3.电信。电报有交通部宁波电报局,专收发与外埠往来之电报。电话分省电话、县电话、城区电话。省电话由浙江长途电话分局管理之,可与本省各县互相通话。县电话即乡村电话,由鄞县电话分局管理之,现通电话者,已有三十余

---

① 浬:海里的旧称。

处,路线共长五百余公里。城区电话由商办四明公司办理,用户约千余。

该县邮信向由邮政局办理,城区中设有邮政总局及一分局,办理全县邮务;其外邮路尚可至余姚、慈溪、奉化、镇海、温州等县。

气　候

该县气候,与舟山群岛不甚差异,惟气温之变迁较烈,年中最高温度为92℉,最低为15℉。全年雨量以五、六月最多,十二月、一月最少。

人　口

浙省人口密度,每平方里七十七人,其密度在我国诸省中,仅次于江苏。而鄞县人口密度,又居浙省各县人口之第二位。计全县县民共七十四万一千二百八十人,中男三十三万三千五百八十人,女四十万零七千七百人,平均密度每平方里达一百七十九人。

风　俗

鄞县地狭人稠,人民多向外发展,且思想精密,能忍苦耐劳,知节约,又富于勇敢进取之精神,故在我国商航二业上握有极大之威权。

商　业

宁波为浙江省内唯一之大都市,商场分城区、江北、江东三区,面积凡一百二十七方里,居民约二十五万人,街市商店连檐栉比,货物辐辏,街道清洁整齐,颇有新都市气象。其贸易额,年达三千万两,出产以棉、茶、鱼、豆、酒、草席、药材为大宗,年达一千九百四十万两。输入品以棉布、毛织品、矿物、火油、煤炭为主,年达一千零九十万两。

金　融

甬人在我国商业界握极大之金融权,而甬人善于经营,故商业上甚为活动,成为浙省经济之中心,各银行设分行或总行于此者,计有中国、交通、中央、四明、垦业、浙江地方、中国实业、通商、浙东、厦门商业等十家。其大小钱庄共计一百零三家,今夏倒闭者三十余家,存者仅七十余家。二者每年收支款项,超过一万万元以上。本省大部鱼商都赖其放款经营,本年冬季因各银号银根短绌,放款忽告减少,致本省渔船几将全部不能出渔,足见宁波金融与本省渔业关系之切。

渔船及渔夫

该县渔业可概分为内河外海二种渔业。从事内河渔业者,多属绍籍渔民,渔船亦甚零乱散落,无法统计;从事外海渔业者,分东钱湖、姜山、大嵩江三帮。兹将鄞县各帮今昔所有渔船只数及从事渔业人数,列表比较如下:

第一表　鄞县各帮渔船渔夫数目

渔帮名称	渔船种类	渔船只数		渔夫数		参考
		廿一年①	廿四年②	廿一年	廿四年	
湖帮	冰鲜船	68 只	46 只	884 人	598 人	本年各帮渔船数目,以出海渔船为标准,从事渔业人数,系由各船用人数计算
湖帮	墨鱼船	158 只	126 只	622 人	504 人	
湖帮	大对船	668 只	212 只	4676 人	1484 人	
大嵩江帮	大莆船	123 只	39 只	615 人	195 人	
姜山帮	墨鱼船	1572 只	864 只	6288 人	3456 人	
合计		2589 只	1287 只	13095 人	6237 人	

观上表,可知近四年来渔船数减少百分之五十弱,人数减少百分之四十七强,该县渔业衰落之程度殊属可惊。

主要渔获物

该县渔民从事捕鱼区域,概在舟山群岛外海,其主要渔获物种类不多,但数量颇丰。兹将其名称、渔期、渔具、渔场列表于下:

---

① 廿一年:1932 年。

② 廿四年:1935 年。

第二表　鄞县主要渔获物之渔期渔具渔场表

名称	渔期	渔具	渔场
大黄鱼	五月至七月	对网、张网、大莆网	岱山、衢山、大莆间
小黄鱼	三月至五月	对网	中街山一带
墨鱼	五月至七月	拖网	青浜、庙子湖、花岛、嵊山
带鱼	十月至十二月	对网、钓艇	浪岗东南
鮸鱼	九月至十一月	空钩钓、手钓、拖网	黑山列岛
鞋底鱼	五月至六月	对网、大莆网	南北岐山、黑山列岛
鲳鱼	四五月	大莆网	南北鱼山、黄龙、泗礁
鳗鱼	周年	对网、空钩钩	黑山列岛
鲨鱼	周年	空钩钓	二兄弟岛
虎鱼	周年	对网、空钩钓	黑山列岛
金鳞鱼	八九月	拖网、手钓	黑山列岛
鲷鱼	十月至翌年二月	拖网、手钓	黑山列岛

　　查本省各帮渔民团体，在民国五六年时，多至九十余单位，然其中多数仅系具空名，内无一负责之人，甚至连固定之地址亦付诸阙如；其有确定之地址及负责之办事人者，亦不知所办何事，所负何责，向其查询各事，均不知悉。

第三表　鄞县渔业团体

名称	创立年份	驻在地点	组织渔帮	从事区别
协和公所	同治初年(1862)	岱山	大嵩江帮	大莆船
永安公所	光绪二十八年(1902)	沈家门	东钱湖帮	大对船
永泰公所	光绪三十二年(1906)	青浜	姜山帮	墨鱼船
永庆公所	光绪三十二年(1906)	嵊山	姜山伙飞庙帮	墨鱼船
永宁公所	民国五年(1916)	东钱湖	东钱湖帮	墨鱼船
永丰鱼商公所	民国二年(1913)	鄞县江东	东钱湖帮	冰鲜船
渔业分会	民国廿三年(1934)	东钱湖陶公乡	东钱湖帮	
宁波咸鲜货公会	民国五年(1916)	鄞县宫前	东钱湖帮	咸鲜货行
外海渔业捕捞合作社	民国廿三年(1934)	东钱湖大堰头	东钱湖帮	大对船

渔业警察

政府对于渔民之护卫,实业部原设有护渔办事处,而本省亦设有水上警察;奈海面辽阔,巡护难周;加以近年渔业衰落,渔民无法为生,挺而走险,致海盗愈炽,结果促渔业加速衰落。该区行政督察赵专员有见及此,发起创设宁波渔业警察局,自兼局长,局址暂设行政督察专员公署内,复设一办事处于沈家门;其中组织,因尚无确定经费及为节省起见,故甚为简单,办事人员多由专员公署职员兼之。此外不过有护洋轮三只,轮上设正副舰长各一人,警长一人,三轮警士共八十名,三轮每月费用约共四千元,此款及护洋轮之构造费,概由公署垫支,自成立至今,垫出款项共九万余元云。

三、渔业种类

鄞县以地势论,在渔业上似无重要之地位,因其无渔业上之根据地,又少直接通海之港湾;但居民富冒险性,善操舟,又因地狭人密,为谋生所迫,故虽受地势之限制,仍不能阻其在海上之活动也。其主要之渔业为大对网渔业、大莆网渔业、墨鱼拖网渔业三种。兹分述于下:

大对网渔业

大对网为二船共同作业之一种拖网,为我国渔法上最进步最重要之一种,在我国沿海各省均甚发达。其各地所用之渔具,除因从事捕获之鱼类,及适应各渔场之环境而稍为差异外,大概相同,其名称则随时地职务而异。

渔场:中街山附近之小黄鱼渔场,浪岗东南之带鱼渔场。

渔期:由上年八月出洋,至次年五月回洋。

渔获物:春以小黄鱼为主,冬以带鱼为主。

渔船:大对船之构造,与普通渔船无异,所用木材,直材概为杉木,横材则为樟木,普通所造者,每对约二千元,船长 42.5 呎[①],宽 9.25 呎,深 3.5 呎,桅高

---

① 呎:英尺的旧称,1 呎约为 30.48 厘米。

55.75 呎,载重可三百余担。全船间为十三隔,由首端起称头为头搭捕,次为头筒(为放置绳索锚链);次为水舱(贮蓄饮料水处),头舱(置网具),桅舱(树桅之处),前大舱(即藏鱼之处),中大舱(柴舱),太平舱(放置衣服粮食,及船员安息之所),神堂舱(安放神位及盐),小菜舱(为膳食之所),出水舱(出水之处),火舱(煮烧之处)。然各舱之位置,煨船与网船亦略有不同者;且为工作关系,网船之太平舱壳面(鳖壳),亦较煨船为小。

渔船每年须修理一次,虽全无损坏,亦须涂新一次。外则涂以柏油,内分红黑二色,红色涂以红丹桐油之混合料,黑色者则取黑烟以替红丹,如此则价值虽较柏油为贵,但可免其臭味。

渔网:网具由翼网囊网二部织成,状如裤形,长约四十寻,其各部构造如下:

1. 翼网。网地为细麻线制成,四呎①目,六〇〇挂起,后每节左右各减一目,中央则每三节各增一目,共长二四寻。

2. 囊网。全部共分四段,四呎目,一二〇〇挂起,每节各减一目,至第三段时,每节各减二目,止于三二〇目,每届一段则网目缩小一呎,所用网线则渐粗,至末一段缩为 1.5 呎目,计全部长一六寻,四呎目者长五寻,二呎目者长三寻,1.25 呎者长四寻。

3. 浮子网。麻绳,二股捻,径二分,长五〇寻。

4. 沉子网。麻绳,二股捻,径二分,长五〇寻。

5. 浮子。桐木圆筒形,大小不等,大者径可四呎,厚三呎,口径一呎,小者径二呎,厚二呎,口径一呎。全网大小可七十余只,大者置近网囊处,渐前则渐小。

6. 沉子。陶制环形,径一呎,高五分,孔径六分。其结付方法,近网囊处较密,渐前则渐疏。全网一千四百余枚。

7. 沈石②。沈石即普通之石块,不过其形状较为整齐,其大小不等,小者重七八斤,大者重数十斤,备于从事时,结付翼网之末端,其结付之数,常视水之深浅,潮流风力之有无,及所欲捕之鱼类而增减。

8. 曳网。麻绳,三股右捻,径一呎四分。

---

① 呎:英寸的旧称,1 呎约为 2.54 厘米。
② 沈石:沉石。

网具之保存:新网在使用前,须先行染网。法以猪血一成,加水二成令其稀释,便可将网放入,施行染网(倘系新网,须先用清水充分洗涤,晒干后方可施染)。染后取出晒干,再行反复染三四次。其施染次数之多少,及每次施染后所使用时间之久暂,须视染料附着之程度如何,太过或不及均非所宜;太过则增加网线之硬度,使其易于折断,不及则少防腐之功效,故染网须有相当之经验。普通在使用时,用后立用海水冲净,挂于桅上干之,至渔汛终了时,置淡水中充分洗涤,候其干燥,乃取而藏之。然普通皆置于家室中,无特设之仓库,故易为虫鼠所害,殊非经济之道也。

渔法:渔船每对乘渔夫十四人,当将驶达渔场时,网船须将网具整理候命,煨船老大命令一发,立将左边曳网投与煨船,此时二人管船,一人司网,三人司网,先将左曳网延出,次乃左翼网,再至囊网,但事前囊网须齐整堆积于右舷。投网时,先将网口投入,一人紧拉尾部,候网口张开,沉子下降时,再将网尾放出,盖非如此,恐其互相缠络也。囊网投毕,再依次将右边翼网曳网延出;其延出曳网之长短,常视海水之深浅,渔场之底质,潮流之速慢,风力之强弱,所系沈石之多少,及所捕鱼类而增减。如流速、风强、水深、沉石少,及所捕者为大黄鱼时,则所延放之曳网宜长;反之,及所捕为带鱼时宜短。长时可为水深之八倍,短时五倍,普通为水深之六倍。投网既毕,便依煨船所处之方向扬帆前进。其所处之方向,常随潮流风向而定。二船之距离,亦须视施放之曳网而定,通常相距约四〇丈至五〇丈之间。普通每小时起网一次,起网时,煨船将其方向转对网船,网船知为起网,便相向而驶,至将接近时,煨船将原网交还网船,网船将网起出,把渔获物略加处理,便可作再次之投网。

渔获物之处理:渔获物多在晚上归港时就地售与鱼行或冰鲜船,故无特殊之处理;然必要时亦有暂行盐藏者。法以海水将渔获物冲净,用盐四成存诸舱中。

资本:大对渔船一对每年需要资本如下:

船租	渔具	伙食	敬神	利息	工资
八〇〇元	八五〇元	五六〇元	一二〇元	二五〇元	九五〇元
每年以八月计算	计新网二顶、旧网二顶,曳网、锚、链及其他用具	十四人八月伙食	连出洋回洋时酒肉费在内	出洋时借债一五〇〇元,月息二分,八月合如上数	非全部工资,系出洋时各渔民安家之费,俗谓"分头"

纳费:

护洋费	纳捐费	公所费	盐引
三〇元	八元	一六元	九元

名称:各种大对渔船之名称如下。

1.长船。分春冬二汛,春汛捕小黄鱼,冬汛捕带鱼,由上年八月出洋,次年五月回洋。

2.短船。从事时期及所捕鱼类,同长船,独其回洋期较长船早二月。

3.春船。仅捕春汛一季,鱼类为小黄鱼,本年二月出洋,五月回洋。

4.长元船。为独资经营者。

5.硬脚船。为船员合股经营者。

6.煨船。即一对中之母船,有指挥网船之权。

7.网船。帮同煨船共同工作,但须绝对服从煨船之指挥。

组织:大对船无论其为长船、短船、春船,每对用人,多则一五人,少则一四人,各人所负之工作各船悉同;惟长元制与硬脚制,对于船员工资之发给,及红利之分配,略有不同。兹述各船员工作之分配,及红利工资之分发等,以示其组织。

1.长元制。长元船伙概由长元(船东)雇用,有以薪给计算者,有以薪给较少而再分发红利者,近为鼓励各伙努力工作起见,多采用分红制。

第四表　长元制大对船船员工资红利之分配(略)

长元船红利之分配办法,系在渔汛终了结账时,先除出资本三千元,余数分为二十份,按上列成数分派,其剩余之七成三归与船东。例如全汛之渔获金为五千元,除去资本三千元,即获二千元之赢利,今将其分为二十份,则每份为百元,煨船老大可得三份即三百元,再加上七十元之分头,则可得三百七十元。余可类推。

2.硬脚制。为船员合股经营者。其合股办法与商业异,其各人应出股份之多少,概视其职务之大小而定。至于各船员工作之分配,与长元制同,不过其所得利益,除去开支及下级船员工资外,余数按股份派。两船计十又十分之四股,各船员应出之股份及利益之分派如下表:

第五表　硬脚制大对船船员之合股及利益之分配(略)

此种制度现采用者甚众,盖因渔业衰落,独资经营者既乏其人,而此种制度对于船员利益之分配尚称平均也。

网捕墨鱼业

墨鱼为舟山名产,每年产量仅次于大小黄鱼,且渔场均在岸边,捞捕既易,又无需多大之资本,故业之者颇众。墨鱼业大约可分为网捕、笼捕、火诱三种,而鄞县所经营者,概为网捕渔业。

渔场:中街山群岛,及花鸟、嵊山。

渔期:五月至七月。

渔船:有大小二种,大者即小对船,小者即舢板,其构造长短大小如下:

1.大船。长 24.75 呎,阔 4.5 呎,深 3.25 呎。

2.小船。长 19.25 呎,阔 4 呎,深 2.25 呎。

渔网:

1.背网。为二股捻之细麻线编成,三吋目,九〇挂起,每二节减一目,网目依次缩小,至 1.5 吋,止于一八目,共长二一呎。

2.腹网。为二股捻之细麻线编成,三吋目,一〇〇挂起,每二节减一目,网目依次缩小至 1.5 吋,止于一八目,长与背网同。

3.天井网。二股捻之细麻线编成,2.75 吋目,九〇挂,长三呎。

4.沉子网。麻制三股捻,径 0.25 吋,长七寻。

5.沉子。多用制钱,每网共用 3800 文。

6.括板。竹制,长约 6.5 吋,阔 0.25 吋,二端有孔,为腹网与沉子网接合之用。

7.浮板。为方形之桐木片,长 3.25 吋,阔 2.5 吋,厚 0.25 吋,结付于腹背网上,腹网二〇只,背网二只。

8.木轮。木制,圆形,中有小孔,轮径 3.25 吋,厚 0.25 吋,共二四只。

9.吊网。麻制三股捻,径 0.25 吋,长 3.5 呎,共二条,为连系浮竹及沉子网之用;中穿长约一时之小竹管数十节,及制钱百文。

10.股网。麻制三股捻,径三分,长一三呎。将其两端牢结于浮竹之两旁1/3处,从中央对拆之,使其二边常保持平衡,其中央即为结附曳网之处。

11.浮竹。为张大网口之用,径 1.25 吋,长一六呎,其两端2/3处,各套滑动木轮一只。

12.曳网。麻制,三股捻,径 0.5 吋。

网具之保存:渔民对于网具之保存,向无特别之注意,但在使用时,多染以栲皮汁液,候其干燥后,再染以稀释之猪血液。

渔法:拖网从事捕捞地点,即在各根据地之岸边,水深数寻,底质多生岩石,故对渔场形势须十分熟悉,否则往往得不偿失,而对于风向潮流,关于渔获物之丰歉尤大。据当地老渔夫云:渔期之迟早,渔汛之久暂,可由海流、波浪、潮汐及风力、风向等知之。如立春后多吹南风,则知渔汛将至;多吹北风,则渔期必迟。当渔汛期间吹南风,则不独工作便,且渔获可丰;吹西风时,则墨鱼多移往深海;吹东风时,因波浪过大,墨鱼受其击荡,亦多远避深海;吹北风时亦生同样之现象,然有时可延长渔汛之时期。总之,风寒浪大,则鱼群必远伏深海,难以捕获,而水深、潮向不定时亦然。上下潮向不同时则全不能作业,反之风缓浪平,则鱼群多游岸边,最易捕获。普通朔望之日渔获少,上下弦时渔获丰。故一般渔夫,均以天候潮汐为其作息之标准。每船渔夫四人,二人司橹,一人司桨,一人司网。当渔船驶抵相当地点后,将船身横断潮向,使网口与下流船舷平行,与水面成为直角,便可投网,先网身,次而沉子网,再为浮竹。投毕,司橹者可转船顺潮前进,同时延出曳网。曳网之长短,须视海水之深浅,海底之底质而定。司网者须时时留意,就海水之深度、底质而伸缩之,否则网具易遭破坏。拖网约二十分钟,便可起网。起网时可停止船之前进,司网者急将曳网引扬后,浮竹将至水面时,复将船身依下网时之方向回转,司桨者宜急趁前帮同将浮竹高举,至沉子网离出水面时,可将其置于船中,再引扬网身。网扬既毕,将鱼取出,便可作再次之投网。

渔获物之处理:渔获后,倘天气不佳,即售与冰鲜船;在天气晴稳时,多经干制后售与螟蜅鲞行者。制法系先将鱼腹剖开,取出鳔肠,用海水洗净,整铺于岩石上,晒干至七八成便成。普通原料一担,可获制品二十斤。此种制品,多运销江西、汉口,每担值十七八元。

资本:经营墨鱼网捕,每汛需要资本如下(略)。

纳费:

牌照费	报关费	护洋费	自卫费
一元	一元	五元	二元

大莆网渔业

大莆网系张网之一种,借潮流之力,使鱼类陷入网中而捕获之,流愈急则渔获愈丰,故其适合舟山群岛各洋面之环境。

渔场:春汛于岱山衢山间,冬汛于象山港附近。

渔期:春汛自五月至七月,冬汛自十月至翌年二月。

渔船:长 49.5 呎,宽 9.75 呎,深 4.5 呎,载重二百余担。

渔具:网为锥形袋状,用麻线编成,起于八百挂,网目三吋,每节各减一目,网目逐渐缩小,及袋底时,网目为 0.25 吋,止于一百六十目,网口四周,连以 0.75 吋径之麻绳二条,各长三四寻,网口为方形,周阔三二寻,全网长为一八寻,新装者每张约一百六十元。附具则有下列三种:

1.浮竹。多用毛竹,头尾各穿一孔,以便连紧浮绳。竹之大者,头径可七吋,小者五吋,全网共用六根。

2.锚网。为竹片三股绞成之篾绳,径 1.75 吋,长六〇寻,共用四根。

3.锚。锚分铁质木质二种。本地所使用者,除锚齿为铁质外,其余各部概为木质,在锚轴处,加紧沈石一块,重数十斤,使易固着于地。共用二只。

网具之保存:在每次出渔归港时,须行染网一次。法将栲皮捣碎,每十二斤配清水一担,置釜中煮之,约十四五小时后,试将溶液滴于清水中,至不能离散为适度。用时将网地浸于溶液中,候其浸透,取出日干,如此往复三四次,至最末一回干燥后,置釜中蒸之,至有蒸气透出为止,谓非如此则染料易于脱落。其普通保存方法与大对网同。

渔法:渔船驶抵渔场后,将网具结附于锚网上,视潮水之涨落,为放网之标准。放网时,网口向潮,下方固以树锚,上方固以浮竹,使张大其口,网身受潮,亦伸直涨大,鱼类随潮而至,便陷入网中,潮平而起网,将渔获取出,复转网口之方向,作再次之投网,如此日夜可放网四次。

渔获物之处理:大黄鱼则以盐藏为主,倘渔场距根据地近时,多运回售与厂家制鲞,运销广东、福建。制法先由脊骨劈开一刀至尾部,次将内脏除去,用盐三成,浸渍四五天,取出晒干便成。倘系什鱼,即随地售于鱼行。

四、宁波鱼市调查

鱼类之产销额

一观江滨路一带之鱼行,及江厦街之咸货行业,便知宁波鱼市之重要。查本省鱼类之出产,年达二千四百万元。其冰鲜鱼除运销上海者外,大部分由宁波运销温台各属。昔年盛时,鱼类之贸易额,年达四百余万元;近年逐渐衰落,乃至去年全年之贸易额,仅三百二十万元。贸易品以冰鲜鱼为主,占全贸易额百分之八十以上。其主要之鱼类为大黄鱼,占冰鲜品中百分之三十,约七十五万元;小黄鱼占百分之十九,约四十七万余元;墨鱼占百分之九,值二十二万余元;带鱼占百分之八,值二十万元;其余各种鱼类,占百分之三十三,值八十二万余元。其次要之贸易品为盐藏及干制品,年值七十万元;在此七十万元中,舶来品竟占其半。此数无精确之统计,仅据该地鱼商之口述,编者初闻此言,尚不置信,及至深入各渔村,见其家家备有东洋咸鱼为其家常便菜,方信此数为不虚;再参阅上海水产经济月刊,知舶来咸鱼之输入上海者,年亦达百余万元。

宁波淡水鱼类之供给,除鲩、鳙、鲢、鲭外,悉为附近江河湖沼水田中天然所产;鲩、鳙、鲢、鲭则多为沿河居民设箔放养者。今东钱湖亦用以养鱼,但产量不多,仅可自给。按鄞地河流纵横,密如蛛网,养鱼事业本甚有望。惜人民未有组织,不能做大规模之利用,且鱼苗之供给困难,而沿河农民对于设箔养鱼又多无理反对,致大好水面荒废弃置,良可惜也。

宁波鱼市场重要水产品及本年每组平均价格(略)

宁波鱼行

本地鱼行分咸鲜货行两种,而咸鲜兼营者亦有之,颇难划分;鲜货行中,有放资本与冰鲜商者(俗曰放山本),有无资本放出者。宁波鱼市之大权,均操诸有资本放出之数家,如宏源、公茂、正大、慎生、顺康、万成、丰泰、东升等八家,其大者资本约在十万元以上。其放与冰鲜船之款,各有多少,须视各商营业之大小及其信用如何而定,多者每船放款三四千元,普通约二千元。其贸易额大者,如宏源、公茂等,往年达六七十万元,现则仅在五十万元左右,其余数家则在三十万元间。此外无山本放款者,如福昌、源升、裕泰、大兴、祥源等数家,其贸易额远不如前数家。其他尚有咸货行二十二家,统计其贸易额亦颇可观,然其贸易品多来自鱼行,且独营本地生意,故其地位远不如鱼行之重要也。

组织

鱼行视其资本之大小及贸易额之多少,而定用人数之多寡,如宏源一家计共用七十余人,每年行用开支共二万余元。其各人年薪及工作分配如下:

第六表　宁波鱼行职工工资及工作分配(略)

贩卖习惯

本地鱼行之贩卖方法与各地无异,鱼行者即买卖双方之经纪人。卖方与鱼行分为有债务及无债务二种关系:其有债务之关系者,则收来之冰鲜,必须经关系行方过称转卖,取佣百分之七;无债务关系者,则卖方可不受行方之限制,随意将冰鲜投卖各行,经鱼行过称,取佣百分之六。买方则一律取佣百分之二。买方佣金不归鱼行,而作为老师父等之搬运及所用器具之代价。至于重量则一律以市斤八折计算。款项之收付,因个人信用不同,或记账或付现,但不论记账或付现,当付款时,均得按当日行情,扣回伸水若干。

宁波冰鲜船

宁波冰鲜鱼均由冰鲜船前往渔场收鲜运归。当渔汛盛时,停泊江中者多至四五十只,平均每日进口者亦有四五只。此种冰鲜船构造大小略有不同,普通载重五六百担,船员十三人,每年除七八九十四月,因渔获较少,停船修理外,余八个月,均往渔场收鲜。每年由十一月至翌年三月,在沈家门或嵊山收带鱼,亦有往六横方面收鲜者,但多为大黄鱼、鳗鱼,三四月在中街山一带收小黄鱼,五月至七月往衢山、岱山收大黄鱼,或花鸟、嵊山、青浜、庙子湖等处收墨鱼;过后便归港修理。

冰鲜船与鱼行之关系

此项冰鲜船,有私人经营者,有合股经营者,然十之八九均与鱼行有债务关系。往年信用较著之冰鲜商,每船年可得鱼行三四千元之借款,近因各船营业不利,放款无法收回者为数甚巨,然欲维持其营业计,不得不继续借放,累积愈多,甚至每船积欠多至万余元者,故目下之放款,已不如前之多也。船方接受行方之放款以后,须将收得之冰鲜,受关系行方过称转卖,被取佣七分,即总货价值百元时,仅得现款九十三元。

宁波冰鲜船以湖帮势力最大,共四十六只,此外各帮所有者尚为数不少;不过其运鲜航路向无一定,其与宁波交易稍有关系者,计台州大晴帮二十只,北岩帮二十四只,沈家门十八只,定海八只,黄龙、嵊山、衢山、六横、泗礁等处各三四只,统计宁波冰鲜船约一百二十余只。

收鲜习惯

冰鲜船往洋面收鲜,向无携带现款,仅以记现办法,或替以鸟形票。票为鱼行所出,为定期兑现之一种票据,上书"凭票发若干元",因其所书酷似鸟形而得名。今用此法者渐稀,概悉以信用为主,如某船属于某行,则树以某种旗帜,呼某种音号,以便识别,并各携印信,以便交易后,在双方所执之折上,书明银数,戳盖图章为凭,候渔汛终了,凭折清结,亦有订明日期地点交付者。上法仅适用信用较著之行家,其新开行家,非得当地钱庄银行出单具保,多不能取得渔船之信用。

资本:经营冰鲜业每船每年需要资本如下(略)。

纳费:(略)

鱼类处理

冰鲜船驶抵渔场后,与之素有交易之渔船,均驶集其旁,出海(即买手)与各船议定价格。习惯上大黄鱼及墨鱼多以尾计算,其余如小黄鱼、带鱼、鳓鱼等多以重量计算。交易既成,其所收买之鱼类,由落舱(处理渔获物工人)用冰保存之。法先于舱底铺水一层,上置以鱼,以后鱼冰层层互间,及顶,铺一层较厚之冰,上再盖以草垫,以防外热之侵入。其用冰量视气温及所保存时间之久暂而定。藏乌贼时,须在鱼之中央,每隔相当之距离,插入一以竹片制成之通风器,使舱中之冷气得以互相流通,并时将冰融解后流入舱底中之水抽出。如此约可保存鱼类之鲜度四五天。

宁波天然冰厂

下白沙对岸之梅墟地方,和丰纱厂东沿江数里,有无数累累方锥形之草棚者,即天然冰厂也。此项冰厂,多为当地农民所营。因其无需巨大资本,又可收相当之利益,故普通有水田七八亩,资本七八百元者,莫不建造一厂,以收其利。此种营业,系采集冬季水田中所结冰块,挑贮厂中,俟结冰期过后,取出售与渔船及冰鲜船应用。当其盛时,梅墟一带有七八百厂之多。

天然冰厂与当地农民及渔业上之关系

现该地计有大小冰厂二百六十余厂,可容冰一万二千担至一万六千担者,计有五十余厂,可容八千担至一万担者,计七十余厂,余者可容冰四千担至七千担,总计容量约为二百二十万担,其在贮藏期间之溶解率以百分之四十计之,则其实藏量为一百二十余万担。冰价常因供求状况而异,供过于求时,其价必贱,反之则价昂。普通以冬末春初价贱,夏秋价昂。贱时每担价仅数分,昂时可七八角,普通则在四五角之间。如每担以四角五分计收,则宁波天然冰厂之收入,年当在六十万元之间,此数虽不足称巨,然附近之农民得此一笔收入,于经济上不可谓无补矣。且其间接所予渔业上之利益尤大。盖鱼价之低落,其原因甚为复杂,然供求不均实为最大之原因。而鱼又非其他牲畜可比,一经采获,立失其生活能力,其死后于自身之分解作用及腐败,较鸟兽肉尤为迅速。且渔场距市区遥远,运输需时,故欲达其目的点,非加以保藏不为功。现我国对于鱼类在海上之保藏方法,仅有盐藏冰鲜二种;盐藏一法固可保藏久远,然制品不受社会人士之欢迎,故海上鱼类之保藏法,仍以冰鲜为主。普通冰藏鱼类,鲜鱼十斤用冰量五斤至七斤;但在海上收鲜,因路程较远,时间较久,故冰量亦较多。今以一与一又十分之三比计算之,则宁波天然冰之供给,可保存一百万担之鲜鱼,从渔场送往距离五百浬以内之都市。倘无冰之供给,则虽近如上海宁波,亦难得一尝鲜鱼之滋味。冰对于鱼类之运输及价格调节,其功不可谓渺也。

天然冰厂之构造及费用

天然冰厂之构造甚简单,厂之地位,大抵在水田之中央,以便采取收集,其基底则用乱石打实,并令其表面齐整,四周稍向中央倾斜,中设小沟数条,深七吋,幅六吋,沟口连以竹筒,通出厂外,以利排水。平时筒中满塞稻草,以防外热之侵入。基地之上四周复围以墙,墙基厚十六吹,及巅可五吹,高十二吹。在墙之一隅开小出入口,阔约三吹,高仅齐人。而墙之四周,密植树木以取荫,借免厂中受热。墙之上面复盖搭一长锥形之草棚,顶高十八吹,檐与墙顶齐,其架均以杉为主干,侧则架以毛竹,互相交叉,成为锥形,再密盖稻草于其上。复于草棚上之适当处,开一小门,此门系当厂中藏冰至某种程度,而出入口已被封闭时,则厂中冰之取藏观察均由此口,平常不用时,则用稻草紧闭之。

普通建一冰厂,除地基围墙费用较大,需六七百元外,其盖搭草舍之杉、竹、稻草、麻绳等工料费,总计不过二百余元。厂基围墙,可得永久之使用,杉竹亦可耐六七年,以后每年调换少许便可,但棚顶则须每年调换新草一次,其工料费约需四十余元。此种工作,多于每年冬初行之。

采冰法

此地之结冰时期虽年有迟早,然普通多在冬节前后,故每当秋收完毕,便可开始修理冰厂,整理水田。水田本无需特别之整理,仅将田中之杂草除去,使底部平整,并将各区水田近冰厂之一端,掘一阔三呎,深二呎(长则随田之形势而异)之小沟一条。至天气寒冷时,便将沟中之水,车进田中,深四五吋,俟气温降至32℃下而风力弱时,立可结冰。迨结冰至所需要厚度时(普通由四五分至一吋),用木耙将其击碎,耙进沟中,以竹箕捞出,盛于簎中,然后挑进厂中贮藏。此种采取法,本甚便利经济,但因冻结田无特种设备,而沟水既浅,水质亦极污浊,故冰中多夹泥沙,此其最大之缺点。

天然冰厂营业收支概算(略)

宁波藏冰业衰落之原因

按本省各渔船用冰量推算,则本省藏冰业大有发展之可能,且其得利亦不为不厚。其所以日渐衰落之原因,有谓因本省渔船减少,及受人造冰推销之影响者,此固为原因之一;然查其究竟,其受天灾人祸之影响尤大,倘一遭天灾人祸,则一切均付诸东流,毫无所获矣,故此种事业颇有投机性质。灾祸之起因,多由寻仇报复,自私自利所酿成。如彼此均营冰厂,但因存冰过多,致冰价不能提高,异想天开,不惜暗中烧毁异己之冰厂,或因小故而借此以为报复者,亦时有所闻,故冰厂发生火警,乃司空见惯不足为奇也。此种习惯不独有损道德,且于斯业前途影响尤大,宜设法消灭之。如能在同业间,互立共守之信条,并组共同望守、共同贩卖等合作,即可免竞争之损失,于藏冰业前途不无少补也。

宁波冷藏制冰业

浙省洋面所产各种重要鱼类,多属洄游性鱼类,如大小黄鱼、带鱼、墨鱼等是也。故当渔汛旺盛时,渔获甚丰,骤然拥挤市面,遂至价格降跌,及渔汛过后,则一无所得,而价复随需要而提高。其价格高低之悬殊,非其他货物所能比拟,如小黄鱼贱时每担一元,而价值高时可售二十余元,其高低之差达二十余倍,此种现象,均出于供求之不能调剂。且鱼类之迁移不定,天候之影响,运输之缓速,社会之需要又常受嗜欲、气候、习惯、宗教等之关系而增减,均使供求愈无定度。外国对于此种之调节,均用最新之冷藏方法,当其盛收而藏之,其缺时出而售之,故能常保持供求之均衡。我国现时鱼价如此低跌,冷藏事业实有提倡之必要。

宁波冷藏库

冷藏事业为我国新兴事业之一,而宁波亦仅有宁波冷藏库一所。该库设于天后宫侧,于去年十月始行营业,建设共五层,以铁骨水门汀为主干,墙壁则以砖筑成,绝缘装置除盐水槽系用软木外,其余概用砻糠。于最下层设机器间、制冰间及藏冰室。机器间中,装置 9×6 之铆压机二副,重油发动机二副,一为八二 H.P.,一为七五 H.P.。而二三两层,各有冷藏库四间,每间可藏鱼一千百担。第四层有普通冷藏库二间,冻结室二间。第五层为凝缩管。该厂能力每日可出一六〇磅之冰九六块,可冻结鲜鱼二百七十担;倘藏货多时,制冰槽尚可为冻结之用,日可百担;如无冻结而仅维持各库之低温及制冰时,则开一机已足。其规模尚不为小,设计亦颇合理,然其设备尚多缺点。

该库营业收入,大部为鱼类冷藏,而鱼类中以大小黄鱼及乌贼为大宗,现库中所藏鱼类,多为公司独自经营者。其次为药材果品,冰之销路甚微,平均日仅一二吨。

五、渔村概况

鄞县无单纯由渔民组成之乡村,所有渔民,多零落散居各处。今为便利起见,特将各渔村,由地理及习惯上,分为东钱湖、姜山镇、咸祥镇三区,分述其概况如下:

东钱湖

地位形势:东钱湖位鄞县之东,距县城三十五里,四面环山,全湖面积七十一方里,湖水自七十二溪流而来,鄞、奉、镇三县之田,均受其灌溉。环湖有下水乡、韩岭镇、陶公乡、大堰乡、殷家湾、莫枝堰镇等六乡,陶公、大堰二乡在其西南,殷家湾在其西,此三乡居住渔民甚多,即所谓湖帮渔民也。

交通:该地交通颇便,水道有帆船及小电船可与县城及各乡村来往。陆道有宁横路在其西,宁穿路在其北。由县城乘搭宁横路汽车,三十分钟可抵冠英站,再徒步三里可抵陶公乡。为欲免徒步之劳,可乘宁横车至莫枝堰,换乘小艇,可直达各村,但所费时间较多。此外陶公乡、大堰乡等处,尚有电话线可与各地通话。

人口:环湖居民共有八三三〇户,人口三〇五六九人。中以陶公乡最大,占二三四六户,九一二六人;莫枝堰镇一七〇七户,六四三三人;大堰乡一三八八户,五〇一七人;殷家湾乡一一〇七户,四九五五人;韩岭镇一七八二户,二六四七人;下水乡六九四户,二一四七人。

职业:该地诸乡,概属山地,无可耕之田,故居民除外出经商或营工者外,大都以捕鱼以业。渔业概分之为外海渔业及内湖渔业。外海渔业最主要者,为大对网渔业。此业在民国廿一年时,共有二百五十余对,今所存者,仅一百二十余对,计陶公乡六十二对,大堰乡二十七对,殷家湾三十五对,其余各乡每乡一二对。其次为乌贼拖网渔业,以殷家湾为最多,共八十四只,其次为大堰乡,五十四只。廿一年时,直接从事此业者达五千余人,今直接从事此业者仅二千人。在湖内从事捕鱼者约一千三百余人;所用网具,多为旋网类及刺网类。总计环湖居民直接间接以渔为生者,为数总在一万以上。

渔民生活:该地渔民居住之家室,较各地渔村高大整齐,由表面观之,生活似颇安适。然考其实际,前数年捕鱼尚足自给,近年收入锐减,故工作较之往前愈加辛劳,除在渔汛期间,必须度其海上生活;在休渔之四月中,或在湖中捕鱼,或帮同修理船只,或往山中采樵割草等,虽无确定之工作,仍仅劳不息。妇女则专在家料理家务。

渔民经济:渔民除所居之家室及渔船渔具外,概无恒产,其全部收入,几悉赖捕鱼。今以大对船为例,平均每年每对之渔获金为五千元,除去三千元之资本外,平均每人所得不过一百四五十元,此为强壮青年每年工作之收入。如以该地人口计算,则每四人中仅有一生产者,故此一百四十五元之数,即一家四口生活之所系。以此数维持三人一年及一人四个月之粮食,即在生活最低之乡村,已感不足;况该地均属山乡,杂粮之种植不易,故其日常所食,概以米为主,其生活程度较能产番薯等杂粮之地为高,故入不敷出,一届渔汛,非借债不能出海也。

合作事业:合作事业在外国已收到伟大之效果,然在我国尚不多见。渔业上之合作更绝少,而该地竟能于去年成立东钱湖外海渔业捕捞合作社。该社最初得社员二十五人,共认二十五股,计共收股票五百二十元。时因事属创举,渔民之认识尚浅,且限于能力,无显著之成绩;且因创立未久,基础未固,难取得外界之信用,故以前每向银行借款,多无结果。本年得县政府从中向各银行接洽,并以该社十六名理事之船只房屋为抵押,借款三万元,为补助各社员出海捕捞之用。今年该帮各渔船得出海捕鱼者,赖该社之力不少。

教育:该地各乡村,小学教育尚称普及,且各校之收费办法,多视学生家庭经济而定,故贫家子弟亦得入学之机会。陶公、大堰二乡之失学儿童为数不多;渔民子弟亦几有半数得受小学教育之机会。大堰乡且有建筑良善之乡村图书馆一所,足见当地对于乡村教育之重视。统计六乡中,共有高级小学四所,初级小学十四所,共有学生一千四百余名。各校学生,亦多适合法定学龄,各生年龄大小之差甚微,故施教颇易;惜因经费关系,各校教室设备甚多简陋,对于光线空气及桌椅之高低,不能加以兼顾,此其最大之缺点。

卫生:该地各乡村,对于公共事业之提倡,颇为努力,然对于乡民卫生之指导,尚有无限缺憾。渔民在海上之环境尚佳,而乡居之情形则大异。乡道二侧,茅厕垃圾随地皆是,臭味逼人,不独有碍观瞻,又为传染病之媒介。对于饮水,亦不注意,不论用为洗涤抑为饮料,均取给于湖水。如能在乡中,开掘水井,或设沙滤池,其对乡民之健康,当不无补益。乡民尤有一种更坏之习惯,棺木多不肯掩埋地下,露置于乡村附近,小孩死后多仅将草席裹其尸体,悬诸树上。以上种种,实有望办理乡政者切实注意改良之。

风俗:该地居民,朴素勇敢,对宗族观念甚深,喜集族而居;且地处湖滨,人人深识水性,尤善操舟,故从事渔业者颇众。渔民富于服从性,对于领袖之信仰极深,故乡政之办理颇易。至于婚丧之礼,一如县城,惟对于婚礼之费用,尚嫌其过奢,每办一婚事,非三四百金不可。

信仰:本地庙宇随处可见,居民迷信颇深,尤以渔民为甚。每对大对船用于敬神之款,年达七八十元。其所信仰者为太保少保菩萨,过风涛时则呼天上圣母娘娘。查信仰在渔民社会中,作用甚深;盖渔民从事海上生活,至为危险,倘非深信生死祸福悉由神主,则凡遇风涛之来,必至举动失措,故其信仰,能在险恶环境中,安其心,壮其胆,使其不致失操舵之术,于渔业上不无小补。惜其所信非属高尚之宗教,又因此耗费若许之金钱,故仍有加以指导改正之必要。

咸祥镇

位置地势:咸祥镇在鄞县之东南,即在宁横路将终之一站,距县城七十六里,距横山六里。横山之东即象山港也。其所管辖区域,计有滨海、球南、咸祥、临海、蔡墩五乡,中含大小乡落五十余。各乡面积总占地七十二方里,除滨海、临海二乡附近有少数盐田外,余则山乡水田各半。

交通:陆道交通专赖宁横路,由宁波至咸祥镇,需时一时十五分;水道有大嵩江,然在交通上不甚重要,仅足供各乡小艇之往来,其余外方水道交通,悉由横山。横山有新得安、新永安二电船,往来象山间各处,每日往来数次;此外尚有帆船可与奉化沿海各乡交通,与定海交通亦甚便利,或由象山乘轮,或乘宁横路车至盛垫站,转购宁穿联运票,可达舟山各岛。

人口:该镇所辖各乡,除滨海、球南、临海、蔡墩数乡较大外,其余均系小村落,统计居民共三五五九户,一三六五五人。

职业:该地为鄞县唯一通海之路,以形势论,应占该县渔业上重要之地位;然近年来渔业在本镇上所占之地位渐微,前赫赫有名之大莆船,今所存者,计外塘二十六只,化巴袋五只,横山三只,山茅岭四只,统计全镇共三十九只;此外尚有空钩钓艇八只,篙建网船五只,地曳网四顶;在内河捕鱼者,有缯网四十四顶。统计全镇直接从事捕鱼者,为数仅有四百人。其余居民大部都以耕田及晒盐为生,尚有少数经商及业小贩。

经济:自鱼价低跌以来,渔民经济之窘迫,已成为普遍现象,观其渔船之逐日减少,已可知之。即其日常之生活,亦专赖借债以维持。此地渔民唯一借债之途,为岱山鱼行之放款;今鱼行方面因放款多无保障,故亦不敢多放。前大莆船信用较著者,可向鱼行举债六百元,普通可三百元。今则无论其信用显著与否,欲举百元之债,已难如登天;且百元之债,则六个月须缴利息十一元,并须将所捕获鱼类,交行售卖,取佣四分,条件甚为苛刻。

渔民生活:大莆船上半年往岱山捕大黄鱼,下半年则在象山港附近捕什鱼,故其从事海上之时间较多,与家庭之关系甚少,对于家庭之观念甚浅;尤以一般无妻室子女之渔民为甚,每于渔汛期间,一有收入,则烟酒嫖赌无所不至。在休渔期间,有多数以耕田为副业,其大多数则帮同晒盐。近来监斤滞销,大多无所事事,游手好闲之风气竟随之而养成。

风俗习惯:居民尚称敦厚朴素,独渔民则远不如农民,颇有今朝有酒今朝醉之概,故微有收入,莫不尽量浪费,而嗜酒如命尤为渔民共同之习惯。

教育:该镇教育,不论其在量上或质上,远不如东钱湖。全镇计有小学六所,学生不满四百人,而渔民弟子之得受教育者尤属寥寥。除一所镇立小学稍备规模外,余者均为私塾式之初级小学,校址多借用庙堂,既无专设之课室,又乏分担教务之人,仅以一人之身担校教二务,学生济济共聚一堂,授课时则此班听讲,彼班自修,仅有学校之名耳。

卫生:该镇街道,污秽异常,每遇天雨,则泥泞不堪,污水随地淤积,牛猪鸡犬与人杂处,而家室矮小,各具杂陈乱堆,塞得水泄不通,阳光空气更不用谈。有时固限于经济,不可奈何,然全数居民毫不知卫生为何物,竟安之如素,不肯稍加整理清洁,此实习惯上之问题也。

信仰:该地庙宇较少,然仍不能灭却渔民迷信之心,其所信仰者,仍以天后宫(圣母娘娘)为主。

姜山镇

位置地势:姜山镇在鄞县之中部,地多平原,位于东钱湖之西,宁波之南,距宁波二十六里,距东钱湖二十二里,与甲村相距十里。

交通:从宁波至横溪甲村等处,有汽船可通,而姜山附近河流交错,可用小艇与各地互相来往;惜各小河多生水草,故舟行颇感不便。陆道原计划筑宁道线,自宁波江东起,经姜山、甲村、横溪,以达与奉化境毗连之道岭,计长七十里;

惟此线至今尚未兴筑，故陆道交通仍赖步行也。

人口：全镇居民共一六三六户，人口为六八五五人。

职业：姜山各乡概属平地，而水田甚多，居民大半业农，故此各地各乡毫无渔村气象，除外海帮从事捕鱼之时间较长外，余者每年仅出渔二月，不过为其副业之一种。计庙前乡、桃江镇、张黄村及姜山镇等处，共有墨鱼船八百三十余只，其直接从事人数为三千四百五十余人，故斯业在该地仍能占相当地位。

经济：该地居民大半收入为农业，平均各人之收入，亦不能超于渔民，不过其日常生活所需，多由自给，故其生活可较各地渔民为低；且知节约，故其经济虽形窘迫，尚可勉强度日也。

教育：该镇教育，在质上言，实超越东钱湖之上，如校舍之建筑，课室之布置，地方之整理，学生之整齐清洁，尚可予人以一种比较满意之印象；然在量上未免少得太可怜，全镇仅有县立、私立小学各一所，学生未满三百名。

卫生：该镇对于公共卫生，虽无特种之设备，然尚有相当注意，如对于居民卫生之指导，街道沟渠之清理，尚有相当成绩。居民对于卫生常识虽尚未能完全了解，然对街道沟渠之清洁，尚能遵守实行。由此可见乡民并非生来污秽，实由于指导不得其人，至养成一种习惯，负乡镇行政之责者，当知有所留意矣。

渔民生活：该地渔民，分内海外海二种。内海渔民，年仅捕墨鱼二个月（由立夏至端午节），其后便度其日出而作日入而息之田园生活。此项渔民，对于海上生活不甚熟悉，故该地墨鱼船老大，多雇用湖帮，此等渔民以其称为渔民，勿宁称为农民。外海帮则一年四季均从事海上工作，一年中仅于新年时节归家一行，其余时间，或捕墨鱼，或采淡菜、耙辣螺、钓鳓鱼等。

合作事业：民国廿一年时，县府曾派员往各渔区调查，认各渔村有组织合作社之必要，并已拟具筹办姜山螟蜅鲞运销合作社指导计划，派合作事业指导员会同该镇办事人员负责筹备；惜该地人民对于合作事业尚无认识，故迭次召集会议，每告流会，搁置至今，尚无法筹办。

信仰：该地多属农村社会，故其对于迷信不如各地渔村之深刻，渔民所信之神与咸祥镇同。

（《浙江省建设月刊》第 10 卷第 4 期，1936 年 10 月）

视察浙江渔业报告

邓宗岱

浙省地滨东海，沿海可渔之区有二十余县之多。渔船约在万数以上，业渔为生者不下数百万人，诚东南之绝大渔区也。惜渔民知识浅陋，墨守旧法，且受海盗充斥之影响，业渔者咸有戒心。近年有识之士力倡远洋渔业，其组织公司购买渔轮从事捕捞者已有十余公司之多。将来省府再有相当之保护奖励，其前途发展正未可限量也。

浙省渔业行政

浙省向无渔业行政之可言，因历来官厅无人重视渔业也。民国三四年，江苏张季直先生组江浙渔业公司，设事务局，以江浙两省之公款购渔轮二只。一方经营渔业，一方征收渔税，官厅毫无过问之权。及民国九年，浙省当局有收回江浙渔业公司之议。曾设外海渔业总局于定海，设分局于永嘉，以期统一渔业行政，肃清海面盗匪，整理原有渔业公所之渔船牌照收入，从事改良渔业技术，而收回渔业之议，卒格不行，民国十五年且将总分各局裁撤。民国十七年五月，财政部函请江浙两省、外交部、海军部各派代表会商办法，将江浙渔业事务局收为部办，江浙两省各派一人充稽核员。至此渔税归诸政府，而浙省则仍无渔业行政统系机关。以渔税之征收及渔业之保护，均在江浙渔业事务局职权之内也。浙省渔业行政不过建设厅令各县，作渔业上之统计调查而已。此外在定海办有水产职业学校，附水产制造工厂，以为培养人才研究改良之所。

定海一带之渔业

浙省沿海渔业最发达之区，首推定海、镇海一带。以出产而论，其产额约占全省十分之六。鱼类以小黄鱼、大黄鱼、乌贼鱼为大宗，销宁波、上海、广东等处。定海为海岛县，全县有海岛大小七百余座。最大者为舟山、岱山、衢山、金塘、大榭、桃花、六横等山。居民约八万四千七百六十二户，业渔者占百分之十八，即约一万五千二百五十余户（此数系县政府最近户口调查统计）。去舟山四五十里之沈家门为渔船集中之处,渔船由此入海捕鱼,回时亦必群聚于此。约略计之渔船大者四千号,中者五千号,小船三千余号(统计大中小船在一万二千只)。本县占四千余号,余均来自台州、温州等处。每船出海捕鱼,丰时可得数万斤,歉时数百以至数千斤不等。所得鱼以黄鱼为最多,鳓鱼、墨鱼、鲨鱼、带鱼次之,鲍鱼、虎鱼又次之,年产总值三百万元之谱。每当鱼汛之期,中国银行特设办事处于沈家门,以便渔民汇兑,以其时交易动辄逾万也。业渔之民分三种:一为自营,即自有渔船自营捕鱼者。一为租营,即租他人之船而自行捕鱼者。因有若干自营者已获利甚多,鉴于海盗充斥时有绑票之险,故乐于将渔船租与他人,而坐享其利。租价甚昂,每年租金约占船值三分之一,三年所得可另制一新船。一为雇佣即为人佣工者,每年工资视其技术高下而定。大约上等年四五百元,中等年二三百元,下等年一百七八十元。亦有按季论者,其工资常较以年计者高十之三。更有月给工资四五元,每捕鱼一次售出后分与所得一二成者。

渔民之习性

渔民性嗜赌吸鸦片,每当鱼汛之期,海港赌摊多至数十处。渔民趋之若鹜,自带烟具,就船吸食。是时虽有公安局警察在场弹压,亦不敢加以禁阻。以渔民甚众且凶悍者多,偶一不合即易演聚众逞凶之事也。因此渔民所入大多销费于赌场烟窟之中,甚有自营者因今日赌负而售去其船,甘为人佣。亦有为人佣者,忽因赌胜得船而变为自营。其不肖者因今日赌负而流为海寇亦在所难免。渔民嗜烟赌外并好购衣服,故在鱼汛期中售故衣者排连如市。但渔民往往今日出钱购若干之衣服,明日赌负无钱,又将所购之衣悉质长生库中。渔民无识,不知储蓄,徒事浪费,无惑乎渔业之不发达也。

渔船之种类及数目

渔船之种类大别为下列各种:

一、大对船。系二大船并行以捕鱼者,每对价约一千四百元,需用人十四。鄞帮三百余对,定海四百余对。二、海山对船。同系二船并行捕鱼,惟船身小,价约四五百元。三、小对船。系二小船成对以捕鱼者,价四百元左右。以上二种船捕鱼时只需五人。前种定海、镇海共六七百对,后种台帮二千余对,定海三四百对。四、大小对船。系大对船或小对船之损坏其一而乱配者,捕鱼时需用十二人,仅台帮有二百余对。五、墨鱼船。系专捕乌贼鱼者,船不大,价只一百二三十元。捕鱼时用三四人。鄞帮有一千七百余只,定海有五六百只,嵊山各岛约五百余只。六、张网船。捕鱼时用六人,价八九百元。镇海帮有三百余只,定海有一千余只。七、流网船。捕鱼时用五人,价千元左右。台帮约七百余只,镇海一百五十余只,定海一千二三百只。八、大蒲船。捕鱼时用六人,价八九百元。鄞帮一百三十余只,象山二百余只,奉化五六百只。九、冬钓船。系下钓网者,捕鱼时用十八人,价约七八百元。全为闽人驾驶,数约五六百只。十、高钓船。捕鱼时用四人至六人,价六七百元。奉化帮有百余只。

渔具之种类

渔具约分下列数种:

一、大对网。属曳网种,一囊二翼,囊长十六寻(五尺),翼长四十寻。

二、小对网。与前种同形,但小十分之二三。

三、大蒲网。属敷网类,系方锥形之囊网,口周约三十余寻。

四、张网。属敷网类,亦为方锥形之囊网,有单网、稀网、海蜇网等区别。

五、流网。属刺网类中之流,刺网有黄鱼流网、鳓鱼网、鲵鱼流网、蟹流网、铜盆鱼流网等种。

六、乌贼拖网。属缫网类,专捕乌贼鱼者。

七、带鱼延绳。系绳之带钩者,专捕带鱼。

八、各种底绳。即绳之带大钩放于海底者。

渔期及产量价值表(略)

水产制造物之产量及价值(略)

渔区及渔港所在地

渔区为东海南自沙埕港北至佘山东北,渔港如左:

1.鄞县:东钱湖、大嵩、东南乡、咸祥。

2. 奉化县:栖凤、洞礁、大溪堰。

3. 象山县:石浦、三门湾、爵溪。

4. 镇海县:新碶头、沙河头、蟹浦、梅山、昆亭。

5. 平湖县:白沙湾、滩许、乍浦。

6. 定海县:螺门、钓门、高亭、沈家门、岱山、衢山、长涂、六横、桃花、南峰山、沥港、舟山、庙子湖、秀山、蚂蚁山、葫芦山、鱼山。

7. 临海县:海门、北岸、洋屿、白沙、上盘。

8. 温岭县:松门、石塘、上下大陈、竹屿。

9. 玉环县:坎门、江岩、毛埏。

10. 平阳县:赤溪、镇下关、大小溪。

11. 瑞安县:铜头山、三盘、北磨。

12. 乐清县:黄山、鹿栖山。

渔户之团体组织

浙省各县所有之渔业公所,即渔户之团体组织也,其组织大小不一。或数十渔户联合组一公所,或某一地之渔户联合组一公所。此种公所以某帮公所命名,如福州即名闽帮公所,台州即名台帮公所。每公所举董事一人或二三人董其事。所谓董事者,非必渔户,只选地方上之有体面者充之。既组公所之后,凡有争执事项统由董事代为调解,渔户保护事宜亦由公所董事办理。其费用由公所与渔户商定后,由各渔户分摊。渔户但知求得保护,摊款多寡在所不计。公所董事遂得于中造作,大取其利。公所对于本所之船户,每船发给旗帜一面以作标识,每旗一面年收捐一元至八元不等。兹将调查所得之公所名称及其地址录后(略)。

浙省渔税之征收法

浙省渔税由财政部所设之江浙渔业事务局征收,但江浙两省可各派稽核员一人稽核收入。所抽税率为值百抽二五,而征税只限于鲜鱼及鲜水产动物之满一百斤者,其不及此数或肩挑负贩者概不征税,鱼类之盐腌或晒干者亦免税。

每年所得税收,除事务局一切开支外,有余以四成提充中央教育经费,六成分充江浙两省渔业建设费,并规定渔业事务局应在鱼汛期按时派轮巡洋及保护渔业,制止外人侵越海权及采捕鱼类及代理冰鲜鱼船报关事务。所谓冰鲜鱼船者,即船之满装冰块赴海中,向各鱼船收买鲜鱼,运至上海、宁波等处销售之船也。此种船已纳渔业事务局之渔税,尚须纳海关税,税率为值百抽三。无论何种鱼均按每石估价六分计算,总计浙省鱼税年收不及四万元,尚不敷局用,省方实毫无所得也!

浙省渔业保护方法

浙省渔业之保护分下述三种方法:

(一)省方所行之保护

每届鱼汛时期,省方即通令海外水上警司注意保护渔民,并函请海军部派兵轮巡弋各渔港。海军部遂派兵轮一只,每一港口停住若干时,依次轮驻一周。

(二)渔业事务局所行之保护

渔业事务局有渔轮三只,名富海、利海、海鹰,专事保护渔船之用。但所保护偏于冰鲜,船赴海中向各渔船收买鲜鱼,常携带大批现款前往交易也。每一渔轮之中有船主一人,大副一人,二副一人,水手四人,火夫二人,队长一人,队兵十名。

(三)渔业公所方面所行之保护

各渔户因海盗异常猖獗,时有掳人勒索情事,而渔业事务局方面仅有渔轮三只,且偏重于冰鲜渔船,致真正捕鱼船无有保护。以海军舰及水警局之浅水兵轮,不过停泊港湾聊以示威而已,不能随渔船出海保护也。为谋安全起见,遂商由公所向警局请兵轮随船保护,一切费用由渔户任之,雇专事保护之民船(此种船俗呼商报,自备有精利枪械,且多与海盗通声气者)随从保护,所需费用即由受保护之各船户分摊。

此外浙省府为谋渔民自卫起见,于十七年七月颁布浙江省海洋渔民自卫团暂行规程,令沿海各县渔民创办,但迄今未有组织者。兹将其规程录后:

第一条 海洋渔民为防御海盗共谋自卫计,得依本规程组织渔民自卫团。

第二条 渔民自卫团由海洋渔民就各海岛重要渔区联合组织,称为某某区渔民自卫团,在保护渔业机关未组织成立以前,暂由外海水警局管理之。

第三条 渔民自卫团之组织应由各区渔民先行推定代表,遵照本规程拟具章程预算办法,呈由外海水警局审核,转呈省政府民、建两厅核准备案。

第四条 渔民自卫团设团董三人至七人,由各渔民推出,取具三家殷实铺保切结,连同姓名、年龄、住址、管有渔船只数,呈请外海水警局审核委任,就团董中指定一人为主任,转报省政府民、建两厅备案。

第五条 渔民自卫团视区安危之现状,得置巡船,但每团不得超过五只,每只团丁除舵工、水手外,不得逾十二人。

第六条 巡船之设置应由外海水警局编列号次,颁发旗帜,分呈省政府民、建两厅备案。

第七条 渔民自卫团团丁应就渔民中选有身家素谙操练之壮丁充当,并应取具切实保结箕斗表,呈报外海水警局核定,转报省政府民、建两厅备案。

第八条 渔民自卫团为训练团丁起见,每团得聘请富有海军学识者一人或二人为训练员,但须将履历及负责介绍人姓名呈由外海水警局,转报省政府民、建两厅备案。

第九条 渔民自卫团得自备枪械,但须经外海水警局点验、烙印、登记并照取缔民间枪械规则及公团人民请领枪械护照办理。

第十条 渔民自卫团服装以蓝布中山装为准,肩章、帽章均用党徽,于白日中加红渔字,其旗帜式样与保卫团同。

第十一条 渔民自卫团经费由船民自行筹集外,得以固有之旗银网费、护洋费充之,不得额外勒索强捐。

第十二条 渔民自卫团捕获盗匪,除当场格毙不计外,应立时解送就近官厅究办,不得擅行禁押及处分。

第十三条 渔民自卫团应互通声气,彼此联络,并随时受外海水警局之指挥监督。如遇大股盗匪力难抵御时,得请求就地军警协助捕剿。

第十四条 渔民自卫团各巡船如果防御有方,盗匪敛迹或擒获巨匪大盗者,由该团自行奖励并得呈报外海水警局,转请省政府民、建两厅奖励之。

第十五条 渔民自卫团团丁因拒盗匪受伤或致命者应由团抚恤,其抚恤章程由团自定,呈请省政府民、建两厅核准施行。

第十六条　渔民自卫团或一部分有左（下）列情事者之一者，视情节之轻重，分别究办解散并追究其保人。

一、有反动行为者；

二、有通匪庇匪匿匪行为者；

三、不服官厅命令调遣者；

四、不应援他团者；

五、有扰害人民情事者；

六、有勒索敲诈情事者；

七、有包庇烟赌、偷运米粮及运禁物品情事者；

八、有干涉民刑事件及地方上有其他事项者；

九、其他违法违纪者。

第十七条　渔民自卫团自成立时呈报后，应按月将团务状况呈报外海水警局一次，并每年依左（下）列各项，呈报省政府民、建两厅一次以备查考。

一、区域；二、团董姓名履历；三、训练员姓名履历；四、团丁姓名年龄箕斗表；五、巡船总额及其号码；六、枪械子弹种类及其数量；七、防御情形。

第十八条　渔民自卫团应于渔闲时召集渔民训练御盗技术，其办法由团自定，呈由外海水警局转报省政府民、建两厅核准备案。

第十九条　本规程自省政府公布之日施行。

浙省之鱼市

浙省之鱼市最大者为宁波，每日有市，由早三时起至七时止。斯时各鱼贩往来如织，肩摩踵接，人声噪杂，可闻一里之外，而鱼腥扑鼻，遍地淋漓，尤令人不耐。七时后交易已毕，则顿成萧条之象。计全市有鱼行八家：慎生、宏源、鸿顺、万成、正大、恒顺、东升、公茂、和丰、顺康。每行之资金约三四万至五六万元，行佣为值百抽五。渔船将货交于鱼行立时可取现金，而鱼行之售出则须候时结账，但所售之价较高，利亦甚厚也。故鱼行有拉买卖而先放款于渔船，使其不售于他行者，每年交易约有三百万元之谱。其次为定海，有鱼行四家，须鱼汛中方有交易，平时则无甚买卖也，然每年交易亦可达二百万元之巨。

江浙之商营渔轮公司

海中鱼类天然生产,不用人力繁殖,普通渔船用人力在近海捕捞利已甚厚,若再用渔轮行远海捕捞,其利当更大。近年江浙人士知大利所在,组织公司购买渔轮从事渔业者已十余家之多。

据调查所知,有拖网渔轮者如左(略)、有手缲网渔轮者如左(略)。

所谓拖网渔轮者,即船尾拖大网行于海中,鱼即投入网中,此种网只能捕海底深层鱼。所谓手缲网渔轮者,乃二船并行拖一网以捕鱼,此种网可捕上层鱼。二者相较,以手缲网为利大。因市价以上层之鱼为高,且海底常有沉物、石礁易碎拖网,手缲网则无是患。但手缲网须用二渔轮,而拖网只须一渔轮,设备费少多而已。

最近甚获利之源源渔业公司

源源渔业公司设于宁波江边,有拖网渔轮一只,名镇宁,系驳船所改造者。据该公司经理刘四海言,公司资本仅四万元,成立于民国十二年。初购入该船时,费二万八千八百元修理,改造费洋一万余元,再加配置网具,又费一万余元,股本不足则向钱庄贷款接济。初次出海捕鱼,除开支外净余八百元。二次捕鱼无利,而船主种种要挟,谓船不适用,须另造。然当时改船图样固经船主看过者,不得已又费数千元改造。改造毕即遇浙江战事,为军人将船扣充运轮,耽误六个月之久。所有渔具均为损坏,又从新配置,计前后损失在三万余元。战事毕另请水产学校学生为船主,一切事均甚顺手,且深知于公司系资本经营,异常出力。公司对于船主,每次售鱼盈余若干,均提红奖励,各船员兴致亦甚佳。普通渔轮每日只能下网七次,而本公司渔轮因船主热心,每日可多下半次。盖多得鱼于船主、船员均有利也。现在所有积欠已偿清,本年尚可分给股东红利。计一年之捕鱼期为九个月,盈余约在万元左右。每月可捕鱼三四次,每次获鱼多则三万斤,少则万余斤,平均每次可有二万斤。而捕鱼之人工薪水、煤火每日需洋一百八十余,销费亦甚大也。总之,渔轮无有不获利者。若所用船主不得其人,则少遇风浪即觅地避风而不捕鱼,或偷闲少下网,遇事要挟,则无利可言矣!余因前用之船主不得其人,致受若干之损失,改换水产学校之毕业生充任船主,始能日见获利,故对于水产学校甚为敬仰,希望其能多造就人才,为社会效力也。

参观镇宁渔轮捕鱼记

镇宁渔轮系宁波源源渔业公司甚获利之渔轮,原系驳壳船改造。身长约四十五尺,每小时速率能行十里。船主陈君叔易系吴淞水产学校卒业生,大副一人亦系该校卒业生;二副一人,专司机器;火夫二人,水手四人。未出发时须装载煤三十吨,冰三百石,水及食料足敷十日之用。大约出发一次需经七八日方回。该轮于十一月九日回甬并载来一大海龟,大如方桌,船员欲杀之,龟忽通灵而坠泪。事闻于公司经理,仍令带回原处放生。而甬埠以传闻殆遍,男女乘船登轮往观者络绎不绝,市政府亦欲持去公园陈列。但其经理以既允放生,绝不之许。余闻而奇之,及登轮一观,则所谓坠泪通灵者实无稽之谈。盖海龟本海底生物,绝不能行于陆地,其四爪与普通龟异,软而不能行,忽置之船板上,其眼久在水中,一经风吹必感不适而坠泪,非真通灵也。及唔船主知明晨又须出发,遂与约随往一观。于夜间三时登轮,天未明即启碇,行十二小时达百花鸟山。该处为出鱼最丰富之渔场,于是轮机速率改慢而从事于下网。网系德国之白棕所织成,其径在一分以内,用起重机吊起,投于海中。网投下后经三小时即起网,起网亦用机力,将网吊于舱面之上,即解开底网,使鱼类坠于舱面上。一方任将网抛于海中,一方由水手检鱼,分其种类,各置框中,送入舱底加冰保存。每网所得鱼数约在四五百斤之谱,至深夜海中起风,人不能直立,遂停轮于海岛间。明日仍有风,虽不能捕鱼,仍可行驶,遂商该轮船主折回宁波,途中饱尝风浪之苦,登陆后犹恍乎有若地动云。

(《水产月刊》第 3 卷第 11 期,1936 年 11 月)

实部调查旧宁属渔业

委派代理渔牧司长周监殷前往定海

渔盐变色将废止　筹设盐厫专供腌鱼

实业部代理渔牧司司长周监殷,奉令调查旧宁属渔业状况,于九月二十九日偕同干员张则鳌茌定,召集当地渔民代表等,商讨对于今后渔盐及渔民放款等问题。周监殷并向往访之记者发表谈话,略谓关于渔盐变色问题,自施行以来,确多窒碍难行之处,当轴现谋根本解决计,决筹设渔盐仓厫,屯积盐斤,专卖与渔民腌鱼之用,同时设法废止渔盐变色,使渔民不受直接间接之损失。至于设置仓厫经费,拟向二百万渔业借款中之一百万建设事业费项下,设法拨借。至渔民放款问题,前经浙渔管会议定四项办法,其为直接贷放,抑为间接贷放,虽尚待调查实情后,再为郑重确定,惟欲使渔民能受轻利放贷之实惠,则可断言。现渔民代表提出意见,谓可由渔管会另设渔本放贷机关,直接贷予渔民,性质与现在之鱼栈同,并聘用经纪人,负责贷放收偿之责,该项经纪人,即以现有鱼栈充任之。渔民既获到轻利实惠,复可免鱼栈之剥削,收还渔本时,又不致发生任何困难,鱼栈亦因之而得维持,实一举而数得之好办法,俟考核妥当后,即可实行。

又新盐法前经全会决议施行后,财部早拟实施,经交盐务署拟定办法,决定于十一月起,分区逐步实行,先行改革盐务机关,将原有盐务署改为盐政司,盐务稽核总所改为盐务管理局。当就江、浙、京、沪、汉各地,施行新盐法,然后再推行及于其他各省云。

(《水产月刊》第 3 卷第 11 期,1936 年 11 月)

象县韭山群岛水产试验场计划开发为渔村

岛中草木繁茂土质松肥且有淡水

惜为海盗盘踞将借兵舰前往调查

象山附近海面之韭山群岛,由九小岛合成,其中最大者为南韭山,长约九里,阔约二里,面积约五万亩,岛中草木繁茂,土质松肥,且有淡水供给。该群岛周围为丰美之渔场,如大目洋之大黄鱼渔场,六横、将军帽、黑山列岛之小黄鱼渔场,均与该岛相隔不远。论理该岛应成为浙省之重要渔业根据地,徒以历年以来土匪以该地为出没之所,抢劫之事时有所闻,故渔民之有志往该地经营者亦多闻风裹足,且该岛荒芜一片,渔民用品无从供给,而交通不便,渔获物不易运销,更使经营困难。本省黄岩绅士方有庆等,鉴于该岛于渔业上之重要,曾于去年向省水产试验场陈场长建议开发该岛,该场旋令林茂春技士于调查宁象渔业时,往该岛详细视察,奈因该岛为海匪所麇聚,民船不敢前往,仅在附近探询情形。据其报告云,该岛附近产鱼极盛,间有冒险前往者,如不遭洗劫,均满载而归。现在宁海、象山、南田之流网船,均在该岛附近捕鱼,但不敢泊近该岛。今年渔船遭骑劫者仅峡山一村之流网船,已达十六只之多,亦可见海盗猖獗之情形矣。该场不忍见此良好之渔业根据地,终沦废弃,拟建议该省府开发该岛,闻现已呈请建设厅借舰乘坐,前往该岛详细调查云。

(《时事公报》1937 年 1 月 8 日)

浙水产试验场派员调查韭山岛

由克强军舰护送前往　调查的结果极为圆满　可为优良渔业根据地

(定海通信)浙省象山属韭山岛,可辟为良好渔业根据地,前由浙江省水产试验场场长陈同白,草拟意见书,呈请当局开发。兹悉该场为详订经营计划,须实地察勘,并以该岛向为盗匪盘据,为调查员安全起见,呈请派舰护送。日前水上公安局令克强军舰驶抵定海,乘载该场技师林书颜及技士林茂春等四人,出发该岛详细调查,为期共约五天。日昨该技师业已归来,据称此次调查情形,略谓,该岛虽属荒芜,但土质异常肥美,周围为极好之渔场,由定前往,仅五小时航程。将来倘能肃清盗匪,拨款数万元,略事经营,渔民便可麇集,当成优良渔业根据地。此次调查结果,颇觉圆满,至详细报告,俟整理完竣,并拟具开发办法,再行呈请建设厅核夺。

(《申报》1937 年 3 月 9 日)

抗战以来鄞县之渔业

本县外海渔民以东钱湖区为最多,其次为姜山及大嵩港,渔获物以黄鱼、带鱼、墨鱼为大宗。自抗战以来,海面不靖,海口封锁,故渔民所及之影响最巨。如东钱湖之大对船,例于九十月间出洋,翌年四五月间回洋,曩年出洋者约二百余对,二十六年出洋者仅一百二十对,二十七年则剧减至八十余对。至减少原因,表面上虽似由于海面不靖,实则经济不能周转为一最大主因,每对资本在二十六年需二千七八百元,二十七年需三千二百元,以人工渔具均贵之故。就地借洋不易得到,鱼栈放款亦多紧缩,去年渔汛尚佳,出洋者均有盈余,统扯每对可得纯益二三百元,与往年相若。至未出洋之渔民,多改做小生意,或捕内河鱼虾,一部分则到沈家门去做出洋渔民之替工,生活殊不安定也。

(李能为《宁波大观》,宁波出版社,1939 年)

宁波沦陷后渔业一落千丈

日方禁止出海捕鱼

浙东渔业,素以宁属各县为丰产之区,居民业渔者甚众,顷据渔帮业中人称,宁波渔业,向由当局专责管理,捞捕属于鄞县渔会,贩运属于永丰公所,销售则属于鲜咸货业同业公会。自宁波沦陷后,各管理机关及团体先后撤退,致缺乏统制,兼之日方封锁各小港,禁止渔船出海捕鱼,致渔业一落千丈。统计战前原有各种渔船约一千五百余艘,今则除一小部分留于穿山方面者尚有捕鱼外,余者或被禁不能出海,或改为客船,当占总数之大部分,无辜而遭击沉或焚毁者,亦为数不少,故目前宁波渔业,仅及战前十分之一,各鲜鱼行铺,大率仅能维持开支,运销来沪者,更因交通不便,殊受打击。

(《申报》1941 年 8 月 7 日)

行总专员张允任调查象山渔业

(三门湾社讯)行政院善后救济总署专员张允任,为调查浙江沿海在沦陷期间渔业损失情形起见,于上月由杭州出发,经绍兴、宁波至嵊泗列岛、黄陇、泗礁及舟山群岛一带调查,七月十九日至石浦。当至象山县渔会,详查该县渔业损失状况,据告记者,救济对象,乃是渔民,其方法治本重于治标。闻在象山调查完毕后,即转赴三门湾及临海海门一带调查。

（《时事公报》1946 年 7 月 23 日）

渔业二三事

渔业为我国重要生产事业之一,就广义言之,得包括水产之捕捞、制造、养殖,及其他有关之各部门,故又称之为水产事业。此项事业,在目前经济建设之过程中,已为一般企业家所重视,而政府于此次由中农所放出之渔贷十亿元,为数虽微,尤足以振奋沿海渔民之及早组成渔业合作社。兹将江浙两省最近渔业状况,作一鸟瞰,俾供国内人士检讨。

集会纪盛

江浙两省渔业,其重心确在浙海洋面之定海,故记述应从浙江始。而此次宁、台、温渔业建设会议之开成,气象更为蓬勃。二十日上午九时,宁波六区专员公署主办,计到中国农民银行代表邬宪章、邵宗浩,暨六区专员俞济民,鄞县县长陈佑华,镇海县长葛延林,奉化县长周灵钧,定海县长朱慕之,宁海县长李洁,象山县长孟铸(许焕文代),七区合作社代表毛贤友,渔会代表金寄桴,浙江渔业局长饶用泌,建设厅合作管理处长叶枚,全国渔业公司联合办事处乐济世,六区专员于凤园、陈日涛,宁波鱼市场李星颉、胡国门,鄞县渔会史锦纯,鄞县合作社谢葆友,东钱湖合作社史清华、曹世浩,宁海县渔会薛国盛,奉化县渔会林岫亭、沈德昌,桐照合作社林尚辽,虹溪合作社王士苏、胡嘉宾,栖凤合作社沈天元，象山县渔会暨石浦合作社许焕文，南韭山合作社陈渊，定海县渔会苗邦邕，第一合作社马龙图、丁筱梅，沈家门合作社曹信夫，镇海县渔会王锡光，大溪合作社朱祖燮、金立刚、戴文贤，浙江水产建设协会赵次胜、吴笔峰、胡德闻、何之贞，宁波代表林克、吴图阁，宁波分会沈渔、鲍茂荣，定海代表冯子康，共四十八人。这盛会上，虽有若干代表是渔民出身，但加入会场时，倒也衣冠楚楚，周旋在地方长官与银行界之间。

渔贷分配

渔贷分配，是以宁温台三属各县渔区渔业合作社，为贷款对象，依照各地渔民从业人数，及渔船只数之多寡为比例，计宁属占十分之五点五，台属占十分之二点五，温属占十分之二。至担保手续，与偿还办法，经决定：甲、社员对合作社之保证，（一）渔具连保，（二）商家铺保，（三）渔获物及社员之财产，（四）渔船、渔具抵押。乙、合作社对银行之保证，由当地县政府担保。次为发放渔贷，应派员监督，其办法，（一）由各县担保者派员随时监督。（二）由浙江水产建设协会及省合作社合派员查问是否发放与加入合作社之渔民。（三）得渔贷之合作社，应先造具入社社员之名册三份，一送担保之县政府，一送浙江水产建设协会，一送当地农民银行，备查考。其有补入社者，亦须于入社一星期内，补送入社名册，并填写入社日期等项。（四）各合作社应准备社股若干，参加各处鱼市场为股金，由省联合社派员分驻各鱼市场监视渔民贷款之运用，并得酌情提成，劝令储蓄。而分配此十亿元之贷款，完全由省联合社主持，而此省联合社，则由水产协会负责筹组，且于贷款数目，亦经该会议中表决，贷款最多者，如宁属定海得一万五千万元，奉化一万三千五百万元，象山九千五百万元。台属临海、温岭、三门数亦不弱。温属因无代表出席，分配数应另由该区决定。

划分渔场

由该会建议政府，从速划分近海与远洋渔场之界线，而免纷争。所谓近海渔场，着重在离开海岸二百米远以内之海区，据一般学者所论，此等重要区域，亦称"海栅"，以离岸近，深度不大，由海面至海底，所受海流、潮汐及波浪之影响至巨，日光亦可相当透达，水温比重等，皆变化适度，并由陆上河流所冲入之物质,非常丰富,于浮游生物及各种水族,繁殖滋多,近海渔场之可宝贵,应以此种海栅地带,为其范围。但深海中,亦间有二百米远以内之浅处,此种兀立于深海中之地盘,尤为最良好之渔场。恰如陆地之高原,其与四周深海之水深,差度愈大,则渔场愈佳。因海流与此地盘冲突,变为上升流,卷起海水之变调,对于洄游鱼类,可常令其鱼群栖止于此,捕捞至为便易。次议及如何协助建设南韭山与如何繁荣长涂港案,另由提案人拟具详细办法。乃讨论恢复浙江水产学校,及如何筹措该校基金案,经决议先由该会派员赴定海勘查明确,再行商讨。提案又转入护渔问题,除由渔民自行充实自卫力量外,请求政府拨给一百吨以上二百吨以下柴油铁壳船一艘,作为护渔船,并由政府供给军服械弹。但护渔经费,以不取用于渔民为原则,由浙江水产建设协会及省渔业联合社筹措之。

带鱼汛期

我国沿海之鱼生产,一年四季俱有,且取之不尽,用之不竭,其中于鱼汛稍分淡旺而已。现在时届冬令,正当带鱼汛期,而渔场区域,则偏在江苏省境之嵊泗列岛和佘山洋面。渔船集中地之嵊山,乃值得一述。嵊山面积甚小,抵不上香港,其地位在长江口外,花鸟岛之东南。岛上山峦重叠,最高峰拔海七百呎,但少树木,虽一望苍翠,但身临其地,只见荒烟蔓草,怪石磷峨,令人意味索然。该岛鱼生产,于春季黄花鱼,夏季鳗鱼,数字已感庞大,总以带鱼居首位,估价量达千亿元以上。而此种带鱼,体狭长似带,全体银白色,有锐利的牙齿,每年冬季自北南游,在小雪节(廿三日)开始采捕。渔船虽不下万艘,但百分之八十五,由浙省渔区驶来。于是浙江水产建设协会监事赵次胜,以江浙渔业股份有限公司名义,派代表林克楹驻嵊山,督理本届带鱼汛,并对不良鱼行,加以取缔,盖渔民最大痛苦,为受鱼行倒账,高利贷实居其次。

而最值得注意者,为海匪之行动,查该岛盘踞有年之巨匪潘招财,以出卖旗(红底白边缀一白色潘字之三角小旗)卡(即潘匪名片,粘有潘匪小照片)给养匪众,约有长短枪二百枝,轻重机枪七挺,虽经省方收抚,但并未遵令就范,目前绥靖机关,为肃清海匪计,已拟有妥善办法。但潘匪以嵊山为窟穴,广置姬妾,享用豪华,俨然一土皇帝,欲令其革面洗心,实大非易事。惟其秘书柯瑞良,稍通文墨,尚有识见,于创办教育,提高渔民智识水平,不无微功足述,尤以压制鱼行用秤,由十八两重秤,改为省颁市秤一项,深得渔民欢心。

(《申报》1946 年 11 月 29 日)

瞰视奉化渔业

春秋社记者　尹敏

(奉化通讯)本县沿海一带渔民,自县渔会理事长林岫亭积极整顿以还,会务已蒸蒸日上。日前笔者为明了劫后渔业状况起见,特走访该会理事沈开颂,承告一切,兹录于左。

渔村地区

俗说:"近山靠山,近水靠水。"本县沿海的几个乡村——包括栖凤、桐照、大溪堰、章胡、漂溪、茅屿、河泊沙等村——的人民,都是靠海产来维持生计。这里的地界,在奉化、象山、宁海三县之间,象山港通过它的前面,就停积起来,成为一个巨大的湖泊。金峨山脉横过它的后面,与象山港紧紧地拥抱着,仅留着一条狭仄的水道。

在奉化的地舆上,所看到靠近海岸的凹形地势,就是渔村的所在。若从这条水道出发,就可以周游全球。然而现在像道姑似的被深锁于山谷中,所以没有人注意它,也没有人认识它。

渔民生活

渔民终岁在海外惊风骇浪中过活,遂致性情强悍横蛮,有冒险性。他们的生活在渔汛旺盛期间,艰辛异常,在工作紧张的时候,差不多昼夜不停;抗战期间,他们更遭受到敌匪的鱼肉、榨迫,所以在这个期间,他们的生活,更痛苦万分。在战前,全区共有渔民九千余人,战时因着种种的关系,减少了许多,到目前为止,他们也只有四千三百七十人。

渔业概况

战前全区渔船,计有大小对、大捕、溜网、大小钓、揽钓等船四百十五艘,因为所用的渔船及渔具之不同,所以渔期亦□有参差。大概除二月及暑期时,因修船补网,多数停渔外,全年均可捕捞,尤以春汛(四月至六月)及冬汛(十月至十二月)为最盛。渔获量每艘每年平均约大捕四百余担,溜网一百担,生活尚维持。然而在抗战期间,因受到敌伪之摧残,船只减少了一百十二艘,同时因着物价之高涨及敌伪之榨迫,故渔村经济,几濒破产。

集 散 地 带

因着地势与环境的关系,各村捕鱼的地带和渔厂市场,亦各不相同,例如:桐照的渔船帮,常在岱山做集散地;栖凤的渔船帮,常在衢山做集散地;虹溪及章胡等村的渔船帮,多在马迹做集散地,同时在渔汛时期,各处均设有办事处,负责主管一切。

渔 政 沿 革

渔民的管理自民国廿八年起,即由县渔会主管,同时因着地段的辽阔,又分三个渔分会。最近为统一事权,简化机构计,□将各渔分会归并,改设办事处;同时为减轻渔民负担计,将三个办事处的主任,亦改由各渔场负责人兼任,故工作之进展,亦随渔汛而定。

渔 业 实 施

县渔会的历年举办事项如次:㊀渔业登记——廿八年县渔会奉令成立,即就举办渔船、渔行、渔商登记,并调查渔民人数及渔获之统计。㊁渔需供应——廿九年成立渔需品供应处,供应桐油、石灰、大麻、苎麻等物。㊂渔业贷款——经呈准蒋主席拨借巨款,设置渔民贷款所,并由农民银行及地方银行联合贷款,依约借贷,渔民因此受惠不浅。

最近状况

（一）该会为明了劫后渔业状况起见，曾派员赴各渔业地区调查，闻统计全县有渔行廿八爿，渔场八所，渔驳船七只，小钓船四只，溜网船十七只，揽钓船五十二只，大捕船一百六十五只，大对船十二只。（二）成立复兴渔业公司，并推林岫亭、林克楹等十人为发起人。（三）筹组渔业合作社，并以渔贷一万三千五百万元，以各地船只多寡而分配之。

（《时事公报》1946 年 12 月 15 日）

南韭荒岛蔚为渔区

（渔声社讯）象山南韭山渔业生产合作社，为增加生产计，特发起开辟南韭山渔区，迄今时越半载，在该区捕捞者，有□网船及大小对网渔船，已达二百余艘。该处本为荒岛，现屋舍等已次第建筑完成，关于治安问题，亦由该社呈准编组民众自卫队，枪械精良，力量充足。兹悉外埠鱼商，前往该处营业者，颇不乏人。

（《时事公报》1947 年 3 月 27 日）

三门湾渔区渔情调查

（三门湾讯）三门湾渔区（包括象山、宁海、三门三县）所有渔船数量，渔民人数，及鱼行厂栈，已由浙江省渔业局直辖石浦工作站，调查登记完竣，统计大捕渔船四二艘，小网对渔船四五九对，小钓鱼船八一艘，虾服一〇九只，小溜渔船二二二艘，独捞渔船一〇对，鹰捕渔船四艘，划具渔船一六七艘。直接生产渔民人数七四五七人，全年渔获物估计二六二三〇〇担（即二千六百廿三万斤）。本年春汛鱼行厂栈三百一十家，全年需用渔盐六万余担。又渔盐今年虽归盐务机关直接配售，最近玉泉盐场公署，对于各地渔区渔盐另售处均未普遍设立，因购盐手续不简化，渔民大都不识字，均深感不便，希当局有以改善。

（《宁绍新报》第 8 期，1947 年）

地瘠民贫话鱼山

张逸章

从街头趁船西行，驶过岑港大沙狮马以后，便面临着一片汪洋，在这水天无涯、波涛万顷中间，横着一座狭长的小岛，那便是本县定海四十余乡镇中最偏僻贫困落伍的地方——鱼山。

鱼山的开辟，在逊清中叶，已有百余年的历史，开荒的人民，大多从镇海、慈溪一带迁来，在海滩前时常有城砖和古代的瓷器掘出，都是千余年前的遗物。据说那地方从前是大陆，因地震坍了，才成海岛，岛的长有十余里，阔却只有二里，形状狭长弯曲，活像一条龙，所以又叫做鱼龙乡。

全乡三百余户，人口约二千左右，编为六个保，住处散漫分布在背山面海的十多个山岙中。每岙自数户至数十户不等，大部均为茅屋，瓦屋虽有数所，但也简陋非常。岛上居民，多以捕鱼种田为业，学界和政界，是一个也没有的，而且捕鱼只捕"洋生"一季，其他渔汛，都因资本无着，只得望洋兴叹，种田地呢。为了堤塘没钱修筑，滨海上咸的缘故，除了山脚下有几亩"靠天田"以外，大多种蕃茹和豆麦。因此那面居民的粮食，以茹丝为大宗，不论大家小户，终年到头，除买客临开有白米饭吃之外，平时都吃鲜茹和茹丝，其贫困之状，实非各乡所能及的。

鱼龙乡的成立，在民国三十四年八月间，乡公所设置龙王宫内，里面工作人员，计为事务员乡队、附乡丁各一人，因为乡长是出外捕鱼的，乡中事情，均由那二个人负责。此外为了保护居民的安全，更有一班乡国民兵队，队士们日夜在各处放哨巡逻，对防务颇为周密。

乡中识字的人极少，所谓识字者，也只能写写极简便的账和字条，公文布告那是谁也不会看的。地方上比较有些头脑的人们，深感到自己不识字的痛苦，对教育颇为热心，所以在今春创办了一所国民学校，制购了不少校具，目下学生已有六十多名，虽都是一年级程度，可是却都很用功而且很有礼貌。

鱼山的交通，比任何乡份来得困难，除了到大沙和岱山，有时有渔船往来外,和其他乡份,就完全隔绝了一般,因此民风闭塞,一切都保留着中世纪的色彩。譬如人们生了病,他们从不知道医药二个字,他们只知道祈祷鬼神,至于生死呢,那是有"大数"的呀。

妇女在那面的地位,更是低落得可怜,她们是男子的工具和牛马,在未嫁以前,可以随父兄专制的出卖,已嫁了以后,更得受丈夫无理的压迫和支配,打骂是家常的便饭,甚至可把你无条件的遗弃。他们根本不知道"女权"和"爱情"是怎么一回事。

乡人的见识浅薄,地方纠纷特别的来得多,而且相争的事情,又都微乎其微,所以乡公所成了他们或她们的地方法院。调解的案子,每日必有数起。倘使有公务员下乡的时候,那更是他们"告状"的好机会,夜以继日的,直把你缠闹得临走才休。

为了地方的落伍,民众所受的痛苦也最深。机关部队到了那里之后,常常会做出别处所不敢做的勾当来。在沦陷期中,更饱受了敌伪的蹂躏、游杂的劫掠,以及奸匪的盘踞剥削。在这遥长黑暗的八年中,他们是受尽了人间的辛酸,养成了畏惧的心理。他们吃了苦没处申诉,也不敢申诉,所以当笔者在开会时,对他们说现在政治已上轨道,人民生命财产有了保障,及本县党政参当局,正在为他们兴利除弊那一番话以后,都兴奋得发狂一般,甚至笑得流下泪来。

鱼山的地方是偏僻的、贫瘠的,可是有的是广大的海洋,辽阔的沙渡,可以来发展渔业与兴建水利。鱼山的民众是愚笨的、落伍的,可是有的是诚朴的美德与刻苦耐劳的精神,可以来训练和教育,成生产的能手。委座说"工作必重于基层,开发必趋于边疆",希望贤明的当局,对于这贫僻的乡份,多作人力物力上的援助,更希望有志的青年们,去担任这艰苦的垦荒工作,使在不久的将来,这荒凉的小岛上,开满了建设成功之花。

(《宁波旅沪同乡会会刊》第 17 期,1947 年 8 月)

浙江渔业建设之推进

饶用泌

一、渔况概述

1.浙省沿海平湖、海盐、镇海、鄞县、定海、奉化、象山、宁海、三门、临海、黄岩、温岭、乐清、玉环、永嘉、瑞安、平阳等十七县,其间港湾错综,岛屿罗列,海底平坦,多属泥砂之冲积层,水温适度,浮游生物滋繁,苔藻丛生,极适于鱼介类之繁殖,至沿湖沿江各淡水渔业县份(几遍杭嘉湖萧绍一带),本文未论及。

2.海岸线南起北纬二十七度十分,北迄北纬三十度四十分,长达七百六十二浬。

3.渔场面积,凡水深百寻以内之近海,均为旧式渔业优良渔场,广袤约三〇四八〇方浬,占全国渔场面积九分之一强(全国连台湾计有二八五八四一方浬)。照国际水产界统计,每方浬平均产鱼十吨,则本省沿海全年可产鱼六百余万担。

4.沿海渔业集中场所约六处:(1)飞云江与鳌江口外之南北麂,(2)瓯江口外之玉环群岛,(3)椒江及金清港外之台州列岛,(4)三门湾外之韭田及鱼山,(5)象山港外之韭山列岛,(6)甬江及杭州湾外之舟山群岛,其中尤以舟山群岛附近渔场为最优良,称为我国三大渔场之一。

5.渔产:盛产大小黄鱼、墨鱼及带鱼誉,为本省四大渔业,他如蟹、鲚、鳗、鲥、鲳、鲦、鮸、海蜇及贝类等,出产亦复不少。据本省渔业局调查统计,去年产在二八九四〇九四担,虽去理想六百万担尚远,但每斤以最低时价一千五百元计,则全年渔获总值,约在四三四一亿以上,实占本省经济之主要地位。

6.渔船种类,以大小对、大小钓、流网、张网、大蒲等渔船为主,吴兴县之菱湖淡水养鱼池,计有一万三千余口,沿海咸水养殖之海涂面积尤广,从事养殖者约万余户,制造鲞厂在一〇四八户之多,鱼行鱼栈总计在一七七二户。

7.主要渔汛,以春(三月至六月)冬(九月至翌年一月)二汛为最盛,秋季次之,夏季多停渔,修船补网。

8.直接间接靠渔为生者约三百万人,占全省总人口七分之一弱。

9.兹将本局三十六年春汛(截至五月底止)登记之直接从事生产之渔民数、渔船数、出渔资金、需盐量暨去年渔获量及鱼商船鱼行栈厂等,列表如后:

浙江省三十六年春汛渔业登记分类统计表(三十六年六月一日省渔业局)

项别	区别	宁区							台区	
	县别	鄞县	镇海	奉化	定海	象山	宁海	海盐	临海	温岭
	渔船数(艘)	89	91	294	3 576	603	701		879	1 592
	渔民数	540	617	1 393	24 881	4 998	4 926		7 777	11 084
	需盐量(担)	2 465	5 515	38 200	263 771	21 255	28 342		19 814	23 542
	出渔资金(万元)	28 016	26 553	174 990	3 331 019	310 540	559 557		566 850	404 350
	去年渔获量(担)	13 250	21 673	73 100	601 490	192 550	155 702		85 950	99 810
鱼商船	船数(艘)	51	5		1 221	31				197
	上年运销量(担)		1 880		47 352	22 360				
	需盐量(担)	3 100	730		333 023	4 635				33 413
	获渔船(艘)				1					
鱼商	鱼行(爿)	33			65	23			15	6
	鱼栈(爿)				27	87			8	136
	渔厂(爿)				642	194		1	2	22
	需盐量(担)	3 300			24 440	30 825		400	4 070	2 210
	上年制销量(担)				47 795	28 861		5 000	7 800	29 090

项别	区别	台区		温区					合计
	县别	黄岩	三门	永嘉	瑞安	平阳	玉环	乐清	
	渔船数（艘）	190	264	296	576	2 003	2 449	271	13 874
	渔民数	1 252	2 263	1 376	5 033	10 971	14 367	1 287	92 765
	需盐量（担）	5 465	5 416	16 890	39 656	98 561	122 310	8 690	699 874
	出渔资金（万元）	90 700	94 600	129 184	1 188 655	1 912 330	2 360 690	533 893	2 801 927
	去年渔获量（担）	19 000	62 450	49 770	331 595	547 324	652 270	88 160	2 894 094
鱼商船	船数（艘）	18		8	25		175	2	1 713
	上年运销量（担）			10 800	25 000		47 129	26 000	157 121
	需盐量（担）	4 050		835	2 500		10 185	150	392 623
	获渔船（艘）					1	4		6
鱼商	鱼行（爿）	26	19	28	44	8	272	25	564
	鱼栈（爿）	1	14	1	5	90	834	5	1 208
	渔厂（爿）	7	23	1	2		152	2	1 048
	需盐量（担）	3 610	7 960	870	510	6 355	83 645	1 926	269 121
	上年制销量（担）		20 540	5 455	5 100	23 990	298 240	28 470	500 341

二、渔政设施沿革

（一）过去渔政设施——本省鉴于振兴渔业之迫切，于民国五年成立水产科职业学校于台州培育技术人才，民国六年，复设水产制造模范工厂于定海，从事改进示范工作，十六年又将水校迁定海与工厂合并办理，原冀工教合一。讵二十三年该校发生学潮，遂行停办，二十四年省当局因感过去之设施对于渔业鲜著成绩，遂改组为水产试验场，实为本省从事渔业试验研究之肇端。二十六年抗战军兴，该场遂告停办，所有该场对于鱼类生活史之研究、海洋观测及制造储藏染网等试验,由前第一区渔业管理处赓续办理,惜二十八年定海沦陷,所有记录,全部损失。

廿四年温州及宁波两区行政督察专员公署为保护渔业,先后设置温州渔业警察局、温属渔盐收运所及宁波渔业警察局。二十五年省府为统一事权起见,乃将原有渔业机构裁并,另行成立渔业管理委员会,直隶省府,同时于定海、海门、永嘉分设办事处三所,于重要渔港埠设置分处二十八所。事业方面,则由省府拨公债一百万元,向银行抵借事业资金六十万元,放款资金二百万元,以办理护渔管理渔盐及渔业贷款等项,是为本省办渔政之嚆矢。

迨二十六年抗战事起,沿海遍受威胁,遂将渔委会裁撤,并将所属沿海三区办事处,改组为第一二三渔业管理处,隶属于建设厅,其下仍设分处及渔盐发售所,继续办理原有业务,复组织渔民借贷所,经办渔贷,成立护渔艇队,办理护渔。廿七年创立温区渔民合作金库,划前温区渔盐收运所盈余为资金,廿八年为适应长期抗战,编组渔民,坚壁清野,计复成立各渔区渔民保甲委员会,由有关各县长为委员,各区渔管处主任为主任委员。卅年宁波沦陷后,一区渔管处暂行裁撤,嗣将第三区更名第一区。卅一年于金华设养鱼场,提倡淡水养鱼事业,未几敌寇侵扰金华,遂停办。卅二年后各区先后设置水产品制造厂,及水产养殖场,渔民小学七校(一区二校二区三校三区二校)及渔民教育馆二所,惟以敌寇流窜,先后亦多停办或裁并。抗战胜利后,仅有一二区两渔管处分处七个,直属管理站二个,渔民小学二所,渔业警察二队,宁波复成立第三区渔业管理处筹备处一所,其间虽以时局不定,迭有更张,但自廿六年以至胜利,仍能屹然不动,各级从政人员,始终与渔民共甘苦,共进退,使东海一部渔场,仍能继续为我利用,厥功甚伟,实堪钦敬。

(二)现在渔业机构——复员以来,省当局鉴于渔业机构多属战时设施,为配合渔业复兴计划,经于三十五年七月将原有第一二三区渔管处归并设置省渔业局。罗致专门人员,积极建设本省渔业,故其组织及人员之配备,亦多偏重技术方面。因业务之需要,于宁波、海门、温州三地各设办事处,于定海之沈家门、衢山,象山之石浦,温岭之石塘,玉环之坎门、三盘,平阳之鳌江及镇海各设工作站。兹将该局所属机构驻在地及管辖渔区列表如后:

浙江省渔业局所属机构驻地及辖区一览表

机构名称	浙江省渔业局	宁波办事处	温州办事处	海门办事处	沈家门直属工作站	衢岱工作站	石浦直属工作站	镇海工作站	石塘工作站	鳌江工作站	坎门工作站	三盘工作站
驻在地	定海大校场	宁波天后宫	温州花柳塘	海门县海门梅梨巷	定海县沈家门	岱山高亭	象山县石浦	镇海	温岭县石塘	平阳鳌江	玉环坎门	玉环三盘
管辖渔区	除综理沿海十七县外,并兼辖奉化、绍兴、上虞、余姚、慈溪、吴兴及定属之长涂、金塘、螺门、钓门、秀山等一带渔区	鄞县东钱湖一带	永嘉、瑞安、平阳、玉环、乐清一带	临海、温岭、黄岩、金清一带	沈家门、登步、蚂蚁、虾峙、六横、青浜、庙子湖、桃花一带	定海县之陶山、岱山、东沙角、高亭、大小羊山	象山县石浦、爵溪、南韭山、宁海之三门县门湾、南田一带	镇海之穿山、蟹浦一带	温岭县石塘、松门、箬山、大小陈山一带	平阳、南麂、鳌江至镇下关及瑞安鹿一带	坎门、鸡冠山、寨须、楚门、鹿栖、教场头、大岙屿、小迭一带	状元岙、洞头、三盘、黄大岙一带

三、渔政设施原则

胜利后的渔业施政与抗战期间有显著不同之处,过去渔业机构,为适应战时,多偏重管理地方,如全省需用之渔盐,由官方统购统销,又以战时严禁物资漏海,遂又有渔矾、桐油、食米等渔需品统筹供应,本身是为一有收入之营业机关,类似专卖局性质,迨改组为省渔业局后,渔盐之管理,由财政部两浙盐务管理局于卅五年七月收回自理,而渔需品之供应则以资金无着,未能举办,至此遂为一单纯渔业行政机构,集中力量辅导民营渔业之发展,使其能自觉、自主、自治,并本此目标拟定渔政设施原则四条:

1.安定民生,谋取福利。

2.翔实调查,精确统计。

3.维护旧式渔业,提倡远洋渔业。

4.厉行渔业奖励、保护、许可、禁止、取缔等制度。

现本省渔业局即依此四项原则,拟定实施方案。

四、渔业实施步骤——分三期

第一期：解除渔民痛苦，安全民生——渔民最感痛苦者，莫如海道不靖，经济压迫，与夫鱼产交易之不能合理。兹就其急要者，将实施情况，逐一略述之如后。

1.凡事须从基本做起，故改革渔政，首宜训练从业人员，抱定服务精神，只求工作，不问报酬，然后使之深入渔村，辅导渔民复业，指导游民改就渔业，始可使渔村迅速恢复战前安居乐业之景象。

2.确保海上治安：本省沿海岛屿计有一千六百余处，极易为海匪潜迹，清剿至感困难，每至渔汛，辄聚众杀人越货，渔民生命财产损失不知凡几。商旅裹足。该局循渔民之请，分别指导成立护渔队，以资自卫，一面分请海军水警，迭次派舰围剿，匪势锐减。省府亦以护渔工作，非统一办理，难期成效，因令各地护渔队，划归水上警察局统一指挥，并由渔业局及沿海各专员公署及县政府负责监督指导，以一事工，经此一番整顿后，海上治安已大好转，今后并拟编组渔船，以期坚壁清野。

3.免除苛什维护渔民一切权益。政府为图挽救及振兴我国渔业起见，早于民国二十年即有豁免鱼税渔业税之规定，惟本省财政奇绌，沿海各县，多因地制宜，将赋税间接加诸渔者，如就渔盐代征自治经费，或向鱼行于购销特产鱼鲜从价筹募百分之三自治经费，或抽行商营业税等，此外直接税局复征有"一时所得税"。重重负担，民不堪生，实应调整减免，以减轻渔民担负。

4.举办渔贷——本省去年春汛歉收，冬汛又复不旺，渔民颠困，无以苏息，今年如再不举办大量渔贷以救济，则唯有任其听受鱼行高利贷之剥削，且渔民一旦与鱼行发生借贷关系，不特鱼贷需经由鱼行售卖，而秤之大小，既无标准，价值一任决定，并有九六、九五佣金，复加八八扣秤，高利贷之外，又有多层剥削，渔民辛苦所得，能有几何。当局一再严令取缔高利贷，并迭与中中交农四联总处商洽依照盐贷八百亿办法，贷放浙省渔贷四百亿，以资解救，惜未成功。复请拨发去年冬汛紧急渔贷四十亿，亦未准照拨，延至今春二月间，始由中农行允拨渔贷十亿元，分配于鄞县等五十县，同时省银行拨渔贷一亿一千万元，分配定海五千万元，象山、奉化各三千万元。本年冬汛鱼贷约需三百亿元，当局正与金融机关洽贷中。

5.设立鱼市场——鱼市场为鱼货之集散与分配机构,其优点甚多,如取缔垄断,平准市价,调剂供求,可以精确统计,推测未来渔业之兴替,预筹补救方法,能统筹运销,使供求相应,能使鱼货之交易,便利迅捷,以免不必需之消耗,并可使鱼货纳入正轨交易,其功能足以助长渔业之发展,于渔业经济上极有重要之地位。世界各国,均于渔业繁盛之区,设立鱼市场。盖系发展渔业上不可少之机构,本省为配合新式渔业之发展,将宁波鱼市场正式改组为官商合办,官股三分之一,商股三分之二,于五月一日正式开业,同时于温州积极筹设鱼市场,不久亦可开业。以上二鱼市概为消费鱼市场,现复于沈家门积极筹设生产鱼市场,并拟于石浦、海门分别设立生产兼消费之鱼市场二处。

6.供给渔需品减轻生产费用——为减轻渔业生产费用,已将定海冷藏库积极修复,大量制冰,平价供应,并开放冷藏库,以备储藏鱼类,调节鱼价,并赴产米区收购粮食,运至渔村,供应渔民,使民食无虞缺乏,得以安心作业,以及采办明□,供应渔需。惟以限于资金,未能大量供应,今后拟请行总协助,于本省各重要渔埠,分别设立冷藏库及渔具渔网工厂若干所,务使渔需品得以随时大量供应。

7.提倡渔村副业——如指导养鸡养羊,编制渔网渔具,简易晒鳌等,以增加收入,活泼渔村。

8.排解渔业纠纷——渔民以船为家,泛海为生,终日与波涛为伍,性情粗暴,常以细故,辄动武凶殴,或因争夺渔场,发生械斗,或以渔法渔具之不同,发生纠纷。每至渔汛,各方渔船云集,尤易发生事端。如本年三月间定海县属东极乡之青浜庙子湖一带,温帮渔民,因争夺渔场,开枪互击,经省渔业局派员驰往招集各帮代表开会协商,公平调处,始免流血。五月间又有上虞雀嘴渔民与绍兴属沥海渔民发生互殴,死伤十余人后,沥海渔民突又将上虞王埠乡王乡长绑去,竟欲活埋,为已死者复仇。诸如此类大小纠纷案件,月必数起,故办理案件之人,必须精明强干,并具有公正态度,且须熟习渔业法规,明了当地之习惯情形,然后慎重处理,否则本身亦将陷入纠纷中。

第二期:振兴渔村谋取渔民福利。

1.办理登记翔实调查统计——渔业情形,至为复杂,漫无系统,尤难统计,然欲图渔业之发展,或策划渔业之改进,又必赖有翔实之调查,精确之统计不为功。省渔业局因拟定渔船护渔船鱼商船及鱼行（店）鱼厂鱼栈登记暂行办法一种，复与盐务局洽妥，凡该局核发渔民购盐照折时，必须凭当地渔业机构所核发该渔业人之身份证明文件。又规定渔民请领渔贷，必须渔业登记证，方能申请，同时又与省社会处及合作事业管理处洽妥，凡渔会、渔业合作社等人民团体，于核准登记后，应检同该会社登记简表、理监事名册、会社员名册、创立会决议录、业务计划，报请渔业局备案，以凭核发渔贷，并受渔业局之监督指挥，借以使其易于就范，自动申请登记，尤恐不免遗漏错误之处，渔业局复派员赴各渔港渔村分区分段切实办理之。务期排除万艰，悉力以赴，同时为确定明了各地渔业状况计，随时将各地渔业环境与实际情形，详细调查记录之。

2. 增制渔船渔具——本省战时前有渔船二万余艘，抗战期间，损失数达万余艘，渔民因而失业者甚多，经积极筹划救济，详查战时损失。惟以抗战时期过久，原受损失渔民，或已转业，或已死亡，或以不明救济实情，不愿前来呈报。故调查结果，仅损失二一〇艘，为数甚少。当经该局拟就本省修造救济渔船五千艘计划，送请行总拨渔业救济物资，协助渔民添置补充，以期增加生产，并为改良起见，请行总配发救济木材及帆船补助机二千五百部，一方策动渔民，利用合作组织，集体购置新式渔轮，从事最新式生产，改良旧有方法，务使本省渔业，日趋现代化、科学化。现行总救济木材及渔具等，已开始分批运浙矣。

3. 举办渔业小学发展渔村教育——渔业教育，必须渔业建设计划，全盘配合。依照政府所规定之办法，负责训练渔业人才，而渔民教育，尤应从生产教育着手，因渔民子弟多不能求高深学问，渠等所需要者，为渔业生产智识之补充，故渔教应与渔业建设相配合，从生产方面，充实教材内容。再者，渔民因冒严寒与酷暑之天气，终日与波涛为伍，性命朝不保夕。故当渔获归来者，无不狂嫖滥赌，以求一时之麻醉，且以居处偏僻，文化落后，智识闭塞，其愚顽尤甚于一般乡愚。故今后渔教，应特别提倡人格教育，使忠孝仁爱信义和平八德，与礼义廉耻四维，深植渔民内心，讲解我国历代民族英雄故事，激起爱国思想，运用新生活规条，使从食衣住方面改进，养成优良习惯，提倡节俭耐劳，促成渔村自足经济。又渔业国民教育，应别于普通学校者，须于暑期等渔闲时举办。现浙省渔业局主办之渔民小学，有海门、温岭（粗沙头）、石浦等三所，及三盘之渔民教育馆兼小学一所。他如沈家门及平阳之四沙，均在次第举办中。

4.试办渔业储蓄保险事业——本省渔业,几全部仍为旧式帆船,既不堪风浪,而气候观测,又多凭经验,每致沉船伤生,统计每年失事者,约在百分之二,故如何救济遇险遭难之痛苦,以增进渔民之福利,维持生产能力之泉源,提倡渔民储蓄保险,实为当务之急。盖保险事业,所以集众人之资,救众人之危,平均损失,减少灾害,亦为积平日所蓄,济急难所需,使渔民一旦遭遇灾难,得借保险赔款,迅速复业。且可坚定作业之意志,使渔村经济,得日趋繁荣,裨益社会经济,亦非浅鲜。当局正积极推动合作储蓄保险事业,已与有关方面洽订详细办法中。

5.举办渔民福利社发展集体经营——普遍推动各渔村渔港组织渔民福利社,举办渔民公共食堂、理发馆、浴室、诊疗所及娱乐场所等,如省渔业局三盘工作站已举办渔民诊疗所,该局又洽商中央气象局定海测候所,按日播送气象预报,并经拟制风暴信号,分发各地区渔民团体应用,一面策动各该团体,筹购简单收音机,随时听取报告,转送渔民,借策安全。经当局指导改组及成立之渔会暨渔分会前后共廿六处,复为提倡集体经营,共同作业、消费、生产运销等,经改组渔业各项合作社三十七所,督组新成立者四十七所,并随时督导改进,以期组织健全,而收群策群力之效。

第三期:开发利用推广增殖。

第三期系指本省渔业已进至昌明时期,大部分已知利用动力,组织已臻合理,技术亦渐科学化,则新旧渔区应如何分野,渔业应如何保护与取缔,就管见所及,略为述之:

1.提倡新式渔业——本省具有漫长之海岸线,与优良之渔场,极适于新式渔业之发展。然沿海渔业,仍保留古老方法,借人力与天时而行渔,毫无改进,是应就下述办法,积极提倡者。

(1)先就手操网渔轮及汽船曳网两项渔业,提倡之,奖励之,逐渐推进深海远洋等渔业。

(2)分批调训与新式曳网类似之大对渔民,灌溉新式技能,使其科学化。

(3)开发长涂港,以作新式渔业根据地。该岛面积十方公里,居民尽依渔盐二业为生,港湾长达十公里,水深平均在三寻以上,港内四面环山,故全年不虞风暴之袭击。平时可容大量船只停泊,港湾既极优良,复与渔场接近。更于小长涂岛之南岸,有广大面积之平原,可供各项工厂建设之基地。故在渔业上之重要,远非本省其他各渔港可与颉颃,总理所以列为十五渔业港之一者即此。惜乎廿余年来,国家在外患内祸交相煎迫之下,政府迄无闲暇开发利用,国土重光,建设为先,而渔业建设,尤为政府所注重,顾以财政支出,一时仍难兴办,亟应发动民众投资,积极从事进行开发。举凡渔港应有设备,如码头、仓库、油库、修造船厂、自来水厂、电灯厂、渔需品供应处、渔民宿舍、食堂、康乐部、教育馆、气象台,以及各种制造厂、冷藏库等,将依次分类建筑及设立,务期最近之将来,完成为全国渔业设备最完善之渔港,同时对于沈家门、石浦、坎门等三处,亦应先后分别建设沿岸渔业港,以为渔船避风地,或渔业前进之根据地。

(4)商请行总渔业物资管理处,拨给新式渔轮数艘,以作示范,及经常测探渔场,与鱼类洄游状况,并调查及搜集各项有关渔业之材料,以作将来改进之张本,一方面并请政府拨配日本赔偿渔轮以资提倡。

2.维护旧式渔业——据本年全省春汛统计,直接从事生产之渔民有九二七六五人,全年渔获量,在二百八十九万担,而行总配拨美国新式渔轮,每艘船员仅人七,全年渔获量约在四万担,如用之于浙省,全年有美式渔轮七十二艘,渔夫五百零四人,足抵本省全部渔民终年辛苦所得尚有余。故于提倡新式渔业之时,又不得不兼顾旧式渔业,使无碍于本省九万余渔民之生计,数百渔村之安宁,兹拟定原则数项:

(1)凡沿岸水深在二十五寻内之地,均规定为旧式沿岸渔业之作业场所,新式渔业一律禁止出渔。

(2)指导、利用、辅助,使其原有渔船渔具动力化、技术化、科学化。

(3)指导渔法渔具之改良。

(4)提倡共同经营作业运销等,使其习于集体经营,免受外力及大资本之压迫。

(5)设置冷藏运搬及供应船,以增加作业时机,减少往返之劳,同时兼办灾难救护工作,保障作业之安全。

(6)发放大量贷款,以活泼渔村金融。

(7)改良交易方法,助长生产。

3.推广产品内外销,争取外汇,供应渔食,如本省之螺蛳鲞,其最优良之一种成品,名为广鲞,即主销香港及南洋群岛一带,又如石浦之鳓鲞,经指导改良后,已可充广东之□白鲞,是均可提倡改进者,不但增加产品价值,抑亦有助本省之经济。

4.励行渔业奖励、保护、许可、禁止、取缔等制度——渔业为裕国之源,古今中外未有不积极提倡奖励者,且尤致力于保护、禁止、取缔制度之推进,究应如何具体实施,兹就本省实际情形逐项列示如下:

(1)奖励——(一)渔法渔船渔具之改良及使用新式渔法渔船渔具,经审查合格者;(二)水产制品之改良精制,经审查合格运输出口者;(三)从事昆布、海参、鲍鱼等之养殖者;(四)经营鱼苗、贝苗、藻籽之运输者;(五)渔场渔区之开辟者;(六)渔业共同设施者;(七)水产废弃物之利用者,分别予以奖状或奖励金。

(2)保护——(一)产卵时期亲鱼之保护,(二)水质之保护,(三)从事业者之保护,(四)渔业权之保障。

(3)许可——(一)新式渔船渔法之许可,(二)渔场之许可,(三)入渔权之许可。

(4)禁止——(一)沿岸水深二十五寻以内之海面,禁止新式渔轮入渔。(二)禁止使用爆炸式投毒之渔法。(三)保护本省四大渔业之经常之生产量,规定每隔五年,次第于五月一个月内,禁止于浪岗团径三十浬之内,捕捉小黄鱼。于四月一个月内,禁止于衢岱洋面或爵溪之大漠洋①附近,捕大黄鱼,于十月十五日至十一月十四日一个月内,禁止于浪岗或故门附近捕带鱼,于五月十五日至六月十四日一个月内,禁止青浜或庙子湖附近捕墨鱼。(四)于主要鱼道区禁止张网渔业。

(5)取缔——(一)制造或贩卖未达成长之鱼产,(二)不合规定之制品,(三)各种网目大小之取缔,(四)越渔侵渔之取缔,(五)渔法之取缔。

5.举办渔业警察——一般皆以为渔业警察,即为水上警察之一部分,实则渔警,乃根据渔业法排解渔业上之纠纷,办理违渔法及渔业保护、禁止等命令之执行,取缔侵渔违渔之各种案件,同时处理航海避碰等一切有关于渔业之法案,实非普通仅担任治安之水警所能胜任愉快者。故今后拟予建议政府,筹设渔业警察。

---

① 大漠洋:大目洋。

五、当前推行渔政之困难

本省渔业局之组织，先天既感不足，后天营养，尤为不良，本身既不健全，又如何能改进本省广泛而散漫的渔业，故第一步须先修改各项有关渔业之法规，充分授与渔业局之职权，然后大量拨与经费，使渔业建设之进行，不因经费而阻滞，则渔业发展，或可期于万一也。兹将本省最感困难诸点分陈于后：

1.经费问题——经费为发展事业之母，经费充足者，事业必易蒸蒸日上，反是则易流入困难敷衍，甚或停顿状态。本省渔业局全年事业费，不过八千万元，举办全省渔业，困难自多。且辖区又多系海岛，交通不便，动辄需舟车，川旅费用浩大，职员待遇菲薄，故工作之推动，每限于经费，未能尽量开展，殊为可惜。

2.人才问题——渔业局之工作，系偏重专业及技术工作，普通行政人员，难于胜任愉快，如用专门渔业人员，又多无从政经验，何谓渔业政策，甚或亦难了解，纵令勉强从事渔业行政工作，亦难达工作要求，况渔业人员，大部习于都市生活，多不愿深入简陋之渔村工作。

3.法规牵制职权不一——在渔业局未设立以前，所有本省渔民之管教养卫，或则听任自然，或由沿海县府兼办，或由外海水上警察局办理。自渔业局成立后，亦未明文规划，何者应由该局主办，何者应由县府主办，职责未分，执行业务时，亟易发生误会，单行法规之零乱庞杂，极易引起矛盾现象。如渔会之组织，已与渔业局脱节，合作组织亦与渔业局之联系不够，而各县对于征兵征粮等已感异常繁重，于渔业实难兼顾，故多听任自然，渔业之所以不易发展者，是亦主因，且渔业局系战后新兴之机构，自不应再以逾时代之旧法而限制目的主管事业官署渔业局之职权，故应由中央及地方有关方面迅予修正有关法规，授渔业主管机关以法定职权，以收事权集中之效。

六、今后展望

本省沿海一部分县属及岛屿，几完全以渔业为生，居民直接间接，均从事渔业生产，其港口或为渔产集散地，或系渔场中点，或为渔船航驶中继港，每至渔汛时,帆墙林立,渔民云屯,渔货山积,物产之盛,人叹观止。如定海之沈家门、衢岱山,象山之石浦、爵溪,温岭之石塘、松门,玉环之坎门、三盘等,或孤悬海中,或滨海成半岛,内湾外海,皆适鱼类繁殖,以大小黄鱼、带鳗、鲈鲗、海蜇等为主要出产,其次如鲳、鲽、鳍、鲨鱼、鱼肚、鱼翅、牡蛎、蛏、蚶、虾、蟹,出产亦富,至干制品如定海之螟蜅鱼,衢山之紫菜,松门之黄鱼鲞,坎门之风鳗干,称为名贵。尤以甬江河鳗、瓯江之蝤蛑,乐清之女儿蛏(又名西施),以及九月之桂花黄鱼,世界珍奇。居民或出海行鱼,或营冰鲜,或加工制造,或修造渔船渔具,无不汲汲从事于渔业之生产建设。今后拟指定定海之长涂、玉环之三盘两渔村,划作渔业自治试验区,由渔业局管理监督领导之,使一切管教养卫,均能自主,造成理想渔村,建设真正渔业基础,再逐步推广全省,则本省渔业建设,庶有可观矣!

(《浙江经济月刊》第 3 卷第 4 期,1947 年 10 月)

最近的浙江外海渔业

心 声

浙江外海渔业,在我国沿海的九省中,除了广东和山东而外,是无与比伦了。在地图上我们可以看到浙江濒临东海,岛屿罗列,港湾曲折,海岸线长达二千一百余里。南起北纬二十七度十分,北迄北纬三十度四十分,共有岛屿千余个。其中重要的岛屿如舟山群岛、南田岛、玉环之洞头山、南箕山、小溶山,都是渔船的集散地。渔区面积广,达四万余方里。渔港以舟山群岛之长涂港为最优。该港内水深可以避风停泊,四周岛都是渔民渔商息居之地,素称我国东海渔业的中心。

每年渔产五百万担

岛屿之间,因包含有机物的淡水之灌注以及海流影响,水中富浮游生物。鱼类有大小黄鱼、带鱼、鳓鱼、鳗鱼、鲳鱼、鲨鱼、梅童、水潺、丁香、比目,甲壳类有虾、蝉,软体动物类有类蛏、蚶、螺蛤、牡蛎、乌贼、章目、海蜇等。大小黄、墨鱼(乌贼)和带鱼,合成浙省四大主要渔产,每年产量占全部渔产十分之七八。战前统计浙海每年全部渔获量平均约在五百余万担,若以现时平均鱼价计算,约值国币一千五百亿。

战前浙海作业渔船,计有大小对、大捕、张网、流网、大小钓、墨鱼等船,共二万六千余艘。渔户十万家,直接从事捕捞之渔民十四万人,间接依渔为生者也近百万人。抗战期间,渔区损失惨重,战后渔船减少一半,现在只剩下一万七千余艘,渔获物也减少了二百余万担。从这些数字看来,渔村经济及整个浙省外海渔业状况,也就不言而喻了。

渔法太陈旧了

就浙海渔港之天然条件而论,如寒暖适度,岛屿林立,水深阔,海底平坦,新式的远洋捕捞业,应该有发达希望的。可是限于我国经济条件,科学落后,技术人员缺乏等问题,虽远在民国纪元前八年及民国十二年间,曾作过两度使用机械新式渔法的尝试,结果均告失败。现在渔民依然是墨守成规,袭用旧法,捕捞全用人力,分为张网、围网、刺网、绳钓等数种,所用帆船以渔法不同而别。如张网渔业用大蒲船、张网船;围网渔业则大小对船。其所用渔船与渔法之不同,而渔期亦略有参差。大概一年之中,除暑期多数停渔修船补网外,少数全年均可捞捕,以每年春汛(四月至六月)、冬汛(十月至十二月)期间为最盛。如捕捞大黄鱼在春汛中,小黄鱼则在冬汛前期捕捞。

渔产制造也是旧法

浙省渔产制造也是墨守陈法,以盐藏、干制两项为主,此种制造法大都仓促粗草,既不卫生,又不讲求美观。而施盐多寡及出晒日期,亦无限度。因之每至出货时候,品质已坏,成色不佳,价格随而低落。战前浙江水产学校曾有水产制造厂之设立,以期改善。后因战事爆发,时间暂短,终未达到普遍提倡的目的。

从鱼品自海洋到食户之手,须经过渔捞、制造和运输贩售,目前渔业所需要的鱼资,除了政府少数贷款外,皆于鱼栈或鱼行向渔民发贷,配制船具,备足食粮,出发捞捕。这些渔民的渔获物,放贷之鱼行是有获优先购买权的。而售时又马上扣还其利息和借本,鱼行再将鱼货转售鱼厂。鱼厂将渔产加盐咸藏,或曝光晒干制成。咸货或干鲞，用木船动销宁绍温台及杭州上海等地，这是一般盐干的运销情形。至于鲜货，多有冰鲜船充藏满船冰块，驶达渔场，直接向船户收购。待收足重量后，运赴各大商岸出售。冰鲜船资本短少，盈亏颇大，近于投机性质，以至造成渔业不安状态。

据当局本年(三十六年)统计，在浙江沿海十五县中，有鱼行八百九十六家，鱼栈六百九十五家，鱼厂三百二十九家，鱼店二百七十九家，鱼商船一千一百一十七艘。

机构害了贫血

抗战胜利后，虽有不少新兴的渔业公司的组织，但这些公司均系民营，限于资金，两年来，经营得法者，鲜有所闻。再者，由于大宗肉市交易在上海，故十分八九的渔业公司均设于上海。而渔民所获物出售，仍然要赖鱼行与鱼贩，所以这些所谓新兴渔业机构，仍然与渔民毫无关系，反而给鱼行、鱼贩以牟利的方便。

此外，尚有渔业合作社，在浙江的合作事业说起来是全国第一，可是渔区里的合作事业，虽然已有十余年的历史，它的事业是"渔民为我，我不为人"，它的成绩是"渔民不相信这一套"。

上年浙江省政府整顿渔业行政机构，将各地鱼管处裁撤合并，改组为浙江省渔管局，在温台两处设办事处，较大的渔区设立工作站，在行政上是完成统一指挥管理了。同时为便于办理渔贷，并推行鱼市场之组织，拟由官商合资，在宁波、温州、海门、乍浦等处成立鱼市场，直接贷放鱼资与渔民，借以减少渔民所受之剥削，用意虽佳，而由于资金短少和鱼商反对，结果仅宁波一处在千难万难中已于上年十一月间成立，其余三处尚在鱼商反对设立中，陷于僵局。

渔民团体

渔民团体由于渔民知识较低，而风土观念尤较一般民家为深，故各地各帮自竖旗帜，各结团体，因之往往为争夺渔场常有发生斗殴。但这些渔民团体自民国三十一年起以来，在政府整顿组织当中，为鱼商所操纵利用了。他们打着渔民的幌子,作为自己牟利的工具。许多渔民团体机构向政府所作的请求,可以说往往仅一分为渔民,九分是为了鱼商。地方政府虽然有革除此种积弊之决心,但在整个渔业经济操纵在鱼商之手的情形下,也有投鼠忌器的感觉。

捕鱼人儿世世穷

渔民的生活是终年在海涛中与一切恐怖搏斗,冒着生命的危险,希冀所甚掉取一温饱。但有时连一点最低希冀也未必能达成,因为捕鱼是要等待渔汛的,不在渔汛期内,就无鱼可捕,然而生活仍须解决,这就是渔民一个严重的大问题。几百千年来,解决这个问题的办法前面说过,就得赖鱼商借贷,所谓鱼货了。但这并不是鱼商的"善意乐助",而是鱼商牟利的方法。收鱼时,要将鱼价折扣,要按照借款时债折算,债款利息高者五角,最低者亦要三角。渔民在这苛刻的高利贷压制之下,全年所获势难清债,欲清旧债,势必再举新债,终身做了负债人。他们袭其业,除了流为盗匪,投身大海外,都无法跳出这个"捕鱼人儿世世穷"的生活圈子。

战前日本捕鱼船常常侵入我国领海范围,来抢夺他们的可怜利益。战时他们又备受敌伪摧残,渔船渔具损失甚重。战后虽然听到一度高呼"复兴渔村,建设渔业",然而这呼声到今天仍然是呼声而已。剩下的渔船渔具已不敷应用,而要购置新的又谈不上,加之今年春汛奇荒,海匪猖獗,生产锐减,劳力过剩,渔民连从前的不能温饱生活,今天也可望而不可及了。

纸上建设计划

浙立省政府,在复员一年多来,虽在力求做到"复兴渔村,建设渔业"的计划,并请了外籍专家赴各渔区实地查勘,拟在舟山群岛建设新式渔港,使用机械,改良渔法。但是一切在百废待兴声中,限于整个经济力量,计划的大部,自不必说实现无期。已做的如渔业贷款,一共仅贷了十一万万三千万元,但是杯水车薪,无济于事。且在渔业机构组织不健全,兴鱼商而不是渔民,这便是今天浙江外海渔业的一般状况。一句话,是在苟延残喘之中。

(《上海宁波周报》第 41 期,1947 年 10 月)

鄞县渔业概况（1948）

　　宁波为一渔业港，鄞县渔民多集居于大嵩港（约一千人）、姜山（约二千人）、东钱湖（约五千人）等地。渔获物最多为黄鱼、墨鱼，年获各约十万担；次之为带鱼，年获约六万担，其他杂鱼如鳓鱼、鲨鱼、比目鱼、海蜇及介壳类等，年获约二十万担。内河有大小鱼荡十数处，所产多为鲢鱼、青鱼，其产额足供本县需要。渔船有大对船、小对船、墨鱼船、大莆船、淡菜船、冰鲜船之分。各种渔船出入皆有一定节令，产销情形各不同。以大对船言，长船自上年八月出洋，至次年五月回洋；短船自八月出洋，至次年三月回洋；春船正月出洋，当年三月回洋。渔船入口至甬，均集中于灵桥北塊鱼行街（旧称半边街）一带鱼市场。渔民出入惊涛骇浪之间，栉风沐雨，蹈冒危险，生活十分艰苦。在洋面捞捕得失，又难预卜，鱼类聚集地点，更难推得。辛苦经营，犹虑不能温饱。且本身又不检束，好勇斗狠，嗜赌爱嫖，生活腐败不堪设想。社会对此只有巧取渔利的鱼市场等之组织，绝未闻有为他们改良生活方面的措置。

（周克任《鄞县概况》，三一出版社，1948 年）

宁波渔业全貌

本报驻甬记者　毛右军

　　（本报特稿）浙省沿海港湾曲折，岛屿罗列，海岸线长达二千一百余里，南起北纬二十七度十分，北迄北纬三十二度四十分，计有玉环列岛、台州列岛、嵊泗列岛、舟山群岛等四万余方里。据省建设厅最近确实统计，全省现有大小渔船一一七九七艘，沿海渔民十万家，直接从事渔捞的渔民，有七一三五二人，间接依渔为生的亦达三百万人（其渔船比较战前已减少一半以上）。

　　宁波位居浙东，扼水陆交通咽喉，有五商埠居一之称，加之接近广大优良之渔场，每日由各地输入大量之咸水鱼（主要者有大黄鱼、小黄鱼、带鱼、鳓鱼、海鳗、墨鱼、鲳鱼、虎鱼、海蜇等），淡水鱼（青鱼、草鱼等）多集散于斯。原有鱼行及鲜咸货店五十余家，鱼贩一千三四百人，冰鲜及干咸鱼船每日进口络绎不绝，最多时有四五十艘,合计年销鱼货总额在三十万担以上,除供应本埠食用外,并转销毗邻各县及沪市,苏、皖、赣、湘各省。

自战事爆发,沪杭甬铁路自行破坏,迨至三十年四月甬埠沦入敌手,渔业惨遭敌寇之摧残,生产锐减,运销不畅,鱼市日形清淡,更因同行互相竞争,及受高利贷之剥削,亏蚀累累,倒闭时闻。现在仅有鱼铺二十七八家,鱼贩约在五百户左右,进口渔船按月统计平均每日仅及十余艘之多,比较战前已一落千丈。大好市场转趋衰颓,真有不堪回首之慨。

浙省府为谋挽救,曾于胜利之后数月,即三十四年十二月全省行政会议时订定《发展渔业方案》。其中改进渔业经营方法节内,即有在宁波首先创设鱼市场之议。次年二月,省方特派技正李星颉联络热心渔业人士努力推动,终于在五月一日有官股三分之一、商股三分之二的"宁波鱼市场"宣告成立。同年十二月省渔业局应渔民之需要,亦相继成立于定海。除办理渔业行政,改善渔民生活外,并在沈家门设置测候所,经常于每日上下午报告天气预测,即分设飓风警报站十三处。遇到风暴,即辗转传警,对海上渔民之裨益,实非浅鲜。该局为造就渔业专门人才,并于定海创设水产专门学校,培养渔业界子弟。

鱼市场设立的唯一任务,是调剂供求,平准市价,扩充销路,改良运输,并使渔业从业员各得业务上的便利。惟战后惨遭敌伪摧残之余,复因内战炮火连天,营业日形惨淡。以最高标准本年一月份之营业额统计,仅八一八六五七〇〇〇〇〇元。本年二月间渔管处及华海公司之渔轮四艘曾先后到甬销售鱼货,总计其数量在六百五十担左右,为宁波渔轮驶入售卖鱼货的首声。

归纳言之,欲复兴当前渔业,唯一之急务,须减轻渔民负担,肃清海面盗匪,大量办理渔民贷款,而更须急起疾追者,则为改良捕捞技术。因国人好保守旧法捕鱼,全凭经验测定鱼群所在,往往一无所获,而渔船所用者,大都还沿用张网、刺网、绳钓等渔具。

回顾美国的渔捞术,则海中设有雷达,并派有飞机经常巡弋,如发现鱼群,雷达机上即显出反应,便可通知渔民,按址往捕。近年来更有惊人进步,可用声波搜索鱼群,当发出极短声波便集中向一个方向进行,遇到阻碍时,便把强烈的电灯吊在铅皮线上,放到鱼群下面,使鱼群逃避而投入网里。同时水面上也用强烈灯光照射,使鱼向网的方向游去,而不会漏网。当渔轮环行一周到原来的地方,与小艇相遇,网便合拢,鱼群也全被围住,而把网吊起,鱼也跟着上船,无论浅水深水,都可用这方法捕到。在国外渔捞术这样进步的时代,我们改良捕捞技术自亦不容迟缓了。

其他如充实渔业设备,健全渔民组织,提倡渔民卫生等,亦均为急切需要改进或办理者。但事实与理论相反,在政府对渔业尚未积极培养之前,而"一时营利事业所得税"及"行商营业税"暨"渔盐变色"等等之威胁接踵而来,压得渔民们更透不过气来。经杭、绍、宁渔业团体竭力反对,及推派代表向南京请愿结果,还是没有下文。

(《工商新闻(南京)》第 77 期,1948 年)

浙江外海渔业

加强沿海治安　护卫民生经济

(本报杭州廿九日讯)浙江是我国渔业最发达的一省,在沿海九省中,除广东和山东两省外,是无与伦比的。从北纬二十七度十分迄北纬三十度四十分之间广袤四万余方浬的渔场中,港湾错综深邃,岛屿罗列,计有飞云江与鳌江口外之南北麂,瓯江口外之玉环列岛,椒江及金清港口外之台州列鸟,三门湾外之南田及鱼山,爵溪外之韭山,象山港与甬江口及杭州湾外之舟山群岛等,而舟山渔场之广阔优良,堪称我国东海渔业的重心。较良海港,则以舟山之长涂港、三门湾之石浦和瓯江口的温州为三大中心。

据浙江建设厅的确实统计,全省现有大小渔船一万一千七百九十七艘,沿海渔户十万家,直接从事渔捞的渔民有七一三五二人,间接依渔为生的亦达三百万人。主要的渔获物有四种:即大小黄鱼、带鱼和墨鱼(即乌贼),其他如鲳鱼、鳗鱼、鲨鱼、鲵鱼、比目鱼、海蜇、紫菜等,收获亦盛。卅五年度的渔获量,共达二百七十二万六千三百四十担。卅六年度冬季渔汛收获亦丰,每年渔捞春汛(从阴历二月至六月)收获约占三分之一,冬汛(从阴历九月到明年一月)收获量占三分之二,所以全年的渔获量可能超过去年。

浙省大黄鱼产于岠港①、黄大洋一带，每年自春分节起至小满时止，自东南而西北，用大莆网、小对网及流网等船随潮捕鱼，产额约值五千亿元（以万元一斤计，下同），其中半数，由岱山、岠山②的渔厂收集制鲞，或鲜或咸，都运到宁波，转销浙东西，运到上海，转销长江下流地区。小黄鱼大部集中在舟山群岛的沈家门，自冬末至春初，用大网在佘山洋、桃花、六横、浪岗等地采捕，年产约值八千亿元，运销也和大黄鱼一样。带鱼的渔捕地在定海、长涂等处，自阴历九月上旬至十一月中旬，用大对船及福建钩船采捕，年产约值三千亿元，运销如上。乌贼的产量约值一千亿元，在阴历二月至六月间，用拖网、墨鱼笼及照船、墨鱼排等渔具，在台州列岛、舟山群岛一带采捕，运销于江西、福建及南洋各地的也很多。其他如鲳鱼、鳓鱼等，年产亦达数百亿元。在浙江的经济富源中，外海渔业，确实是占着重要的一环。

渔民生活，除了危险性较严重外，是比盐民和农民们较为丰裕的。抗战期中，他们受日寇海上封销的影响，捕鱼多方受阻，祸害生计，而且渔船损失极多，数达三五四四艘。胜利以来，救济总署曾应各渔团之请，核拨大量造船木材，并由省府计划在宁波等地设置造船厂，以便自造木船救济。但为了运输、经费和职权等问题，进展比蜗牛还慢。政府的另一种救济——渔贷，实在也可怜得很。去年冬季渔汛，中国农民银行在浙江一共只贷了十亿元，即温区三亿、台区二亿、宁区五亿。后来，由地方银行单独进行的也有少数。不但手续繁，而且也只能借到一二千万，不敷仍甚，所以渔民们只好仰求诸高利贷了。普通一条大船的一季渔汛，所费约需一亿（添置渔具不在内）。像这次冬季渔汛旺产，每船可获一二百担至五六百担，每担市价一百万元，可获利数倍，所以他们很愿意出三角的高利去借本钱。但是这次渔汛中，二次飓风，曾覆没了卅余艘渔船，把性命和生财全淹没在海洋中，这是渔民的最大不幸。读过法国小说《冰岛渔夫》的人，是很容易想象出这些不幸的渔民的悲惨情绪的。

复员以来，政府在解除渔民的痛苦的工作上，确是尽了相当的力量。鱼市场的设立，便是一大建设。本来渔民的最大剥削是鱼行，鱼行把资本借给渔民，

---

① 岠港：岱衢洋。
② 岠山：衢山。

强迫以廉价收买渔获物,从而获得厚利。现在,由政府成立鱼市场,虽然仍由官商合办,这一层剥削至少是减轻得多了。目前渔民所切望于政府者,便是海上的治安,由于沿海治安力量本身的不够强大,地区广阔,海匪流窜潜伏,捕剿不易,而海军与外海上警察又未能彻底合作,治安始终是个难于解决的问题,渔民出渔,不得不被海匪"写票",用钱去接受海匪的"保护",而且有时候还有"缉私通私"的现象,在沿海一带发生。所以如何确保海上治安,以护卫浙江沿海民生经济的命脉,是渔民的最大希望,也是政府的一大重任。

(《申报》1948 年 1 月 31 日)

浙江东极的渔业区——青浜、庙子湖列岛

定青社记者　吴和鸣

在茫茫水天一色海角里,罗列着好几个也许已被人遗忘了的小岛青浜、庙子湖,这浙江东极的渔业区,它属于定海的东极乡,离县城约七二点五海哩,总名为中街山列岛。在那里可以望见太平洋汹涌的浪涛,远处吹来微带腥咸的海风会使你爽然。列岛东西占有东福山、西福山、青浜、庙子湖、黄星山、小斑山,相距远者十余哩,近约三四华里。各岛面积,最大为东福山,拔海二千余尺,周围直径计约五华里;次为黄星山,直径约三四华里,再次青浜与庙子湖,直径不过二三华里;西福山因海岸无弯曲处,不能停泊,每遇飓风,即能发生危险,因而无人居住;小斑山由海关建筑灯塔一所,每夜发光,逢下雾天,即行施放气笛,使航海船舶不致发生危险。

远在一百多年前是一个荒无人烟的海岛,清道光时有福建帮的钓鱼船来海岛旁边捕钓,以后每逢渔汛,各处渔民皆来捕鱼,成了一个良好的避风港湾。于是有人发起在四个岛上各建天后宫一所,仅和土地祠一般大小(今仍留有遗迹),渔船谢洋回来,依傍各山停泊,作为基地,其后逐渐增加,渔民亦渐趋复杂;有鄞县的姜山帮,温州的瑞安帮,定海的岱山帮,列岛人口达三二五七人(本年三月底统计)。岛上并无可耕田地,即山地亦甚少,是一个纯粹的渔村。

全年渔汛分乌贼(墨鱼)汛及带鱼汛二季,立夏节起至端午节渔民们纷纷下海放乌贼笼,冬至节至旧历年关,为带鱼汛。渔汛时期,岛上呈了静止状态,渔

民均出洋捕鱼,有一二个月逗留,女人们都到海边石头上去采紫菜,制成圆饼形运销各地。夏天炎热的时间,渔民们一样是没有休息的,他们在海岛附近捕捉蟹和打取淡菜,这些都成了他们很好的副渔产,每年全岛收入达千余亿,可为惊人!

乌贼汛时期,温台各帮亦皆来此地捕乌贼,为了放笼是靠近海滨,而如此小的山头,周围地区有限,那里容得了许多的放笼,因而每每发生争斗,甚至发生流血。去年由县府会同渔业局沈家门工作站,派员下乡支划地场,始风平浪静,不料今年又旧戏重演,至记者发稿时尚未解决。

也许也有很多人知道这么一句话吧,"青浜庙子湖菩萨穿笼裤"(笼裤是渔民们下海时穿的粗糙下装)。由此,我们可以想象到这是一个非常贫穷的地方。记者到了这里,见到的是满目荒凉,岛上没有布铺百货店之类,只有卖香烟及卖零星吃食的小酒店。当渔民们拢洋回来时,寂寞的小岛上像三月里稻田里的小青蛙骤然热闹起来,渔民们从破碎的生满了虫子的内衣袋里摸出来成把的花花绿绿的钞票,整天坐在小酒店里喝黄酒,有时候吃醉了就打架,也有的拉了四个人在一块儿打麻将、挖花牌,或是五六个人汗流浃背的聚在一起玩扑克牌、打牌九。于是有一班地痞流氓乘机出来开设赌场,把渔民们的辛苦地从浪涛堆里挣来的钱,一股脑儿括去,而使渔民不喊一声疼,输了的都垂头丧气地,整理破碎的渔网,准备了第二次的出洋。他们不知道积蓄,有了钱就赌喝,也许从来岛上的第一代祖宗起,就这样的淳朴,豪爽。

当渔民们出洋捕鱼的时期里,海岛上很少有男人。女人们都到海边的山岩上去敲簇和捡拾各种螺子。海滩上常有赤了足的男孩子和女孩子嘻嘻哈哈和海潮兢走着,他们没有遮遮掩掩的装腔作势怕羞态度,都是爽直大方。渔汛时期,全岛富有的季节里有外来的女子,做娼接客,可谓临时妓院,岛上也时常有风流事件发生,因而时常发生吵架,但他们不像大都市里太太小姐纠纷的复杂,甚而至于酿成自杀的惨剧,或更是为此而暗杀人家,伤害人家。海岛的渔民是天真的,有不快活的当儿,尽管吵架一通,口角一通,过后也就丢在一旁,多么原始的干脆的生活啊!

每当渔民们捕到满载的渔获物时,就直接运往沈家门鱼市,或是宁波鱼市场去销卖,回来的时候,带来了各种日用品,女人们的化装品,船上的应用物件及必须的粮食。可是这些带给了各地不良的军警们一个大好机会,戒严戒得特别起劲,耀武扬威,恐吓榨取,大家趁势可以捞些油水。可是一班愚朴的渔民可苦够了,因他们受不了过多的勒索啊!

他们不认得字,没有知识,从祖宗手里起,为了生活,就只知道终年劳苦的下洋捕鱼,捕了鱼,换了钱才得会有饭吃,有衣穿。但他们也很有团结性,同帮的人和外帮的争斗起来,常常发生械斗,十分勇敢威武,一些也不怕牺牲。近年来受了县政府不时派员指导,现已开始组织渔分会,也有许多入了沈家门民船业公会的。

行政设施以乡为单位,乡公所设在青浜山,全乡分六保,计有七四三户,被列入丙等乡,教育水准低落,不但中学程度没有,即高小毕业亦属少见,对于开设学校一些也不注意,各乡自办私塾,读本尚是《百家姓》《三字经》,年级高的读《大学》《中庸》《论语》《孟子》,并不释字义。全乡统计入私塾学生仅百分之二十。据说下学期起将有改革,政府方面已积极注意设法推行国民教育,并指导发起组织渔民福利社,筹募经费,建设校舍,使得下一代的渔民们,得有充分知识,替国家造成一批实干的生产者。

(《宁波日报》1948 年 5 月 9 日)

渔业五大问题均可获得解决

派舰巡察　缉捕侵渔日轮　分配物资
试办渔盐免税　增拨渔贷　出动海军护渔

国民大会全国渔会代表联谊会干事长、浙江省渔会联合会理事长戴行悌,昨日自京返杭。据称:此次国民大会渔会代表十人,为彻底解决目前我国渔业上之重要问题,曾在大会提案十四件,均获通过。又在开会期间及大会闭幕之后,先后曾数度向有关院部请愿,获得完满结果。其要者有:㊀制止日轮侵渔问题,业由海军部经常派舰在公海及领海巡察,专事缉捕越界日渔轮,最近已捕获六艘。㊁分配渔业救济物资问题,业由善后委会组织渔业物资分配委员会,由渔会国大代表参加,在六月底前将所有物资如数分配,救济各省渔民。㊂渔盐免税问题,盐务总局已允在浙江或青岛划定渔盐免税区域,试办成绩如属优良,当再扩充全国。现浙江省渔会已在拟具计划,向盐务当局商洽。㊃渔贷数目之增加,全国渔贷本年原定三千亿元,现四联总处已决议增加至六千亿元。㊴海上治安问题,海军已允专派小型舰十艘,经常与各省渔会取得联络,办理护渔。

(《时事公报》1948年5月30日)

浙江渔业概况

全省共分三大鱼产区 将筹设加工厂冷藏库

(本报宁波十四日讯)浙江省东面临海,海岸线甚曲,港湾错综,岛屿林立,为我国海洋渔业之重要基地。北至江苏省界之黄龙岛,南至福建交界之星仔岛,两岛间之浙海洋面,皆为渔民活动之捕鱼区域。全省渔产区共分宁波、台州及温州三大区,定海、镇海、鄞县、奉化、象山、宁海、温岭、黄岩、临海、三门、永嘉、瑞安、平阳、玉环及乐清等十五县为渔区范围。兹将全省渔民、渔船、渔具及渔获物统计列左(下):

各项统计

渔民:定海三八一四〇人,象山一九九八人,宁海四九二六人,奉化一三九七人,镇海六一七人,鄞县五四六人,温岭一一一五四人,黄岩一二五二人,临海七七七七人,三门二二六三人,永嘉一三七六人,瑞安五〇三三人,平阳一〇九七一人,玉环四二七六人,乐清一二八七人,十五县共计渔民一〇八八〇七人。

渔船:定海四六八九艘,象山六〇三艘,宁海七〇一艘,奉化二九四艘,镇海九一艘,鄞县八九艘,温岭一六〇七艘,黄岩九九四艘,临海八七九艘,三门二六四艘,永嘉二九六艘,瑞安五七六艘,平阳二〇〇三艘,玉环二七八四艘,乐清二七一艘,十五县共计渔船一五三五七艘。

渔获物:渔种分墨鱼、黄鱼、带鱼、鳗鱼、鲳鱼、虾、蟹及什鱼等,年产量二五四五八八八〇市担。

渔运船:宁波渔区二三九一艘,台州渔区二一五艘,温州渔区二九七艘,三渔区共计二九〇三艘。

渔贷太少

出渔季节(指出外洋捕鱼),分冬春夏秋四汛,渔汛以秋冬两汛最旺,除鄞县、奉化、镇海三县秋冬两汛出渔,定海等十二县渔区均全年出渔。全省出渔资本,据渔业局统计报告,共国币一四八五一七九三〇〇〇〇元,而本年度浙省奉中央核准渔贷仅六百亿,尚须全年按月配发,以物价不断飞涨,渔贷对渔民的利益来讲,实微乎其微。

渔业合作

渔民为谋渔业之集体生产,加工运销,在地方政府之指导下,组有渔业合作社,以免除中间商人之剥削,计定海八社,奉化四社,三门四社,永嘉八社,瑞安二社,平阳十三社,玉环十四社,乐清十三社,鄞县五社,象山、宁波、临海各六社,镇海、温岭、黄岩各一社,共计九二社。但各社因资金缺乏,业务均未能发展。中央合作金库为发展浙省渔业,该库设计处处长许超,曾由京来浙,视察沿海渔业,并在甬召开各渔业合作社座谈会,决定在各渔区筹设渔业加工厂,设立冷藏库,由该库拨贷资金并增拨渔贷,对于组织不健全之合作社辅导改组充实,浙省渔业合作在该库之扶植下,前途乐观,当可预卜。

海匪横行

今日渔民最感痛苦者为海匪之横行,海匪徐小玉股在舟山群岛征收保护安全费。据记者向渔民探悉,每年二季征收大对渔船食米四石四斗,小对渔船二石二斗,如抗缴者即有生命之虞。米价飞涨,舟山群岛食米一石已涨至三千五百万元以上,渔民实不堪负担。海军定海第一巡防处虽协助护渔,但因渔区广大,顾此失彼,自所难免,浙省渔业之复兴,护渔剿匪,当亦为一重要课题。

(《新闻报》1948 年 7 月 27 日)

浙渔业局派员调查沿海渔船战时损失

浙江省渔业局技士黄金台,于本月二十二日至石浦,调查象山、宁海、三门三县之战时渔船损失及渔民伤亡情形,以备将来按照被灾渔户发给救济物资。前项渔业救济物资,约计二千余吨,闻即将由沪运抵定海,决定以百分之八十配给渔民补偿战时损失,并以百分之二十建造新式渔船,用以改良捕捞增进生产云。

(《宁波日报》1949 年 1 月 24 日)

浙渔业局发表上年渔业统计

浙江省渔业局顷发表三十七年度办理渔业登记统计数字,兹采志如下:渔船一三六六九艘,渔民数八一四八六人,渔获量四九八七一五六担,鱼商船一三〇六艘,鱼行店栈厂一九〇八爿,渔业合作社四一个,全年共需渔盐一二六三五七五担云。

(《宁波日报》1949 年 2 月 13 日)

浙省渔业管窥

何孝铨

(萧山十六日讯)值此开发实业,挽救经济危机之声高唱入云霄之时,浙江之蚕丝、茶叶等主要出产,已引起社会人士之注意,惟占全国第一位之渔业,尚乏人论及。记者生长浙东,爰就管见所及,对浙江渔业概况作一报告。吾浙地濒东海,面积虽小于各省,而海岸线之长,水产之富,则冠于全国,其优越条件,为气候温和,寒暖流所经过,地位适中,多淡水河流,原冲积而富有机物繁殖等等,均有水产生物生殖所必须,他如沿海岛屿之星罗棋布,文化之发达,交通之便利,更为发展渔业上之要素,而港口曲折,海湾深邃,形势之险要,更与建立海防所不可忽视者。国父手订之实业计划中之东方大港,三等港之宁波、温州,十五个渔业港中之长涂、石浦均在浙海,为巩固国防发展经济之中心,吾人当逐步求其完成。

水产事业,可分渔捞、养殖、加工制造及运输等部门,现分述于后。

渔捞之要素为渔船、渔具、渔场,及人才、资本等,他如渔期、渔法亦须注意及之。渔船为捕鱼之主要工具,吾浙渔民鉴于资本之薄弱,遂因陋就简,仍延用色式帆布船,仅能驶用于近海,险性硕大,渔获量亦微。战前虽曾用新式渔业之蒸汽机拖网,但在战时损失殆尽。际此民生凋敝,渔民衣食尚不得饱暖之时,更无力集巨资购置渔船,故甚盼政府扩大渔贷,振兴渔业。渔具可分网具、钩具、杂渔具等,乃与使用之船及地域有不同。网之形式繁多,不胜枚举,用网之渔获品多为大黄鱼、小黄鱼、鲳、带鱼、乌贼等。钩之方式,亦各有不同,渔获品以带鱼、银鱼、鳗、□、鲷等。渔场在西山、舟山、黑山、玉环等岛一带,乍浦、沈家门、海门、温州为四大渔区,宁波、台州、温州为三大渔业行政区。渔期在吾浙沿海者,大黄鱼四、八月,小黄鱼一至三月及八至十二月,乌贼四、五月,鲳三至六月,带鱼、蟹、鳗(海鳗)八至十二月,因气候之变更,亦有不同。渔法为用各种方法使鱼类集中,俾可捕得多量之鱼。值此科学昌明,方法日新,而顽固渔民,仍依借旧法,今后似应舍短取长而补救。

养殖则可与水深、水浅两种,亦有咸淡混合水中者,此仍根据生物之习性而定。吾浙咸水方面以夹岙蛏及奉化之蚶最著名,三门湾亦饲养,其苗出于温州之清江渡,其次当为松门。沿海对紫菜、昆布等亦有养殖,目下均有大量出产。淡水方面,有钱塘江、曹娥江、瓯江、飞云江等,河川湖沼甚多,均可养殖青鱼、鲢、带鱼、鲤鱼等。鱼苗之养殖,湖州之菱湖素极发达,足供全省有余,成鱼养殖业除菱湖外,绍兴、萧山、湖州、鄞县,亦颇著名。

加工制造,则可与食用品与工业用品两种,食用品制造之盐藏与干制以定海、岱山、石浦、爵溪、海门、温州较著,他如罐头及鱼肝油制造均付阙如。

运输为扩展业务之主要条件,吾浙铁道有沪杭、浙赣二线,苏嘉、杭甬已在筹复中,杭温即可兴工开筑。公路素称发达,航路则可畅通沿海诸大商埠,境内河川纵横,交通便利,惟对冷藏设备之车辆船只,尚在添置中。

上述渔捞、养殖、加工制造、运输以及渔盐等等发展渔业之条件,吾浙均备且较他省为优,而今急须者莫过于经济与人才。行政渔管处虽拥有大量之渔业物资,曾闻拨在舟山群岛设置罐厂、鱼肝油厂数处,而行总浙分区,早已结束,此一诺言未悉何日始可见效,使爱护与热心渔业之士不胜焦念。

人才方面,政府已极力培育中,如复员军官之转业及各级学校之创立,均在分头挺进中,惟教学渔民以新式方法技能,彼此合作,始克凑功。

吾浙渔业如能充分发展,则经济上之问题均可迎刃而解,国计民生,亦可保无虞,贤明政府当不弃此丰富之天然资源也。

(《申报》1949 年 3 月 27 日)

石浦渔家日夜忙

某年笔者因赴舟山群岛之便,顺道到三门湾东北角的石浦一行。

船载三门湾附近航行,但见岛屿棋布,航路水深而阔,渔产极丰。海船穿行于岛屿间,时见鱼虾腾跃,银光闪闪,与碧涛辉映,构成一幅美妙的书画。那些大岛上,林木苍郁,山石确荦,渔舟蚁集,颇见富饶;至于那无人的小岛,峙矗海中,如虎如熊,为海浪所冲击,哗啦哗啦的,场面至为壮观。总之,殊态诡状,不可殚纪。

船儿航着,航着,不觉乌金西坠的时刻到了。海上日落,苍茫满目,所谓"海上堆碧水,日月布黄金",正是此时的写照。当我们的船驶进铜瓦门时,望见海旁两石峰,对峙如门,峰下海苔麇集,色似古铜,海鸥成群,回翔其上。入门转弯以后,便现出一个深藏不露的大海港,港中渔船云集。岸上渔家倚山筑屋,风光奇绝,远看仿佛海上仙山,怎不叫人为之狂舞呢?

船,终于在石浦所靠了岸。这所位于南田岛之北,明设石浦巡司,建前后二千户所,清置石浦厅治此,民国废,今为著名的渔港。港中有一条长长的古老大街,街道不宽,依山凿成。居民多为渔户,故沿街遍设鱼摊,腥味极浓。每当晨光曦微中,若闻鞭炮声不断,那就是又有大批渔船出海作业去了。但当他们满载归来,全街欢腾,渔获形形色色,无不应有尽有。其中有一名叫"礁角"的海产,生长得天衣无缝,而且非常的硬,但肉味鲜美,使人百食不厌。

因为是渔港的关系,每到鱼汛,海边帆樯林立,旗帜缤纷。渔船出海以五日来回一次为一水,每船每水可得黄鱼四千条。所以从海滩上一直到石堤边,都堆满了黄鱼,称之为鱼山、鱼城亦无不可。但因无冷藏设备,又无制罐工厂,除了少数可以装冰鲜船外运外,大多数的黄鱼就只好在石浦等地制成了黄鱼鲞来出售了。

石浦虽属象山,但与象山县城相隔六十里,一路都是崇山峻岭,反不如打从海路来得方便。又这儿的山顶有戚继光庙,因他当年曾在这儿痛歼倭寇,拯救生灵,人民怀功念德,这就替他立庙奉祀,香火很盛。附近昌国卫、南田等地都同样立有戚继光庙,或假城隍庙一角地来祭祀,可见浙海人民对戚将军爱戴之深。外人常讥笑我们是一个崇拜偶像的民族,其实这正是我们的美德,更足证明我们是极讲恩义,崇功报德的。凡是对人民有伟大贡献的人,都塑像奉祀,庙食千秋,此种传统的美德,对我们民族的生存发展有极大的影响,这岂是世界上那些后进的民族所可企及的呢?

(《宁波同乡》第 157 期,1971 年 8 月)

二、政策与言论编

宁波的渔业危险得很

什么叫做渔业，就是我们宁波人每年出洋捉鱼的事业。我们宁波海里的出产很多，大约宁波人靠这个事业谋生的总有三万人，小船有五千只的光景，每年海产出口的数目，单就乌贼鲞一项，已经有七八百万斤的模样。这不是我们宁波很大的进款么？我们做报的人，听见一个不好的消息，说是外国人又要看想我们这渔业了，外国人晓得我们宁波的海产也是一种很大的大利，要想法子夺了去，听说外国人将来要用轮船来捉，我们小船不能去的地方，他轮船都可以去，并且要用电光在海里照鱼，我们平常不能捉的，他都可以用电光照住捉。外国人这个样子来夺我们的渔业，我们宁波人怎么样敌住他呢？唉，列位想想看，宁波是渔业最著的地方，渔业就是宁波最大的大利，我们若是不能抵敌外国人，这不单是捉鱼的三万人立刻要饿死，我们阖宁波的人失去这一种大利，将来还了得么？但是外国人现在虽要下手，总得二年光景可以成功。我想我们宁波的人明白的很多，有力量的也很多，何不趁早设法把捉鱼的法子改变改变，用那外国捉鱼的法子，不但我们海产的进款加得许多，就是外国人看见，他晓得我们自己已经把渔业整顿，他没有什么大利可图，用不着我们去拦阻他，他自然不能来夺我们的了。这话错不错，请列位仔细想想看，如果不趁早用外国法子，我想二年之后，宁波的渔业就不堪设想了，就是要想改变也来不及了。

（《宁波白话报》第 2 期，1903 年）

农商部定海渔业技术传习所传习规程

第一条　本所以传授渔业技术、改良渔具渔法为宗旨。

第二条　传习依左列各种方法分期行之:(一)所内传习,(二)渔场传习,(三)渔港传习。

第三条　所内传习每年一月至三月由本所招集渔民授以渔具制造及各种机械使用方法。

第四条　渔场传习于每年四月至七月及十一、十二两月由所分派技术员乘实习船,携带渔具,航赴渔场实地传习。

第五条　渔港传习于每年九、十两月由本所分派技术员前往渔集中之港湾内实行讲演。

第六条　本所以八月为暑假期,每逢星期除年内传习循例休息一日外,渔场渔港传习概不休息。

第七条　所内传习之渔民每期暂以二十人为限,学膳宿费一概不收。

第八条　所内传习之渔民非经本所给与证书后,不得中途退所,违者须追缴膳费,如有特别情由,经所长认可或令知退所者不在此限。

第九条　募集渔民入所传习时,由所长酌量情形分区支配额数,以期普及。

第十条　入所学习之渔民如有成绩特佳者,得酌留充本所实习船之渔夫。

第十一条　渔场渔港附近之渔民如关于技术有疑义者得随时至船所询问,并得请托本所代理设计等事。

第十二条　本规程如有未尽事宜得随时由所长呈部修正。

第十三条　本规程自呈部核准之日施行。

(《申报》1918 年 3 月 3 日)

渔业传习所近况

定海渔业传习所前经部派技士李士襄来定组织,并商借城北县议会地点作为该所传习之处,由县布告招收渔业子弟授以捕鱼良法,教制新式渔具,一面在所传习，一面实地验试，既不收取学费，又不耽误生计，经费悉由部给。闻各渔户子弟以本未识字，传习全凭口授，恐于改良渔捕之法未得真诠，反致习非所用，大有相戒裹足之意。且渔民均散处沿海，来城修业诸多不便，招之不来亦势所必至，以故悬示旬余，而报名绝少云。

（《申报》1918 年 3 月 6 日）

渔业传习所开课

定海县渔业传习所由部拨款开办，兹闻该所业于四月八号开学授课，先期由农商部田总长特派渔牧司汪扬宾君到定举行开校礼云。

（《申报》1918 年 4 月 11 日）

渔业传习所开办之余闻

农商部以部款就浙之定海县设立渔业技术传习所，本月十九日上午十时行开所礼，已纪前报。兹闻当日部派渔牧司长汪扬宾演说中谓，渔业之发达固在技术，而活动渔民金融亦属切要之图。本部拟仿外国组合法，对于渔业信用购买等组合条例次第颁布，惟开创之始不能不详细调查，使合于民风习惯。所望当地关系者联络本所，详切讨论，再由所中呈部，以期订出一妥善可行之条例，使渔民金融活泼。本部设所之目的实不仅限于技术云云。又闻该所准二十二三号派技术员携带渔具乘实习船出海矣。

（《申报》1918 年 4 月 26 日）

渔业传习所变通办法

定海渔业传习所技士李士襄君，以定邑沿海渔民狃于习惯，对于改良渔具入所传习之举颇多不信，碍难强制，应即改变方针，拟具办法。特于二十四日柬邀各机关职员筵宴后，以渔汛转瞬届期，由该所自赁渔船一艘，雇同渔伙七八人，先期开驶产鱼洋面，出其所学，如法试验，以为改良渔具之先导，并以立异时招收渔民传习之观念,业将开办情形缮禀邮寄农商部察核备查矣。

(《申报》1918 年 4 月 27 日)

水产工厂被议

定海省立制造水产模范工厂,自前年委员到地筹办迄今,以历三载,其所设施者仅房屋锅铁而已。而所云制造品亦只螺钿钮一种,余无产出之物,现已有人提出质问书,请求省长查办云。

(《申报》1918 年 4 月 27 日)

渔业所出海实习

定海渔业传习所技士李士襄君,以改良渔具全资实地见习,俾凭促进,以收实效。业经赁妥帆船,雇同渔伙六七人,乘兹渔汛,偕同放洋,试用新渔具,以示先导。李技士于四日先将该船所需渔具配置妥洽,并示知各渔伙,某种宜用浅水,某种宜用深水及如何收纵法,一一详细指明,以便放洋采捕一切鱼鲜,免致临时贻误。定于七日启碇,开驶岱山,俟渔汛起水向产鱼洋同时下网云。

(《申报》1918 年 5 月 8 日)

渔业传习所之虚设

定海渔业传习所,前奉部饬筹办,委任部员李士襄到地相定县学公屋为所址,自本年四月间示招渔民子弟入所传习,以期改良渔具。旋以无人应招,旋改为实地传习,于夏渔汛期,赁得钓船一艘,雇用舵工渔伙数人,本其所仿造渔具,随同放洋采捕。而所用棉纱网,究不如各渔户沿用之旧具为合宜。现当秋渔汛届,沿海渔民,行将钓秋,该所技正,不知何法以善其后也。

(《申报》1918 年 9 月 21 日)

传习渔业之讲演

实业厅云厅长训令宁、温、台各县知事文云,准农商部函开定海渔业技术传习所,函称本所现届渔港传习之期,业派技术员宋连元、黄鸿骞、王传义等三员前赴旧宁、温、台三属沿海各县渔业地方巡回讲演,相应函请令行各该县知事于该技术员等到境时,妥为接洽,实纾公谊,并希见复等因。准此,除函复外,合亟令仰该知事遵照,务于该技术员等到境时妥为接洽。

(《申报》1918 年 9 月 25 日)

农商部维持渔业之空谈

宁波各县知事奉省长令云,案准农商部咨开,查渔业系天然大利,通商以后,沿海各省水产品尚有贩运出口,何以年来渔业日衰,渔民日蹙。不第输出渐减,而吾国民鱼食之品且多仰给于外货。查民国四年,海关贸易册水产物由外洋输入,每岁不下银二千万两,其中失败原因虽非一端,而正税以外复加杂捐,致使渔户不能聊生,厥因最大。兹闻各省产鱼之区,每有人假公私团体名义,节节抽收,或号称渔业公司,专收苛税,或强令使用渔盐,剥削渔民,积习相沿,而渔业遂不堪问。本部有振兴渔业保护渔民之责,不能坐视,其深受积弊之苦,应请迅饬所属查明各种渔捐团体机关抽收数目及渔税盐税轻重情弊,详细报部,以便设法整顿,而维渔业。此咨,等因。准此,合行令仰该知事迅速查明具报。

(《申报》1919 年 4 月 14 日)

渔业技术员赴洋考察

定海城内学宫附设农商部渔业技术传习所,因现届冬汛期间,各帮渔船纷出洋从事采捕,不得不前往考察,以资改进。所长李东生君特派技术员张源本、袁汝斌附慈北轮,于夏正十月初九赴沈家门候乘淞航渔轮,驶往嵊山一带洋面,调查渔业状况云。

(《时事公报》1920 年 4 月 20 日)

请派渔汛船已批准

鄞县东乡沿海居民多以捕墨鱼为业,每当上汛之时,渔船常多至千余只,人多类杂,难免有争论情事,且洋面常多盗警,向由邹斌开设永庆墨鱼公所,设置护船保护渔民,并处理渔汛中一切事宜。嗣因邹某以事务繁杂,独立难任,特请卢少川君共同办理,邹为正董,卢为副董。现已将各种手续筹备完齐,并向水警厅请得批示,并蒙派发护船,专于渔汛期内保护事宜。又拟出渔业汇刊,以启渔民之智识云。兹录水警厅布告如下:案据永庆墨鱼公所总董邹斌、副董卢少川、渔民代表张志芳等呈称,以鄞东乡民采捕墨鱼,向例于立夏前放洋,现在为期已迫,及护孔亟。若遵照批令程序筹备护船,时间局促,恐误汛期,特呈由厅饬队先行派船巡护,俾可按照批指从容办理等情具呈前来。当以所请各节,系为汛期急迫郑重护务起见,应予照准。除分别批示令行暨咨请江苏水警厅饬属一体保护外,合行布告,为此仰各渔民等一体知照,安心采捕,不得滋生事端,致干查究,毋违切切。

(《时事公报》1921 年 4 月 24 日)

定期开渔业评议会

定海外海渔业总局,每届渔汛以前,须开渔业评议会,讨论浙东沿海一带,关于渔业兴革事宜及一切整理方法。现第一届评议员,已届任满。闻费锡龄局长,业已函聘旧宁台温三属省议员郑迈等十二人为本局评议员,并定于四月十日召集开会之期,想届时必有应兴应革之事磋商定夺也。

(《时事公报》1922 年 3 月 30 日)

咨复查报沿海渔业

宁台温各属沿海各县知事及渔业机关,前奉省令查报沿海渔业情形,以便转呈各节,早志本报。兹闻实业厅昨咨财政厅云:案查前奉省令准财政海军农商部会咨调查渔业填表具报一案,曾经会令沿海之旧宁台温属各县知事,及定海沈家门渔业公会、外海渔业总局、制造水产品工厂等各渔业机关,详细调查,列表具报在案。兹据鄞县、奉化、镇海、定海、象山、南田、临海、黄岩、仙居、宁海、温岭、永嘉、瑞安、平阳、玉环等县及各渔业机关,将就地渔业情形,依照颁式填具调查表,先后呈厅,并据慈溪、天台、乐清、泰顺四县,或以地非滨海,民非渔业,或以境内虽有零星渔户,不过捕捉小鱼虾,以资度日,并不组合团体,亦不完纳税项,似不属于奉定表式调查范围之内,请免填表等情具呈前来。敝厅复查无异,相应拟具会呈稿签送,请贵厅长查照。

(《时事公报》1922 年 4 月 17 日)

改良渔业之计划

息借公款五千元　改用绵织网　先由宁属渔船试办

宁台温三属为浙东滨海之区,鱼产繁殖,惟闻海防开发以来,外洋鱼舶往往侵入网捕,不无一落千丈之慨,却以渔民囿于旧法,不知改良渔具,甚可惜也。兹闻实业厅云厅长有鉴于此,特于前日具呈省长云,渔业之盛衰,一视乎天时,一视乎网具,虽得天时而往,获鱼不多者,网具不良之故也。现在宁台温三属洋面,轮舶畅行,渔线远涉重洋,潮流湍激,旧式网具,随潮漂没,不但漏网堪虞,即成本亦遭损失,渔业之衰落,关系于网具者,实非浅鲜。查苏省盐城阜宁等县,网溜渔船,近年来提倡网具,改用绵纱。与宁属溜网渔船麻织网具比较,成本不过十加二三,渔获物之多寡,相去不啻倍蓰。其原因绵织之网成于木机,网眼平匀,而且经久。麻织之网,成于手工,网眼倾斜,易致损坏。若一经改良,试用成效势必争先恐后,各措资本,或购自外埠,或备机自织,三五年间可以改良完备,

105

该业之发达,可操胜算。今为振兴实业起见,为维持渔民生计起见,拟息借公款五千元,提倡改良网具,以宁属溜网渔船为始,逐年扩充,渔业前途,庶其利赖。兹拟办法如左(下):一、息借公款五千元,年期七厘,以五年为限,息则按年照缴。二、是项借款购备绵纱网具一千顶,每顶五元,先由宁属溜网渔船试办成效,逐年扩充。三、溜网渔船请领绵纱由就地殷实商铺取具保结,向渔业总局领取,至多以十顶为限。(说明)溜网渔船,有大溜小溜之别,此指一百七八十顶,中间加入新式纱网十顶,以资比较。四、领网期间及缴本息期间,领网分春夏秋冬汛、春夏汛,以清明前至大暑止,过期不得再领;呈缴本息,亦分两期,以大暑雨水渔期终了之日照半年计算,缴还本息。五、物缴还公款,分作两期,第三年对年还二千五百元,第五年对年还二千五百元。

(《时事公报》1922 年 5 月 8 日)

墨鱼护船无庸备案

鄞县永庆墨鱼公所各渔户向于立夏节起,均至杨山[①]、落霞[②]、花鸟等处采捕墨鱼,深恐海面辽阔,盗匪掳劫。该公所代表张志芳,特具禀外海水警厅云,窃民等世居鄞县东南乡张黄等处地方,素以捕鱼为业,因患洋面盗氛不靖,由是联络渔民组织公所,命名永庆。今举毕保南为司董,办理公所护务,雇佣护船两只,并选孙仁德为一号管驾、卢招源为二号管驾,巡弋嵊山、落霞、花鸟、野猪洞等处洋面,随时保护。业将办理情形呈请鄞县公署暨江苏水警厅备案,并奉江苏水警厅布告,颁发各渔户知照,暨给发管驾委令在案。惟民等捕鱼虽在苏洋,然住居均在鄞县,由鄞至苏须经过钧厅辖境,自应呈请备案,通令各区队查照协同保护,以惠渔民。当经来厅长批示云,禀悉,该公所设置墨鱼护船,既已呈奉江苏水警厅核准给委,并已布告渔民一体周知,是本厅毋庸再行备案矣,仰即知照云。

(《时事公报》1922 年 5 月 14 日)

---

① 杨山:洋山。
② 落霞:陆华。

筹设水产实习场

定海自部创设水产制造厂以来,由曹厂长竭力经营,近已渐有起色。兹闻省立甲种学校,昨又向教育厅呈称,现属校拟于宁属岱山地方设立制造实习场一所,温处坎门地方设立捞鱼实习场一所,以补校内实习之不足,并引起渔民观感,实于水利教育及提倡渔业俾益匪浅,为特拟具预算书,请予提案交议云云。闻夏厅长据呈后,以该校拟设校外实习场,系遵照省议会议决案办理,因即转呈省长送交议会付阅矣。

(《时事公报》1922 年 5 月 16 日)

筹办水产试验场先声

宁台温三属沿海各县人民,多以捕鱼为业,惟以捞殖之法,未知改良,坐视外人以新式渔船渔具,侵入我领海中网捕渔利,以致生计日蹙。近来舟山、海门等处,虽有渔业传习所之设,然成效未见。现实业厅云厅长拟仿照奉直闽粤四省办法,在沿海渔业繁盛地点,刻已委派陈钧耀等多员,分赴宁台温绍各县,先行调查,以便克期筹办云。

(《时事公报》1922 年 5 月 29 日)

盐局监秤敲诈渔商

象山石浦渔商林金山(福建人),昨呈两浙盐运司暨盐务稽核分所文云,窃查玉泉场秤放局监秤邢质城,素行嗜烟好赌,对于监秤职务,异常废弛,盐商受其刁难者怨声载道。此次邢质城已奉他调,在石亏款甚巨,因施敲诈伎俩。本年五月十九及廿三日,雇梅合发商船,陆续分用闽盐腌鱼计二百七十担,报由旅石福建同乡会馆,循案转请玉泉场公署派员过秤,填给两浙盐运司颁发闽盐分船护票三纸。正在装运,突来秤放局监秤员邢质城到船查验护票,当经商将场署当日发给一百五十四号分盐七十担护票一纸交阅,讵质城将盐票藏匿,伪云带交局长阅过送还,商信以为然,旋随至秤放局讨还不允,告知会馆报明场知事程局长制止无效。嗣邢质城挽出邵炳辉向蔡根卿关说,劝商出洋数十元与邢,赎回原票,商以为奉票运盐,丝毫无误,何忍横遭诈欺,即经据理拒绝。至廿六日午刻质城竟敢擅派局丁,持秤放局封条到船恫吓,勒令封船,一面又邀缉私队派警多人到船查票,经商说明原委,并将所存十九日先后发给分盐一百担护票二纸,送交队长耿懋鹏查核,适质城在队与耿队长接洽,后遂将商人票扣押在队一夜。现在商船鱼未满载,尚须分盐腌鲜,邢质城如此逾越职权,藐视法令,威吓渔商,何以为生,□沐钧司长立将邢质城严行提办,无异肃官常而儆将来,为此叩乞查核施行。

(《时事公报》1922 年 5 月 31 日)

渔民对抗盐警之风潮

要求剔除弊病

鄞县东乡东钱湖一带,人民素以出洋捕鱼为业,每年立夏节前后回洋。该乡驻扎之缉私巡丁,如逢渔船进关之时用剩渔盐,均须抛弃入洋,否则即将船只扣留,且有时加以枪弹恐吓渔民,因此众抱不平,大动公愤。已于初一日由该业柱首忻史诸君召集全体渔民,在该乡后庙开会,讨论一切善后方法。决定二十日待众渔船三四百艘回洋进关时,一律封港,要求盐务长剔除弊病,以安民业。查去年奉化盐案酿成大祸,前车不远,想盐务长必有以整顿之也。

(《时事公报》1922 年 6 月 11 日)

水警取缔渔船办法

定海外海渔业局长费尔九,前拟条陈整顿渔业办法,呈由层宪提交议会核议示遵各节,已迭志前报。嗣议会议决咨复省长后,复令实业厅暨外海水警厅再行酌核可否,具复核饬。当经实业厅云厅长、外海水厅来厅长会衔呈复省长云，外海渔业局议决各案，兹经公同商酌，详细研究，如桁地插椿规定海里一案，查张网地点，有碍行船，诚如该局所述，但规定办法，以各网户所居之岛为起点，距插椿处不得过三海里之外，实不足为有碍行船与否之标准。盖海上各岛，形势不同，有在三海里之内为船只往来必经之处者，有在三海里以外，无碍行船之往来者，似应因地制宜，详细考察。拟令该局先就全浙洋面各岛屿，确切调查，指定某处可以插桁张网，某处应离岸或山麓若干里，始能插桩张网，绘图列说，知照职警厅以行监视。如果网户违反规则，并由职警勒令撤销。全部规定以后，倘查有可变通之处，或忽有发生阻碍之处，仍由职警厅与该局随时会商酌改。至整顿渔民自雇护船案，查该局指定护船弊窦确皆实在，且有尤甚者，如勒诈渔民、串通海盗等事，亦往往有之。职警厅有鉴于此，是以取缔甚严，其取缔之法：一、在请设护船之先，由渔董渔柱公举管驾，按照取缔护船规则具呈到厅，由厅查明此项护船，有无设立之必要，禀列人名及具保之人，是否皆有正当营业，所举管驾是否出于渔民公意，询查确实，始行给委。二、委任以后，即令所辖水警队长，随时监督，倘有非法行为及服务不力者，即令吊取委令，勒令撤销。如果案情重大，并送法院惩治。其巡护得力之管驾，则次年仍得连任，并给以相当之奖励，此为职警厅办理护船管驾之情形。兹该局议决之案，事尚可行，惟管驾既由该局遴选请委，则请委时及委任后事项，应由渔业局长完全负责，仍由职警厅所辖，就近监督取缔，以清权限。又禁止渔船携带枪械案，查渔船在洋，向来不准携带枪械，曾由职警厅一再示禁。此次渔业局拟请钧署咨请江苏省署布告禁止，以期政令一致，借杜借口，自属正办。缘奉前因，理合将会同查拟缘由，备文呈复，仰祈钧长鉴核令遵。

（《时事公报》1922 年 6 月 18 日）

栖凤渔船照已领出

奉化西忠义区栖凤村渔船，每至春间出洋捕鱼，必携渔照，现该项护照，已于本月廿五日领出，每船计出照费一元三角云。

（《时事公报》1926 年 3 月 9 日）

渔商团体请撤消渔业局

旅沪浙江渔商公会、江浙渔商保安联合会,为吴淞征收鱼税事,第一次呈浙闽苏皖赣联军总司令孙传芳文云:呈为鲜货中途截税,迹近扰民,仰恳维持原有税率,收回成命,以顾全海外生计事。案据三月十五日接准自称淞沪征收鱼税局并盖有淞沪征收委员钤记之袁庆萱公函内开,兹查淞沪进口冰鲜,向来常关征收,尚属核实,而税所办理,每多放弃,浸成漏卮。敝局成立伊始,奉厅令剔除中饱,认真整顿,并将此项冰鲜,规定于征收范围以内,自应切实奉行,以副上峰整理鱼税设立专局之至意。现于吴淞分设机关,嗣后进口冰鲜,应仍照章征收,以裕收入,拟请贵会转知该项船行各商贩,一体遵照,于渔船进口时,务须遵章报请扦查完纳,毋得违抗隐漏等语。查此举事前既未征渔商同意,临时又未经官厅布告,非特办事手续令人惊疑,且于江浙渔业情形,又茫无所见。殊不知吴淞进口鱼类,有钓船、沙飞两种。沙飞鲜咸并载,统名黄花鱼,由吴淞落地,列入货税范围;钓船完全鲜货,名为冰鲜,由外海直驶到沪销售,碍难停留,向在货税范围以外。今请将冰鲜不能中途截税之理由及经过历史,为钧座缕晰陈之。

窃江浙两省,沿海居民,北至苏属之海州,南至浙属之温州,延长亘千余里,列岛至六七十,户口达数百万,大半皆以渔为生活。顾渔民能捕之于海,不能售之于市,所以销售各口者,则赖有冰鲜船。是冰鲜船者,固沿海全数渔民之运输机关也。保护冰鲜船,不啻保护渔民,是冰鲜船关系两省渔民,何等重要。清季厘捐繁重,亦曾在吴淞设卡盘查,不知冰鲜船一方趁潮,一方赶市,稍经留难,即变朽腐,故冰鲜船不得不托庇外人,改挂洋旗,丛雀渊鱼,大伤国体。当时苏绅张謇深知其弊,出而为渔商请命,禀商南洋大臣通融办理,案载抽税,归并上海常关一次征足,以免中途留难。二十余年来,国课民生,两无所弊,否则民国以后,苏省货物税则,曾经召集全省商会,一在苏州留园,一在南京省议会,两次定订税率,何以于冰鲜船绝不过问?诚见夫冰鲜为民生必需之食品,且早晚无一定之市价,与咸货干货,截然不同,故于税收之中,即寓保护之意,使必设卡另征,则直接截渔商之咽喉,间接绝渔民之生计。该委员急于谋差,不谙课税原则,不问冰鲜内情,一经委任,即欲网罗一切,设局设卡,以厉行其搜括手段,殊与当道整顿原有税则之至意,大相悖谬。除呈请省署暨财厅外,夙仰钧座关怀实业,为国为民,双方兼顾,务望念我国家对外则海权不振,对内则渔业凋零,迅饬财厅将冰鲜一项,维持原有税则,划出该委员征收范围以外,以顾全我多数渔民,海国苍生,迫切待命,谨呈。

(《申报》1926 年 4 月 10 日)

杭州快信

宁台镇使孟昭月,携眷来杭已多日,昨起程回甬。

海军保卫沿海各省渔业事务处长朱礼琦、副处长袁庆萱,昨日连袂来省,谒军民两长,筹商振兴浙省外海渔业事宜。

(《申报》1925 年 4 月 11 日)

对于整顿中国渔业之管见

吴淞江苏省立水产学校　王　棠

前于本刊所载拙著中国之渔业,蒙读者纷纷赐书向棠讨论,并征今后对于整顿我国渔业之意见。仆自愧才疏识浅,对于整顿中国渔业之大问题,实未敢有所建议。辱承诸君殷殷垂问,兹不揣谫陋,谨就管窥所及,略舒鄙见,以与海内同志诸君共商焉。

中国渔产之富甲于全球,东南沿海七省,形势天然,蜿蜓曲折,达一万二千余里。其间岛屿林立,数尽万千,为鱼类天然宝库。北有寒流,南有暖流,故四海群鱼,无不归之。其鱼产价值,据最精确之测验,至少可值银二〇八八〇五〇四八元(中元),特每年由旧法所捕得者,犹不及上数四分之一,换言之即犹不满五千万元耳。以我国土地之广,人民之众,食料所需之多,不言可知。故每年外货输入,只水产物一项有达四千余万元之巨也。补救之道亟宜利用科学,以增加产量;推广用途,政府奖倡,以鼓起企业家雄浑之魄力;设立相当组合,使为有系统之经营。斯三者实为整顿中国渔业必要之途径,请为国人一详言之。

（甲）应用科学以解决渔业上一切问题。

渔业问题，以科学方法解决之，其成绩必佳，其进步尤速。兹择其重要者数条，分别述之于次。

一曰应用科学以改良渔具。我国渔业于古时无所谓渔具，于鱼类之采捕也，或击以石片，或扑以竹木。其后人智渐开，始应用金器，如弓箭铦矛之属，代以渔捞。中古以降，始有以绳结网，以骨角等类制钩，专从事于渔业者。法虽简陋，而渔具之胚胎，实滥觞于是。洎乎今世，虽历时千数百年，顾实无远大进步。然世界渔业称发达之国家，如日本、美国、英国、挪威、俄国等，其渔具之进化，实有一日千里之概，此无他，受科学昌明机械发达之赐耳。自以轮船实行捕鱼后，世界鱼类产量大增，消费因以益广。网钓而外，更有利用枪炮炸药以捕鱼者，如捕鲸炮是也。最近更有利用电气以捕鱼，利用飞机于空中侦察鱼群，用无线电报告渔轮，而往捕投者，更为国人所梦想不到者矣。考世界渔业所以能由江河而近海而远洋，事业之能由小而大，大而至于能影响国家财政与海权者，盖无一不受科学改良之赐。我故曰，中国渔业不欲整顿则已，苟欲整顿必先自改良渔具始。

二曰应用科学以保存水产物永久之新鲜。鱼类离水后，在华氏六十度之气温下，于三十小时内，每不能保持其新鲜，或趋于腐败。故渔船归港后，若不以迅速之手腕将鱼类尽行售去，经济上必受非常损失。盖鱼类之新鲜与否，其价值之低昂极有关系，盐藏干制筋肉坚硬，失其固有之风味。即便利如罐头，经多次加热后，蛋白质凝固，于物品之本质，亦有所变易，至其他之缺点，更无论矣。十九世纪以降，始有鲜鱼储藏之法，即冷藏是也。惟初时所用之冰，多为天然冰，多混杂质，颇有害于鱼类，故犹未达万全。近则都利用气潜热而造成之冷藏机械，如阿摩利亚压缩冷却机、炭后压缩冷却机、酸化硫磺压缩冷却机、以脱硫酸压缩冷却机等矣，而我国尚寥寥也。

三曰应用科学以水产物造成种种之实用品。昔之言水利者，鱼盐参贝而已矣。近世化研之道日精，举凡宇宙间一切万物，无不各具一种特有本能，以供人类之利用。例如鲸脑油、鳕肝油等，视为价高用广有名之减摩滋补用品，考其原料所自来，鱼类实为其重要部分。沃度为现医家常用药品之一，自千八百十一年法之 Chement 及 Deforemes 发现海藻之卤汁与硝酸石灰之混合物有腐触钢釜之痕迹后，遂报告于巴里学士院，经 Gag Sussae 之研究试验，终成今日以猫脚昆布、鬼昆布、捣布、荒布提制沃度之有名工业。他若鱼之鳞膘之可制胶（分食用与工用一种），五脏皮骨之可制肥料，贝壳之可制成种种装饰品及钮扣，则又其次者也。我国现今仅钮扣一项，稍稍有人经营，余均无闻焉。

四曰应用科学以增加水产物之产量。欲鱼类产额增加，可实行养殖尚矣。夫我国养殖事业，早发明于数千年之前，特以养法陈腐，设备简陋，未能锐意精研，有所改进，如食料供给之过度或全不与，池之建筑不合法，致与鱼类之生存上有碍。他若疾病害虫之不除，水温水质之不注意，皆为其未得良好结果之重要原因。今者养殖之学大进，世界各国莫不相竞养鱼。其称最发达者，首推德国，论其获利，有多至四五倍以上者。举凡鱼之受精，卵之孵化，种种改良，皆可以人工行之，可谓巧夺天工者矣。外如生物种子之保护，亦为极应注意之一事。如网目之限制，产卵区域之禁航，水面污物之弃置及有害水质药品之排泄，皆与种子繁殖有关紧要者也。

（乙）政府对于渔业应极端提倡。

窃尝考欧美各国工商业之所由兴，虽泰半因其国人民富于任事冒险精神，而政府之能想尽方法，极端提倡奖励者，实为其重要原因。吾政府对于渔业亟应提倡，其理由有三：一曰为国家计，不能不注重渔业。盖民以食为天，无食则不能为生。以中国沿海水面之广如此，而所产鱼类犹不能供沿海数省居民所需，内地人民有终其身不能一尝海味者，比比皆是，岂得谓平？故政府对于渔业，至少应有一种相当政策，使鱼之产额，足供本国内人民之所需而有余。二曰为沿海渔民计，不能不注重渔业。我国沿海有数十万渔民，平时率以小本经营为生，而网小船破，捕捉艰难，一旦设有凶歉，则悉皆流为饿莩，甚且挺而走险，置身海盗。其直接于民食国家收入者，姑不具论，而间接使沿海不靖，商旅不行，吾不知其咎将谁属乎。三曰为国家道德计，不能不注重渔业。因权利义务应相衔并重，渔民捕鱼，赋税以数百万计，占国家岁收一大部分，且终年穷居海上，凡陆上居民，所享之一切权利，彼辈皆不能一沾染之。若政府但知取之不竭，而不思归以少数金钱，以谋渔业上之改良，使彼辈得稍享利益，对于渔民是为不义，即对于己身，亦为不智。盖若渔民逃荒，政府将赈恤之不暇，更从何处征赋耶。

夫政府提倡之道，不外乎二：一曰适当办法与充分经费而已。所谓适当办法者,应有以下之三种组织。

一曰试验场。分渔捞试验场、制造试验场、养殖试验场三种。场中延有各种渔业上之科学专家,置有各种之仪器设备,专以解决一国或国内某区域渔业上之困难问题,同时并研究发明有益于渔业之各种新原理及方法,以促进其改良。其各场所负唯一之职任,有如下之数种。

渔捞试验场所负职务:㈠调查本国渔业,㈡研究旧有渔业之利弊,㈢试验新式渔业,㈣注意远洋渔业,㈤规划推广本国渔业方法。

制造试验场职务:㈠调查本国制造事业,㈡试验鱼类保存方法,㈢试验新式小产物制造法,㈣研究水产物利用方法,㈤规划推广本国水产制造业方法。

养殖试验场职务:㈠调查本国养殖事业,㈡试验淡水咸水养殖方法,㈢研究繁殖保获,㈣改良种鱼,㈤研究天然湖沼废止盐田等之利用方法,㈥规划推广本国养殖事业方法。

二曰渔业教育机关,此种机关可分为二种。一曰渔业专门学校,其宗旨在造成专门人才,充当渔业技师教员及渔业推广人员。查我国全境沿海七省水产学校之成立者,仅直苏浙三省立学校,其程度为中等,另福建集美学校所附设之水产科及最近始告成立之奉天水产学堂,专门学校尚付阙如。各农业大学之附设水产科者,亦未之一见。夫以此中等程度水产学校之毕业生,其学问经验,依各国惯例,只可充当技手,此种人才,非有技师之指导,竟无事可为,其无开辟事业之能力,要亦明甚。然渔业专门学校不设,技师之人才无由出,今日之技手,其不能事于社会,又何待言。学生不能办事,社会必咎于学校,故学校非提高程度进办专门,不能解决此项困难。然进办专门,迟早必成事实,其为最难解决者,师资问题耳。查现国内水产学校之为教员者,多为日本东京水产讲习所之留学生,或曾在日见习者,今停派已数年,则此后师资之来源已绝。而世界最享渔业盛名之英、美、挪威等国,吾国尚无一人前往,加以一度之考察。查民国十一年夏,农商部虽曾有将吴淞、天津二省立水产学校之毕业生中择其成绩优良者,遣赴欧美各国留学,以备将来归国,为发展中国渔业之议,惜不知何故,延未实行。故为进办专门预储师资起见,赶速派人往外国留学,实为第一要事,其遣送或由部派,或省选,皆无不可。二曰渔业职业科,其目的专为教育渔民子弟而设,使其稍明渔业上种种必要之艺术技能学理,其程度或为中等,或为小学。

三曰渔业推广机关,专用各种方法,以试验场所研究之结果,普及之于所有渔民,而助其应用。就其办法而论,约可分为四大类:一曰文字的渔业推广,二曰演讲的渔业推广,三曰实验的渔业推广。兹分述之:

文字的渔业推广:文字的渔业推广者,以文字普及关于渔业上种种之必要智识艺术技能,使一般不能入学校之成人渔民,得以稍明大概,而达改良渔业之目的,及将试验场研究所得之新学理新实验或各专家之重要著作与各种渔业统计表,印成年刊月报或披露于各种新闻报纸,以广文字鼓吹之能力。

演讲的渔业推广:仿照美国农夫讲演会 Farmer's Institute 办法,延请渔业专家指导员或极有经验之农夫,于沿海各渔村中,为巡回的循环讲演,每处或一日或三日不等,讲演旧有渔法之种种得失,及新智识之传播。讲演之后,继以讨论,凡赴会渔夫,均可就本人所遇之疑难问题,质诸演讲者,以求其解决。盖演讲者之宗旨,即欲以讲演方法,普及渔业之智识,以补文字推广之不足。若能携带种种关于渔捞上之活动影片,于开会时,加以说明,则益能引起听众研究探讨之热情,而其收效,益将因以更大也。

实验的渔业推广:其目的以实验方法,感化渔民,俾了然于新法之有利而仿行之。其办法,于沿海各渔业试验场,每次出渔时,凡渔民中有愿实行新法而或虑其失败者,得令其来船见习,渔时俾得令其目睹,并为说明新法种种便利之所在,以坚其信心。

(丙)设立相当渔业组合。

前之所谓应用科学于渔业及政府之提倡奖励,其唯一之目的与所得之唯一结果,均为产额增加,产品改良是也。此外尚有一事,其目的在增进渔民所得利益,而其间接结果乃更能影响于产额增加、产品改良甚巨者,即此所谓渔业组合是也。盖农民获利愈丰,则其进取心益愈发达,而产额与产品亦能因之有绝大进步。反是若农人获利甚微,或竟无利可图,则产额愈增,价值愈落,而利益亦愈薄,结果必尽驱渔民改营他业而后已,其影响于国家渔业为何如耶?故为业渔者保持其相当利益起见,则不能(不)注意下之三事,即渔业借贷组合、渔业购买组合及渔业贩卖组合是也。此三种组合而成,则业渔者之资本借贷易,利息轻,成本减少,而售价所得,亦得涓滴不外漏,使商人无从居中把持,利莫大焉。今世界各国渔业稍称兴旺之国家,此种组织已早风行。兹将此三种组合办法,择要言之如左(下)。

一、渔业借贷组合。此种组合,其会员当以渔民为限,即以其储款存款及少许会费为营业资本,专备渔民借贷之用。其营业范围,当不能过大,用费开支亦极从省。凡借款者必需先为会员,为渔业公司所公认,为有道德者,必有担保还款者二人。款之用途,当限于生产方面。经一公所中全部会员审查,而后决定与否,平均借款至少为十元,至多不得过百元。还期为一年内,利息六厘或七厘,不得再大,约较存款之利息多二厘。此二厘之所得,除备组合内所必需之开支外,多则作为公积金。此种组合最合于穷苦小民之渔村中,如此则可避免不顾人道高利借贷者之剥削,而事实上亦可因以易于发展。

二、渔业购买组合。凡渔民因作业所需一切之网具、涂料、钓具、浮子、沉子、绳索及零星杂具等,单独购买,费用较大,且订购与寄运,手续亦繁,又易为小本商人所欺。若能组织购买组合,以渔民为会员,所需物料,每年集总向商店大批购进,然后分给会员,当有甚大之利益可得。

三、渔业贩卖组合。每届渔汛之后,一地之产额,往往因为数太伙,近处不能完全销尽,致有过剩之现象,而每一渔船,所有之数,又甚微。若运销远方,则费时失利,于经济上殊不划算。急于求售,则行家每以极贱之价迫收之,遂不得不屯积废弃,因此往往受绝大亏折。欧美及日本各国,有鉴于此,自组织渔业贩卖组合以来,凡此种弊害,一扫空之。其法先由各渔户公推数人,收集各船渔获物,代为销售国内外各地。货物一经销售,除少许之经手费外,其余悉归渔民。前岁沪上所发现之鱼市场,考其内容,即此渔业贩卖组合之变相,惜以招股未足,不移时即无形消灭矣。

余述管见既竟,自料乖误必多,然而抛砖引玉,正冀海内有志诸君,一展宏论,则我国渔业,或将因此而得一精密解决之方欤,是则棠所深望者也。

(《申报》1924 年 6 月 15 日、22 日)

电请撤销渔业保卫处

定海沈家门商会会长刘信懋、渔会会长李任,真日电呈浙江军民两署文云,近有人在浙海设立渔业保卫处,名虽保卫,实则勒捐,沿海渔商,不堪其虐,恳请转咨外海水警厅,勒令撤销,以苏民困,临电不胜屏营待命之至。

(《时事公报》1925 年 5 月 18 日)

总商会请撤吴淞渔税局

吴淞渔税征收局,已迭为渔民所反对,昨日总商会复具呈省垣,请令撤消云。南京孙总司令、陈省长钧鉴:据江浙渔商渔民总代表邬振磬、河鲜同行得所堂代表何飞、冰鲜同行敦和公所代表童贤森、旅沪浙江渔商公会代表戴兰舫、江浙渔商保安联合会代表张谦、驻嵊渔民台州公所代表葛涛、驻宁渔商永丰公所代表周千琳、旅沪渔商鸿安公所代表贺阿喜、旅沪渔商人和公所代表朱辅臣、旅沪渔民永安公所代表忻成义等,合词略称(原文俱见前报)等情到会。查近年渔民生计,内受鱼荒之影响,外遭东邻之侵略,已属颠连万状。若复借名整顿,设局增税,必致益陷于水深火热之境。且此项骈指机关,在公家所入无几,徒增人民一重负担。该渔业各团体所陈各节,确系实情,为此据情电达。夙仰钧座关心民瘼,应请准如所请,饬下财政厅迅将淞沪征收渔税局撤消,以保渔民生计,不胜迫切待命之至。上海总商会叩,效。

(《申报》1926 年 4 月 20 日)

财厅不允免鱼税

淞沪征收鱼税委员袁庆萱,前日奉到江苏财政厅指令内开,据旅沪浙江渔商公会代表邬振磬、江浙渔商保安联合会代表张谦等呈称,鲜货不堪截税,再恳收回成命等情。查前因税所征收鱼税,未能核实,是以委任专员,设局整顿。此项鲜鱼既无子口单,照章应向税局纳税,不得以税所在前放弃,始终借词请免。且此次鱼税,悉按旧章征收,一税之后,并不重征,于渔户渔商,未增丝毫负担,实无妨碍之可言,所请自应毋庸置议。仰淞沪征收鱼税袁委员,转函知照,再来文首尾措词,皆系呈文格式,乃用快邮代电纸誊缮,未用呈纸,粘贴印花,与式不合,并即转知,此令,来呈抄发云云。

(《申报》1926 年 4 月 24 日)

整顿渔业之急不容缓

先从限制区域检查渔轮入手　渔业事务局暂行缓设

江浙洋面屡见日本渔轮侵入捕鱼，由浙江渔商公会及沪总商会，函电浙当道，请速设法抵制各节，已迭志本报。兹闻夏省长昨为此事，特训令实业厅云，案准江苏省长咨开，顷据上海总商会个代电称，查本会于四月九日电请钧座会同浙省速订渔业单行法令，限制采捕区域，举行检查渔轮，即为防止此项侵越起见。微闻浙省自接咨以后，仅有会设渔业事务局之建设，是其结果徒多设一机关，于上项防止计划，究竟何时可以施行，并无一语道及，人方一日千里，而我乃雅步从容。窃恐江浙海产，将致沦陷以尽，应请钧座查照本会四月青日代电，咨商浙省，速行会订单行法令，将限制采捕区域、举行渔轮调查二事，先行办理，再议设局。至军舰巡缉一节，虽奉转到联帅训令，谓已由海军舰队派出通济军舰，专司弋护。然证以上述报告，则日人方公然武装保护侵轶之情，较昔益烈，而我军舰出发以后，究竟如何办理，越界渔轮，有无截获，仍属寂无所闻。其未能恪尽职责，已可概见。此层应请切实咨商联帅，速谋挽救，庶不致日舰横行，如入无人之境，曷胜感幸。再王场长原函，所谓冒设之海安公司系指海利渔轮局及大安渔轮公司而言，合并声明等情。据此，查此案前据该总商会青代电到署，当经咨请贵省长饬令会议办法，厘订章程，呈候咨商核办在案。兹据该总商会，所称速订单行法令，将限制采捕区域、举行检查渔轮二事，先行办理，军舰前往洋面，切实巡弋，并令苏实业厅会同郭厅长，妥议办法，呈候咨商核办外，相应咨请查照饬遵等因。准此，合行令仰该厅遵照，迅行会商妥议呈报。

（《时事公报》1926 年 6 月 8 日）

渔业局筹拨开办费

江浙实业厅正在磋商

苏浙闽三省渔业事务总局，业已呈奉孙总司令批准施行条例。兹悉此事省委徐实业厅长主持一切，拟设总局于上海，分局于乍浦、厦门、海门、宁波等处。

其施行计划,拟设置新式渔轮,为教导渔民开发渔业,防范外人越界而设。惟开办经费,为数甚巨,规定条例,虽有收回前江浙渔业公司设备云云,但江浙公司早经改组,渔业方面,对于有人呈请欲将渔会经费,扩充事务局经费一层,无持反对。闻苏浙二实业厅现正调查开办意见,俾得早日筹备成立云。

(《时事公报》1926 年 7 月 11 日)

江浙渔业局不日开办

总办莫永贞　会办郭之江
开办费一万元　两省各半

江浙渔业事务局,已由联军总司令部核准设立,所有总办一席,业经孙总司令委任莫永贞接充。莫字伯衡,安吉人,前任浙江省议会议长、浙江财政厅厅长,现充太湖工程局咨议,不日在沪组织成立。又由浙实业厅厅长郭之江、苏实业厅厅长曾朴兼任该局会办,协助进行。又闻孙联帅以江浙洋面,外人侵渔,近年尤甚,日本手操网机船自由沿海侵捕,公然运沪销售。江浙两省长官,为保障海权杜塞漏卮起见,特在上海创设江浙渔业事务局,以专责成。现除委定总会办外,先发开办费一万元,已令行江浙两财政厅各筹拨五千元,交莫总办至沪组织机关。规定事务局经常费每年三万元,其江浙公款置办之渔轮由局直辖。至安澜、安远、海利等各渔轮,已奉农商部转到杜锡珪令。据全国海岸巡防处处长许继祥,呈报巡视洋面发现外轮等情,查中国商轮,不得雇佣外人充当船长及船员,其有为水上保险信用关系,得雇外人任驾驶之职,不得干预船务而碍海权。安澜、安远、海利等渔轮,既无水保险,而船身仅及百尺,何得雇用外人(下略)。此案为渔商勾结外人情节颇重,渔业事务局既经准备,应即交局办理矣。

(《时事公报》1926 年 7 月 13 日)

对于渔业公司之感想

渔业在滨海之地,固应呕呕焉以提倡之者,提倡之而能实行之,当然尤为人之所欢迎,传曰:"货恶其弃于地也。"尽海之利,与尽地之利同,脱有人焉? 知吾浙东滨海,农业而外,以渔业为最大收入,从而发起渔业公司,就本国而言,固然可以免货弃于地之弊,就对国外言,更可以抵制外人之觊觎,则"渔业公司"四字,固极正当而极紧要者也,夫谁得而批评之哉?虽然,今兹之所谓渔业公司者,则有异于是。

夫号称公司,其规模非小小之企业比也,况为渔业之公司,则捞捕需费,养殖需费,制造需费,综三者之费言,至少至少,当在十数万以外。今据浙省官厅之查验,而该公司竟堂皇其外观,虚空其内容,所谓资本者,乃一无着落,则其为黑幕也可知。夫他种种黑幕,往往以少数之资本,而博巨大之利润。若夫渔业公司,宜若无所用其黑幕矣。兹据调查所得,竟有勾结某国渔轮之事,是即可知其设立渔业公司之意,初不在乎提倡渔业,而在乎以本国之渔业,赠诸外人,从中而得其佣金者也,夫如是则与卖国又何以异哉!今日之中国,关税卖矣,盐税卖矣,矿产卖矣,一切之实业,无一而不卖矣。设立该渔业公司者计无所出,异想天开,乃竟继北京卖国贼而起,卖尽我沿海之实业,是岂非吾全中华人民之公敌耶?

吾谨为吾民众告,此等卖国行为,近十数年来,时有所见闻,并不足为奇,所奇者,吾民众眼看此等卖国贼之卖国,已不止一次,而竟无一人为研究卖国贼所以如此之多之理由,是则可为浩叹者也。吾谨告吾民众,帝国主义不打倒,吾民众当然无正常之职业,无正常之职业,当然挺而走险,惟骗拐劫舍之是务。吾谨告吾民众,速起而打倒帝国主义,速起而革命!

(《时事公报》1926 年 7 月 13 日)

江浙渔业局之近讯

八月一日正式成立

三门湾渔业公司解散之后,即由江浙两省长官筹设渔业事务局,委定总办、筹发经费等情,已迭志前报。兹闻总办莫永贞奉命后,连日仆仆杭沪宁道上,晋谒孙馨远,日内将回沪部绪一切。惟筹备事务所,连日布置,极形忙碌,进行不遗余力,业已勘定上海城内肇嘉路十五路大厦为江浙渔业事务局局址。内部组织,计分技术等数科,各职员亦已内定有人,定八月一日,正式成立。一俟总局成立,杭甬宁三处分局,亦将次第成立。所有分局经费,亦由江浙两省分别负责筹措,除莫总办月支薪金外,徐、郭两会办则酌量支给夫马费云。

(《时事公报》1926 年 7 月 26 日)

财部解决江浙渔业纠纷办法

自江浙渔业局施行新税以来,渔商反响纷起,现财政部为解除渔税纠纷起见,特拟具办法四项,呈请国府核准分行江浙两省政府转饬财政厅遵照办理。兹录呈文如下:案准上海总商筱代电,转据渔商永丰公所等十七团体沥陈鱼税苛扰情形,请令饬江浙渔业事务局停止征收等因。正核办间,又据江浙渔业事务局长谭兆鳌抄送所致上海总商会函稿内开,分条驳复永丰公所等十七团体所称各节等情前来。查设置江浙渔业事务局征收渔税一案系中央政治会议蔡委员元培等提议,经审查报告议决照办,并迳准钧府秘书处奉常务委员谕,转饬职部遵照办理。现在上海总商会据转渔商永丰公所等十七团体函请,令饬江浙渔业事务局停止征收渔税,自未便遽予照准。惟上海总商会函内,有江浙渔业事务局在溪壑无鱼之处,亦均布满稽征员役,向来鱼花就地行销,并无应纳税项,即由产地经过税卡运销他处,按照苏省货物税章,在本省大江以南,只须纳值百抽二之货物税一道,即可通行无阻。今乃不问其为就地行销以及运销他处,概须课以值百抽五之税,殊非嘉惠民生本旨。鱼类产物应完税项,已有四道或五道之多,而原有之水陆税所,自该局鱼税办法宣布后,所收鱼类水产物各色捐项,是否悉行停收,统归该局办理,迄未见有明令宣布,更足滋人疑虑等语。又江浙渔业事务局长谭兆鳌驳复永丰公所等十七团体所称各节函稿内,有开征值百抽五办法,原系化零为整,将各项杂捐一律取销归并等语,皆系重要事实,可供本案参考。依职部意见,欲谋解决此项纠纷,有必应注意者三点:(甲)既以振兴渔业为设立渔业事务局之本旨,上海总商会所称日人越境采捕、各岛海盗骚扰等情,自宜加意救济。事务局之倾向,当然重在江海而不在内地。(乙)江浙两省各关局卡,鱼类应完捐税既已多至四道五道,自必实行取消,乃可并征新税,否则渔商负担过重,纠纷在所难免,且按诸化零为整原议,亦属先后不符。(丙)腌鱼、干鱼等类大抵广销内地,与江浙两省财政厅固有税收向多关涉,若完全划归渔业事务局主管,在财政方面不免有所为难。兹为解除本案纠纷起见,谨依据上列必须注意之各点,拟具办法四项:第一,江浙渔业事务局设局稽征区域,以沿江海一带为限,凡属内地,不设分局及稽征所。第二,征收渔税以鲜鱼、鲜水产动物为限,凡腌干鱼类,所有税课仍由财政厅照旧办理。第三,鲜鱼、鲜水产动物所课税率,应参照值百抽二旧税及值百抽五新税酌量减轻,改百分之五为百分之三。第四,鲜鱼、鲜水产动物之应课新税,全归江浙渔业事务局主管,其从前所有旧税,除海关常关照常办理外,凡其他各色厘金、省税杂捐一律取消归并,实行化零为整。以上办法四项,如蒙采纳,拟请钧府即予分行江苏浙江两省政府,将取消鲜鱼类旧税办法,转饬财政厅遵照办理,一面仍由职部将江浙渔业事务局章程,酌加修正,呈请核定,转饬该局遵照,以资恪守而释群疑。

(《申报》1927 年 12 月 14 日)

浙省再请修改渔业章程

浙江省政府为修改江浙渔业局章程,录具议决案,函请江苏省政府挈衔咨商修改。其原函云:径启者,案准财政部咨送第二次修正江浙渔业事务局章程一份,审核内容,关于税收及治安诸问题,不无出入之处。业经参酌敝省沿海情形,于第八十九次会议议决修正意见八项。除径令江浙渔业事务局,在章程未修改以前,所有沿海七县渔税暂缓征收,免滋纠纷外。因查贵省沿海之处,与敝省犬牙相接,当亦有同此情形。相应录具议决案,函请贵政府查核。如荷赞同,并希主稿挈衔咨商修改为荷。此致江苏省政府。计抄送拟请修改江浙渔业局章程议决案如下:

一、此项渔税,照省政府委员会第六十七次会议议决,规定鄞县、镇海、定海、临海、玉环、永嘉、平阳沿海七处,准其设局征收。至内河渔税,仍照第五十次原议决案办理,不准征收,等因。章程第二条,似应酌改删去钱塘江字样。一、渔税既规定准予沿海七处设局征收,俟渔业局在各该处设立分局后,准将各该处统捐局,向收统捐划去,改归渔业事务局办理。一、部定办法四项,征收渔税,以鲜鱼、鲜水产动物为限。凡腌干鱼类所有税课,仍由财政厅照旧办理。现照章程第十二条所载,添入但在海岛或船上暴腌暴晒者,及虽系全腌全干,在江海沿岸出售,并不运往他处,且其出售地方,并无省税局卡者,均仍照鲜货收税等语。按暴晒暴腌,与腌干鱼类,分别甚微。若果强为划分,征收手续,既极困难,趋避影戤,必多争执,而于沿海各捐局大宗收入,损失甚巨。兹经详加考虑,渔业局征收渔税,应仍以鲜鱼、鲜水产动物为限。其暴晒暴腌鱼类,无论运往何处,似难征收。一、第十四条载,凡内河鲜鱼,运往沿江沿海各县,并未纳过厘金统税者,仍应照章报税等语。查内河鲜鱼,运往沿海各县,当已在经过之统捐,完过捐款,且鱼出内河,本不在渔业局应征之列。此条应删改。一、渔商渔民,组织协会及合法团体,在本省辖境以内,应呈由本政府核准备案。在党务未确定以前,直接受本政府之取缔及指导。章程第十条,似应删除。一、本省已设有管理船舶事务所,凡沿海渔船,均已发给牌照。章程第二十一条,自应修改,以免重复。一、渔业局征税事宜,既请由各地方水陆军警保护,毋庸再设巡船及武装巡丁,以免纠纷而利治安。章程第二十二条、二十三条,均可删除。一、渔民如自卫起见,虽得按联甲制组织渔团,但在本省辖境以内,自应由本政府主办。章程第二十七条,亦可删除。一、渔团置备枪械,虽为自卫起见,但事关治安,限制尤宜严密。查本省外海水警局,本有取缔护船及取缔枪械武器规则,自应由本政府慎重办理。章程第二十八条亦应删。

(《申报》1928 年 4 月 1 日)

江浙渔业会议定期举行

江浙本属产鱼之区,但年来税收,因办理不善,终无起色,此次江浙两省政府为整顿税收起见,爰特会同财政部召集代表,举行渔业建设会议,自后日(十月一日)起正式开会。兹将各种情形,汇志如左(下):

(开会日程)该会预定开会日程,十月一日上午九时至十二时,开预备会,讨论议事规则。一日下午一时至四时,选举大会主席,整理议案。二日上午九时至十二时,整理议案。二日下午一时至四时,举行正式开会典礼。三日上午九时至十二时,大会讨论议案。三日下午一时至四时,大会讨论议案。四日上午九时至十二时,审查会分组审查。四日下午一时至四时,大会讨论议案。五日上午九时至十二时,审查会分组审查。五日下午一时至四时,审查会分组审查。六日上午九时至十二时,大会审查报告。六日下午一时至四时,大会结束议案。七日下午二时举行闭会式。

(各方代表)江苏省政府特别委员孙恩庆、朱文鑫,浙江特别委员杜时化、程鹏,上海特别市特别委员吴觉农、姚祖舜,同时聘请渔业专家侯朝海、王文泰、虞洽卿、吴毅,渔业事务局局长潘耀荣,农矿财政两部业已派定何恢禹、沈光史、黄端履、瞿健雄四君,届时出席指导。

(大会通告)径启者,本会议按照江浙渔业□会议组织大纲第四条之规定,会期以一星期为限。兹定自十月一日起至七日止,每日上午九时至十二时,下午一时至四时,在上海西门内泰瑞里江浙渔业事务局内开会,用将预定开会日程单一纸,随函附奉,希即查照,按日准时出席为荷。

(浙省提案)此次浙江提案共计六件:㈠组织护渔巡舰,以保护渔商渔民案,㈡筹备渔业银行,以接济渔民经济案,㈢设立渔业指导所,以推广渔民教育案,㈣调查渔民户口,核发旗照,编制渔村案,㈤取缔旧有渔会及渔业公所,并呈请中央颁布渔业团体组织法案,㈥取缔近海渔区,奖励远洋渔业,以兴海产而保海权案。至江苏省政府与上海市政府之提案,昨日尚未送到云。

(《申报》1928 年 9 月 30 日)

江浙渔业会议昨日开幕

昨开预备会　今日开大会

江浙渔业会议,由江浙两省政府召集,凡属与渔业有关系之团体,皆有建议权。昨日上午九时,该会在肇浜路江浙渔业事务局议事厅,先开顶备会,计到该会各职员及渔民代表七人,惟此七代表,系各帮渔民自由举出,直接到会,并未经江浙渔会八帮所产生,故由会令其重行推举代表,限定江浙两省,各举一人,以便今日下午一时,列席大会。兹将昨日会场情形,分志如下:

开会秩序:㈠摇铃开会,㈡公推临时主席,㈢全体肃立,㈣向国旗党旗总理遗像行三鞠躬礼,㈤主席恭读总理遗嘱,㈥讨论议事规则,㈦公举大会主席,㈧决定大会席次,㈨讨论分组审查议案,㈩公推各组审查员,㈩㈠其他事项,㈩㈡摇铃散会。

到会人物：农矿部特派员何恢禹、沈光史，财政部特派员黄端履、瞿健雄，会员孙恩庆、朱文鑫、吴毅、杜时化、孙祖训、潘耀荣、程鹏、侯朝海、王文泰、吴觉农、虞和德，当由杜时化为主席，陈天曙纪录。

讨论事项：㈠议事规则，经众逐条讨论，分别修正，议决修正通过。㈡公举大会主席，经众以记名连记法投票选举，结果，杜时化八票，吴觉农七票，孙恩庆四票为最多数，当选为本会议主席，议决通过。㈢决定大会席次，遵照本会议议事规则，以会员姓氏笔划多少排定之，议决通过。㈣讨论分组审查会议，暨公推各组审查员，经众讨论，以本会议议事规则，审查员系由主席指定，无庸公推，议决通过。㈤讨论江苏浙江省政府报告，举定主席姓名、开会日期，并请随时赐教代电稿，经众讨论，应同时代电呈报建设委员会、财政部、农矿部、上海特别市政府，议决通过。㈥临时报告，水产学会各渔业团体及个人，函请开会时列席旁听，可否照准案，决议，不得列席，只准其旁听，但须经本会议之许可。㈦各江浙渔业团体呈报推举代表出席人数，已逾规定数目，拟于本日下午，召集该代表等案，决议照办。

职员姓名：该会组织就绪后，即委定各职员，以资办公，计秘书处为阮性宜、陈言、陆甸、陈忠范四君，招待处为徐劭、陈忠范、阮性宜、陈言、程学强、陆甸、潘琅如、钮国枢八君，庶务处为陆甸、程学强、潘琅如、钮国枢四君，纪录书记为陈天曙、沈琴笙、沈国英、朱光裕四君。

组织大纲：（第一条）本会议以讨论渔业建设事宜，共谋渔业之发展为宗旨，在上海举行之。（第二条）本会议由左（下）列各员组织之：一、江苏省政府特派委员二人，一、浙江省政府特派委员二人，一、上海特别市政府特派委员二人，一、江浙渔业事务局局长，一、江浙两省政府函聘渔业专家二人至四人，一、渔商代表一人，一、渔民代表一人。（第三条）本会议应议事项如左（下）：一、关于渔商渔民之保护事项，一、关于渔场之分配及取缔事项，一、关于渔村渔民之编制调查事项，一、关于渔民金融之救济事项，一、关于渔捞器具及方法之改良事项，一、关于腌干鱼类及水鲜鱼类之设备事项，一、关于鱼类制造方法之改良事项，一、关于鱼类运输事宜，一、其他关于一切渔业建设事项。（第四条）本会议会期定为一星期，如遇必要时，得延长之，但至久不得过三日。（第五条）本会议议决各案,汇交江浙两省政府,会核施行。(第六条)本会议经费,由渔业建设专款项下开支。(第七条)本会议议事规则另定之。(第八条)本大纲由江浙两省政府公布施行。

提案录要:兹将浙省政府特派委员杜时化、程鹏提案,照录如下:取缔旧有渔会及渔业公所并请中央颁布渔业团体组织法案。查渔业向无优良之团体,切实领导,故渔业日趋于衰败,渔民痛苦,日益加重。现在之所谓渔业公会及渔业公所者,多系少数人假渔商渔民之名,肆行操纵,以遂其自私自利之心,且其组织极不合乎法理。如上海之江浙渔会即系脱胎于前浙江渔业公司,由黄龙八帮渔业公所之把持,侵占官产,以实行其收取护洋事业等费之伎俩。又各渔市场之渔业公所,亦为少数渔户所组织,并不征求全帮渔户之同意,名为聘请董事,以司其事,实则董事即系地方劣绅或渔户中之最狡黠者,甚至同一渔帮同一地域,初本同一公所,□被人挑拨,或略有意见,即分而为二或三,更有一船而分入两公所,或三公所,以为应酬品者。考其所办事业,仅护船一事,盖借此可以敛费也,其他渔法之改良,渔民之教育及一切渔业上应合力进行有益于渔民各事,均置不问。此种有害之渔民公所,若不予以严重取缔,实为发展渔业前途之一大障碍。前农商部有鉴于此,曾经颁布渔会法,饬令渔民赴县注册,将各公所一律改组为渔会。嗣以所定之法,不适于渔业情形,遵章改组者固有之,其仍旧称某某公所者亦复不少,积习相沿,牢不可破。今欲求渔业之发达及渔民之解放,势非将旧有各渔会及渔业公所严加取缔,并另定章程,从新组织,无以为功。但是民众团体之组织,须经党部规定条例,方有遵循。除一面呈请中央党部、国民政府,于最短期间,颁布渔业团体组织法外,兹先拟定临时取缔办法,以资取缔,是否有当,敬请公决。

计开取缔渔会、渔业公所临时办法:一、本办法在未奉中央党部、国民政府所颁布之渔业团体组织法以前适用之。一、旧有渔会或渔业公所,限于两个月以内,分赴该管渔业事务局登记,其登记章程另定之。一、旧有渔会或渔业公所之章程规则契约等,均须呈送该管渔业事务局备核。一、旧有渔会或渔业公所,查非真正渔民渔商组织,或为少数人把所持有压迫渔商渔民行为或借名敛钱中饱者,应予解散。

取缔近海渔区奖励远洋渔业以兴海产而保海权案,古者数罟不入洿池,网罟必用四寸之目，鱼不满尺，市不得鬻，人不得食，限制甚严，非徒好生，实以滋生也。或谓古者捕鱼有禁，系限于江河湖沼，海洋辽阔，取之不尽，可不必施以限制，殊不知中国渔民贫苦，眼光短浅，只知游弋近海，无力远涉重洋，坐使天然大利，为外人所侵夺，甚至因近海渔获不丰，施以重网，垂于海底，以求一得者。若不予以取缔，并从事提倡远洋渔业，则近海鱼类，必日见减少，而渔民将来生计，更有不堪设想者矣。查英日各国渔商，国家均特设渔业专官，以司监督，凡网目之大小，采捕之地点，采捕之时期，以及所用之方法等，皆有一定之规则，其捕鱼之区域，日求推广，有距国境数千里洋面以外者。我国渔民以资本短绌，知识浅陋，渔具粗笨，船身狭小，不能与远洋竞争，且以不敢与远洋竞争。而政府方面，亦无适当之法令以分别，施以取缔及奖励，无怪乎渔业日就衰颓也。今欲振兴已衰之渔业，保障固有之海权，非由政府规定取缔及奖励规则不可。

兹就中国现状而论，应取缔者有二，应奖励者亦有二，用为分别说明如下：㈠近海渔区宜取缔也，中国近渔捕鱼，粗视之，似已有一定季节，一定区域，殊不知纯系一种天然支配，而非科学之规定，故年来鱼类日减，且亦不如以前之肥大，究其原因，实系漫无限制任意滥捕所致，海疆虽大，鱼类生殖力究属有限。若专在一处捕捞，不予以余力休养，纵繁殖力十分强大，亦有竭尽之时。今宜将近海划作若干渔区，某区宜渔，某区宜禁，更番替换，定为规则，揭示渔民，违者处罚，庶渔民有所遵循，鱼类得以生息。㈠重网宜取缔也，查近年鱼产不丰，获利甚少，渔民不知另辟鱼场，年在原场捕捞，每有用重网以谋一得者。重网之害，可使鱼类一网打尽，鱼类既无孑遗，遑问其能繁殖，应即严申禁令，不准再用，违者重罚。㈠养殖宜奖励也，捕捞方法，固应研究，养殖事业，更不可不注意。若徒捕而不养，则殊失生生之道，且养殖正所谓谋鱼产之增加，如有人于海滩坝堤养鱼者，应予以特别保护，或经济上之扶助。㈠远洋渔业宜奖励也，中国渔民之不能出远洋经营渔业，固由渔民缺乏知识能力，而从前政府之放弃太甚，亦属责有攸归。前北平农商部虽有奖励远洋渔业之议，然实等于空谈。今从新厘定，宜切实施行，以鼓励新渔业之振兴，扶助新渔业之发展。

以上数事，或须订取缔规则，或须订奖励章程，应由政府迅予实行，谋海洋渔业之改进，是否有当，敬请公决。

筹办渔业银行救济渔民经济案,我国渔业之不振,固由于渔民知识捕捞方法及捕捞船具等有种种之缺点,而尤以经济压迫,为其最大原因。盖沿海渔户,大都系穷苦小民,凭一叶扁舟,冒险以求生活,而资本不足,比比皆然。每当渔汛之时,必求贷于鱼栈及专放渔债之钱商,其利息之重,恒有令人不可思议者,渔民告贷无门,只得忍气吞声,听其盘剥。如此谋生之不暇,尚复有何余力以图改良。今欲使渔民经济活泼,以解除重利盘剥之痛苦,亟须由政府筹设渔业银行,以资救济。即以海市贸易而论,亦须有银行办理汇兑,则金融之周转始灵,惟兹事体大,创办维艰,筹集基金,亦非易事。尚无特别组织,一如普通银行,则不惟渔民不能得到利益,反足以开私人牟利之源。良以此项银行,其目的非为营利,故基金应由政府担任,然值此公家财政正感困难之际,基金从何而出,筹维再四,惟有指定渔税部分收入,发行公债,以资挹注。兹将筹办拟具大纲于后,是否可行,敬请公决。

计开筹办渔业银行大纲:一、渔业银行,应仿照农民银行条例组织,以直接放款于渔民信用合作社,转放于渔民为原则。一、渔业银行股本定为二百万元,由江浙两省政府发行渔业公债充之。一、渔业公债,指定渔业事务局渔税一部分收入作基金。一、渔业公债募足四分之一,即行开办,但在开办之先,应派员指导渔民,组织信用合作社。一、渔业银行,经营海洋汇兑,放款于渔民信用合作社,并办理储蓄事业。一、关于此项银行组织公债条例及募债等详细章则,由政府另订之。

(《申报》1928 年 10 月 2 日)

江浙渔业会议之第一日

江浙渔业建设会议,于昨日下午二时,举行开会式,计到委员、来宾二十余人,由主席孙恩庆宣告开会后,行礼如仪,至四时半散会,兹将开会情形及内容分志如下:

开会秩序:(一)开会。(二)全体肃立。(三)奏乐。(四)向国旗党旗总理遗像,行三鞠躬礼。(五)主席恭读总理遗嘱,全体同时循声宣读。(六)主席致开会词。(七)上海特别市党部代表潘公展致训词。(八)中华民国建设委员会代表致训词。（九）农矿部特派员何恢禹致训词。（十）财政部特派员黄端履、瞿健雄致训词。（十一）江浙两省政府代表致训词。（十二）江苏省政府农矿厅厅长何玉书致训词。（十三）上海特别市市长致训词（潘公展代）。（十四）各长官致训词。（十五）来宾上海县党部杨立等演说。（十六）会员演说。（十七）主席答词。（十八）呼口号。（十九）礼成奏乐。（二十）摄影散会。

口号词名句：㊀谨遵总理遗训，开达江浙渔港。㊁实行保护渔业政策。㊂建设江浙新渔业。㊃解除渔民痛苦。㊄改良渔民生活。㊅增进渔商渔民信任。㊆渔商渔民大团结起来。㊇中国国民党万岁。㊈三民主义万岁。㊉渔业建设万岁。

旁听规则：㊀旁听人凭券入会场。㊁遵守本会议规则及主席之指令。㊂对于议案不得发言及其他表示，如有意见，得以书面陈述。㊃不得交谈及随意起立或退席。

特派员名衔：财政部特派员黄端履（住麦家圈惠中旅馆三号）、瞿健雄（住同上），农矿特派员何恢禹（住带钩桥湘益公）、沈光史（住静安寺路张园鸿安里二八六号）。

办事经费：该会之经费，系由渔业建设专款项下支拨，仅支数百元，所有各会员概系义务性质，至江浙两省会聘之渔业专家虞洽卿、侯朝海、吴毅、王文泰四员，拟酌致夫马费云。

渔民代表：渔民代表，曾由各地渔商公举代表到会列席，该会因议决规定江浙两省，仅得一代表列席，故即令其重行推举到会，计江苏方面有张君一（系海州渔业公会、盐城渔民联合会、在台渔会所举）、张飞熊（启东渔行公会、崇明渔商公会所举）、杨月庵（通州渔业公会、海门渔业公会所举）、任斐安（常熟浒浦渔北货业公会及资捕船商公会所举）四人；浙江方面，有朱庆沄（镇海人和公所、临海渔船公所、温岭渔民改良会所举）、张传保、韩襄开（系江浙渔会方面）三人。浙方当于前日，即选出张传保为正式代表，业于昨列席。江苏方面，则于昨日下午举出张飞熊为正式代表，惟张飞熊再三推辞，故尚未呈报该会备案，至会中对于未被举为正式代表之五人，亦允将其旁听。

（《申报》1928 年 10 月 3 日）

江浙渔业会议之第二日

　　江浙渔业建设会议,昨日上午九时起,开始讨论议案,各方代表全体出席,由杜时化主席,将议事日程所列各案,一一讨论,决定分组审查,组织审查委员会,每组审查会首席委员,经主席指定,负召集本组审查会之责,此后各组审查会开会,即由各本组首席委员召集,不再由会通知,闻今日仍于九时起开议。

(《申报》1928 年 10 月 4 日)

江浙渔业会议之第三日

　　江浙渔业建设会议,昨(四)日上午九时,断续举行,下午开审查会,出席代表如旧,主席吴觉农,纪录沈琴生、陈天曙,某代决各案如下:

　　(甲)报告事项:㊀报告本日出席人数,㊁报告第一次会议议事录,议决提案人上面衔名应取消,俟开审查会时,再行修正。(乙)提议事项:(一)拟请本会议呈请江浙两省政府及上海市政府另设渔业建设机关,以利建设案,会员孙恩庆提出,议决建议省政府、市政府,并请转呈中央,共策进行。(二)筹办渔业银行,救济渔民经济案,会员杜时化、程鹏提出,议决交第二组审查。(三)组织消费合作社,救济渔业金融案,浙江省立水产职业学校提出,议决并入第二案同时审查。(四)拨款二百万元,筹办渔业银行案,浙江省立水产职业学校提出,议决并入第二案同时审查。(五)筹款百万元重行组织三门湾渔业公司案,浙江省水产校提出,议决标题改为"筹款百万元,组织江浙外海渔业公司建议",公推专家王文泰、吴毅、侯朝海会同原提案人修正,于下次大会提出通过,建议于政府。(六)关于渔村渔民金融救济法之商榷案,浙江省立水产职业学校提出,议决并入第二案同时审查。(七)调查现近水产业之状况案,会员吴毅提出,议决交第四组审查。(八)设立水产试验所案,会员吴毅提出,议决交第四组审。(九)共同设施案,会昌吴毅提出,议决并入第三案,交第二组合并审查,推孙恩庆、吴毅帮同整理。(十)奖励及指导新法渔业案,会员吴毅提出,议决标题改为"拟设渔业指导所启发渔民知识指导新式渔业案",交第四组审查。(十一)呈请农矿部会同沿海各省政府,从速举行渔业基本调查,以便着手改造水产事业案,会员侯朝海提出,议决交第四组与第七案,合并审查。(十二)拟办水产巡回讲演,以便启发渔民知识及推广水产事业案,会员侯朝海提出,议决交第四组并入第十案审查。(十三)呈请国民政府,筹□款项建筑嵊山渔港案,会员侯朝海提出,议决交第五组审查。(十四)提请江浙两省政府合力创办水产大学案,会员孙恩庆提出,议决交第四组审查。(十五)拟设立渔业指导所,以补助渔民教育案,议决交第四组并入第十案审查。(十六)筹设水产研究所案,上海特别市政府提出,议决交第四组审查。(十七)筹设鱼市场及冷藏所案,上海市政府提出,议决交第五组审查。(十八)恢复嵊山、沈家门等处无线电台,以便利沿海渔民随时传达紧急电讯案,渔商渔民代表提出,议决由本会议即日函请海防区派员,于本月六日上午列席本会议,共同讨论,原案交第三、四、五组审查。(十九)拟请江浙两省政府会同中央合组渔港设计委员会开辟两省渔港以利渔业案,农矿部特派员柯恢禹提出,议决交第五组审查。(二十)发展渔业,首宜推广渔品销路而以取缔鱼行建鱼市场,促进渔类运输为入手办法案,浙江省立水产职业校提出,议决交第五组与十七案合并审查。(二十一)上海先设一公共鱼市场计划案,浙江水产校提出,议决交第五组并入第十七案审查。(二十二)设立水产试验所,以振兴渔业案,浙江水产校提出,议决交第四组并入第八案审查。(二十三)筹设水产生物研究所,以供学术上之采访案,浙江省立水产职业校提出,议决交第四组并入第十六案审查。(二十四)改良渔品干制事业案,浙江省立水产校提出,本案由原提案人撤回,其意见交第四、五组,作为参考。(二十五)祛除障碍发展渔业意见书,本案意见,交第四组及有关系各组参考。

(《申报》1928 年 10 月 5 日)

江浙渔业会议第四日

江浙渔业建设会议,昨(五)日上午九时开审查。各组报告如下:

第三组报告第一次会议第二案,(案由)关于渔业捐税问题。自民国十四年与十五年、十六年、十七年比较,逐年增加商民负担过重,拟请中央及两省政府,减轻土产鱼税,不问咸鲜,定每担完纳正税洋一角,余均豁免。一面将洋货进口海产物关税增加税率,指充渔业建设费。第一次会议第十三案渔商代表张传保提出,(案由)查日本萨门鱼、美国青川鱼进口,每年多至一千二百万两,其进口时纳关税,每担一钱八分、子口税一钱八分,共纳税三钱六分,即可通行无阻。若我土货鱼价出口,应完海关税九分,至内地捐局,又须到处完捐。两相比较,洋货畅销,土货反受其累,请设法救济,并案审查。查海关鱼税及江浙两省鱼捐,各有税则捐率之规定,提案中拟请减轻土货捐率税率,加重洋货进口税,作为救济渔业方法,自应极端主张。惟案关变更税捐,应依据提案,由本会呈请财政部及江浙两省省政府主持核办。是否有当,请公决。第一次会议第五条会员孙恩庆提出,(案由)呈请江浙两省政府及上海市政府将所收鱼类税悉数充渔业建设费。(审查)查鱼税悉数充建设费,以取诸渔民者用诸渔民,理由极为充分。惟如何组织保管机关,是为先决问题,应由原提案委员,另拟保管渔业财产委员会组织大纲,交由本会,一并呈请两省政府及上海市政府核准施行。是否有当,请公决。第五组报告组织上海鱼市场审查报告(三十九)筹设鱼市场及冷藏库案,上海市政府提出。(四十二)发展渔业,首宜推广渔鱼销路,而以取缔鱼行建设市场,促进鱼类运输为入手办法案,浙江省立水产科职业学校提出。(四十三)上海先设一公共鱼市场计划案,浙江省立水产科职业学校提出。查普通鱼行专以营业为目的。其销售鱼类,得任意把持操纵,鱼商渔民无权顾问。货少固得善价而沾,货涌则一任其留滞,不能代销。远埠以及秤手,私得鱼贩陋规,从中舞弊。故欲维护鱼商渔民或渔业者共同之利益,斯有取缔鱼行建设鱼市场之必要,以集中鱼介类出品于一处,统一市场,公开无弊,采取竞卖之法,以增高售价。一面更稽核全部日需鱼类,按日平均分配。如遇大宗鲜鱼到埠,则再设法贮藏一大规模之冷藏库中,使港内渔船,无留滞困顿之弊,而鱼价亦无逾格暴落之弊,渔业乃有振兴之望。故于设立鱼市场时,应同时有大规模冷藏库之设备。上海为东亚大港,年销鲜鱼为数甚巨。故应先在上海设立鱼市场及冷藏库。因此三案,得合并成立,是否有当,尚候公决。第十九案之二,浙江省立水产科职业学校提出。第三十五案,会员侯潮海提出。第四十案会员张传保提出。第四十一案农矿部特派员何恢禹提出。以上四案,合并审查。

一、标题。呈请国民政府筹款建筑嵊山渔港,并会同江浙两省政府,合组渔港设计委员会,开辟两省渔港,以利渔业案。二、案由。渔港为渔业之根据地,查嵊山为我江浙两省渔船荟萃之区,自应速为建筑,以适合渔业之设备。此外江浙两省,有□渔港之资格者,若苏之海门,浙之沈家门、三门湾、长涂□等处,亦应请中央政府会同江浙两政府,合组渔港设计委员会,讨论关于渔港上应有之设备,以从速完成总理对于渔港之计划。为振兴渔业计,实切要之图也。三、办法。(一)设暴风雨信号所,应联合徐家汇天文台行之。(二)设无线电台,应与海军司令部会商办法后行之。(三)添设防风堤,应请水利工程师,先往实地测量,徐图讨论后再定。(四)凿通嵊山南北澳,应请水利工程师先往实地测量,徐图讨论后再定。(五)添置鲜鱼运送船,应设备鲜鱼运送船两艘,每日往返上海、嵊山间,送粮食往载鲜鱼,便交通,兴渔利,莫大于此。(六)设立灯台,嵊山东南角亦须设立灯台,以便往来渔鱼。四、经费。(一)于渔业建设经费项下,按年筹拨。(二)向渔业银行借款拨充。

下午一时起,继续举行会议。出席人员如旧,惟渔业团体代表张传保,因事缺席,由孙恩庆主席。其议案如下:一整顿江浙渔业建设书案(关于行政第四项),二读,(第一次会议议事日程第十五案并案审查)第三组审查委员会报告。二拟请本会议呈请江浙两省政府及上海市政府,将所收鱼类税,悉数拨充渔业建设经费,二读,第三组审查委员会报告。以上两案,议决照审查报告通过。三筹设鱼市场及冷藏库两案,三读,(第一次会议议事日程第四十二、第四十三两案并案审查)议决大意,议定后,由原审查人修正。四呈请国民政府筹划款项,建筑嵊山渔港案,二读,(第一次会议议事日程第十九案之二暨第四十、第四十一各案并案审查)议决保留办法三案。㊀地点指定十六铺大码以内,或其他适宜地域。㊁面积定二万方尺,倘不能成时,或可加减之。㊂冷藏库应成立。㊃经费由上海市府拨款筹拨,或由渔业经费内筹拨。

(《申报》1928 年 10 月 6 日)

江浙渔会昨日闭会

江浙渔业建设会议,于昨日(七日)举行闭会礼。到会者中华民国建设委员会特派员蔡无忌、财政部特派员黄端履、瞿健雄,农矿部特派员何恢禹、沈光史,会员孙恩庆、杜时化、程鹏、吴觉农、姚祖训、侯朝海、王文泰、吴毅、潘耀荣、朱文鑫,以及职员秘书、庶务、会计、纪录员、书记员等二十余人。其秩序为:一、开会。二、全体肃立。三、向国旗党旗暨总理遗像行三鞠躬礼。四、主席恭读总理遗嘱,全体同时循声宣读。五、主席致闭会辞。六、中华民国建设委员会特派员致训词。七、国民政府财政部特派员致训词。八、国民政府农矿部特派员致训词。九、会员演说。十、主席致答词。十一、呼口号。十二、礼成。散会。

(《申报》1928 年 10 月 9 日)

渔业局在石浦设象山办事处

主任陈拯已到石

象山石浦向为产鱼最盛之区,江浙渔业管理局,特在该处设立象山办事处。主任陈拯(南京人),已于昨晚乘台州轮到石,暂寓金山旅社。现正四出找寻房屋,一俟觅定即行开始办公云。

(《宁波民国日报》1932 年 8 月 4 日)

解决渔建费纠纷　改进会昨开紧急会议

今日派俞参事访虞磋商
渔建费招商承包由小组讨论
拨棉麦借款五百万组织银行

和平社特讯,江浙渔业改进委员会,为解决渔业建设费纠纷起见,于昨日下午二时,在国际贸易局四楼,召开紧要会议,实业部特派徐定午主席。兹由和平社记者探录情形,分志于左(下):

出席代表:出席者,计委员徐定午(代陈公博)、邬振磐、张申之、方椒伯、许一飞、王文泰、侯潮海、戴雍唐、周监殷、袁良骅、吴恒如、骆用弧、林康侯、俞凯湛、徐履尘等。

主席报告:公推徐定午主席,陈潜夫纪录,行礼如仪,由主席报告,略谓本会例应月一期召开委员会议,讨论进行方法,后因征收建设费纠纷未已,致会务停顿。此次本人代表陈部长，为最后解决渔建费问题，无论如何困难，本原定之规则，积极进行，以期贯彻主张，所有各重要议案，务祈从长计议，于最短期内，另觅解决途径云。

议决各案：主席报告毕，次即开始讨论，兹由和平社记者，录其议决案如下：（一）虞洽卿与鱼商方面调停建设费案，迄未解决，应如何办理案，议决，定明日起（即今日）由俞参事凯湛，约同方椒伯、张申之、邬振磐再与虞洽卿磋商。（一）渔建费征收困难，拟招商承办案，议决原则通过，唯办法交小组会议讨论（和平社记者按小组会委员即方椒伯、邬振磐、林康侯等）。（一）征收处组织章程产销混淆殊不适宜□酌予修改案，议决推定邬振磐、侯潮海、俞凯湛、方椒伯、张申之、戴壅唐、袁良骅七人为修改章程委员。（一）护洋巡舰，不敷分配，应如何办理案，议决购置庆安轮，或租用宁海轮均未定，暂行保留。（一）组织国营渔业公司解决社会经济案，议决，交常务委员办理（和平社记者按常委为侯潮海、袁良骅、戴壅唐）。（一）经营远洋计划案，议决，交常委会办理。（一）设置上海渔场案，议决交常委会办理。（一）筹划江浙渔业调查产销实际状况案，议决，交常委会办理（按以上四案，关系全国渔业生命线，似不应交常委讨论，此点颇有失当处）。（一）呈请全国经济委员会拨借棉麦款五百万，再招商股五百万，组织渔民银行案，议决保留，议毕散会。

（《上海宁波日报》1933 年 9 月 21 日）

实部搏节糜费　江浙渔业局月底结束

渔建费收取困难　节省经费充建设

实部停办江浙区、冀鲁区、闽粤区三渔业管理局之训令，昨已到达。渔业改进会之停办令，迄未到达。兹将经过详情分志如下。

节省糜费

实部以三区渔业管理局每月经常费，共计七八千元，而对渔业上设施，亦无若何成绩，原定建有益于渔之设施，因建设费收取困难，故致即难实现，为此决将管理局、改进会等骈枝机关,暂行停办,所节经费,决积极挪作建设费,以收益渔实效。

月内结束

实业部因政府有财政支绌撤削骈枝机关之意,故于本月份呈请行政院,将江浙区、冀鲁区、闽粤区三渔业管理局及渔业改进委员会,暨改进会附属之建设费征收处,暂行停办,经行政院二十一日会议通过,实部特于昨日训令江浙区渔业局,本月份内办理结束。

部令到沪

江浙区管理局昨奉部令云,奉行政院议决,将江浙区、冀鲁区、闽粤区渔业管理局一律停办,仰该局于本月底办理结束,惟直辖于部之渔业改进委员会,则部令迄未到达,渔业建设费征收处,亦未奉改进会命令。

赶办结束

据江浙区海洋渔业管理局总务科长萧冠群,对记者云,袁局长因要公晋京,约今日可返沪,待局长来沪后,可赶办结束。实部因中央早有裁撤各附属机关之意,故部长决将渔业机关停办,以节糜费,为全国倡导,各舰由部管辖,因本局未有困难情形,本月底结束,当无问题。

请愿索薪

渔业建设费征收处开办以来,已有八月,中间曾一度停止,自四月十五日开征建费后,迄今所得仅一万余元,而开支所需,仰给于部,而职员薪给,迄今未付,故全体职员阅报曾集议索薪,昨日下午派出代表朱其仁、陈斐等面见处长戴颂唐要求从速发给。戴允二日后答复。据渔业方面负责人称,今日报载戴处长月余不来办公,殊属不确,因处内无所事,故有时未到,建设费现下亦无征集,一待改进会令到,即可办理结束。此后渔民可无纳费之事,而对渔业设施及护渔,当仍似现在之妥善,故此举各渔民当甚乐闻也。

(《上海宁波日报》1933 年 11 月 24 日)

实部发展渔业　拟定四年渔业计划

嵊山将先兴建大渔港　与石岛港产渔区域同时建筑渔港

甬沪闽设渔市场竞卖行销

拟定预算厘订改革行政计划着手进行

第一年在定岱山设盐鱼制造厂

我国渔业之不景气,虽属外渔侵入所致,但要亦不外乎下列之数端,而造我国今日渔业衰落之现象:一、渔港设备之不健全,二、渔具制造之不精良,三、渔行剥削而垄断,四、技术之缺乏,五、滥捕过度,致佳种摧残,六、资本浩大,七、外国侵我渔权,越界捕鱼。因此种种远近因果,吾国渔业之破产,由来久矣,实业部为求渔业之发展,漏卮之杜塞起见,特拟具四年计划,以俾依次推进,于四年内,首在产渔区域,兴建两大渔港,一为嵊山港,一为石岛港,并陆续在上海、宁波、福州等处,分设鱼市场,以竞卖法行销,平准价格,使消费与供给,两得其利。同时复创设盐渍制造厂,贮藏得法,乃可远销。预定第一年先设厂于定海之岱山,第二年则再筹设于山东之石岛,其经费之预算,亦已拟定,约需五百余万元。关于渔业行政之改革,亦于该项计划详细厘定,如筹设水产试验场、渔业警察所、渔业推广所等,实行监护与改善。闻上述计划,业已着手进行,惜因经费生问题,致不能按步推进,殊可惋惜。实部拟建造之渔轮七艘,刻已无何种问题,日内即可签订正式合同,将来渔轮建造完竣后,闻将用于生产方面,在可能范围内,尚拟装置军器,作为护渔之用云。

(《上海宁波日报》1934 年 3 月 27 日)

浙建厅救济渔民

保护捕捞调剂经济　发展浙省水产事业

设养成所指导渔民知识技能　设置护渔轮船新式渔轮渔具

浙省东临大海,岛屿罗列,海岸线长达二千三百余里,江流则北有钱塘,中有椒江、瓯江,南有飞云江、鳌江,其他湖沼川泽,亦复星罗棋布,渔场之广,水藏之富,甲于东南。徒以水产事业,素为社会人士所忽视,而一般渔民,又率沿用旧法捕捞,罔加改进,以致渔捞成绩,微乎其微,加以海疆盗匪出没,时时危及渔民之生命财产,至视渔捞为畏途,致吾浙大好渔场,为东邻三岛所觊觎,而时有越界捕渔之事,且彼以精良器械,新颖方法,捕获之多,成本之贱,皆非我所及,以之向我倾销,而我国之渔业遂日濒于破产矣。至于内地湖泽河江,亦复不知设法利用,广事养殖,遂至宝藏不兴,利弃于水。际兹渔业凋落,社会经济破产之候,对于此项富有希望之水产事业,若不亟谋救济,而加以积极之奖护,则不徒渔业之发展无望,而浙省数万渔民,亦将破产矣。兹建设厅有鉴于斯,决定设法积极救济,惟以年来沿海一带,海盗出没无常,渔民出而捕捞,危险堪虞。故决定先从护渔着手,同时并以年来渔民受日人侵渔之影响,与海盗之横行,生命生计,交受其困,欲求发展渔业,先需调剂渔民经济,故决组织渔民银行或借贷所及合作社等。现在缜密计划,决定发展本省渔业办法六项:(一)责成外海水警切实维持渔场治安,沿海各县,每县或联合数县,亦得设置护洋轮船,配备武器,以供渔汛巡逻警戒之用。(二)发行渔业公债,或另行筹款设立渔业银行及渔区借贷所,同时督促渔民组织运销及其他各种合作社。(三)设立渔业指导人员养成所,俟学成后,分派渔区,授渔民以渔业上必需之知识技能,同时在重要渔区设立渔业指导所,随时为渔民解决困难问题。(四)促成渔业上新组织,购买新式渔轮渔具,并筹设渔具制造厂。(五)设置冷藏运输轮船及气候观测所。(六)于沿海及有大湖沼所在,设立大规模之鱼类、贝介类养殖场,并附设育种场。

(《上海宁波日报》1934 年 7 月 3 日)

浙建厅发展水产事业拟定办法六项

衢州通信,浙省东临大海,岛屿罗列,海岸线长达二千三百余里,江流则北有钱塘,中有椒江、瓯江,南有飞云江、鳌江,其他湖沼川泽,亦复星罗棋布,渔场之广,水藏之富,甲于东南。沿海河湖每年渔获物价值,计宁波总额,约八百万元,乍浦约六十万元,石浦约三百万元,绍兴约三百万元,镇海约二百万元,温州、台州约共一千万元,合之苏省,年在六千万以上。鱼类之繁殖,并不亚于日本,但年来国产所需,时不敷求,仍须仰给于日本、香港、澳门等处。每年输入国外水产物总值,平均在三千万元以上。浙省鱼产,受日人越界侵渔,廉价向我倾销后,业务日形不振,生活随感困难。刻建厅有鉴于此,以本省渔业凋落,不亟谋救济,匪仅渔业之发展无望,浙省数十万渔民,势将破产,决即设法救济,先从护渔及调剂渔民经济着手,并拟定发展渔业办法六项如下:

㈠责成外海水警,切实维持渔场治安。沿海各县,每县或联合数县,亦得设置护洋轮船,配备武器,以供渔汛巡逻警戒之用。㈡发行渔业公债,或另行筹款设立渔业银行及渔区借贷所,同时督促渔民组织运销及其他各种合作社。㈢设立渔业指导人员养成所,俟学成后,分派渔区,授渔民以渔业上必需之知识技能,同时并在重要渔区,设立渔业指导所,随时为渔民解决困难问题。㈣促成渔业上新组织,购置新式渔轮渔具,并筹设渔具制造厂及水产品科学制造厂。㈤设置冷藏运送轮船及气候观测所。㈥于沿海及有大湖沼所在,设立大规模之鱼类、贝介类养殖场,并附设育种场(五日)。

(《申报》1934 年 7 月 14 日)

赵专员奉省令饬属切实保护渔业

乘机掳取或故意留难即按法严办不稍宽贷

浙江第五特区行政督察专员为奉令保护遇难渔船事,昨令饬所属各县及宁波公安局文云:案奉省府训令内开,案据鄞县县长陈宝麟呈称,案据本县东钱湖外海渔业捞捕兼营合作社呈称,窃属社社员等之渔船,每年自废历八月间即寒露后放洋,至翌年三月间回洋者曰短船,五月回洋者曰长船,又在废历年终出洋,曰大对渔船。乃该渔船历受风潮不测,覆舟殒命之惨痛。近年来又遭日轮侵渔、海盗勒索以及鲜栈收鲜鱼款受骗,种种痛苦,致渔业于奄奄一息。而尤有痛者,上述天灾人祸外,重复遭人祸。如我辈渔船,一经被盗以及遇风后,暂泊台属海岸之一番痛苦,尤属令人难堪,因该处居民盗匪成性,视渔船遇难,宛如送来之物,往往将船内所有渔具衣米等悉掠无遗。当此之时,如遇盗渔船驾驶人已被盗掳,遇风渔船桅舵必受风浪打拆,际此呼天号地之间,不应遭此浩劫,即见所及,谁不为之泪下。惟该处水陆军警,向不救援,有时且种种留难,因此破家者有之,殒命者有之。迄渔汛又届,海盗披猖如故,隆冬海上采捕,飘雨逐浪难免,放洋在即,为特迫叩钧长,要求转呈省政府迅即令饬外海水警舰队,即日出发护渔,并令沿海各县军政机关出示保护,渔业幸甚,渔民幸甚等情。据此,理合备文转呈仰祈审核办理,等情。据此,查外轮侵渔,海盗掳掠,内外交迫,致渔户不能安其生业。倘不切实保护,渔民生计,势将垂绝。至所称台属沿海居民,掳取遇难渔船渔具衣米暨水陆军警,不加救护,转多留难事情,事果非虚,殊堪痛恨。除分令水警第二大队即日饬舰出发,加意巡护并指令外,合并令仰该专员即便转饬所属,一体予以济护。倘有乘危掳取暨故意留难情形,立即按法严办,勿稍宽从,等因。奉此,令仰该县长即便转饬所属,一体予以保护,倘有乘机掳取暨故意留难情事立即按法严办,毋稍宽贷云。

(《宁波民国日报》1934 年 10 月 25 日)

建厅向庚款建设两会借八万镑发展渔业

合华币约一百二十万元
向英购办渔捞制造机器 在沿海区设大规模机关

建设厅以浙省为滨海之区,沿海居民,多以捕鱼为业,惟因资力有限,不易发展,建设厅长曾养甫有鉴于此,为增加生产挽救农村经济起见,决定筹划巨款发展渔业。现悉由曾氏向中英庚款委员会及中央建设委员会商榷借款八万金镑,合华币约一百二十万元,为发展渔业之用。该项借款已有成绩,建设厅决以该款向英国购办大批渔捞制造新式机器,在沿海渔区设置大规模渔业机关,内分渔捞、制造两部,以资振兴渔业而利改良云。

(《宁波民国日报》1935 年 1 月 19 日)

江浙两省合作借款发展沿海渔业

浙建设厅以本省沿海一带,为渔业区域,为发展渔业,决向中英庚款会、中央建设委员会借庚款八万镑,合华币一百二十余万元,发展渔业。昨据建厅消息,该项发展渔业计划,决与江苏合作办理,已与苏建设厅开始接洽进行。

(《宁波民国日报》1935 年 1 月 28 日)

建设厅发展渔业救济渔民

购置最新式渔轮

三年级学生将予甄别考试　一二年级学生发证书转学

　　杭州五日电,建设厅长曾养甫,为发展渔业,救济渔民计,向中英庚款会借款三万镑,向中央建设委员会借款五万镑,作为发展渔业经费,并经曾厅长函江苏省主席陈果夫、建设厅长沈百先,接洽合作进行办法,一方面聘请渔业专家陈同白,为水产试验场长,该场设渔捞、制造、推广、储藏四部。

　　本省为沿海水产业重要之省份,对于水产行政之设施,曾就原有省立高级水产职业学校与水产品制造厂加以整饬充实。数年以来,虽规模粗具,无如厂方因工具不良,资金缺乏,致营业不振,于去年七月令饬该校停止。校方则因国内专门技师甚少,教师尤缺,加以本省水产事业尚未发达,学生在校时缺少实地训练之机会,毕业后又未能切合水产之需要,由省府令饬解散,听候彻底改组,复经建厅详加考虑,认为若不重加整饬,殊不足以适应实际之需要,且水产亦为生产建设之要端,亟应规划进行,爰将水产学校及水产厂改办水产试验场,提经省府七四二次会议通过在案。兹悉建厅长对该场决为全省水产事业指导改良之机关,并附设水产训练班,以培养适合实用之下级水产技术人员及渔区渔业指导人员,俾水产教育不致偏废,同时并拟向导淮委员会借英庚款三万镑,向建设委员会借英庚款五万镑,购置最新式巨型渔舶,从事沿海渔捞,设置最新式水产物品机器制造厂,作大规模之经营,以期增加生产,并为社会之倡导。至于该场经常费,拟暂以原有水产校经费移充,开办费拟以该校停期内经常费拨用,其原有水产校三年级学生,则拟予以甄别考试,列入训练班继续训练,一二年级学生一律发给修业证书,俾并入他校云。

(《宁波民国日报》1935 年 2 月 5 日)

建厅订定计划发展本省水产事业

设水产试验场主持水产改进事宜
购买新式巨型渔轮从事海洋渔捞

建设厅以查本省为沿海七省之一,渔业素称重要,兹为改良旧式渔业及提倡与振兴新式渔业起见,拟将原有省立高级水产职业学校及水产品制造厂,合并改设水产试验场,主持全省水产之改进事宜,同时筹借巨资,购买最新式巨型渔轮,从事近海及远洋捕捞,以挽回海上利权,及添设最新式之制造机器,俾将渔获物制成各种罐头或盐干冰鲜,以推销于各地,而抵制进口之水产品。兹将计划大纲探志如左(下)。

水产试验场

内分渔捞、制造、营业三部。渔捞部之主要事业为改良旧式渔业,发展手操网及汽船拖网渔业;制造部主要事业为将渔获物制成罐头、盐干或冰鲜;营业部则将成品推销于各处。此外附设技术训练处,或水产讲习所,招收沿海渔家子弟,施以新式技术之训练,为改进水产事业之中下级干部人员。

渔捞事业

(一)汽船拖网业,拟向英国定制新式拖网渔船五艘,每艘吨数二百五十吨,柴油发动机马力约四百三十匹,速率每小时十一里,备具无线电装置冷冻机及电气起重机等件,每艘约需国币二十万元,五艘合计约需一百万元。(二)手操网渔业,水产学校实习民生一二号轮之柴油发动机,改换为一百六十四马力(现为一百二十四马力),以减加速率,而利渔捞,约需国币三万四千二百元。(三)改良旧式渔业,建造旧式木壳渔船二艘,以民生一二号渔轮旧有一百二十四马力之柴油发动机制造之,及购备各种航海用具,与新式船具渔具,从事沿海一带之渔捞事业,兼作调查试验及指导渔民之用,必要时则用以搬运渔获物,其船体建造及设备费,约需国币二万元。(四)操业范围,在中国沿海一带,北自渤海湾,南自东京湾,将渔场划分为若干区。每区系以号数,俾分区操业,借以探察各区鱼类之多寡,而资选择。(五)渔轮根据地,拟于吴淞择地建造渔船码头,配置水塔油池,敷设轻便铁道,与淞沪路连接,设备冷藏车间,以便将鲜鱼于极短时间内,运销各地。

制造事业

(一)罐头制造,添购最新式制造罐头之机器,收买大宗渔获物,加以制造,以优价推销于各地。(二)盐干制造,于渔汛时期,向沿海渔户收买鱼类,分别加以干制或盐藏干制品,直销于广东、福建两省,盐藏者运销于内地各县。(三)冷藏事业,将原有水产厂之冷藏库,加以整理扩充。在渔汛旺盛之时,收鲜冷藏,市面鲜货,缺乏之际,运销各埠,以资调节,兼制冰块,以供渔户之用。

经费筹计

渔捞、制造两部,设备建造各费,约需一百二十万元左右,流动资本约需十万元,共约需一百三十万元。营业收入方面,预计渔获物及水产品收入年约八十万元,各项开支年约共需六十万元,每年可望盈余三十万元左右。除导淮委员会允拨借英庚数三万镑外,余数拟再向建设委员会筹借,分八年偿还。

(《宁波民国日报》1935 年 2 月 9 日)

建厅设置水产试验场

就原有水产职校及制品厂改办
上半年支出概算二万九千余元

建设厅为适应实际需要,发展本省水产事业起见,将原有省立高级水产职业学校及水产品制品厂,改办水产试验场,经提出省府委员会七四二次会议议决通过,所以该场组织规程,已由建厅拟定,支出概算则照前水产学校二十三年度概算编列。兹分志如下:

组织要点

该场设总务、技术、企业三课,分掌会计、文书、庶务、调查、研究、试验、改良、推广、渔捞、制造、养殖等事项,设场长兼总技师一人,综理全场事务,各课各设主任一人,技师三人至五人,技士三人至七人,技术助理员二人至七人,分办技术事务,会计一人,事务员二人或三人,书记二人或三人,办理主管事务。该场得视实际需要,酌收练习生及附设训练班,为办理调查、研究、试验、改良、推广等事项,得呈请建设厅核准,设置分场或试验区。

支出概算

该场二十一年度经常费支出概算二一二五零元,计行政费项下俸给费一一四五一元,办公费二四六零元,购置费五一零元,特别费六三零元,事业费项下工作费一零八零元,试验费三零六零元,推广调查费六零零元,设备费一二零零元,其他二五九元,临时费支出概算八零零零元,计改建工场房间三零零零元,添设罐头工厂器械三五零零元,经理冷藏库一五零零元。

(《宁波民国日报》1935 年 3 月 1 日)

发展浙海渔业征集各县渔会意见

民建两厅会饬各县遵办呈报

建设厅前奉省政府发下,准实业部咨,关于推行渔政须调查各省市渔业情况一案,嘱转饬主管厅迅将该管区域内所有曾经订定之渔业单行法规、建设厅先后奉省府转奉行政院分饬渔会法、渔业法及渔会法施行细则、渔业法施行细则,并奉令定于十九年七月一日起为施行日期,遵经通令各县市暨水产职业学校一体知照各在案。至本省渔业单行法则,因护渔方面,有整顿之必要,业经建设厅等通令沿海渔区各县县长,转饬渔会征集意见,俟各县呈复到厅,当另订章则,呈请核示。又关于渔业救济及二十三年度渔政计划,在本省生产会议中曾决议发展本省渔业,以增水产一案,遵经建设厅等令饬沿海渔区各县遵照办理。

又整理温属渔业初步计划一案,经省府令饬第三特区行政督察专员切实办理具报察核。又以设长涂港贝介类及浅水鱼类繁殖场及提倡养殖水中动植物等两案,并为指导组织渔业团体起见,建设厅曾饬据沿海渔区各县先后呈报组织渔会及渔业合作社,办理各该区渔业救济护渔专事历有年所,复为本省水产教育计划及水产试验指导等项。除经建设厅将原有水产学校尽量充实,积极整顿设立外,一面筹备设立水产试验场,附设实习所,由沿海各县选学生,施以水产学识与技术之训练,以期养成促进水产事业之实际干部人才。又关于该校墨鱼试验成绩,曾经报告书呈奉实业部指导,转饬遵照继续试验在案。至渔民教育计划,本省生产会议议决发展本省渔业以增水产案内,已有设立渔业指导人员养成所之规定,俟学成后,分派渔区,授渔民以渔业上必需之知识技能。同时于重要渔区设立渔业指导所,随时为渔民解决困难问题等办法,遵经建设厅等会同民政厅令饬沿海渔区各县遵照办理在案。其他如水产业建设方针,已于上列生产会议议决提倡养殖水中动物及筹设长涂港贝介类养殖场各案内兼筹办理。水产关系法规,则遵照渔业法施行细则第四条第十项暨第十三条第八项之规定,合并转饬办理,经将建设月刊水产专号,暨浙江生产会议报告书,呈复省府转咨实业部。兹奉省府发下实业部咨开,查该厅等举办渔业各事项,尚无不合,惟未据报告办理经过情形,又原设施计划等亦未附送,无从考核,仍请省政府转饬该厅等,随时将办理经过呈转过部,并请转饬于编拟下年度渔业行政计划时,先期报部备核。建设厅请于发展本省渔业以增水产一案,前经建设厅等令饬沿海各县长转饬该县渔会征集意见,呈候备案办理在案,迄今据呈复,复经会同民厅分饬各该县长遵照,迅将办理情形,呈报来厅,以凭核转云。

(《宁波民国日报》1935 年 3 月 2 日)

省府核准渔民借贷所规程

昨已转令奉县政府知照

奉化县政府为救济该县渔民生计,发展渔业生产,曾呈由第五特区行政督察专员赵次胜,呈准蒋委员长,向四省农民银行借款十万元,组织临时渔民借贷所,办理轻利放款。此项规程,省府现已核准,昨由该处转令奉县政府知照。探录规程全文十六条如下。

第一条,奉化县政府为救济栖凤、桐照沿海渔民生计,发展渔业生产起见,特向四省农民银行借洋十万元,设立临时渔民借贷所,办理轻利放款。

第二条,本借贷所附设于宁波浙东商业储蓄银行。

第三条,本借贷所设正副主任各一人,正主任由县长兼任,副主任由县政府委任之,均为义务职,副主任常川驻所,督同各职员处理日常事务,并办理放款事宜。

第四条,本借贷所设会计、文牍各一人,调查员二人,均由借贷所主任延请,报由县政府备案。其职务如左(下):会计办理款项收付及保管事项,文牍办理来往文件,调查员调查渔业状况暨渔行借款用途。

第五条,前两条各职员除会计外,均为义务职,不支薪给。

第六条,本借贷所设董事会,审核放款事宜,前项董事会,由董事十一人组织之。

第七条,董事会董事除县长外,由县政府聘请蒋介卿、周枕琴、朱守梅、赵申之、周苇南、孙性之、庄崧甫、应梦卿、林半农、沈昌佑先生担任之。

第八条,本借贷所办公及调查所需,得酌支办公及差旅费,其预算另行规定。

第九条,本借贷所所放款,专为贷与栖凤、桐照沿海等村之奉化县各鱼行渔户,经营渔业之用,利率定为三厘,分两期归还,第一期二十四年八月底,第二期二十四年十月底,各还半数,利息照算。

第十条,凡栖凤、桐照之奉化县鱼行,得向本所请求核借款项,转行核贷渔户,惟鱼行为渔户运销计,亦得于本所核借之款内提三成转贷无力维持之渔厂,但转贷之款,均不得增加利率,前项所指渔户,系指在栖凤、桐照沿海等村之奉化籍无力经营渔业各大捕船船户而言。又鱼行贷与鱼厂款项时,应与鱼厂订销收渔之数量,由渔所报所备核。

第十一条,各鱼行请求借款时,应将该行牌照地址、资本数目暨转给各渔厂之姓名、籍贯、住址及船只大小、数量,并请借款额等项,开明由本所核办。

第十二条,经本借贷所核准借款之鱼行,应照与本所所订之契约,来所签订借款,具领借款。

第十三条,各鱼行转贷款项,予各渔户应将借款数目及渔户姓名及其保证人，报告本所转报县政府察核。

第十四条，各借款鱼行，如由违反本规程第十二条规定时，本所得随时追回其借款，并报由县政府罚办之。

第十五条，本借贷所应将款项收支情形，分旬报告政府察核。

第十六条，本规程由县政府公布施行，并呈报备案。

（《宁波民国日报》1935年3月3日）

政府当局注意改善渔村

建厅派员赴沿海实地详查
调查渔民负担

建设厅为筹划改善护渔办法起见，以为对于日前本省沿海各帮渔民，直接负担之捐税费款数额、名称、缴纳方法（如渔船牌照、护渔费等项）以及海上渔民安全情形，亟应详确之调查统计。昨特令饬浙江省水产试验场，尽先委派人员，前往温、台、宁波等处，实地详查，列表具报，以凭统筹办理。

改善制鲞方法

第五特区行政督察专员赵次胜，为渔村衰落，渔户不知改良制鲞方法，致鱼鲞销路，几将绝迹，日前赵氏曾对记者谈，救济渔村，必须改良产销，除令各厂商改良制鲞外，并取消护洋费，预备为渔民购置渔轮之用，并于日前致函外海水警大队长凌宵，取消渔舶之护洋费，并促负责护洋。现据凌大队长函复，护洋费取消已久，即前虽征收，该队亦无案可稽，至护洋事务，自当负责云。近日赵氏正在计划制鲞方法，旧法赖日光曝晒，拟改用机器烘制，并拟聘技术人员监制。闻赵氏于渔汛时将亲临岱衢山视察，且有所指示云。

派兵保护渔汛

省府准实部咨，渔汛转瞬旺期将至，请通知沿海各县，切实保护，一面令护渔办事处，派船巡视，认真游弋。省府已饬属遵照，并令水警第二大队，从速划定防区,妥拟保护办法呈核。又建厅奉实部令,据鄞县等渔会呈称,渔汛又届,恐渔民发生事故,请派兵丁常驻定海花鸟诸山,以资防范。建厅已饬县郑重防范。

(《宁波民国日报》1935 年 3 月 21 日)

赵专员注意沿海渔业

指示改善渔捞及制鲞方法
历举办法五端均系切要之图

奉化桐照、栖凤两地渔民,去年因受社会不景气影响,势颇危殆,经地方士绅,奔走呼吁,蒙蒋委员长核准,由农民银行拨款十万元,成立借贷所,贷款渔民,暂支危局。兹悉赵专员以现值鱼汛将届,为谋振兴渔业及改善渔民生计起见,有应行改进数事,布告该两地渔民遵照。原办法如下。

一、改置渔具

查桐照、栖凤沿海一带,向来只有大捕,专在岠岱洋面采捕黄鱼为宗,非如鄞县五山头与台宁各帮,组业对渔船,而在南北两洋可捞捕大小黄鱼及刀力等鱼之多也,此因大捕船网其与对渔船网制法不同,大捕网亦为一袋筒,仅捞海水深处黄鱼,对渔网则为两袋筒,可捕潮面浅处各鱼,且大捕船用大根篾绳,钉在海底,斗潮涨网,偶遇风浪,而不能猝动,实为捕捞法之死者。若对渔共用两船,随潮涨落,随处兜捕,即有风浪避之极易,较大捕船为活动多矣。惟采捕时期,大捕船则自旧历四月至六月为夏捕,七月至九月为秋捕二期,对渔则自十月至十二月为冬捕,正月至三月为春捕二期,是以捕鱼季节差殊,于经济人工,均无冲突,欲为改进兼营,当非难事。其船形式,本无大别,即用两大船捕,而合作对渔船,另行添置网具,增雇人工,自可按期出洋采捕焉。倘果如斯实行,则渔民长年有捕鱼生计,而无游手空闲之人,尚何有作奸为非之事耶。

二、劳资合作

该地渔民，赤贫者多，凡业捕鱼向由行家放本，佣利重收，至期捕获与否，利害全在渔民，行家不负责任，以致亏欠累累，维持生活为难。即如去年年关，虽云公家借款，救济渔民，实际则为接济行家，因行家得此巨款，放与每船一百五十元，自己可不下一本，而仍有佣金获利，所谓劳力者终不能脱资本家之压迫也。兹欲进行改革计划，必须取销行家制度，而行劳资合作法，即以渔船网具为一份，渔民劳力为一份，行家资本为一份，如是共同合作，有利均分，有害均受，革除向来习惯，造福渔民，莫斯为甚。

三、合并公所

渔业公所，原为渔民集合，岠山亦竟分设义和、义安两所，各请理事，多耗经费，殊为不解，亟应联合组织，以谋统一，不惟桐照在岱山宜并，即与栖凤在岠亦可合并，合并以后，一律改称渔业合作社，巩固团体，同谋改进。

四、改良制造

而得推广生产销路也，从来大捕黄鱼，专售厂家，制作白鲞，牢守旧法，粗滥不堪，渔业衰败，此为最大原因。即如去夏大捕所获黄鱼，颇为不少，而每斤价仅一分有余，彼厂家尚不愿购何也。盖以对渔春期所获之鱼，多而且鲜，制出鲞货较好，其价亦高。至夏期鱼既不佳，鲞又滥制，纵令价格低落，仍尚无人顾问耳。为改良计，不论大捕对渔于衢岱、沈家门等处，均须自设厂栈，统一生产制造，而于内地各省及闽、广、香港、南洋各埠，应先探悉需要，以便推广销路，否则闭门造车，用古医今，不合时宜，终属无济。

五、废除乡勇

渔船散在海洋，自无防盗能力，水警虽来威护，又难到处巡逻，以致土匪向渔船掳人勒赎，层出不穷，因此渔民为自卫计，私雇台宁乡勇，以作护船。现闻桐照渔首，即与陈金生订约，每船纳银五元，设有盗事，不过托渠探听，俾得容易取赎而已，是非防盗，实养虎自卫耳。

上列五端，为桐照、栖凤改进渔业切要之图，他若训练渔团，增进自卫力量，种种计划，正由本专员详细审订中，日后另行布告外，合亟布告，仰该两地渔民，一体遵照办理为要，切切此布。

（《时事公报》1935 年 3 月 28 日）

从定海渔业之危机谈到救济问题

昨日本报载称，定海渔业渐见衰落，鱼厂三百余家，连年亏折，结果只剩百余家，而其中颇多似开非开，虚掩门面而已！是渔业之衰败，已呈日薄崦嵫之景象。吾人想及渔光曲中之情节，无异重映于眼帘，而为渔业前途之悲焉。

夫渔业之不景气，实为全国各省普遍之现象，初非浙东各县所独有，而尤非定海一地为然也。揆厥原因，实有多端，而其复杂错综之情形，与农村经济之崩溃，工商业之消衰，有连带密切之关系。质言之，在物价暴落，现金集中之畸形经济状态之下，经济事业，均难逃其劫运！今定海渔业衰落，自亦不能外此定律。归纳其原因，约有内外二端：其外在的，一由于日渔之侵捕，生产受其影响；二由于日渔之倾销，市场被其侵夺；三由于海匪之不靖，致碍捕捞事业。至其内在的概括言之，一由于捞渔设备工具及方法之不合科学化；二由于渔业资金之枯竭，而无法周转。故谈救济渔业者，均不得漠视上述之因素，为当然之结论。

今救济之道，自当对症下药，使能疗沉疴于一旦，且尤宜标本兼治，方可有济。即如上述原因而论，如关于外在的救济应由政府派舰护渔，以防日渔之侵捕，而除海盗之肆扰，同时如征收倾销税，亦为抵制之法。至于内在的救济，如技术方面，各项渔船渔具，应如何研究设计改良，渔场渔港，应如何调查指导规划管理;经济方面,渔民合作社之创立,渔业银行之筹设,此外如渔会之宜组织,渔民教育之应如何宜施普及;凡此皆为救济目前渔业标本兼治之方策。吾人因鉴于定海渔业前途之危机,特发为斯论,愿负有救济渔业之当轴,奋起图之焉!

(《宁波民国日报》1935 年 4 月 18 日)

专员办事处筹设渔业警察所

拟设委员会计划办理　呈报省政府核准施行

第五特区行政督察专员赵次胜氏,奉令筹办渔业警察,以谋渔民根本安全之计,业于上月二十八日,召集鄞、镇、奉、象等沿海各县县长,开会讨论,议决在定海沈家门设立渔业警察所,并由专员办事处拟订编制预算等章则。兹悉是项编制预算,已由专员办事处拟订就绪,对渔业警察所各项兴革事项,遴聘各县公正渔民代表,组织一渔业警察委员会,随时商讨研究,以臻完善。对渔业警察所所长一职,闻赵专员意见,欲以熟悉渔业情况及德高望重、公正不阿之渔民代表中,遴选充任,是项办法,已于昨日电省请示云。

(《时事公报》1935 年 4 月 26 日)

史锦纯奉令筹组渔警经理会

行政督察专员办事处昨令渔业整委会筹办

第五特区行政督察专员办事处,昨训令筹组渔业整理委员会委员史锦纯文云:查近年以来,渔业一落千丈,渔民生计日蹙,若不急起救济,前途实难设想。本专员早鉴于斯,特从多方调查,深知欲事振兴,首应组织渔业警察,谋为业务之保障,惟是组织渔业警察,尤以成立经理委员会通盘筹划为切要之图。兹查该员办理渔业多年,情形熟悉,经验丰富,堪资倚畀,合行令仰驰赴沿海各地,代表本专员善为抚慰渔民,并切实计划,赶速筹组经理委员会,以重民意,而策善后,仍将办理情形,随时具报为要,此令。

(《时事公报》1935 年 4 月 27 日)

整理渔区

记 者

第五特区行政督察专员赵次胜氏,因近年渔业,一落千丈,渔民生计日蹙,若不急起救济,前途实难设想。认为欲事振兴,必先整理渔区。乃于前昨两日,令定海县长暨外海渔业合作社,办理下列四事:

一、沈家门、岱山、衢山等处,均为渔民集合之地。现渔汛将届,各方人民麇集,难免不良分子,夹杂其中,为团结渔民,令该县长迅饬各该地渔会、渔公所董事,编组保甲。

二、沈、衢、岱三地,每届渔汛,渔民麇集,大肆赌博,间有渔民夹杂其中。以渔民谋生不易,浪掷金钱,实为可痛!而一般游民,乘机攫取,尤堪痛恨,令定海县长,分别严厉禁止,并择尤惩办具报。

三、欲为渔业谋业务保障,应组织渔业警察,惟组织渔业警察,须首先成立经理委员会,通盘筹划。因令外海渔业合作社主任,赴沿海各地,善为劝导,切实计划而组织之。

四、历年每届渔汛,一般无业游民,利用时机,随带私娼,往沈家门等地,引诱渔民,于中取利。令定海县长,饬属严禁。

"地大而不为,命曰土满;人众而不理,命曰人满;兵威而不止,命曰武满。"管子霸言篇,曾举此数者,以为从政者戒。夫人满本不足以为患,患无以整理之耳。众而不理,则无异一盘散沙矣。沈家门、岱山、衢山数处,虽为渔民麇集之地;然户籍素无勾稽,警政等于虚设,每届渔汛,妖姬盈市,博徒满街,外来娼妓,比户而居,博场赌摊,沿途陈设,其时其地,全然成为淫乐之场,盖无异渔民之迷宫与魔窟,亦即是游民惫徒所视为利薮与宝藏者也。一般渔民,以出入惊涛骇浪间沐雨栉风之所得,而作此徒然浪掷之消耗,影响所及,既关渔民生计,复及渔业兴替。赵专员以其弊害之大,乃下整顿渔区之决心而严令禁绝,可谓注意于"理众"者矣。清时办理保甲,甲内如有犯盗窃、赌博、邪教、窝逃、私铸、私销以及巧立名色,敛财聚会等罪,或其他形迹可疑者,责成牌头甲长保长查明,呈报于官。故整理办法,如嫖赌之禁止,敛财聚会之取缔,似可以保甲为中心而进行之。一面令定县政府，严禁究办，一面责成保长甲长，负责密告，其知情隐匿者，连坐论罪。不过沈家门等地，此种恶风，相沿已久，一旦下令严禁，在保甲长固未免有喜市恩而畏招尤，因之隐匿不报者，至地方政府之能否不阳奉阴违，切实查究，亦为问题。欲图所令不成具文，堕风由此杀灭，专员办事处，尤当于渔汛期间内，不时派员轮流巡查，以资督率实行者也。

（《时事公报》1935 年 4 月 27 日）

省府划定全省渔区

省府黄主席，为保护渔民，曾有创办渔业警察之议。兹以当局对于舟山群岛一带渔民自卫力量，较为充实，如海军护渔轮、葫芦护轮、螺门护轮、管驾护勇枪炮，一应俱全，均属临时性质，此外尚有护船团体八个，其中以久和公所为较巨。在温属洋面，亦曾由渔商筹办护轮，有南岐、荣源两轮。台州洋面有凤尾山水警保护团独立分队之组织，并有单独雇人，自备枪支，随船保护者。前据许专员呈送改进护渔案，经民政厅会同建厅指令改组渔业警察，每区设一渔业局，各县酌设分局，再由水警巡舰不时巡查，渔民生计，定获保障。至于经费一层，在渔民缴纳保卫团捐□□陋规，或由鱼行代扣，分年分月，不一而足。虽未经实施调查，无从确定数字，然既有之经费而整理之，去其中饱，涓滴归公，为数亦可观。其警力既充，保卫益周，特拟先饬各区专员，切实调查，妥定计划。如果经费不敷，则所需枪械，由水警借给备用，其自行购备者，暂时借给公用。扩充渔轮等事项，则于常年经费之外，饬令各县渔会设法筹募，以厚实力。

（《宁波民国日报》1935 年 4 月 28 日）

鄞东违法组织渔业公所　赵专员令饬查办

并私收护洋费剥削渔民均应从严取缔勒令解散

第五特区行政督查专员赵次胜，昨训令鄞县县长文云，案据该县东两乡渔民代表陈元兴、张惠富等联名呈称，窃吾鄞东两乡渔民，每年于阴历立夏前，聚集崇明县属之嵊山、花鸟、壁下等处网捕目鱼，惟近年来因海氛不靖，盗匪充斥，由渔民等推举代表办理护洋事宜，其费用均由渔民公出。现值渔汛将届，乃有就地流氓王介臣、王倍昌二人在鄞东攽飞庙设立公所,未经渔民同意,又未呈请政府备案,强收护费,从中取利。须每船取护费八元、九元不等,若有不与者,则一味恫吓,声言实业部护渔办事处,派伊等前来,以此借官招摇。若不予以制止,将来渔民受其荼毒,何堪设想。为此呼请钧处,立予勒令将王介臣、王倍昌二人所组之非法公所制止,拘案查究,以惩不法,无任迫切之至等情。据此,查保护渔汛,本处现正统盘筹划,所有渔户一律举办登记,经费一节,亦正在组织经理委员会。该民所称推举代表办理护洋事宜,其费用均由渔民公出,及所称王介臣等违法组织渔业公所,私收护费同为假名敛钱,剥削渔民,均应从严取缔,勒令解散。除批示外,合行令仰该县长迅予查办,具报为要,此令。

(《宁波民国日报》1935 年 5 月 10 日)

建厅重行拟定发展水产业计划

定制新式拖网渔轮四艘　筹设新式罐头工厂一所
俟二省商会决定后施行

浙江水产事业,经与苏省建设当局商拟实行合作办理,并经向庚款会借定庚款三万镑,现已依据此项借用经费数额,按照事业需要,重拟实施计划,本省方面,业由建设厅先行拟定如下:(一)渔捞方面,定制新式拖网渔轮四艘,期于二十四年度内完成,并拟筹备近海及远洋渔捞。(二)制造方面,筹设新式罐头工厂及干制盐腌工场各一所,于本年度组织成立。(三)养殖方面,于本年度内分别设立淡水及咸水养殖场各一所。(四)鱼市方面,已定江浙两省各设鱼市场四处,至该计划内所定场所地带,由两省会商决定后施行。

(《宁波民国日报》1935 年 5 月 24 日)

省民厅于氏昨视察宁波渔业警察局

对警察训话　勉与渔民合作挽救渔业

浙江省民政厅,以宁波渔业警察局,自成立迄今,已逾四月。兹为明了该局实际工作起见,特派视察员于树峦,来甬视察。于氏已于昨日抵甬,下午至渔警局访赵兼局长,因赵局长不在,由该局办事处主任张冶秋接见,报告办理渔船登记及组织护洋队护渔经过情形。旋由张主任及办事处副主任赵岳,陪同于委员,检阅克强轮等三队护洋队警,并由于氏训话,略谓,各位在洋护渔,殊为辛苦,兄弟此次奉省令前来代为慰劳诸位,各位要知道我浙省领海内,水产本极丰富,近年来因受外轮侵渔,海盗猖獗,渔民不能安其所业,故需要政府切实保护,特组织渔业警察局,设置护渔轮。诸位在队服务,负有保护国家保护渔民的重大使命,切不可欺诈渔民,压迫渔民。反之,渔民未得保护,又要多一种剥削,则与政府设置渔业警之本意,大相违背。故希望各位随时服从赵局长及主任、队长等指导,切实保护渔民,认真服务,严守纪律,与渔民共同合作,以谋挽救衰亡之渔业云云。次由该局副主任赵岳训话,略谓,刚才于委员所训话几点,均要遵守,各位除切实保护渔民之外,还有一点,如某洋面有鱼声繁叫,即须随时报告渔民,俾其捞捕得有所获云云。训话毕后,由张主任等陪同于委员,在局内视察一周返省,闻于委员日内返省复命云。

(《时事公报》1935 年 8 月 25 日)

因请放渔业借款而告旅沪甬商

数月以前,沈家门商会,以渔业金融,竭蹶已极,一般渔民,渔本无着,冬季渔汛,势将不能下海捕鱼,不有物资救济,无以利浙东渔业。因拟在沈家门组设渔业金库,向甬上银钱界,筹款二百万,举办渔民借款,以资流通渔村金融,经呈文省府请予协助。其事方在进行,接洽未有眉目,而甬上钱业,发生空前风潮,渔金库之组织,因无实现可能,乃变更办法,呈请财、实两部,发行渔业公债(二百万),以黄花鱼生产金三百万元为保证金,俾资周转渔业金融。

本报对兹事件,曾经加以评述,当时所言,大致如下:

"就事论事,无论请求银钱业救济,无论发行渔业公债,皆为缓和渔业金融之临时办法,而非周转渔业金融的根本之道。即使如所希望,完全实现,亦不过今冬渔汛,渔民之渔捞资本,可有着落耳。设或来岁浙东渔业,依然未有转机,则渔业金融,依然有待救济。及其时也,重拟办法,以为应付,非但在事实上不胜其烦,且在进行上,亦同有困难之虑,是则事倍功半,费力者多,而成功者则寡也。"因忆"政府当轴,五六年前,已早具设立农民银行、渔业银行之意思。今者,各地农民银行,已经先后成立,而对于渔业银行之设置,则消息杳然,空气沉寂"。故望"定县商民,变更其努力方向,呈请当轴,合政府人民之力量,促成渔业银行之实现,为一劳永逸之图,以解决渔业金融之根本问题"。

现在,宁波旅沪同乡会虞和德等,以及旅沪甬绅张寿镛,以鄞县东钱湖渔民,受市面金融恐慌之影响,告贷无门,值此秋汛,放洋在即,恐慌万状。该渔民等,拟援去年奉化渔民借款成例,向四省农行,假款十万。因分别电请蒋委员长,代为陈情,要求迅电农行予以救济。其事之能获邀准与否,为未可必,而鄞县渔民与定海渔民之有同样的困难情形也,则已为可知之事实。然而浙东有渔民之县份,何止鄞、定二县,鄞、定二县之渔民,固有待于救济,其他各县之渔民,又何尝不待救济?如此个别解决,亦殊感其费力之甚,而效益则渐。宁波旅沪商人,在上海金融市场,倘能从大处着眼,为永久之计,作振臂之一呼,而发起组织浙东渔业银行,更请政府当道,为之协助,其事不无成功希望。吾人因愿重申前言,以相告述,而甚望甬籍旅外绅商之奋起也。

(《时事公报》1935 年 8 月 25 日)

吴望伋视察回省后报告甬属沿海渔民之危机

对本年秋汛无法救济恐渔民穷极生变
认渔业危机不亚于浙东残匪望勿观望

浙江省党部委员吴望伋于视察甬属各县党部返省后,对渔民在本秋出渔问题,报告如下:

在宁波最堪注意者,为秋季渔汛,盖本省为全国渔业之重心所寄,而宁波各县尤为渔业繁盛之区。舟山列岛,星罗棋布,海岸线蜿蜒曲折,沿海滩线适于鱼类栖养,实为良好之渔区。其直接间接从事于渔业之人数近百万,帆樯渔船在万艘以上,每年水产收获量虽无正确统计,当亦在数千万元之上,确为沿海唯一之重大实业,占国民经济建设重要地位。是以在定海曾经有高级水产职业学校及省立水产品制造厂之设,徒以已往主持不得其人,兼以水产人员之自相践踏,以致停办,现亦改为水产实验处。此次参观之余,深感水产机关之简陋,而制造厂则仅留多数已经落伍之破旧机器,以致无法生产,仅制冰厂稍有效用,实验处以在草创期中,未有优良成绩表现。至查水产毕业学生,闻亦多数学非所用,另求出路,以致从事渔业者不堪言状。与其他全国之以科学方法推进渔业,用飞机探测鱼群相较,岂能望其项背?近年来加以外轮侵渔与政府之未遑改进,任凭豪劣鱼霸把持渔会公所,擅增渔民负担,而渔商鱼行复重利盘剥,榨取渔民利益,海盗充斥,渔民视出渔为畏途,飓风暗礁撞击,渔船每遭不测,以及团警之敲诈勒索等,均为渔业衰落之重因。以致科学时代之渔民,仍在靠天听命之浓厚迷信观念下,挣扎生存,无怪乎渔业之不振,予外人以倾销之机。据统计民国元年起迄二十年止,全国输入水产品达八千万担之多,计海关两三万万三千余万两,以农立国而据有一万一千余万里海岸线,渔业上之最良渔区达三十万方哩之面积之国家,竟不能自求发展,而仰给于人,实负优裕之地理。细玩西北之人食六畜,东南之人食水产之古谚,不禁兴无穷之感慨。是以今后应如何开辟渔港,以裕国计民生,确为当前之重大问题。再查宁波、定海原为实业计划中预定之海港、渔港,政府应以最大决心以求繁荣。上年本省生产会议对于发展渔业增加生产,曾有下列之决定:(一)责成外海水警切实维持渔场治安,沿海各县每县或联合数县,亦得设置护洋轮船,配备武器,以供渔汛巡逻警戒之用。(二)发行渔业公债,或另行筹款设立渔业银行及渔业区借贷所,同时督促渔民组织运销及其他各种合作社。(三)设立渔业指导人员养成所,俟其学成后,分派渔区,授渔民以渔业上必需之智识技能,同时于重要渔区设立渔业指导所,随时为渔民解决困难问题。(四)促成渔业上新组织,购买新式渔轮渔具,并筹设渔具制造厂及水产品科学制造厂。(五)设置冷藏运送轮船及气候观察所。(六)于沿海及有大湖沼所在设立大规模之鱼类、贝介类养殖场,并附设育种场。

以上关于维护改进渔业,周密详尽,果能迈步进行,则本省渔业之进展可期。惟以事实而论,渔人之痛苦如旧,散漫如故,渔具之简陋,新式设备之毫无,捕鱼方法之守旧,在在证明未得政府力量之帮助。今年宁波金融风潮严重,借贷无门,而渔人值此秋汛,非钱不办,往昔渔民金融之调剂,向赖当地钱业为之间接贷放,以其渔商鱼行之资金均来自钱庄故也。借本渔民虽受重利之盘剥,尚得苟延残喘以出渔,今则需款孔殷,而钱庄之危殆如斯,当难望其舍己救人。

是今后渔民虽在重利盘剥下挣扎图存,亦复不可得。故宁波渔业实为眼前严重危机。今秋出渔,不为谋救济之道,数十万渔民势必穷极生变,挺而走险,足为沿海治安之大患。他若盐销停滞,盐民生计断绝,亦为危机之甚者。望政府当局移其眼光于沿海国防所寄之各县,迅求有效救济之方,勿临渴掘井,应未雨绸缪,毋使浙东于匪祸水患之余,再生渔盐人民之变乱。本人此番视察所得,认为宁波金融与渔业之危机,并不亚于现时流窜浙东之残匪。吾人应唤起政府注意,速谋救济,勿再有观望敷衍态度,人民亦应有深切觉悟,合谋治本治标救急办法,然后能转变危机而进于繁荣之途。

(《时事公报》1935 年 8 月 28 日)

救济渔业与组织渔业合作社

近来,浙东渔业代表陈满生、史锦纯等,以冬季渔汛,转瞬将届,而渔民渔资,无所从出,电呈蒋委员长请令饬国家银行,拨款百万,救济渔业,俾得组织产销合作社,以利渔业之前途。

浙东渔业,陷入困境,欲谋未来之生产,须待巨银款为救济,此种情形,渔业界已数向政府,陈述梗概。今者,已为第三次之请求矣。吾人对于此事,曾经提出意见,以告社会人士,以为渔业金融,周转失调,今岁固有困难,明年亦难期转机,与其岁岁年年,临渴掘井,何如未雨绸缪,根本解决。因主张设立渔业银行,以调剂渔业金融。现在据该代表等陈述,认为外海渔业所以不振之原因,厥有三端:一、奸民冒牌收鲜,二、海盗抢劫勒赎,三、鱼鲜价值惨落。因拟此次借款,组织渔业产销合作社,除举办贷放外,并设置储藏库,雇用护船舰,由社收鲜,集中产销。果能如是,则渔业金融,获永久之流通;渔业祸害,可由此而减免;而鱼类市价,亦得平准,无过于低落货值不称之患,盖一举而数得焉。是则此种借款,非仅仅救济目前恐慌,且亦所以利未来渔业,足使浙东渔业之经济产销,得有根本解决。请款成败,关系甚巨。吾人一面望浙省政府,旅沪绅商,同为陈情,以期其成。而一面则期渔民本身,自为团结,以真诚之合作,谋产销出路,使合作组织短期成立。则渔业前途,可有转机,而嗣后渔民,不至更于渔汛既届之时而生望洋兴叹之矣。犹有进者:下海时日,已经密迩,待款救济,事甚迫切。当轴果有援助之愿,策划尤贵乎迅速,未容游移其志,旷日持久者也。

（《时事公报》1935 年 8 月 30 日）

举办贷款后渔业渐呈活跃

渔民借贷所决向蒋委员长呼请并推正副主任晋京向实部请愿
续借款项拟普贷奉化沿海渔民

蒋委员长以去岁奉化栖凤、桐照等村渔民,因鱼价滑落,无以为生,特令饬四省农民银行拨款十万贷于渔民,以资救济。当成立奉化临时渔民借贷所,聘请奉籍士绅为董事,主持一切。该所昨在鄞县区行政督察专员公署召开第五次董事会议,以渔业渐呈活跃气象,呼请将借款延长一年。兹探录会议经过如次:

出席董事周苇南、宋汉生、李学仁（程廷倬代）、应梦卿、庄崧甫（沈昌鹤代）、赵次胜（赵岳代）、沈昌佑、孙性之（应梦卿代）。㈠推定周苇南为临时主席。㈡行礼如仪。㈢主席报告并宣读渔民请求续借各函。㈣提议事项,栖凤、桐照等村渔民,函请续借一年,其呈请办法如左（下）:

甲,由本会电呈蒋委员长并函请专员公署、县政府转请蒋委员长准予续借。一、由本会推正副主任二人晋京请愿。二、二十五年份续借之款,应发借奉化沿海各村所有渔民以昭普遍案,决议,通过。三、所有收回渔民借款,应否汇解案,决议,因已请求蒋委员长续借一年,在未奉命令之前,暂存浙东银行保管,并函知中国农民银行杭州分行查照。四、函请县政府布告栖凤、桐照等村渔民,对于借款,不得借辞拖欠案,决议,照办。五、大溪堰、鲒鲕等村各渔户,第一期收款清册及二期收支清册并第二期渔户借票,请审核案,决议,审核无误,原件仍由宋、胡两董事保管。并闻该项渔民借款,第一期还款,业已本利如数清偿,毫无拖欠情事,第二期还款,亦有若干户清偿云。

（《宁波民国日报》1935 年 9 月 7 日）

浙建设当局将进行统制渔业

改善渔民生计挽救本省渔业
本届渔汛治安金融妥筹进行

　　浙建设当局,以秋季渔汛,为本省渔业重心所寄,宁属各县,尤为本省渔业繁盛之区,间接直接从事于渔业之人,数近百万,渔船亦达万艘以上,每年水产收获数量在数千万之巨,实为本省沿海之地一重大事业。惟因年来从事渔业者乏人指导,墨守成规,与其他各国以科学方法推进渔业者,实难比拟,加以外轮侵渔,豪劣鱼蛀把持剥削,榨取渔民利益,海盗充斥。渔民视为畏途,以致大好渔业,任其抛弃,一般依渔为生者,痛苦倍尝。兹为挽救本省渔业,改善渔民生计起见,对此重大渔业亦拟予以统制办理,惟兹事体大,现正详加筹划中。至于目前秋季渔汛,海上治安,及渔业金融枯竭,已在妥筹设法进行。

(《时事公报》1935 年 9 月 16 日)

控制自然与建设气象台

　　最近数日间,天气骤变,暴雨狂风,相挟以至,积潦盈路,秋潮怒涨,而在定海长涂港中,因被浪冲击以至沉没之渔船,竟达三十余艘之多,犹幸船只栉比,落海渔人,经挣扎后,多庆更生,然亦饱受虚惊而且遭受物质之损失矣。除此之外,大嵩沿港一带之渔船,于风暴初作之日,见天地变色之时,知有翻浪覆舟之危险而赶谋趋避;然以狂飙淋雨,骤然而至,虽弃网舍碇,而为时已晚,致风吹浪卷,漂流已去,其沉其浮,为不可知。此种飓风覆舟之事,在今岁以为第二度,前乎此者,有七月下旬之惨案,象山港洋面之商船渔船,亦多遭沉没,一群渔伙,葬身鱼腹。因谋生而丧生,为逐利而失利,一般人将必以为其情堪悯,而吾人则以为其未来灾患,尤足忧惧者也。

　　本来,建设厅为谋海上安全,预测雨量多寡,风力方向,潮汐涨落,海溜区域等等自然界的气象之变化,随时预告浙海一带渔民航商,以资防范而谋趋避,曾拟与中央研究院,合办气象台于定海。其事发动,犹在民十七年间,迄今时阅八载,经数年度之表示,发多次之意见,有相当之计划,而事尚未举,民则受殃。坐而言者,未能起而即行,虽渔民仰望颇切,至愿捐款以助,而当轴设施迂远,不能顾及实践,此则不无遗憾者也!吾人前月,因鉴于象山港商船渔船之沉没,曾为提及,希望建设当轴,亟图进行,以谋实现,并期浙东滨海各县,陈请上级,要求设立。然建设当轴,旧案尚未重提,沿海各县,亦不呈请设立,如此泄沓从事,未始不是漠视民瘼。夫飓风过境,岁必有之,而覆舟溺人,事则堪忧危,听天由命,谁亦知其为非计,苟或人力所及,尚有预防之道,自宜排除困难,战胜自然。对风暴袭击,苟无预防控制之方法,则既往惨祸,固以成不可挽救之损失,即未来患害,亦将方兴而未艾,不仅止此而已。

(《时事公报》1935 年 9 月 17 日)

奉渔民借款十万元

业奉蒋委员长批准

奉化桐照、栖凤一带渔民,去年因无本捕捞,由蒋委员长饬中国农民银行拨款十万,以资救济。本年渔汛虽佳,因鱼价低落,所获只能保本,至明年放洋,渔本又无着落,曾由渔民代表及鄞县区行政督察专员赵次胜等,呈请蒋委员长,对该十万借款,请求续借一年。兹悉赵专员昨已奉蒋委员长批令,对该十万借款,准予展缓一年偿还云。

(《宁波民国日报》1935 年 10 月 20 日)

浙渔船捐税总额年达十九万

平均每只渔船负担约十七元

建设厅为筹划改善护渔办法起见,对于日前本省沿海各帮渔民直接负担之各项捐税费款数额、名称、缴纳方法以及海上安全情形,令饬水产试验场作详确之调查与统计,以便统筹办理,旋经水产试验场派员前往指定各处实地调查,业经告竣。兹将捐税调查结果录下:

计总额当在十九万元左右,负担最大者为温帮之大钓,年需百元以上,次为宁帮之大对,年需八十元左右,最少者如墨鱼船,年费约十元,以外海渔船一万一千艘计,平均每船需费负担十七元强,负担不可谓不重矣。

(《宁波民国日报》1935年11月28日)

救济渔业问题

　　吾国沿海渔区,据近年科学上之探测,约有二十七万一千八百零五方浬,为优秀渔场。设能顺利开发,渔产前途实无限量。乃近年以外鱼倾销,外轮侵渔之故,吾国渔业竟濒破产之境。今夏以来,各省渔区状况,尤属满目凄凉。定海沈家门一带原有渔船千艘以上,而近届冬汛渔期,出渔者不及三分之一。浒浦、嵊山、乍浦等处原属著名渔村,今则外村渔船,既无一前往,即本村之出渔船数,亦寥寥无几。较诸以往之鱼贩塞途,樯桅林立,实不可同日而语,此就渔民而言也。至握渔产运销枢纽之冰鲜鱼船,则以消费地购买力锐减,鱼价惨落,而今春大都遭受亏折之故,无力者固停止经营,有款者亦缩小范围,船数遂降落至半数以上。上海鱼行营业,尤一落千丈,倒闭者已有多家。秋初鱼行结账期间,更大批裁去员司数百人,受影响者当不止千数,此就鱼商而言也。吾国渔业,危殆若此。政府当局诚宜从经济方面,妥为救济,但此外更应注意者尚有两点。

　　其一,吾国沿海一带,常有侵渔之外轮,凭其进步之技术,搜索渔利,无微不至,吾国技术幼稚之渔船难与竞争。此等外国渔轮有时且深入吾各处港湾,对于国防,亦有至深之影响。此则为保全渔权计,望政府当局用外交手续,加以取缔者。

　　其二,沿海渔民聚处各岛,自成村落,即当渔汛,亦鲜至城镇。而行政官吏,对于渔村管理及渔民教育,大都忽视过甚,因而文化落后,渔民技术亦永不能进步。故沿海渔政在今日实至切要,此亦望政府当局加以注意者。

　　五全大会宣言,在"裕经济以厚民生"一节,列有"励渔业"项目。一中全会闭幕以后,吾政府当能秉承五全大会之决议,在渔业方面,推行有效之救济方法。敢就平日所感,略抒管见如上,以供采择。

(《申报》1935年12月10日)

护渔办事处派舰保护浙渔区

在浙省沿海分段巡弋

实业部护渔办事处,因时值废历年底,诚恐宵小扰乱渔区,影响渔民生产,故特派遣所属护渔巡舰,分段保护,计一号海鸿在沈家门、岱山、长涂、普陀一带,二号海鹄在马迹、嵊山,四号表海在崇明洋面,三号海鹰在温州、石浦、沈家门一带,五号复元、六号复利均在嵊山巡弋云。

（《时事公报》1936 年 1 月 10 日）

省府召赵次胜等商谈解决护渔税纠纷

商讨结果拟采用由省统筹统支办法
军部拨给甬渔警局启拉利自动步枪业已运到由克威舰长亲来领去配置

浙江省温、鄞两属沿海各县,居民多以捕鱼为业,惟以海盗滋扰,渔民颇以为苦。目前第三区行政督察专员许蟠云,于去年设立温州渔业警察局,购铁甲舰二艘,于渔船放洋冬钓时随船保护以来,因办理认真,成绩颇佳,温属渔民深受其惠。于是鄞属当局即起仿效,设立渔警察局以护渔民放洋营生。惟该项渔业警察局之护渔经费,皆为渔民捐纳。在温属之渔船,大约每年须纳护渔捐四十元之谱,温属渔民所捕之鱼为带鱼(即市上所售之白色长条鱼),带鱼鱼群畏寒,每于冬季自北南驱,故温属渔民每冬恒由坎门经鄞属海洋面至福建,以此鄞属渔业警察局以温鱼船既经鄞属海洋,须受鄞属渔警局之保护,每船亦须纳护渔税八元,而一般渔民,因既在温州渔业警察局纳税,不愿再纳鄞属之护渔税,遂至发生争执。浙省府黄主席乘此次各区专员来省参加地政会议之便,于前(十二)日上午十时召集沿海之永嘉区专员许蟠云、鄞县专员赵次胜、临海县区专员庞镜塘三专员,商讨各项鱼税争执解决办法。闻商讨结果,拟采用由省统筹统支办法,为解决该项争执之途径云。又讯宁波渔业警察局,兼局长赵次胜氏,前晋京谒蒋委员长时曾请拨给小钢炮三尊,以增厚渔警局警力,旋举军政部训令改拨启拉利自动步枪,该局当派员晋京具领,各情已纪前报。兹悉此项自动步枪业已启运抵甬,该局克威舰长王晓□昨日由沈家门来甬具领自动步枪配置巡舰,以增厚巡洋实力云。

(《宁波民国日报》1936 年 1 月 14 日)

护渔税争执解决

　　浙省温、鄞两属,鱼产物素称丰富,滨海居民,类多以捕鱼为业,一叶扁舟,漂浮海面,餐风宿雨,虽生活至苦,而在昔渔业兴旺时期,获利亦殊不恶! 比年以来,情形大变,中国社会,外受世界经济不景气巨潮之侵袭,内遭天灾人祸洊臻而至之影响,农村破产,工商凋敝,人民购买力大为削减,鱼价亦安得不陷于惨落? 尤使渔民不堪滋扰者,厥为海氛不靖,盗匪充斥,荆棘遍天,满地风波? 是以欲图振兴渔业,至不能不首先致力扫除此种障碍。温属行政当局有鉴及此,遂于去春筹设渔业警察,实行护渔出洋,闻以办理认真,尚属著有成绩。鄞属行政当局亦鉴于此项设施,裨益渔民匪浅,亦即起仿行,设立宁波渔业警察局,先后购置克威、克强等巡舰,以护渔民放洋营生,要不能谓非善政也!

　　惟凡百事业,莫不以经费为母,而举办渔业警察,购置舰械以外,尚须日常开支,需费尤属可观。值此省库奇绌之时,不能不用之于民,于情尚无不合。然闻温属之渔船,大约每船每年须纳护渔捐四十元之谱,鄞属每船亦须纳护渔税八元,渔民不胜负担之重,可以想见! 而更有不合理者,渔船踪迹,逐鱼群而漂泊无定,时而温属洋面,时而鄞属洋面,时而福建洋面。今以鄞属、温属渔船警局辖区之不同,每一渔船须责其负担两重捐税,设将来福建亦创办渔警,以省区之不同,更势必责其负担第三次捐税,似此处处敛征,节节阻滞,必使渔民为之裹足,利民未见,而渔业已饱受其打击矣! 拟今日报载:一般渔民,因不愿纳两重捐税,发生争执。省府黄主席乘此次各区专员来省参加地政会议之便,于前日召集沿海之永嘉、鄞县、临海三区专员商讨该项鄞、温两区护渔税争执解决办法。闻商讨结果,拟采用由省统筹统支办法,为解决争执之途径。吾人甚望当局积极进行,俾此项办法,早日见诸实行,以减轻渔民之负担也。

　　抑尤有进者:渔区辽阔,海盗出没无常,目前渔警实力有限,难免顾此失彼,实为不可讳言之事实。自实期渔民之绝对信仰,揆其原因,实由于为经费所限,护渔税不能如数征起所致也！据渔警当局之高级职员所述，"渔船如愿出资购买盗片，即可免于被盗为难，虽官厅一再严令禁止，而十之八九渔民总是瞒蔽官厅，不惜出巨资（约二三十元）出买盗片"。若此种现象一日不除去，正当之护渔税必难期如数征起。今后行政当局必须出其全力，切实保护渔民，使渔民对于渔警发生信仰，不再购买盗片，踊跃缴纳渔税，尤为吾人所热切希望者也！

（《时事公报》1936 年 1 月 14 日）

浙省训练渔业指导员

意在改良发展渔业　由水产场主持训练

浙讯，建设厅鉴于本省沿海渔业日趋衰落，为谋今后改良发展起见，经令沿海各县设置渔业指导员，并令水产试验场场长陈同白在该场附设渔业指导员训练班，由各县选送学员，加以训练，俾能切合实用。闻该场业经转奉省政府指令，定九月一日开学。至训练章程，渔业指导员任用规则与服务规则，已由省府修正公布。该场奉令后，亦经着手筹备，课室及宿舍，均已妥为布置并订定课程分配表如下。学科：㊀水产行政，㊁渔业合作社，㊂渔业事业与组织，㊃渔捞学大意，㊄制造学大意，㊅养殖学大意，㊆水产调查统计，㊇水产法规，㊈渔业经济大意，㊉渔业设备，㊉㊀水产动植物学大意，㊉㊁本省水产概况，㊉㊂海事常识，㊉㊃推广材料，㊉㊄各科演习。每周授课三十六小时，由该场高级技术人员分别担任授课。

（《申报》1936 年 6 月 25 日）

浙建厅添设鱼种场所

原有吴兴菱湖鱼种场设法改善

浙建厅以吴兴菱湖鱼种场，因缺乏管理及指导，繁殖颇受影响，且鱼苗供给地点，既限于菱湖，时间又仅限于晚春，殊不普遍。除对该处设法指导改进外，并拟在定海水产试验场附近，另设鱼种场一所，以选别鱼种而示模范，并以低价供给养鱼池，以资提倡。

（《水产月刊》第 3 卷第 11 期，1936 年 11 月）

办理渔业登记应注意之一事

记　者

浙省政府，以鉴于沿海渔民，漫无组织，且渔捞之余，嗜赌成习，风尚不良，有待改造也，曾拟编组渔业保甲，以谋严密渔村组织，增进渔民智识，荏苒数年，其事不举，间有成者，亦不过一小部分之渔业区域而已。原因所在，虽在于人事之不臧，然而对各地渔民，无真确之调查，无切实之统计，以为着手组织之参考，致执行之者，进行困难，则亦未尝不是迁延岁月之另一因由也。

现在，省建设厅，以渔业法公布施行，迄今数载，依该法第十七条及同法施行规则第六条与第十四条之规定："凡在中华民国领海或其他公用水面经营渔业者，均应依法呈请行政官署核准登记，方得经营。"本省东部滨海，而内地则江河湖荡，随处皆是，渔民极多，前曾一再饬令各县市长依法举办，迄今阅时甚久，未据遵办。以致渔户多未依法呈请核准登记，擅自捕采，均属有违法令。兹为确定渔民渔业权利，解除渔业纠纷，确立渔业基础起见，令饬各县，于令到之日，即广出布告，通知境内所有渔民，凡在公用水面经营渔业法施行规则第四条所规定之各项渔业及其他一切小规模渔业者，均应依法呈请各该管行政官署核准登记，或转呈厅部登记，领取渔业证，或渔业执照，以资整顿，而谋发展。如若渔民登记而能及早办理完成，则编组渔业保甲即可顺利进行，而集团训练之方式，亦可以实施，增进其知能，改善其生活，此于渔民，为不无利益者也。

况连年以来，海洋治安，政府迄无切实保障办法，营外海渔业者，渔船被掳，渔民遇害，其事不鲜所闻，根本解决，厥在造成渔民自卫力量，调查渔民，加以组织，分区集中，实施军训，待训练完毕，准其备价购械以资自卫。即仅仅执此一端以言，政府机关，固亦有登记渔民，而渔民群众，亦各有踊跃登记之必要。

不过办理登记，据政府之所述，其目的既为"确定渔民权利，解除渔业纠纷，确立渔业基础，为渔民谋利益"，则政府自身，不可不有密切注意，毋使其"为渔民谋利益"之目的，一变而为政府扩充财政收入之目的。倘或申请登记，领取证书,领取执照,各皆需费,且取之过巨,不予矜惜,则是所以以利渔者害渔矣,非外海内河渔民之所愿望其如此,而足使彼等裹足不前,渔业登记,虽办理之而将终无结果者也。愿建设当轴其熟思乎此而善为拟订登记之章则焉。

(《时事公报》1936 年 12 月 25 日)

对于开辟韭山群岛为渔邨之意见

记　者

定海水场试验场,以附近象山海面之韭山群岛,土质松肥,林木繁茂,泉清水白,堪供食用,而沿岛海面,海产甚丰,既可以供渔捞,复可以资垦殖,拟辟为渔村,致民屯垦。惟以该岛向为海匪所据,勘察调查,诸多困难,故特借用兵舰,开往该地,详加考察。

开辟新地,组织渔村,使渔民于渔捞以外,复有种植土地,改善其环境,安定其生活,诚为利于渔民之举而足以扶植渔业前途之发展者。况韭山群岛,佳木葱茏,土腴壤沃,四周围海,环境适宜,既便采捕,复可耕耘乎。然而兹事,工繁费巨,移民成村,架屋凿井,筑码头以停船舶,辟荒地而为良田,在在需款。苟无严密之计划以及巨额之资本,恐殊难使其实现。且现在渔业衰落,渔民生计,备极艰苦;省费支绌,多方紧缩,犹觉不足,对于辟韭山为渔村之事,若使渔民自力经营,固不无事实困难,倘欲省府拨款补助,而将来亦终鲜把握者乎?

举建设之事,谋生产之利,虽不可宥于一时眼光而须求未来效益,但一面却亦宜使其切实可行,力足以成,不必过高目标,徒悬理想,是以为与其为无实行可能之计划而筹思,不如减低目标致力于轻而易举之事业以勤求事功之为愈。水产试验场,前曾举办水产品展览矣,陈设海产,提倡养场。吾浙东滨海各县,堪资为水产养殖场者殊多,水产试验场,若能派遣人员,实地调查,于适宜地点之海塘涂地,分别设场,给予苗种,劝民试殖,加以指导,使海塘涂地,各得其用,水产之利,生生不息,则为事之易行而益有可言者也。在开垦经费尚无切实把握以前,愿该场之致力于此焉。

(《时事公报》1937 年 1 月 8 日)

六区物产调整处筹组水产运销处

定期召产区各县府及渔会商讨

浙江省物产调整处第六区分处,昨训令各县办事处及楼谷人、俞佐宸、毛安卿等云,兹查前据定海县渔会常务理事楼谷人,象山县渔会常务理事许焕文等,检同计划章程等,呈请组织宁属水产运销处,经呈奉省战时物产调整处物字第二六三一号指令内开,呈件均悉,据称组织水产运销处一节,自可照准,惟兹事体大,关系宁属全体渔民生计,自宜审慎办理,兹特发还原件,应由该分处召集产区各县政府、各区渔会、第一区渔业管理处及发起人代表,共同商讨妥善后,再行备具章程,一并呈候核察,仰即遵照,此令等因。自应遵办,兹于十月廿五日,在本分处召集各县政府,会同各渔业及渔民代表第一区渔业管理处暨发起人代表等,共同商讨。

(《时事公报》1938 年 11 月 10 日)

经营渔业应向渔管处登记

浙省第三区渔业管理处筹备处为振兴战后渔业,亟须明了战后渔船、鱼厂、鱼栈、鱼行、鱼贩、鱼商之实际情形,以凭统计,而便管理。经订立调查暂行办法及渔船登记编号暂行办法两种,所有辖区内经营渔业者应经向该处及沈家门、岱山、衢山各分处遵照规定申请登记,以便保护及领购渔需品,如未经申报者,则不能享受同样权力。

(《时事公报》1946 年 4 月 14 日)

外界诽谤丛至

——渔管处于主任访问记

新潮社记者

舟山群岛是全国闻名的渔业区,那里的人民大都赖捕鱼为生,尤其当渔汛时,是他们一年中的黄金季候。

经过了八年悠长的抗战①，孤悬海中的舟山群岛，也随着胜利的钟声而复苏，渔民们从此不再受敌伪恶势力的侵凌，可以自由地下洋捕鱼。

政府为谋振兴战后渔业，特地设立了一个渔业管理机构，于是浙江省第三区渔业管理处筹备处，就在这样迫切需要下成立，由建设厅委派六区专署第三科于科长凤园兼充主任。于为定海岱山人，对渔区情形，真可说了如指掌，以就地人办就地事，对工作自然能胜任愉快。

因为渔区太广阔了，该处为便利起见，分在沈家门、岱山、衢山成立了三个办事处，就近照料渔民，尤其应各地渔会之一再请求，特呈请六区专署，调派一个大队，前往护洋，使本年渔汛渔民能安全地在洋面捕捞。

最近上海新闻报陆续刊载了有关该处的文字，引起许多人的疑虑与不安，记者为明了该处内部组织机构及工作情形，特往访于主任，以新闻报所指摘各点加以叩询，于凤园诚挚地逐条答复：

问：沪上新闻报登载收费各节情形复杂，究属如何？

答：本处奉令组织筹备处，及分设一二三办事处三处，辖区辽阔，开支庞大，因经费来源困难，只得竭力紧缩，除关于渔船鱼厂行栈登记项下呈准建设厅，酌收编号、发旗以及登记表册等成本费，以资归垫外，绝无其他收费情事。

问：据报载关于贵处征收巨额护渔费一事，究竟情形如何？

答：本处因筹备伊始，经费竭蹶，无力设置护渔队，奈迭据辖区内各地渔会，以渔汛已届，一再请求派队护渔并以目前洋面盗匪纵横，习俗往往以巨款向盗匪购买通行片纳费，动辄二三十万元，而仍不得安全，因此各该渔会等，自愿负担护渔部分水上船只设备、汽油消耗以及部队米金津贴（宁波米价每石四万，岱山每石七万余元）、副食津贴等费用，迫切请求，不得已，呈由六区专署调派一个大队，前往护洋。各该渔会，为履行上列诺言，陆续将上项自愿担任经费送处，以维开支。渔汛结束后，尽有书面收支册报，分呈各主管机关核备。

问：护渔时期护渔武力、护渔设备及工作情形如何？

答：本处呈请六区专署调派护渔队一个大队，租借汽艇二艘，帆船十余艘，经常游弋，分区护洋，至追回被盗渔船及护送时追击盗匪等情形，另详工作报告。

---

① 八年悠长的抗战："八年抗战"的说法已过时，现称为"十四年抗战"。

问:据报载征收岱山各渔厂鱼鲞件头二万件,每件一千元,此项对物征税,数额颇巨,究属如何?

答:今年渔汛衰落,岱山百余家鱼厂产货,仅仅万件,较之往年,相差甚远,而本处绝无在岱山征收鲞件款项情事,且该项鲞件,统由岱山鱼商协会负责处理,尽可质证。

问:报载保警特务大队第二中队士兵周梦轶所述各节,究属如何?

答:查护渔部队士兵中,并无周梦轶其人,虚构事实,显系另有作用。

现值渔汛将近结束,于主任以省方业将渔管处裁并改为渔业管理局,且外界诽谤丛加,心灰倦勤,拟将该处早日结束云。

(《时事公报》1946 年 7 月 22 日)

浙省府设立渔业局

(省讯)浙省府为发展渔业,业经省府会议通过设立渔业局,派饶用泌为局长。现悉关于渔业方面之计划:(一)先完成渔业基本调查,以为设施张本。(二)在各渔业繁盛村埠组织合作站或鱼厂,实行联合经营。(三)增添渔船渔具,调剂渔业金融,并供给渔需品。(四)办理渔民福利设施,维护渔民海上安全。(五)修筑渔业港埠,开拓渔产销路,以利运销。(六)倡导人民利用荒废池塘,增殖淡水鱼类,恢复战前养鱼事业。(七)充实制造养殖渔捞研究试验等设备,以谋技术上改进。

(《时事公报》1946 年 7 月 24 日)

浙简化渔业机构　管理处等合并为局

局长饶用泌定日内办理交接

浙江省政府为简化渔业机构,统筹办理全省渔业事务起见,经核定将第一、二、三区渔业管理处及前浙江省水产试验场,合并改组为浙江省渔业局,局长一职,经委派饶用泌代理。闻本区第三区渔业管理处筹备处交接,派鄞县陈县长为监察委员。

(《时事公报》1946 年 8 月 7 日)

省府沈主席核定　渔业应兴革事项

渔业局已拟定渔贷办法　呈省转请中央拨款贷放

　　新潮社确息,省府沈主席于上月廿三四日巡视定海、沈家门一带时,曾面谕随从沈氏之省府建设厅技正兼渔业主席李星颉及省渔业局局长饶用泌,召集当地党政民意及渔业界代表多人,先后开谈话会及座谈会各一次,决定渔业应行兴革事项多端。所有记录,并经沈氏亲自核订,兹探录其决定事项如左(下):

　　一、关于护渔方面。准由渔民组织自卫队,枪械、船只由政府负责支配,队士之雇用及饷项由渔会自理,并受外海水警局及渔业局之监督稽核,干部由外海水警局选派。

　　二、关于渔业金融之调济。(一)请省政府洽商中国农民银行增加本省渔贷数额,最低限度为十亿。(二)请省银行设立渔货部,实行低利贷款。(三)请省政府转商财政部准许本省设立渔业银行。(四)鱼市场附设贷款部。

　　三、关于渔船渔具之补充。由渔业局会同各县政府负责调查抗战期间渔船、渔具损失之确数并迅即组织合作社,请求善后救济总署拨配救济物资,以利补充。

　　四、关于渔需品之供应,由渔业局督导渔民组合作社经营。

　　五、关于渔业产销之关系之调整,拟依左列办理。(一)厉行鱼商船(着重冰鲜船)登记并饬取具保证,凡不履行登记及取具保证者,由渔业局取缔,其办法由局拟呈省厅核定之。(二)依据厅颁管理鱼行暂行办法,严格实施鱼行管理,佣金不得超过战前通行标准。贷款得收利息,但不合理之高贷,应严格取缔。(三)由渔业局发动在沈家门、石浦等地组织市场,并请建设厅迅派干员恢复筹备温州鱼市场。(四)定海冷藏库请省政府从速拨款修理,如公款筹备困难,则请饬由渔业局向银行借款修理。(五)由宁波鱼市场及全国合作社物品供应处宁波办事处协同各地渔民组织罐头合作厂,向善后救济总署请求拨配新式机器,从事改良渔产制造,以利运销。

　　　　　　　　　　　　　　　　　　(《宁波日报》1946 年 9 月 12 日)

地方零讯

（新潮社定海讯）本省渔业局长饶用泌，鉴于今岁渔汛减色，渔村破产，对今后渔业前途堪为危岌，兹饶氏为挽救整个渔业危局起见，决定取缔渔商贷放之高利贷，同时拟具渔贷办法，呈送省府转请中央贷款部迅即拨款贷放，以达复兴渔业、繁荣渔村之目的。又饶氏筹谋救济渔民艰厄起见，除报请省府转请发放渔贷外，并拟组织巡回宣传队，分往渔村宣导高利贷之危害，以及改良捕捞等方法，并改进渔民生活云。

（《宁波民国日报》1946 年 9 月 13 日）

一切鱼税渔业税均应遵令豁免

（本报讯）宁波鱼市场与浙江水产建设协会宁波分会，前据各县渔会暨合作社呈称，对于鱼税渔业税，纷纷请求豁免，曾呈省政府及农林部，各节业志本报。兹悉宁波鱼市场，已于昨日接奉省令开，准农林部函，据该省各县渔会报称，各县直接税局，仍有另立名目，向自捕自售之渔民，征收税额。查此项鱼税渔业税豁免范围，有无限制，未有明文规定，理合呈请核示等情。前由本省摘录国民政府训令，"所有鱼税渔业税，一律豁免"，依此文义解释，是否一切鱼税渔业税均应豁免，相应电请查照见复，以便饬遵。当以鱼税渔业税早经国府明令一律豁免，并有嗣后无论何项机关，概不得另立名目，征收此项捐税之规定，令文中既曰"一律豁免"，复曰"概不得另立名目"，谆谆诰诫，则一切鱼税渔业税，均在豁免范围之内，可无疑义，业由农林部函复本省，由省令饬各县政府及各级渔业机构知照云。

（《宁波日报》1947 年 2 月 4 日）

国府顾问俞飞鹏氏出发考察沿海渔业

（本报讯）国府顾问俞飞鹏氏，定今（十七）日上午八时乘日前由台湾驶甬之美颂号军舰赴浙东沿海巡视各渔区，并考察渔业。

（宁波社讯）国府顾问俞飞鹏氏，为明了本省渔业实施状况起见，特会同浙江省渔业局长饶用泌，建设厅技正李星颉，宁波通讯社社长沈渔，中国生产促进会专员郑南森，上海鱼市场副总经理董克仁，上海鱼市场专员俞佩文，奉化航业公司总经理俞良蕙，鄞县渔业合作社理事冯和咏，宁波甬潮刊社社长俞梦魁，省合作管理处视察叶枚、秘书黄本立等，组织渔区考察团，赴各渔区视察。闻该团定今日上午七时，乘专舰出发。兹探录日程于后：

四月十七日视察定海渔业局、冷藏库、水产学校、鱼市情形。十八日视察岱山、衢山、渔船停泊处、鱼厂、盐场。十九日沈家门冷藏库、鱼市交易情况、鱼市场筹备处、渔业局工作站。廿日长涂港、渔业港情形。如时间许可，将转赴嵊泗列岛。二十一日石浦、爵溪渔船停泊处，昌国卫养蛏场，渔业局工作站，爵溪鱼厂。廿二日三门湾渔港情形、海游建跳渔村。二十三日石塘、松门、坎门鱼市场筹备处、各地渔业合作社、渔业局工作站。二十四日三盘渔村分布情形（三盘洞头）、渔业局工作站、温州鱼市场、鱼商交易情形、北雁荡。于二十五日考察完毕后赴沪云。

（《宁波日报》1947 年 4 月 17 日）

省渔业局将办岛屿渔权登记

（新潮社定海讯）浙省渔业局，鉴于沿海各县，岛屿星罗棋布，渔民捕鱼区域，时有争执，每至酿成命案，拟于最近期内，会同各有关县府，办理渔民渔权登记，以期永杜纷争，各安其业云。

（《宁波日报》1947 年 4 月 17 日）

组织护渔舰队　扩大渔贷数额

设渔业局定四月半为渔民节
渔业代表会议通过重要提案

（中央十七日沪电）各省市渔业会代表会议，十六日上、下午讨论提案，出席代表戴行悌等二十五人，许蟠云主席，重要决议案有：一、发起筹备全国性渔业

173

团体。二、建议政府设立直属行政院之渔业署,并于各省市设立渔业局。三、向行总要求公布渔业救济物资数量及分配方法。四、请求国防部清剿海匪,并请在汛期内组织护渔舰队。五、请中央设立水产专科学校,于各省市普遍设立渔民小学。六、请求政府扩大渔贷数额,请农业部迅速恢复渔业银行。七、请求财政部取销渔盐变色变味办法,以苏渔困。八、行政院决定让归民营之中华水产公司,请政府准由全国各省市渔会向渔民与华侨募款合营。九、请求政府切实取缔各种变相渔税。十、建议政府迅速在重要渔业产销区域成立鱼市场。十一、请求政府向盟国交涉,将日本现有渔业设备、渔业工厂,至少以半数赔偿吾国渔业损失。十二、各省市渔会组织技术改进委员会。十三、请求农林、社会二部,会同召集全国渔业会议。十四、请求政府速饬各省扫除海口封锁障碍物。十五、请定四月十五日为渔民节。

(《宁波日报》1947 年 4 月 18 日)

发展战后渔业　舟山将建基地

刘鸿生等即前往视察

(本市讯)行总以舟山群岛为我国最大渔区之一,近计划在该岛建立渔业基地,以发展战后渔业。该署执行长刘鸿生,渔管处长王人麟、副处长王以康、顾问苏公隽等,定明日午后率领专家多人前往舟山群岛,视察渔业状况,俾根据当地情形,将来在岛上设立鱼品制造厂一所,制造各种鱼类罐头食品。并拟利用当地水产学校原址,与浙省当局合办渔业技术人员训练学校。如视察结果认为圆满,行总并计划将复兴岛渔管处现有大部渔船移驻舟山群岛。

(《申报》1947 年 5 月 7 日)

苛捐杂税重重　渔民安得不穷

(新潮社宁波讯)今春渔汛,宁、三两帮渔船,麇集南田湾一带落网,然此地因渔船集中,故各地亦在此设立办事处,借以收取各项渔捐,三门方面并派渔队备机枪木壳于海上征收各项税费。闻渔会捐每船十万元,牌照每只网船十万元,同时又照船上渔民多寡每名各收费一万元,并破例索取小鲜捐五万元、冰鲜六万元。渔民对此种种苛捐杂税,不胜负担。现闻水上警察队中队长刘步恒已往南田湾调查云。

(《宁波日报》1947 年 5 月 14 日)

浙渔业局调整所属机构及人事

甬、瓯、椒三办事处裁撤

(定海讯)浙江省渔业局,为集中人力财力加强工作效能起见,对于人事、机构均有所调整,兹采志如下:

(一)调整机构部分:将原有之三盘与坎门二工作站合并改组为坎门工作站。石塘工作站与海门办事处合并改组为台州工作站直辖石浦,沈家门工作站、鳌江工作站仍照旧建制。三盘、石塘、鄞县、镇海、衢岱五工作站及温州、海门、宁波三办事处一律裁撤。

(二)人事调整:海门办事处主任叶定祥,宁波办事处主任徐大权,温州办事处主任项公溥,三盘工作站主任赵伟,坎门工作站主任黄显仁,鄞县工作站主任李吉莱,镇海工作站主任翁祖挺,石塘工作站主任何宝熙,衢岱工作站主任沈志梅,均着毋庸兼任各该处站主任,并派技士叶定祥兼任台州工作站主任,科员赵伟兼任坎门工作站主任,技正李心禄兼任沈家门工作站主任,技士穆国玑兼任石浦工作站主任,鳌江工作站仍以科员王景球兼任,视察项公溥常川驻温督导。

(三)改组后渔业行政管辖区域:台州工作站——管辖临海、黄岩、温岭。鳌江工作站——管辖永嘉、平阳、瑞安。坎门工作站——管辖玉环、乐清。石浦工作站——管辖象山、三门、宁海。沈家门工作站——管辖定海所属各岛屿。

(《宁波日报》1947 年 8 月 8 日)

健全渔民组织

据三门湾社通讯,定海高亭一带渔民,因缺乏捕鱼资本,不但受高利贷的剥削,甚且求贷无门,无法出洋。海氛不靖,渔业凋敝,渔村情况如此,复兴渔业,从何谈起。

通讯中曾提及渔贷迟迟未到渔民手中,这事可分三方面来说:(一)渔贷数目甚少,与渔民实际需要,相距太远,杯水车薪,何济于事。(二)渔贷经由各渔团或合作社转手,从中难免为一般有特殊权力分子所操纵,渔民或许没有完全得到实惠。(三)渔民欠缺认识,不能够直接起来争取本身福利,使不致受人剥削。因此构成了今日渔贷有名无实的情形。

目前要图,还是要健全渔团组织,使能真正领导渔民,代表渔民,这一根本工作如做不好,政府的措施是不容易和渔民的要求相贯通的。

(《宁波日报》1948 年 4 月 8 日)

捐费名目繁多 渔民不堪剥削

(正风社沈家门讯)温州帮溜网对渔船,于勺溪[①]第一水落后,一部分(计四十八对)因渔获欠佳,乃于前(十三)日驶来沈家门,预备至长涂继续渔捞。抵埠后,即遭当地若干机关团体征收费用,计县税处之船牌税二十六万元(收据仅为十二万五千元),外海水警队之渔船登记费三十万元(未发收据),闽籍渔船福利会之经常费二十四万元,一天之间,竟被收去达八十万元,渔民因见各取费者均系武装同志,只好哑口无言,缴付了事。

(又讯)温州帮渔船以捐税重重,特向各界呼吁,他们称:"县税处之渔船牌照收据上仅十二万八千元,而竟强收二十六万,此浮收之款,据何理为之,定县府何不彻查?外海水警之渔船登记与渔业局之登记证似嫌重复,又收费三十万元,似嫌太多,既收费不给收据,似非是理。闽籍渔船福利会之收浙籍之经常会费,更属荒谬。请求当局予以取缔,以免渔民之无谓损失"云。

(《宁波日报》1948 年 5 月 17 日)

---

① 勺溪:爵溪。

为渔民请命

在我国沿海各省,有着不少的人们,把生活寄托在海上,他们以海为生,把海视作生命线。他们是海上的生产者,他们获取大量海产,这些海产是沿海人们的重要食品。对于这些海上劳动者,我们向来称之为渔民。就浙东一隅而论,这样的渔民,人数就有不少。

渔民的生活是痛苦的,"捕鱼人儿世世穷",这并不是诗人笔下过分的夸张,他们工作在险恶的波涛上,生命随时有被吞噬可能。当渔船出发的时候,家属们是不会知道他们的丈夫或儿子几时可以回来。可是他们为着生活,仍是世代默默地干着这项营生。他们一直被世人所漠视。山珍海味,是向来被人们称道的,但有多少人面对席上珍馐,会想起辛苦的渔民们呢!

就是这样可怜的一群,他们仍旧免不了封建的剥削。所谓"捕鱼人儿世世穷",正是由这种封建剥削所造成。渔民捕鱼,省不了船只,船只对于渔民,正和土地对于农民是一样的。但是可怜的渔民,他们自己很少造得起船只,大多数是向船厂或船户们承租来的。在战前,租价是每对四百元左右(租期从阴历九月起到次年三月止)。若依当时米价计算,约合食米四十石。这是相当重大的负担,就是为着这负担,压得渔民喘不过气来。正和农民们被田租压得喘不过气来一样。可是靠着剥削渔民为生的封建船主们,不但不同情渔民困苦的生活,反而变本加厉地增加剥削的程度。像最近沈家门船户,竟订定船租为食米一百念石,即以实物而论,也较战前增加三分之二。这是多么可怕的剥削?若以法币计算,数字更将大得惊人,即以本市而论,任何闹市中的巨大房屋,其一年的租金,也决没有如此大的数目。一对船的价值,决不会超过都市中的一幢房屋,而其租价竟奇昂如此,岂是渔民们所能容忍。

现在都市房屋,以米计租,已遭各界非议,其实房屋租金,即使改法币为食米,其数量也决不会超过战前实物的比值,现在渔船租价,除折合实物外,其比值较之战前更超出三分之二,无论从任何观点来说,决难认为是合理的。

我们要为渔民请命,这种封建的重大剥削,在民主呼声高涨的今日,无论如何已不允其再存在下去。我们要求政府予船户以制裁,从速规定合理的船租,而这船租,应以渔民是否能够负担为原则。现在鱼汛将落,船户们加紧索租,渔民们不胜负担,这一事实的解决已刻不容缓了。

(《宁波日报》1948 年 4 月 30 日)

快救渔民

昨据定海通讯,奉帮渔船五百艘,在岱山洋面被海匪徐小玉股、王飞龙部所包围,勒索枪枝食米,方准发给"旗照",出海捕鱼。象帮渔船,且因闻此讯折回,致影响捕鱼。海匪猖獗,竟至如此地步,这是谁的责任?

就吾人所知,定海有海军,有水警,有保警,再加上地方上的自卫队,可说已有相当武力,可是海上匪氛,却只闻日趋滋长,蔓延难除,这究竟是什么缘故?渔汛开始,吾人又闻一片护渔声,以为在护渔部队的周密保护下,渔船定可安全捞捕,却不料他们还需要向海匪纳款项,领旗照,如此情形,则所谓护渔者对渔民的实惠,不是仅增加渔民的一笔负担吗?

闻有关渔民团体,已分别吁请中央及省方,加派部队围剿海匪,营救渔船,这是一件十万火急的事,治安当局千万不可拖延忽视。不但要营救被围渔船,而且应该更进一步保障海上安全,使渔民不再受海匪的威胁。

(《宁波日报》1948 年 5 月 18 日)

三、生产与销售编

·望海观渔

海关记事簿,论宁波捕墨鱼生理有云,此生意于宁波甚为大事。凡船属宁波者,共有四千艇,属近处者另有三千艇,皆于英四月择吉数日内同出海。自海视其船出口,殊可谓美观,潮汛既退,船皆解练挂帆,陆续而出,锣音冲天,人声极为热闹。逾一时,观望海面至涯岸,满目皆船,掩木无隙处。至船皆出,乃于海面聚会,然后各自分段捕鱼,直捕至英七月始返。所捕之鱼必晒于海岛上,成功须三四日,如天阴下雨,则鱼不干,故渔者多赖天气晴明。渔船之外另有饷船来往交接,由宁波出海载有粮食颁送于各渔船,回宁则装有各船所捕拿已干之鱼也。此宁波乡民四月之役,今年所捕共计有六万担,始出以天气阴湿,鱼未得干,而低货颇多。乃幸此后天时较晴,所捕得者尚不少,渔者多乡人,返宁后皆归家,或种地或做他业,俟明年仍旧复出海云。

(《申报》1872 年 9 月 24 日)

春汛渔船放洋

宁波暨台、瓯各属渔户,因今春天寒放洋船只较晚。闻温、台各帮渔船,已于三月二日放洋,先期在沈家门会议,公举领帮,计放洋渔船甬帮一千六百名,温帮二千名,台帮八百名。又定海县属各乡海居民水产物出品,年可收值五百余万。宁属渔民占其大半,而闽、瓯、台等帮不过十分之三。现届捉春汛期,宁、镇、定三县所出对渔船皆寄碇沈家门。各公所入会之船,东钱湖对渔船到七十余对,定海对渔船已得有二百余对,惟镇、奉两邑较少。日内各帮渔船以风暴已过,均开驶北洋,随潮网捕矣。

（《申报》1919 年 3 月 16 日）

令征水产制造品

实业厅转奉农商部调令,以本年美国北太平洋渔业联合会拟派人来华考察我国水产情形,请先行筹备,以便接洽。查我国渔业尚属幼稚,各种水产物尤鲜研究。此次该联合会来华调查,浙江水产繁衍,为渔业素著之区,允宜择尤征集,汇送陈列,既以谋销路之扩张,且可供外人之参考。合即令行沿海各县及各商会,将各该管水面之水产物妥为征集送部等因。该县知事已分函商会及水产工厂查照。

（《申报》1919 年 6 月 4 日）

浙洋鱼花歉收

鄞、定两帮对渔船,自改捕南洋后,正值严冬多风,晴日稀少,致不能放洋。迨至新正,天雨连绵,又延搁半旬,各涨源无不暗受损失。日昨始行开放浪岗山等处附近一带下网,而所捕获之小黄鱼,多少不均。其最称起色者,定帮不过三四对,每网可得鱼千余斤,少仅二三十尾。鄞帮约有十数对,每网可得鱼四五千斤,少亦三四百斤,幸鱼价颇高,尚可获利云。

（《申报》1920 年 3 月 20 日）

参观浙江模范水产制造所记

行　知

余于十月下旬游历定海县,考察教育实业。闻定邑富鱼盐之产,浙省议会特拨省款设立模范水产制造所于定邑,亦既有年,成绩优美,遂往参观,晤技师胡岳青君及助手朱延章君。二君导余观制牛肉罐品场、螺甸钮扣场、制革场及制鲞鱼、带鱼之烘房、栈房等。此厂限于省经费之制限,不能大为发展,第就其制造之成绩观之,其技术之美、成绩之佳颇,堪为实业界发一光彩。该厂制造牛肉、鸡肉、羊肉、鱼翅、黄鱼及饼干、水果等各种罐头,无不美备,而所制牛肉及饼干香味尤佳。牛肉之制法,先用生牛肉加酱油、香料下锅,煮半小时取出,切成小块,连原汤装入罐中,纳入大锅内,煮一小时取出,于瓶底上刺穴,放出空气,旋即用焊药及锡封固之,然后再置大锅内煮四小时,肉烂而风味不少泄漏,此味之所由佳而物之所由经久不变也。惟煮鸡肉及水果等则时间须减少云。余又入螺甸钮扣制造场,见工人及艺徒均用脚踏机器,至为敏捷,光彩甚佳。再由女工精选成货,串钉于纸版上,每罗一百四十四枚,约值一元有奇,价廉而物美。据朱君云,本厂摩达机用煤费用甚大,故不甚开火。我华人工价廉,可不必借汽机之力,尽可用机而不用汽,或手摇或脚踏,用费较省,而机器之灵动无异于用摩达机,其言深合情理。余又入制革场,工人不多,惟每日本场所杀之牛羊,均特请工人自行制革。昔日我国需用熟皮,均用外货,而每年运出口之牛羊皮生货甚多。今则各省类能自制熟皮货物,堪与外来之革相匹敌,而工人赖以为生者可增数万人,亦挽回漏卮增加生计之一道也。又观鲞鱼栈四烘房等,定邑每年产鲞鱼、黄鱼、带鱼等数千万担,有福建帮、台州帮及奉化、宁波、镇海各帮之渔民二三万人在岱山、瞿山[①]等洋面采捕,足供数省之食,其盐制之各鱼且可输入南北两洋。今此厂添造烘房并制淡鲞鱼、淡带鱼等,能去虫防腐,风味尤美,历冬夏不变。余参观既毕,即采购饼干、牛肉、黄鱼松等各数罐携归试尝美味,亦旅行之一乐也。

(《申报》1920 年 11 月 20 日)

墨鱼船联翩放洋

宁属向称鱼盐富饶之区,每届旧历三四月间墨鱼帮先后放洋,不下一万八九千艘。兹据米业、棕业中人云,近来墨鱼帮联翩起碇放洋捕墨鱼者已达七八

---

① 瞿山:衢山。

千艘。本年以春汛较迟,刻下鱼花似尚未旺发。预料下月初旬大潮汛时,宁台洋面鱼花必旺,渔帮收成必能满载而归也。

(《时事公报》1921 年 4 月 25 日)

缓设鱼市场之部复

宁波会稽道区之三门湾渔业公司发起人林熊征等前拟在浙省沿海一带,行驶渔轮,捕获鱼类,并集资一百万元,仿照欧美先例,建设极大鱼市场,呈文实业厅转呈省署咨部查核示遵,已志前报。兹准农商部咨复,以浙海设立鱼市场,应俟部定鱼市场章程及办事细则颁布后,再行呈部核定等因,已由沈省长令厅转饬遵照矣。

(《时事公报》1922 年 4 月 23 日)

借款改良渔具之困难

定海外海渔业局长费尔九君前因评议会所议改良渔具(改用线结网,先由宁属试办)息借公款五千元等情,已志五月七、八两日本报。兹闻财政厅昨咨复实业厅云,案准贵厅咨以外海渔业局评议会所议改良网具息借公款一案,能否准予照办,事属财政范围,咨请核明见复等因,并抄附件到厅,准此。查该局所请息借公款,自应准予借款,俾资发展。惟近岁以来,省地方公款异常支绌,十年度以前,出入相抵,不敷甚巨,十一年度预算,虽经撙节支配,仅止收支适合,将来能否不致缺短,亦属毫无把握,再三筹划,实无余款堪以拨借,准咨前因,相应咨复贵厅查照。

(《时事公报》1922 年 6 月 5 日)

冰行冰厂竞业之暗潮

宁波冰厂,约有七八十家,冰行则只有四家,向来冰厂之冰,卖诸冰行,再由冰行,转卖于冰鲜各船。本年因鱼鲜不旺,各厂之冰,仅脱销五十几厂,尚有二十几厂，未曾脱销，各冰行买进之冰，亦尚存十余厂，未能销罄。转瞬冬令，又到结冰之时，故冰价减落，几于无人过问。兹未曾脱销之二十余家冰厂，昨日在某茶楼集会，拟将堆存之冰，直接廉价于船家，以与冰行竞业，内有王阿岳、王阿定、单春林、张阿聚四人伙开之冰厂，以该业尚无公会，并未与议，即将厂冰售与同全冰行，订立合同，收取定洋，计咸货行票洋一百元，合同载明所卖厂冰面积尺寸。当晚被尚未脱销之二十几家冰厂闻知，向王阿岳质问，责令签字，不许转卖于行家，阿岳迫于众议，只得勉从。今早同全行已在该厂起冰一船，王阿岳亦无异言，忽有汇众冰厂派人前来阻止，同全行以其所言毫无理由，仍拟继续取冰。闻该二十几家未曾脱销之冰厂，已预备对付，恐不免一场讼争也。

（《时事公报》1922 年 10 月 24 日）

英渔轮来沪先声

字林报云，渔轮韦盘敦号载重一百吨，业于十月二十五日自英国波士敦城开驶来沪。该轮原属波士敦深海冰洋渔业公司，系宁波渔业公会所购，以供教练捕鱼之用，倘试验后成绩优良，其他渔轮亦将自英国海滨陆续东来，俾建设中国轮船捕渔事业。该轮航程经过苏彝士运河，预计约需六十日。故须至阳历新年后方能抵沪，船长史克坡氏带有英国渔夫七人同来，以便教练近世捕鱼术，此外船中尚有中日火夫多名云。

（《申报》1922 年 12 月 23 日）

黄花渔汛之出发渔船

本届黄花渔汛，据本埠渔业公会预测，当较上年为旺。故大小对船，均已预备出发，各帮对船之赴洋者，据该会调查如下：湖帮五十只、镇海六十只、岠岱八十只、沈家门八十只、长涂八十只、奉化二只、台州十艘、黄陇三十艘。

（《申报》1924 年 4 月 8 日）

渔业已报好消息

　　鄞县东钱湖素称渔业发达之区,大对渔船不下千余艘。今庚中秋节后及重阳节前先后出洋采捕鱼类,迄今已月余。目下钱湖各渔户已有外洋消息报到。据说洋花颇旺,鱼类多有所获,均由中路船纷纷运销,价也甚优,如能长此发旺,再捕一月,即可得足原本,此后网捕,纯为余利云云。果尔则明年端节回乡,又必满载而归,诚实业之好消息也。

(《宁波旅沪同乡会月刊》第 16 期,1924 年 10 月)

外海厅筹设海防无线电

先于各巡舰内装设

　　宁、温、台洋面盗匪充斥,因海线延长之故,缉捕为难,外海水上警察厅来伟良厅长,拟于各巡舰内装设无线电机,俾遇有匪盗等事,随时接洽调遣,以利缉捕,所需经费,即征渔船捐抵充,并闻此项办法,已秉承夏省长批准,业已着手进行矣。

(《时事公报》1925 年 3 月 4 日)

放洋渔户之佳讯

　　镇海东门浦一带居民多以捕鱼为业,每年重阳时出洋渔船多至数百条,日下报到消息,今年洋花甚好,小鲜亦甚发旺。去年底本可回洋,因随时洋花甚佳,入春以来,小鲜上水,更可放网,不复归来。闻其所获,悉系纯利,一般渔户家属,闻之莫不喜形于色。料知今年五月回洋时,必可满载而归也。

(《时事公报》1925 年 4 月 13 日)

象东鱼汛未旺

象山县东乡爵溪,现届鱼汛之期,渔船汇集,不下数千艘,均在大漠洋面一带捕鱼,奈近日所获无多,但供市面购买,尚虞不给,因所获鱼头太大,每尾须洋四五角,故鲞厂无可劈晒,一艘渔户,唯有翘盼下水(阴历本月廿七八)再行捞捕云。

(《时事公报》1925 年 5 月 11 日)

奉化渔船由衢回洋

秋季渔汛　已告终了

定海衢山倒斗岙①海口,停泊渔船,以奉化帮大捕为最多,均栖凤人,每年渔汛时,约有二百余号(奉化大捕每年渔汛上期三月至六月,下期七月至九月,至渔汛终了,纷纷回洋,公所亦闻其无人,栖凤公所董事吴锐东)。秋季渔船,不过十余只,所捕者梅子、虾贝等类。由厂家制成罐头,运销外埠。近因重阳节过,海产稀少,无采捕之必要,各渔民已陆续回洋,接帆进口,开回奉化矣。

(《时事公报》1925 年 11 月 5 日)

鱼汛丰收之消息

镇海东门浦一带,居民多以捕鱼为业,每年开往大洋捕鱼船至百只之多,日下得有消息,洋花甚好,而小黄鱼尤见发达,逐次交花,获利甚厚。此类渔船自去年重阳出洋,年关本可回洋,因洋花甚佳,入春以来,小鲜上水,继续下网,不复归来。闻其所获均属纯利,预料端节回洋,定可满载而归也。

(《时事公报》1926 年 4 月 12 日)

---

① 倒斗岙:岛斗岙。

鄞南墨鱼帮纷纷放洋

鄞县姜王姜山等处,众渔户组织南北洋墨鱼船联合会,拟定简单,呈县立案一节,已纪前报。兹由南北洋总代表张志芳禀请知事给发布告,已蒙照准,当于本月二十二日,预备食粮,开船放洋矣。

(《时事公报》1926 年 5 月 6 日)

筹设海洋调查所

开发浙海富源以利民裕税

浙江建设厅以浙省洋面辽阔,其间如舟山群岛、象山港、三门湾、乍浦东方大港等,形势最胜,若筑港建坞,均为重要之军港商港,且沿海渔盐之利亦最盛。惜渔户皆守旧法,采捕所得无多。但浙境海洋出产,如能加以改良,必能福利民生,增裕官税。故除已将航政局、水产试验场、浙江渔业局等机关,计划创设外,并拟建设海洋调查所,以期将浙海富源,作实地之统计,俾可研究改良之策,所址将设于甬市或定海,计划书已饬第五课办理云。

(《四明日报》1930 年 2 月 5 日)

石浦渔汛异常畅旺

象山石浦地方,为本省著名渔埠。每年一至三四月之时,台帮渔民,来此捕鱼者,不下数千余艘,登高一望,触目皆是。今春因天时颇佳,风和日丽,一般渔民,易于下网,大半均满载而归。故今岁小黄鱼、大黄鱼、力鱼、墨鱼,以及一切杂鱼,较往年加多,而价亦较往年低至三分之一云。

(《宁波旅沪同乡会月刊》第 82 期,1930 年 5 月)

国产海蜒^①独擅优胜

新生

海蜒，一作海脡，是产于近海的一种小鱼。《鄞县志》："鄞有小鱼，味类虾米，俗呼曰海蜒。"《北户录》："恩州出鹅毛脡，用盐藏之，其细如毛，味绝美。"这是海蜒命名的由来。但是通常都写作"海燕"或"海盐"，实属错误。按：海燕是一种候鸟（即燕子），以生于热地须越海而至，故名海燕。昔人诗："海燕双栖玳瑁梁"，便是指这种燕子。"海盐"是县名，属浙江钱塘道。所以把"海蜒"写作"海燕"或"海盐"，不但语音有别，意义更大相径庭，绝对不能相通。我在这里，特首为提出，以纠正一般的谬误（编者按，亦有作海咸）。

海蜒大致可分为二种：㊀"粗桂"或"中桂"，身长一寸左右（一寸以上者称粗桂，寸里称中桂），有细鳞，头部较粗；背色金黄，腹部稍带青白；味鲜。㊁细桂，长四五分，全身作淡黄色，鳞细至不能辨，味较前者，尤为鲜美（"桂"字为海蜒之代名词，业中人多称"桂"而不名"海蜒"）。

上海市场销行的，有日货，也有国产。日本货产于富士等处；国产出品地有好几处：宁波新化、姜山，温州，烟台，威海卫等。日本货的海蜒的最大缺点，是平淡寡味；其优点是体积较轻，头屑较少。规模较小的商号，为零售合算计，普通多备日本货；但在消费者的观点，当然以滋味为前提，因之在商号方面，为适应顾客需求，也不得不酌量改计，兼备国产。所以国产海蜒，在市场上，仍能独擅胜场，睥睨劣货。至于国产海蜒的等差，则以产于宁波北礁洋面的细桂（又有单顶、双顶二种，双顶较细而匀，比较最高）最佳；其次产于黄歧、吴山等地方的，也好；新化、姜山所产的，有细桂，也有粗桂，货身也很好；温州海蜒（有细、粗二种）货好价宜，最为普通，烟台、威海卫等处所产，有日货的优点，但同时也有日货的缺点，这是美中不足。不过很足以替代日货，供应需求了。

我国海岸线之长，胜过日本几倍，然而有许多海产，却须仰给于日本，这是

---

① 海蜒：即海脡。

够人深思的。实际上有很多东西,如果加以进取与提倡,无论产量或品质,都足以颉颃日货,供应国人需求,海蜇即其一种。记者竭诚盼望业此的商号与需用的消费者,加以深刻的警惕!

(《申报》1933 年 12 月 22 日)

上海之鱼鲜业(海鲜)

中国征信社主编(上海工商业概况之十八)

海鲜:海鲜大都产自江浙沿海,亦有一部分来自山东沿海,因其装运来沪有轮装、船装、桶装三种,故又可别而为三。㈠山东沿海以渔轮捕鱼者较多,本市亦有前节所列各公司以渔轮捕获,同时彼等即以渔轮载运来沪,平同每年总计量约合船运来沪者之三分之一。㈡江浙沿海,类多以旧式帆船捕鱼,同时即以帆船运销上海,其中更有湖帮、长兴、台州、奉化、镇海等帮之别,其运入量占本市进口冰鲜之第一位。㈢北方之大连、烟台、青岛等地,南方之舟山、沈家门、温州等地,大都皆用木桶装运鱼鲜,至本埠求售,每年四五月间运来最多。至海鲜之中,所包括之鱼类极繁多,今将申、新各报列有行市者列下:大黄鱼、小黄鱼、鳓鱼、鲳鱼、鞋底鱼、鲜虾、梭子蟹、带鱼、虎鱼、鲨鱼、白果子、铜盆等十五种。

上海鱼鲜业之地位:据一般估计,上海每年之鱼鲜贸易(一部分为咸鱼海味),当全盛时期,尝超出六千万元以上,近年市场衰落,亦达一千五六百万元之巨,上海鱼市之重要于此可以洞见。考其原因,实有两端:一为上海有三百四十余万人,需要巨大;一为地临海滨江口,居鱼鲜集散之总汇,如吴兴、昆山、吴江等县之养殖鱼,沿江各县之江鲜鱼,浙江沿海各地(如鄞县、定海等县)及山东沿海各区(如青岛、威海卫等处)之冰鲜鱼及咸干鱼,皆以上海为其销售之尾闾。至本埠渔轮所捕获之鱼鲜,则更全部求售于本埠市场。故上海成为全国唯一之鱼市,实非偶然也。

(《申报》1936 年 3 月 19 日)

甬同乡会呈请禁止笼捕墨鱼

因其有碍鱼类繁殖　政府批复准予查禁

崇明县属花鸟、嵊山、绿华等岛,系江浙两省重要渔区。每届渔汛,各帮渔民云集,从事采捕。民国二十年间,甬帮网捕墨鱼,渔民因温、台两帮渔民放笼捕鱼,妨碍网捕工作及鱼类繁殖,发生争斗,演成空前之惨剧,经政府查明重申禁止笼捕明令在案。本届渔汛即届,温帮渔民,不顾禁令,有重行组织笼捕墨鱼之讯。甬属网捕渔民闻悉前情,深滋疑惧,设成事实,则网捕渔民,为生活关系,势必力谋自卫,未来之纠纷,恐难幸免。纷纷报告宁波旅沪同乡会,请求转陈政府,设法维持禁令。该会据情,当经分别转陈实业部及江苏省政府迅予令行护渔办事处派舰阻止,或令饬崇明县政府切实查禁去后。兹闻该会先后接奉实业部及江苏省政府批复,探录于后。〇实业部批云:"函悉,查温帮笼捕墨鱼,渔民携笼移往江苏海□捞捕一案。前据江苏崇明县渔会嵊山分会,电请派舰制止事情,当经电令江苏省建设厅,迅即查照,妥为处理具报在案,仰候复到,再行核饬,此批"云云。〇江苏省政府复函云:"接诵大函,为温属墨鱼笼捕渔航,据来本省海面放笼,请饬崇明县切实制止等由。查此案前据崇明县渔会嵊山分会敬电同前由到府,业已据情电请实业部转饬江浙区护渔办事处派舰制止,并由本府缮发禁止笼捕布告,令饬该县,在花鸟、嵊山、绿华等岛张贴查禁在案,准函复由,相应函复,即希查照为荷"云云。

（《申报》1935 年 4 月 15 日）

本年渔汛洋面安谧

惟市价趋落获利殊逊

实业部护渔办事处,据各巡舰报告,本年江浙渔汛,异常太平。计已开赴嵊山、象山、石门、镇海、沥港、定海、花鸟、沈家门各渔区之巡舰,共有五艘。以梭巡严密,故海盗绝迹,洋面安谧。惟今年小黄鱼趋跌,四月底每担售价六角至一元,至高不及二元。各鱼户以价值太廉,多腌咸货,转运各地贩售。故本年渔民获利,殊逊往岁。而查价贱之故,实因发觉鱼群过晚,不适合时间性所致云。中央社记者又以江浙墨鱼之笼捕网捕,历年争执悬案,向该处负责人员详询。据称,浙省渔户,俱用笼捕,苏省则用网捕。若以妨碍繁殖论,则其害相等。不过笼捕则鱼在笼中产卵,因笼壁过密,其卵粘于笼之四围,及出水,发生空气作用,因其卵不育,损害较烈。网捕则网中产卵,其卵即散入海中,尚可生存。若粘于网沿及出水,卵亦不育,损害较逊。但据浙省渔业界称,网沿之铲轴,在海底摇动旋转,亦能压害鱼卵,与笼捕同。此为争执焦点。总之,笼网互有减少产量之害,实无可讳言。有无灭绝鱼种之虞,则仍待研究。关于禁绝笼捕问题,因关系浙省渔民生活,仍有考虑。此项悬案,欲求解决,仍当探本求源于采捕方法,以避免防碍繁殖原则下为主要问题云。

(《申报》1935 年 5 月 7 日)

半年来之上海冰鲜鱼市

若　寒

上海冰鲜鱼类的进口,每年总有一千多万元,其最重要的来源,是冰鲜鱼船、冰鲜桶头和渔轮所运来的。所谓冰鲜鱼船是普通帆船,在渔汛的时候装冰到外海渔场收买鲜鱼,用冰保护鱼类鲜度,运来上海以销售。这大都是在江浙一带渔场经营的,最多的是湖帮,而收鲜的重要地点是嵊山、沈家门等处。所谓冰鲜桶头是各渔产集中地,因各该地鱼价低落远不及上海的时候,就用冰和鲜鱼共同装木桶中,商轮运来上海销售,最多的来源是宁波、石浦、温州、舟山、烟台、青岛等地,经营者大都是各地鱼行,也有是专事经营的冰鲜桶头商。所谓渔轮方面,那就是以上海为出渔根据地的各渔轮,在外海渔获以后,运进上海港销售的了。除了这三种大量输入的冰鲜鱼类以外,也有日本渔轮偶然进口,推销渔获,或是日本的冷冻鱼类。

本年上半年各项水产品运来的,总计达八十八万零五百五十三担十五斤,价值八百九十八万零四百八十九元九角。就中冰鲜鱼类五十五万七千三百零五担八十八斤,占全部进口数量十分之六强,较诸去年之六十一万七千四百四十四担五十一斤减少十分之一弱。价值合计三百四十八万九千五百九十二元三角七分,占全部水产进口价值之十分之四,较诸去年之五百十二万六千零零四元二角,则减少十分之三。于此可见冰鲜鱼类在上海进口水产品地位之重要,同时本年之进口数值□较去年同期减少颇多。兹先将本年各月份之数值列表如下(略)。

照上表所示,四月份进口的冰鲜鱼类为最多,次之为五月。计四月份进口二十四万四千九百三十六担,价值一百二十一万四千二百三十一元,比较最少的一、二两月份数字,数量增加十倍,价值则达六倍。何以进口的数字,相差如此其巨?因为这几个月是江浙外海大小黄鱼的盛渔期,而上海进口的冰鲜鱼类,是以江浙外海所产的鱼类为大宗。去年一年中大黄鱼共进口二十四万六千四百二十担,价值一百九十六万三千二百七十九元九角三分;小黄鱼共进口二十一万九千一百四十一担,价值一百四十一万七千零十九元三角二分,二项合计达四十六万余担,价值三百四十万余元,占全部冰鲜鱼类进口七十七万余担,价值六百二十五万余元的半数以上。以今年半年来而言,则进口的冰鲜鱼类中,当然不能例外,兹将半年来重要食用鱼类的进口数字列表如下(略)。

从上表可知大小黄鱼的数字占绝对的多数,同时要占到全部总数的三分之二,所以吾人而研究到上海的冰鲜鱼类进口状况,就应注意大小黄鱼的渔况,因为外海渔况的盛衰,是影响到进口的数字的。这是从来源方面研究上海进口的冰鲜鱼类,也就是经济要素中供给的问题,于是乎,同时应该注意到消费的问题了。

上海因为人口的众多,食料品的消费至大,鱼类也自成为大消费的一部门。可是年来社会经济的不景气,鱼类的消费,也大受打击,这是从鱼价方面很可以见到的。像今年上半年在小黄鱼盛渔期中,一时大量小黄鱼如潮般涌进上海,于是鱼价惨跌,每担最低时只售一元二角(本年四月,去年同期最低价每担四元),并且在四月下旬每天多盘旋在一二元间,上落在一两角中,实为历来所少见,因以往价格最高最低的相差,普通总在一元以上的。大黄鱼售价最低只售洋三元,照水产经济月刊所载,大黄鱼的"鱼价仍难抬高,冰鲜鱼船在外海的收鲜价格,以本月(五月)二十日在大戢洋面之每元一百四十尾为最低"。以一元而可买到一百四十尾,自然在上海的售价也可降到很低了。但是,同时吾人还得明了,这种收鲜价格的低落,并非单纯的因为生产地生产过剩的结果,这中间还有重大的原因,一则是上海不能像以往的消费大量的冰鲜鱼,以此而价格低落,冰鲜船因知上海鱼价低落,故不得不在外海压价收买,俾能维持其运输中的损失。而最大原因,却是运销问题与分配问题的失败。所以上海的鱼市如何,以及江浙外海渔业的复兴,吾人实不能不深切研究这个问题的了。

上面已提及上海进口的冰鲜鱼类每年有七十七万余担(二十三年全年为七七四八二九担),而去年从铁路运往他埠的冰鲜鱼类只六万多担(二十三年全年由沪杭路运出者为二六二六一公担,京沪运出者为六三四七公担,约合计六五二一六市担),尚不及十分之一的进口数,何况还有内地的十七万担的淡水鱼类运来,纵令上海拥有广大的人口,自亦难于消费全部进口的鲜鱼吧?这如何能使鱼价不日趋惨落呢!所以消费问题的核心,自在于如何的向内地运销。同时吾们回顾到上海现握卖买枢纽的鱼行制度,经年来鱼价的每况愈下,他自身营业颇有艰难的趋势(今年上半年已有一家倒闭,一家换主,而谢洋结账期中,又发现了同样的现象)。最近实业部筹设上海鱼市场,所期望是切实谋鱼产的合理分配,以避免拥积滞困于上海的弊害,尤希望鱼市场、鱼行、鱼商,各各推诚合作,以打开上海渔业经济的危机。

(《申报》1935 年 9 月 2 日)

建厅在定海沈家门设大规模测候所

将与中央研究院进行合作 经费会同负担定年底成立

建厅以气象与农林、水利、飞航、渔牧诸端,均各有极密切关系,本省业于上年设立测候处所一处,测候站二十四处,惟浙海沿岸,时有狂风过境,摧残渔业,损失奇重,是项测候工作,尤宜极切进行。兹闻本年度决再在定海沈家门,设立大规模测候所一处,将与中央研究院进行合作,经费会同担负,定年底组织成立。

(《宁波民国日报》1935 年 9 月 29 日)

浙向沪银行接洽贷款五十万元

为救济沿海各地渔工

实业部上海鱼市场各部房屋码头民程次第完工后，将于下月中旬起，先行营业，再定期举行开幕典礼。盖冬汛渔令，将于下月开始，而在此期中，江浙沿海之鱼产甚伙。惟据鱼业界消息，浙江沿海渔户出渔，向例须向冰鲜鱼轮贷款，而将鱼产售于鱼轮，趸销上海。年来因一般经济之不景气，致银行贷款减少，一部渔户不能出渔，产量顿形减少，其影响于浙沿海各地人民经济颇巨。故浙省正向银行接洽贷款五十万元，以资救济，同时鱼市场亦将向银行界接洽贷款冰鲜鱼轮，以便转贷各渔户云。

（《申报》1935 年 10 月 24 日）

水产试验场举行水产宣传会

厅派陆科长参加

浙江省水产试验场，鉴于本省人民，对于水产常识，尚多缺乏，拟举行水产宣传会，以资灌输。昨日为该场成立周年纪念日，先在场举行局部宣传，现已筹备就绪，特呈请建设厅派员参加指导。建厅据呈后，已令派第三科长陆桂祥，前往参加指导云。

（《宁波民国日报》1936 年 2 月 2 日）

浙水产试验场请办水产冷藏运输

拟增设冷藏库四所　利用铁路运销鱼类　年可获利约四万元

定海通信，浙省水产试验场成立以来，对于发展及改良渔业基本工作，进行不遗余力。兹为促进渔业建设，使沿海渔业生产增加，推广鱼类销路，并谋浙赣特产之互换，与经济之合作起见，拟具详细计划，呈请举办冷藏运输。闻当局将采纳施行，兹将其计划书录下：

　　我国渔业受不景气之影响，因而渔村经济日益困难，鱼价日趋低落。盖水产品一方面既受外货倾销之压迫，而一方面又因其性质不易保存，无法运销他处，故其价格之跌落，较其他商品尤为惨酷。欲图挽救，必须设法提高鱼价；而提高鱼价最切实之办法，莫如阻止外国水产品之输入，与推广国产鱼类之销路。前一法因我国关税尚未达完全自主之程度，难收效果；后一法当属吾人能力所能做到，似应急速进行，以救渔业之危亡。关于此项，本场前经拟具改良罐头制造计划，呈奉核准施行有案。兹为贯彻此项主张，普及鱼类市场起见，再行拟具冷藏运输办法，保持鱼类不变原质，用以运往远地销售。人皆知有冷藏之法，惟经营者，限于沿海，绝少在内地设厂者。若冷藏运输更不发达，此实鱼类销路不畅，鱼价低落之一大原因也。以事实言之，本省内地如金华、衢县等地，因海鱼无法运入，仅有淡水鱼类，鱼价高至每斤二角以上。而沿海之咸水鱼价，则仅七八分，相差竟至数倍。他如沿海之永嘉等地，亦因离渔场较远，其鱼价较定海、宁波等地为高。苟举办冷藏运输，使价廉之海鱼可以遍输各处，则一方面鱼类之销路已广，渔获物之价值自高，渔民直接受益无穷；一方面内地居民，均可享受价值较廉、养分丰富之海产食品。本省牲畜产品不多，而水产品则极丰富，今举办冷藏运输，则人民可采食鱼类以代牲畜，于一省经济上之收效，当非浅鲜。

　　兹列举办法及经费预算如下：㈠在宁波、杭州、金华、南昌四处各设冷藏库一所，合本场原有之定海冷藏库，共计有冷藏库五所，每所平均容量约三十万斤，共可藏鱼一百五十万斤。㈡每届鱼汛，鱼价低廉，在定海、宁波两处，收集大帮鱼类，运往各冷藏库储存，待价而沽。㈢定海及宁波两库所藏之鱼，除随时运往杭州、金华、南昌三库外，并于鱼价高涨时运往江浙沿海各地销售。㈣杭州冷藏鱼专销钱塘江下游；金华库之鱼则销于钱塘江上游；南昌库之鱼销于赣省各地。㈤运销方法，沿海各地暂时利用普通轮船，各库之陆上运输，则拟请杭甬及浙赣铁路共同设置绝缘车一辆，约可载鱼四万斤，至于内地市镇间之运输，则拟于杭州、金华、南昌三库，各设置绝缘汽车一辆，以运输鱼类。㈥经费预算，开办费共计支出二一七二〇〇元，经常费及营业费共计支出二四七三六〇元，营业收入共收入二八五〇〇〇元。

（《申报》1936 年 6 月 16 日）

浙海渔汛旺盛

定海沈家门本帮大对渔船,自废历八月初放洋以来,迄今已达三四百对,每风收获,亦颇可观,日内拢埠各船,平均收获五六百斤,以最低价计算,每对可获三四十元。据调查所得,最先放洋渔船,在此半月内,佳者已获六七百元,少者亦有三四百元,如下半年能保持如是收获,则渔村经济,不难复兴。又鄞东湖帮大对船百余号,亦于八日开抵沈家门,因之该地市面,顿形热闹。

(《申报》1936 年 10 月 13 日)

明春鱼汛开始贷款

据新新社记者由参加银团银行探悉,渔业银团正式开始贷款期,当在明春鱼汛前。届时银团正式成立,各项贷款办法及调查工作等,亦均可办理就绪。至本年冬季鱼汛贷款,业由中汇、薪华、四行储蓄会三银行先垫筹十二万元,贷于上海鱼市场卸卖人及鄞县渔业合作社等。申请借贷者颇为踊跃,大部分均已放出,现仅余少数尚在审查,但不久亦可放出。该项贷钦,将来视情形如何,或将在一百万元总额内扣除,以资平均云。

(《申报》1936 年 12 月 3 日)

二十五年大结束后宁波各业营业调查(鲜咸货业)

该业分行家、铺家两种,行家资本范围甚大,又分单街鲜货行、双街咸货行二种。鲜货行范围大者,自备出洋冰鲜船多艘,计宏沅[①]、公茂、恒顺、顺康、万成、东升、慎生、鸿顺、正大等九家,去年猪肉价贵,民众大多购买鲜咸货佐膳,并得农村丰收之助,营业增多,又兼出洋收鲜,多未遭风灾匪劫,因之各行均获巨

---

① 宏沅:宏源。

利。各家营业统计,宏源九十六万,万成、顺康,各四五十万,其余亦各在廿万以上,盈余约计宏沅四万左右,公茂、恒顺、顺康各二万左右,东升、鸿顺、万成、慎生各一万余,正大略小,亦盈正千余金。双街咸货行俗称里行,计广润、成泰、恒升、鼎丰四家,专营咸货,营业费计约十万左右,广润、万泰略有盈余,其余平平,鲜咸货业同业约三十余家,以经售鱼鲞咸菜为大宗。除门售外,又批发宁属各县乡镇及杭嘉各属,范围较大者,为邵太和、新立成、老同元、孙和记、公日兴、方悦来、新裕生、乾和、慎和等,本年各盈四五千、二三千不等云。

(《宁波旅沪同乡会月刊》第 164 期,1937 年 3 月)

水产展览会开幕

宁波青年会与省立水产试验场合办之水产展览会,于八日上午,在青年会举行开幕式。陈列品中之最引人触目者,为水族箱饲养之热带鱼,此外设有水产场制品出售部,出售紫菜、钮扣、罐头食物及《水产汇报》等。是日一日间,到会参观人数达一万二千五百余人,日内并将放映水产影片,使民众明了水产情形,共谋渔业之发展。

(《申报》1937 年 4 月 12 日)

调节鱼类产销平准市价

宁波鱼市场组设成立
公推俞济民为理事长倪维熊为经理
首次理监事会议确定股份分配比例

三十四年十二月廿一日浙江省政府第一四三三次委员会议通过"发展本省渔业方案"中,决定在宁波、温州、海门、乍浦各创设渔业市场一处。当由浙江省建设第一、第三渔业管理处分别在属杭州、宁波、温州辅导设立,并遵奉农林部核示,依照地方公营原则,参照农林部所上海鱼市场各项规章办理,除由地方政府参加投资外,尽量吸收就地渔业人民团体加入资本。温州鱼市场已组织成立,正式开业,现宁波鱼市场,经浙江省建设厅派渔业股主任李星颉会同六区专员公署三区渔业管理处与鄞县党政警各地方机关渔业界人士筹商组设,曾于三月廿四日,举行首次发起人会议,公推周大烈为筹备主任,积极进行。复于四月十六日召开创立会,由六区专署三区渔管处派员监导,通过章程,并选举官商双方理事及监察人,选举结果,俞济民、周大烈、王文翰、俞佐宸、徐志道、沈明才、于凤园、姚振标、倪维熊、沈渔、胡国门、何嘉禾、陈松祥、范盈栋、方宗繡等十七人当选理事,李星颉、卢时宪、周正祥、汪殿章、严纪民、忻世和、王立丰、陈振英、董熙吉等九人当选监察人。

兹于本月十三日下午七时在三渔管处举行第一次理事监察人联席会议,公推俞济民为理事长,徐志道、沈明才、于凤园、周大烈、王文翰、俞佐宸为常务理事,卢时宪、忻世和为常驻监察人,并推定倪维熊为经理,沈渔、胡国门为协理,同时讨论业务进展方案,务使做到调节鱼类产销,平准市价之主旨,并决定提拨纯益百分之三十为公益费,举办有关渔民福利事业,如渔业子弟学校、渔民招待所、医疗所、低利贷款等,又经确定官股、公股、商股分配比例,计官股占四分之一,公股占四分之一,商股占四分之二,如增股时应以公股为优先,以符地方公营之原则。

(《时事公报》1946 年 4 月 15 日)

宁波鱼市场成立

宁波鱼市场,经兼旬筹备,兹已宣告正式成立。以宁波渔区之广,渔事之盛,渔民之众,于鱼市场之成立,自然不能看做一件小事。

查宁波鱼市场之设立,系由浙省府委员会议通过之发展本省渔业方案中之一项所决定。这个方案,我们刻尚未经寓目,但既曰发展渔业,则无论方案中的项目如何繁多,其必以改善渔民生活为首要,可无疑议。现在这个鱼市场,其主旨在调节鱼类产销,平准市价,直接虽与渔民生活无关,间接还是以改善渔民生活为前提。老实说,谁忽略了这个前提,非但发展渔业必将落空,鱼市场之设立亦属多余。——岂仅多余而已,很可能变成一个剥削渔民的机构!

为此,除了由于宁波鱼市场之设立系出政府发展渔业之整个方案因而使我们相信必能直接间接福利渔民之外,为了一向来所有的"章程"之类所订定的条文往往欺骗了我们,所以我们也还是舍"法"而看"人",把宁波鱼市场的理监事名单细细地读了一遍,觉得也像宁波粮食公司的一样,没一个不是苦心孤诣竭诚殚虑为地方为人民谋幸福的好官吏好士绅。所云以"纯利百分之三十为公益费,举办渔民子弟学校,渔民招待所,渔民医疗所,渔民低利贷款等等",虽然何年何月才能实现,无法预知,但必有一日实现,则是我们所相信得过的。

但我们还有话说,就是上述这一大堆渔民福利事业,其经费是要由纯益里提出来。没有纯益,就只好"拉倒",所以我们还希望鱼市场要撙节开支,别让从"佣金"中得来的纯益开支光了,至要至要!

(《时事公报》1946 年 4 月 15 日)

宁波鱼市场昨日召开创立会

选举商股职员　官股呈省指派

宁波鱼市场,业经整理完竣,于昨日下午一时,假四明电话公司召开创立会。出席商股股东五十一人,省建厅代表李星颉,六区专署代表朱良骢,县府代表汪殿章,省合作视察叶枚等。公推倪维熊为临时主席,首由主席报告整组经过;继由厅代表李星颉致词,旋即修正章程,选举理监事,由卢时宪、沈明才等监票。选举结果:倪维熊、胡国门、俞佐宸、沈渔、王文翰、陈松祥当选为商股理事,朱维官、姚振标为候补理事,于凤园、周大烈当选为监察人,董熙吉为候补监察人。尚有官股方面理事五人及监察人三人,须报请省厅指派。闻此项官股理监事人选,大会已提供意见,为开会便利起见,仅就地方党政机关首长中指派云。

(《时事公报》1946 年 9 月 27 日)

教部海洋研究所所长唐世凤等昨莅甬

拟在定设渔联会办事处

(本报讯)教育部海洋研究所所长唐世凤,偕浙江省省渔会联合会理事长戴行悌、企业家毕秀仑,搭江亚轮于昨由沪抵甬,当由浙省渔业局科长俞积之陪同至宁波鱼市场参观,中午由鱼市场倪理事长及李总经理等设宴欢迎。闻唐所长此来任务拟在定海设立海洋研究所分站,戴理事长拟在定海设立渔业联合会办事处,并赴温州筹设鱼市场,至毕君闻系计划在甬设立办事处,推进本埠与青岛两地鱼产运销事业。闻唐所长等一行定今(十三)日搭轮赴定海云。

(《宁波日报》1946 年 11 月 13 日)

宁波鱼市场今放映电影招待渔业同人

(本埠讯)宁波鱼市场为增进渔业从事人之共同福利,改善其生活,促进其智识起见,爰组设渔业福利社,敦聘倪德昭先生为主任,近正筹觅地址,以期举办渔民宿舍、食堂、茶室、识字班、补习学校,放映教育电影,设立书场,讲述常识、国内外时事,及各种有意义活动等。兹定明(五)日下午六时本市场(滨江路)放映电影,免费招待渔业界同人,并自即日起每晚六时至七时半,派员在该处讲述当日国内外新闻云。

(《宁波日报》1947 年 1 月 5 日)

浙海渔汛丰收　　海上治安尚佳

(本报杭州七日电)据宁波渔业局负责人语记者,浙海冬汛收获较上半年为丰,惟鱼价低,渔民生计仍难。定海区海上治安甚佳,仅三门湾、象山沿海常有抢劫渔船情事。至宁波鱼市场,因资金少,对调剂供求,平衡鱼价等,收效尚微,二月来获利,则达三千万以上,其中一千万已作渔贷,并另设渔民福利社。

(《申报》1947 年 1 月 8 日)

春季渔汛将届　　各地渔船纷纷出发

定气象台恢复扩充

(三门湾社讯)春季渔汛,转瞬即届,象山南韭山渔业生产合作社对于本年春汛开发规模共有小对网渔船五十对(百艘)、张虾桩一千株、虾网三千余口,及溜网船等,范围甚大。兹闻第二批前往社员百余人,于二月六日,由南韭山民众自卫队护送,从石浦分乘海康汽轮及帆船前往云。

（三门湾定海讯）农林部以沿海渔船,因风灾为患,影响渔民海上安全至巨,曾呈准行政院,转饬中央气象局,将定海原有气象台恢复扩充。兹悉中央气象局,以定海测候所,在沦陷时间,被敌伪破坏惨重,转请农林部予以支持。顷闻该部已转饬定海县政府,在沈家门地方,觅屋十余间,以供该台台址云。

（《宁波日报》1947 年 2 月 10 日）

三门湾渔区将设鱼市场

（三门湾社讯）（一）三门县政府,为发展三门湾渔业起见,兹拟计划在田湾、建跳、松岙三渔区,各设立鱼市场一所。（二）韭山列岛,孤悬象山海外,非惟为重要产渔区,且系海上交通要冲,因周围礁屿林立,一遇风暴大雾,险遭触礁倾覆者,年有所闻（其最惨者,如民三年四月廿二日,招商局新裕轮载兵七百余名,由海容舰护送赴闽,在该处迷雾触礁沉没,溺毙者竟达六百余人之多）。兹闻南韭山渔业生产合作社,在该山之最高岭巅半天地方,建筑灯塔一座,又在百亩地暗礁设置浮灯,在四月中旬可以放光云。

（《宁波日报》1947 年 3 月 26 日）

南田鹤浦捕获大沙鱼[①]

身长四丈重六千斤

（三门湾社象山讯）南田鹤浦渔户林子谷,于上月三十日下午四时许,在渔山下张网捕鱼,陡觉渔网沈重,乃邀同邻船伙友,尽力拖网,见有巨大沙鱼一尾,长四丈许,约重六千余斤,现已拖至石浦江边沙滩上。一时观众,人山人海。记者往观,该鱼横眠沙滩,高约五尺,尾分三股,全身光滑而黑,眼圆直径约四寸。该船户林子谷,正待善价而沽云。

（《时事公报》1947 年 5 月 4 日）

---

① 沙鱼:鲨鱼。

定测候所广播气象

浙江省渔业局,为谋渔船安全起见,经商准定海测候所备置十七华脱话报机一部,自即日起,于每日上午十时及下午五时,将所集各项天气预测,报告二次,以便渔民收听。并经向上海南京路哈同大楼自力公司购收音机,每部八九十万元,渔民可直接购办或托渔业局代购云。

(《宁波日报》1947 年 5 月 5 日)

省渔业局规定飓风信号标志

(定海讯)现届渔汛旺盛时期,沿海渔民,均远涉海洋捞捕,对于设置暴风信号事宜,关系海上安全,俾益渔民生命财产,至为重大。过去农林部虽经订颁暴风信号转饬遵照应用,惟因规定繁复,渔民不易了解,难以照办。现闻浙江省渔业局,拟定简单飓风信号标志二种,日间用长二尺红纱布筒,夜间用红白红灯三盏,悬挂杆上,此项信号,在沿海口岸大小渔村及各渔船均须普遍备置。一面由中央气象局定海测候所收集预测资料,每日上下午各广播二次,并闻已由该局督促各地渔会及渔业团体积极设法购备收音机,一俟听到飓风警报,即将信号标志普遍悬挂渔船,于航行时看到此项信号时,并即于主桅上悬挂同式信号,俾便互相警告,可以立即趋避云。

(《宁波日报》1947 年 5 月 6 日)

宁声电台报告气象

(新潮社讯)时值飓风期,气候莫测,影响沿海渔航,既深且巨,浙渔业局前为谋渔民安全计,曾由定海测候所商准鄞县电讯局,按日以短波拍发气象电报。兹悉鄞县宁声广播电台,为求广为传播,俾使渔航普遍收录,以确保安全计,即日起增播气象报告节目,每日十四时一刻起、廿时一刻起,根据定海测候所电讯,广播二次,如遇气候剧变,则该日十四时一刻起随时报告,闻内容侧重于浙海气象云。

(《宁波日报》1947 年 7 月 15 日)

各地设置暴风警报站

(本报定海讯)浙江省渔业局,有鉴于暴风季节已届,为使渔民免遭风险计,决定在沿海之岱山、东沙角、长涂、桃花、南韭山、石塘、三盘等地,提先设置暴风警报站,装置收音机,收听气象报告,以策海上安全云。

(又讯)上海鱼市场为沿海设立暴风警报站,收听气象广播,特捐助五灯收音机十架,江浙区海洋渔业督导处技士冯子康,日前赴沪携来六架,现已返定,省渔业局已通令台州、鳌江、石浦、沈家门、坎门等站迅速派员至定领取应用。

(又讯)省渔业局,有鉴于渔民出洋捕捞,被风暴所覆者,数见不鲜,为求海上安全计,首先在定海设立暴风警报站,在东岳宫山麓下设置暴风警报号杆,如遇暴风,即将以红纱布筒挂于杆上。该杆闻已由县商会捐助,现已着手办理,如遇风警,即可悬挂,俾使渔民知所警避云。

(《宁波日报》1947 年 9 月 13 日)

沿海各县渔会应备收音机

以便收听气象广播　无力购置可请租借

(宁波社讯)农林部以海上风云瞬息万变,每年遇风倾覆船只,为数非鲜,亟宜防范,惟中央气象局以限于经费,未能普遍设置沿海气象台,故由中央广播电台及本埠宁声电台等按日报告,但收音机尚未普遍,效果未著。兹经分饬沿海各县市政府,以策安全,如无力购置,可向渔业局申请租借,渔船所需收音机,亦可租借。本省规定置备收发报机者计省渔业局、省渔会、宁波及温州鱼市场等,规定置备收音机者计平湖、海盐、海宁、定海、镇海、鄞县、象山、奉化、宁海、三门、临海、黄岩、温岭、玉环、乐清、永嘉、瑞安、平阳等县府及渔会云。

(《宁波日报》1947 年 9 月 26 日)

定海县之乌贼渔业

李心禄

本文系笔者奉派调处各岛笼网放捕地段纠纷时就便调查所得，兹分述如次，借供研究渔业人士之参考。

（一）岛屿大小及居民之籍别与数量

1.青滨：周围长约二哩，山高约四三八呎，所属各岛统称之为中街山列岛，位于本省定海县之极东，故又称东极乡，乡公所设置于此，故各岛又称东极乡。该岛居民共有两保，计一二五户，约一千二百人，宁波籍者占十分之七，瑞安籍占十分之三，均系依渔为生，因移居久，已成土著。

2.东福：周围长约二点五哩，山高约一〇七六呎，居民凡八十五户，计三一八人，温、宁两籍住户相等。

3.庙子湖：周围约一点八哩，居民凡一〇二户，岱山籍占十分之三，温州籍占十分之六，福建籍占十分之一。

4.黄星：周围长为二点五哩，山高约四百呎，居民有一五七户，凡六八四人，岱山籍与温州籍约略相垺。

5.西福：周围长约一哩，山高凡三八二呎，峻削异常，难避海风，故无人居住，仅每届渔汛，各帮渔民，如集此，大抵均择山地较凹之处，临时搭架草棚相居，渔汛一终即拆去。

（二）教育

各岛住户，概为渔人，向不知教育为何物，定海县府为扫除文盲，提高渔民知识计，业令各岛积极设立国民小学。现青滨、庙子湖、黄星已各设一所，每校学生人数，多者三十六人，少者为二十四人。教员系由服务于乡公所及自卫队之外籍人而知识较高者兼充，其经费除分期由渔船抽百分之二，以作经常开支外，并酌收学生之学费，多者五千元，少者三千元，课本系自由选择，向未依照教育厅所颁之国民小学教育法实施。

（三）渔业

乌贼又名墨鱼，为温水洄游鱼类，属软体动物头足类，体长六七寸，群栖于海底岩石间，每年于立夏后，鱼群即先后沿海岸洄游于水深五寻至十余寻之岩礁，而马尾藻、羊栖菜等海藻繁盛之区，用达其繁殖目的。该五海岛为全国墨鱼著名之产地，每年产量约在二十万担左右，远销广东、海南岛等地，间有运销南洋各群岛者，实占本省经济的重要地位。

每值渔汛，水温约增至华氏七十度左右，浮游生物渐丰，鱼群次第来游，即为各岛渔民笼捕、网捕之时。渔汛期间，恒多南风及东南风，间有北风与东北风。据有经验之渔夫称："如在捕鱼时，有白浪滔天，则捕获不易矣。"

（四）各岛笼捕网捕船只数量

岛别	笼捕船	网捕船	合计	备注
青滨	一一〇只	二五只	一三五只	
东福	八〇只	一五只	九五只	该岛各船只系于捕鱼时他岛前往放捕数量
西福	五二只	一三只	六五只	
黄星	一一〇只	二六只	一二六只	
庙子湖	一〇三只	一八只	一二一只	

除此五岛之外，附近小板、阿张、小采花等岛，均为乌贼向北洄游产卵必经之地区，惟以岛小地僻，海面不靖，年来各帮渔船慑于匪祸，多裹足不前，于是群聚于东极乡各岛放捕。顾地狭船多，放捕之际，恒发生地段之争纷，致大好渔群，均形漏网，良堪叹息。

（五）渔具

各岛使用之渔具，依其相沿之习惯，大别为笼捕及网捕二种，网捕均系用曳网。兹分述如左（下）：

（六）笼捕始于民（国）十六年，时有温州人，研究乌贼之习性，嗣以细竹编制竹笼，投海试捕，而以构造不善，旋遭失败。至十九年，又有温州人，继续研究失败原因之所在，改良笼之形状，复行试捕，收效至为良好，由此笼捕日渐增多。但笼捕尚有台、温之别，温州渔用笼长为三点二呎，台州笼长为二点五呎，长短虽有不同，但其编制方法及形状则一。

（七）网捕：在本岛之习惯，多用曳网，即以形似舢板之木船，拖曳渔网。船系杉木制成，长为二十呎，阔四点五呎，深约二点五呎之无帆船。网由背网、腹网、天井网，三部编合而成。背网系二点五吋目九十目起，二节减一目，至一又四分之一吋目十八目为止。腹网系二又四分之一吋目至一百目，二节减一目，至一人四分之一吋目十八目为止。天井网二吋目九十目，长三呎，系用麻线二股捻，径约一厘六毫至二厘止。沈子①网，径为四分之一吋三股捻，长六寻。沈子系用铜钱三千八百枚，亦有用径约四分之三吋之陶器者。括枚，长六吋半，阔二吋二，用竹制成，二端有小孔，为腹网与沈子网接合之用。浮板，亦名风子，为方式桐木制，长三吋，阔二吋，厚四分之一吋，全网二十二个，腹网二十个，背网二个。网之前端，接合长凡丈有七呎之浮竹，连结吊网及木轮与曳网。兹将船与网之图形，略绘如下（略）。

（八）渔法

1.笼捕：于渔汛将届之前三周，先将总网三四条连为一组，二端各系一重约二百六十斤左右之沈石，抛置沿海放捕地段之海底，水面上并浮一约一呎五吋之竹标，用保行渔地界，至渔汛开始时，即将竹笼分三四行，结附总网放入海中，以待渔获。每船放笼最少者为百只，最多约在二百五六十只左右。起笼次数之多寡，须视鱼群投笼多少而定。当起笼时，由一人摇橹，一人划桨，一人作预备工作，及驶至放笼行地时，则一人专摇橹，二人起笼，先捞起浮标，再取总网，按行将笼取出，有鱼之笼，倾入船内，再行放下。倘渔获良好之时，当即售给专司收购之冰鲜商船。

2.网捕：每船四人，一人专司摇橹，一司桨手，下网之二人，亦助划桨。在渔汛时，黎明即起，用膳后，即乘舢板式之无帆船，载附网具，摇赴渔场。船至相当地点，视潮流之方向，将船摇向潮上，由司网渔夫，顺潮放网，并使沈子网及浮竹与船舷并直放下，然后视水深程度，将曳网徐徐放出，以接近海底而不致损坏为原则。放网完毕，司橹桨者，各尽全力，顺潮急摇，但墨鱼多为达其繁殖目的，喜洄游于接近岩礁之处，司网者须能深悉海底形状；如曳网过长，则网易于损坏，设曳网过短，渔获必少。据当地人士称，温帮渔民，曳网经验极丰，于每放捕地

---

① 沈子:沉子。

段,均能明了十寻左右海底岩礁状况,此种经验洵足珍贵。起网次数,须视渔场之大小及渔获物多寡而定,普通约二十分钟起网一次。

起网之法,司橹者使船停止,司网者则引扬网网浮竹出水面,嗣司橹者急操船向拖网之舷回转,使浮竹与船舷平行,司网者双手举起浮竹,将沈子网放入船内,即操扬网具,及囊部时将囊底之缚网解放,倒出渔获物。每次渔获成绩,与网手之技术良劣成正比。每日工作时间,普通均系由晨四时开始至日没为止。

(九)运销及处理

1.运销:各渔场中,均有大量冰鲜鱼商船,专伺收购当日渔获物,装运于沈家门、宁波、上海等地转售各鱼行。惟因各渔船之资金,泰半系贷自各冰鲜船及行栈故,当时交易,均不用现钞,多临时开写便条收据,名曰水票,渔获价格,任意评定,致渔民辛劳所得之利润,多为行栈剥削。

2.干制:间有独资经营之渔船,因所获之鱼类,适逢当时鱼价低落或以其他原因不能售出时,即自行干制。亦有遇天气将变及阴雨连绵不绝,鲜船未至鱼价突然降落时,即将大量墨鱼,就其原形渍以百分之二十五食盐,俟天晴再晒干之,谓之墨枣。售价虽不及螟蜅鲞,然亦不亚于鲜售,惟销路不广。此盖当地渔夫渔获后,因一时不易出售,而人工晒场又告缺乏,遂自行简单之法处理也。

3.螟蜅鲞:此种因制造设备及手续之不同,分广鲞与下山鲞之别,广鲞又名三刀鲞,即将鱼腹剖开,除去内脏,用水洗净,摆于竹垫反复晒干之,品质颇佳,价值亦高,又特大量行销于两广,且远及南洋群岛各地,对于国家经济,补益至巨。下山鲞系渔民自制,因设备简陋,制造粗滥,品质较劣,故在价格方面,与广鲞遂成三与一之差别。

(十)笼捕及网捕资力与鱼卵防害优劣之比较

各岛捕鱼之期,适为墨鱼产卵洄游之时,因所用笼编制致密,孔隙微小,非但鱼卵易附笼竹而生损害,且其放网占地较广,亦影响大众作业,再则所需资历较巨,尤不经济。作者就个人所见及多方之采证,实觉笼捕之害多于网捕,兹将笼捕与网捕按其妨害鱼卵及资金方面,作一优劣之比较如下:

渔别	资金	人工	放捕面积	捕具用期	主要妨害
笼捕	依今年物价每笼单价为三千元,以每船放笼三百只计,需款九十万元,加人工及船资约需四百万元	多需四人,少者三人	占地较大,影响大众生活	笼捕浸水后受海水侵蚀,只能用两月,过后即成废物	笼捕时正为鱼孵卵之期,鱼入笼所产卵子多附笼沿,笼沿上所有墨点即为卵子,若用篾片刮下影响鱼产为害颇烈
网捕	曳网资金需四十万元,连工资船资成本约需二百四十万元	同	行使自由,不影响他船放捕	曳网使用年期不定	网捕则少此弊

依上列之比较,笼捕较网捕害多利少,且每因笼捕占地较大,发生放笼地段争执及斗械惨剧,吾人如为防制纷争及保护鱼卵之损害计,实应设法予以限制与取缔。

结述:各岛渔民曾与平阳籍渔船发生放捕地段之争执,其原因虽极简单,而情势则甚严重。笔者奉命,调处争议,煞费苦心,盖稍一不当即易引起极大纠纷也。兹略述此事之经过,缘平阳籍渔船本年来此五岛放捕之数达六十一只之多,较往年增加三倍,各岛就地渔民,以生活攸关致起争夺渔区纠纷。编者在调发前,先将各渔区视察一周,嗣分别访询各帮放捕渔户交换意见,促其融洽谅解,至情形逐渐接近,遂召开各帮代表会议,经决议按渔区大小定分配多寡。计共安插平阳籍渔船五十六艘(计西福山安插二十六只,南北埠五只,庙子湖四只,黄星二只,乌老蓬一只,东福山十八只)。至所余五只实以地狭,再难安插,经平阳籍合作方式祸福与共,借以维持生活,双方允准并同立誓愿书。至此争纷遂告平息。

(《浙江经济月刊》第3卷第4期,第1947年10月)

大目洋春季渔汛概况

方家仲

大目洋是浙江沿海大黄鱼渔业三大渔场之一。每年春季渔汛期间,本帮、外帮各渔船,咸集该洋,从事捕捞。故就浙江大黄鱼的总产量言,大目洋是占有重要的地位的。

今年大目洋的春汛，是由五月一日（古历三月十一日）起，至六月六日（古历四月十八日）止，计只三十七日，其中分为三水：五月一日至八日，为第一水；五月十五日至二十二日为第二水；五月三十日至六月六日为第三水，俗称"三水洋山"，即指此段时期而言。

大目洋一带渔区有三：较远的是石浦。最近的有勺溪①与南韭山。勺溪的港湾比南韭山优良，且地近象山县城，所以渔船都以该处为根据地。冰鲜船、鱼行鲞厂亦均集中，构成勺溪颇为繁荣的市面。

笔者本年办理渔业登记曾往来于各地，兹就春汛期间，见闻所及，分述如次：

一、船厂增多。抗战期间，沿海渔民备遭蹂躏，渔村衰败，渔业生产一落千丈。胜利以还，由于政府当局的鼓励，并予贷款的援助，因此渔业者纷纷重整船网，又复本业。不但鱼行、鱼鲞厂较战时增加——勺溪本埠有鲞厂一百七十家，石浦方面也有七十余家，而且渔船亦复加多不少。若以今年与去年比较，平均各渔村新组渔船有三分之一。渔汛间，勺溪洋面渔船艘数之多，竟达八千余。此外，倘有鱼商船，亦约有四百余号，可谓盛况空前。

渔船之中，有百分之一是勺溪本埠的围网类独捞，有百分之七是钱仓、公屿、旦门等地的溜网船，有百分之一是石浦附近一带的曳网类红旗对，有百分之四是三门湾沿岸的围网划具和钓船，有百分之十八是台州方面的曳网类红头对，有百分之九是温岭方面的曳网类白底对，百分之十一是玉环、乐清、永嘉方面的围网类划拔等渔船，又有百分之九是奉化这边的围网类毛洞对，百分之三十三是宁波曳网类的大小对渔船，其他渔船约占百分之六。各种各式的渔船，来自各地，麇集爵溪，足见渔业之盛！

衰落已达十年之浙江渔业，此时已渐趋于复兴之道矣！

二、渔获欠旺。渔船虽多，可惜本年并未丰收，多数渔夫，无不高兴而来，败兴而去，尤以玉环、乐清等远帮渔业者为甚！据一般预测，今年春汛，理应丰盛，不料气候寒冷以致三水洋山，仅旺一水——第二水，而在此水之中，黄鱼虽多，可是天不作美，逆风劲猛，渔船驾驶不易，遂致黄鱼尽行漏网，惆怅何似！兹将

---

① 勺溪：爵溪。

三水情形分别述之：

第一水时，黄鱼鱼群仍在南洋（蛇盘洋）一带，大目洋上连它们的影子都不曾见到；因为在汛前十多天，风雨连绵，天气转寒，有以致之。当时在勾溪的渔船，除本帮及附近各帮回洋外，其他远帮如玉环、乐清等渔夫，片鳞无获，不惟望洋兴叹，甚至因无以果腹，弄到衣衫典当，换取米粮，情形颇惨！

第二水期中，幸而黄鱼大发。地点在大目洋之南——三岳洋上，此水共发三潮，黄鱼之众不减当年。惜乎风势太猛，获量大减！又因渔具、渔船结构之不同，各帮所获数量亦不等。曳网类渔具小，渔船大多为小型者，驾驭较易，渔获量也较丰。统计以石浦铜钱礁的红旗帮获利最多，佳者每对渔船可得七千万元，劣者也有一千万元左右。围网类渔具甚大，使用费力，风浪一劲，船艘较难驾驭，故玉环、乐清、晏站等帮，吃亏非浅。最佳者，每对渔船可获二千万元，劣者仅数十万元，真是笑者少，哭者多。

第三水时，天气极佳，在韭山列岛左近洋面，虽有黄鱼，只是但闻蛙鸣声，不见鱼入网。其声重且顿者，概为雄鱼群，数甚少，捕获不易，而大部雌鱼群又已洄游北上，溜之大吉矣。此水期中，围网类渔船颇见便宜，曳网类较差。统计起来，前者最佳可获三百万元，劣者一百万元以上；后者最佳二百万元而劣者仅数十万元。连出渔时所化之资本也无法捞回，晦气莫如也。

至于鲞厂和冰鲜船，前者因渔获量少，未尽量劈制，加以鱼价高，人工贵，伙食以及一切开支巨，获利希望颇少，后者则因沪、甬各地鱼价平平，也无法多获利，有的甚至蚀本而无法偿还鱼债！

总观今年春汛，成绩并不良好，气候乎？风势乎？抑渔法渔具不良乎？深望从事水产工作者，努力研究，从事改进，为渔民造福，为渔业求进步！

三、用渔盐难。渔业用盐，税价比较食盐便宜三分之一，政府如此体恤渔民，奖励渔业，用意至善。去年系由渔管处统筹办理，流弊百出，成绩欠佳。自从渔管处取消后，今年改由渔业局所属各办事处及工作站先行办理登记，核定渔盐用量，次经盐务场署核发渔盐照折及清册，最后始能配购渔盐。购盐手续之繁，一般鱼行栈厂还无所谓，至于目不识丁的渔民，手续不明，弄到手足不知所措，真如哑子吃黄莲，有苦没处诉！

购盐的手续，简单说是如此：第一步，持"照折"至盐场署领取"购盐申请书"，填就后，换取"交款单"。第二步，持该"交款单"至银行交妥现款，取到"交款回单"。第三步，将"交款回单"再送到场署换取"领盐单"。第四步，持核"领盐单"至盐仓领盐。而实际如果统计起来差不多有十余层手续。故每因人多，拥挤挨延，常致一、二日不能办竣手续，且大帮渔船一到，又须个别办理手续，既不胜其烦，再加时间拖延，常误潮水，渔民的损失，实非鲜浅。凡是配过渔盐的渔民，莫不叫苦连天。深望有关当局，能够设法改进，以利渔民！

四、护渔成功。洋上安全问题，有系于渔业整个前途，当局有鉴于此，故将护渔事宜，交由水上警察局负责统筹办理，且于必要时，常请海军予以协助，办法甚善，由今年春汛看来，成绩颇佳，可称成功矣。

玉环、乐清、永嘉等远帮渔船，往返二程，全由义宁炮舰负责护送（据说是玉环渔民代表请求来的），业已完成任务，此外其他各地所有渔船，皆赖水警队保护，护渔问题，可说已经全部解决。非但渔民歌颂，额手称庆，而且关怀之各界，亦无不深表谢忱，庆贺不已！但有一点，须行检讨，试述之：

保障洋上安全，本为水上警察之专责，其不能矜功以向渔民索酬，自不待言。然而，竟有若干渔会，于护渔终了，假酬劳水警之名，向渔民索取代价——"护渔费"，不特有背政府保护渔业之旨，抑且有损于水警之令誉。甚望当局嗣后严加取缔，使渔民在生命财产得有保障之后，而不破费一文才好。

五、赌风甚炽。赌博风气，向以渔村为最盛！每值渔汛时期，各渔埠渔港，莫不牌鸣振野，呼声撼天！此类情形，实以成为我国沿海各地渔村普遍的现象，渔民每于水落回洋，整理渔具之际，便去寻找娱乐，借以调剂海上危险而枯燥的生活，赌博便是最普通的"娱乐"。试问何处渔村无有设赌？我人只要到渔村一走，便会惊异这里的"世外桃源"！呜呼！那栉风沐雨，出生入死辛勤而获得之金钱，竟毫无吝惜地从"麻战""牌九""六门"等各形各式的赌具上溜走！待囊中金尽，败兴回家，始叹道："辛苦赚钱快乐用！"

以上几点，系就见闻中之荦荦大者而言，其他如渔民鱼行间的纠纷及少数税务机关及少数武装部队的非法勒取等事情，亦有所闻。

（《浙江经济月刊》第 3 卷第 4 期，1947 年 10 月）

宁波鱼市场概况

沈　渔

前　言

我浙内陆湖泊星布,河川纵横,外海岛屿罗列,港湾错综,复多有机物质,使鱼类之繁殖,故水产丰富,渔业发达。西起北纬二十七度十分,北迄北纬三十度四十分,均为良好渔场,面积辽阔,渔获量年达五百万担,依渔为生者逾百万人。抗战期间,损失惨重,渔获量骤减百分之四十五。胜利以后,群倡建设,尤重渔业,省府亦经订定发展渔业方案,分期实施。复以鱼市场为水产品集散分配场所,其设立之宗旨,在求调剂产销,平准市价,改良运输,拓展销路,并使渔业从业人(渔民、鱼商、冰鲜商及与渔业有关之冷藏、罐头、盐干、养殖等之经营者)各谋从业之便利,为改进渔业产销及便利渔业经营不可或缺之机构。现代世界各国,几无不在水产品集散之区,设立鱼市场,一致公认此一组织之功能,足以使渔业合理之发展。我国政府对鱼市场之机构与其优良之交易制度,亦竭力提倡,即社会先觉之士,亦多所注意。故使在宁波、温州、石浦、乍浦等四处设立鱼市场,以配合渔业之发展。尤以宁波扼水陆交通咽喉,接近舟山群岛渔场,为浙东通商巨埠与大宗鱼货散集之地。原有鱼行及鲜咸货店五十余家,鱼贩一千三四百人,冰鲜及干咸鱼船每日进口多至四五十艘,年销鱼货在三十万担以上,除供销当地食用外,并远销至毗邻慈、镇、余、奉、嵊、新、上、绍、萧、诸、东、义、杭、富、桐、建、金、兰等县及沪市,苏、皖、赣、湘等省,地位既属重要,销售量又为浙东之冠,故筹组最早。唯一般群众之心理,乐于观成,难于图始。当此创立之初,自不免遭人怀疑,咸认为鱼市场不过为变相之鱼行组织,或谓垄断市价统制交易,或谓官商合办与民争利,困难殊多。幸地方长官士绅之协力,乃于三十五年五月,迄已一载有半。在此期间,曾经一度整组,乃以旧式行商之交易制度,积习难改,故一再迁就事实,因之设立至今,除粗具市场规模外,力求充实设备,只能达到取之于渔用之于渔之目的。现在已设之附属机构,有渔业合作社、渔业小学、渔船报关部、渔民诊疗所、渔业俱乐部及渔业福利社。至于交易制度之革新,冷藏运输之设备,一时尚难完成。自本年十一月五日起,征得全体经纪人之同意及卖买双方(即运销商及鱼铺贩)之拥护,试行农林部核定之营业交易方式。兹将概况分述如下:

一、调整人事

本场依照农林部公布鱼市场设置办法之规定,由浙江省政府及渔业从业人官商各半组织公司,其组织系统列表如下:

董事会:董事十一人,内常务董事四人,董事长一人。

监察人会:监察人四人,常驻监察一人。

经理室:总经理一人,副总经理二人。

秘书室:秘书主任一人,机要秘书一人,文书二人。

稽核室:总稽核一人,总稽查一人,稽查员五人。

一、总务课:课长一人,主任二人,警长一人,课员、办事员四人,驻卫警十人,工友八人。

二、业务课:课长一人,副课长一人,主任四人,课员、办事员、雇员、练习生十四人。

三、业务课:课长一人,技术员二人,课员、办事员三人,附属事业机构以实际需要酌派之。

四、财务课:课长一人,主任一人,课员、办事员四人。

二、办理委托

到达本市场之鱼货,应由货主或其代理人出具委托书,交由本市场业务课办理交易。此项委托书,由本场制定格式,货主应逐项注明鱼货种类、数量及其最低售价与交易方式,其未注明售价与交易方式者,本市场得代以适当之价格与相当之交易方式售出,货主不能于事后提出异议。业务课既承受委托书,应即派员复验检收,开始交易。

三、铺贩登记

在本市场交易之鱼铺贩总数约在一千五百人以上，其中居住在城区者，占四分之一，其余四分之三多集自四乡及邻县。本场为加强推销力最，顾全铺贩资本起见，特制发"鱼货交易证"一种，由各鱼铺贩向本场登记处领取保证书，觅具妥保，并附缴最近半身照片三张，经本场派员对保无讹后，即发给鱼货交易证。此项交易证，以颜色别之，分红、白两种，红色发给城区铺贩，白色发给乡区铺贩，并编列号码，自一号至三百号为城区，自三〇一号起为乡区。凭此鱼货交易证，即可向本场各经纪人赊购其为货主代售之鱼货，任何经纪人之鱼货，一经赊售与持有交易证之鱼铺贩后，其货款无论多寡，可径向本场领取，同时本场亦乐于保证此既发交易证之信用，以协助鱼贩资金之周转，并便利经纪人推销之扩展也。

四、革新交易

委托交易之鱼货，本场以此次鱼贩装置情形决定其交易方式，如新式鱼轮运货抵场，其鱼货装置整齐，大小与色泽一致，则宜采用拍卖方式，拍卖时货主莅场或委托本场指派职员代表莅场参加拍卖，经纪人参加竞买。反之，如旧式冰鲜船运输抵场，散舱泥杂，鲜污不一，则宜适用分卖方式，分卖时由经纪人代表货主分卖，购买人自行竞买。再此冰鲜船与彼经纪人曾有资本垫放关系者，则仍指定该经纪人代表承销。若此冰鲜船与彼经纪人并无资金垫放关系者，则由本场指派经纪人代表承销。实行分卖交易方式时，鱼货一经变卖双方议订价格数量过秤后，交易即称完成，经纪人应即开发成交单。此单上注明货名、数量、单价、合计款数，购买人（鱼铺贩）持单向本场换取发货单，凭单提货。

五、集中收付

经纪人应将当日交易分区分类制成报告表二种，限上午十一时前缴集业务课。

一、分区分类总报表：此二表注明现款交易额、城区赊欠额、乡区赊欠额，并分列鲜咸泥鱼货交易额。

二、销货日报表：此表等于现金日记账，无论现金与赊欠，均应详载，并对赊欠部分，更应注明交易证号数、姓名、款额。

本场凭经纪人所送分区分类总表，即结付货主货款。倘该货主因事先由经纪人垫发资本而直接指定该经纪人承销者，则该经纪人可代货主向本场出具收据领取货款。倘由本场指定经纪人承销者，则货款由本场径发货主。

凭经纪人所缴之销货日报表，列成统计表册，城区鱼铺贩即须当日下午向本场营业部缴款，乡区隔日下午缴款，延付货款者，除通知经纪人停止其交易外，并取消其交易证，更凭保追偿货款。

六、统一结账

货主委任本场交易之鱼货，全部清售后，本市场制给结账单，货主凭单向本场领取净得之货款（扣除经纪人服务费及市场佣金）。但货主事先已向该经纪人借有垫款者，则由该经纪人向本场领取制就格式之结账单，代本场开给结账单，以杜绝旧式鱼行巧立名目之一切附征杂费，以减轻货主之负担。

七、筹集流资

本场为革新交易制度，扩展推销，完成集中收付起见，特制发鱼货交易证，使鱼铺贩金融得能周转，货主及经纪人货款得以保障。但因鱼铺贩或因一时鱼货尚未售罄，或因转变时所收系支票，致鱼铺贩不能如期向本场缴款，而货主及经纪人则需即期付清。如此收付缺额情形，平均当在三亿元以上，而应付鱼汛期间当需准备十亿元,但本场资本短绌,故除呈请农林部渔业银团拨借外,已由临时董事会决定,向甬上行庄透支五亿元。虽明知加重负担每月六千万元之利息,但为完成市场之使命,各董事亦不惜尽力以赴。

八、警卫情形

市场为鱼商群聚、货物集散之处,份子复杂,纠纷迭起,本场为排解纠纷,维护秩序起见,特由当地警局,派驻本场驻卫警十名,正常轮流值班。

九、营业状况

市场于每日上午四时开市,渔商民均依规定秩序交易,惟大部系属零卖,拍卖制度尚未实行,此为便利鱼贩铺贩计。盖全部趸批拍卖,则小户势将无法问津,必致造成以整买转售之剥削阶级,实非所愿也。现每日交易数额,平均约五亿元,垫款在三亿与五亿之间,其每月利息即需六千万至一亿元之巨,本场之各项已办福利事业,仍须维持,应办而未办之福利事业,亦正在筹设之中。故现收之场佣,鲜货二分,咸、泥货一分半,实不足以抵利息及开支,虽农林部核定鲜、咸、泥场佣一律四分,但本场为体恤经纪人利益计,仍以一贯服务渔业界之精神,自勤自俭,以相共勉也。

结 论

自交易方式确定以后,货主脱货较前便捷,领款迅速,得以增加其往返运输;经纪人得以减轻垫款重担及倒帐之危险,专以法定资格,司代表买卖双方参加拍买竞卖,鱼铺贩得以周转金融,扩充运输,此一制度,多方达得其利而无一害。但吾人绝不敢满足,期必宽筹资金,径与负主垫本,后然交易方式更可纳入正轨。筹建仓库、冷藏库,方可调剂鱼价。增设渔民食堂、宿舍,方可使渔民商得宾至如归之想。理想中之计划,势在必行,惟尚须吾双埋头苦干耳。

(《宁波日报》1948 年 1 月 1 日)

改进渔业产销　扩大鱼市场组织

农林部拟具办法分饬遵办

(宁波社讯)胜利以还,群倡建设,尤重渔业,农林部前曾规定重要渔产及销地设置鱼市场,借革旧式行商制度之积弊。惟两年以来,未著成效。蒋主席甚为重视,特电行政院,转饬农林部,拟具改进渔业产销办法,取缔不合法垄断,剥削习惯,务须彻底扫除积弊,俾渔民市民,能获实益。农林部即遵电拟具办法,呈奉核准,并分电各省政府,分饬遵办。浙省府准电后,即分饬办理。闻该项办法,将扩大鱼市场组织,凡渔民渔业公司,均得加入为经纪人,买卖方式,用拍卖或分卖,均由货主选择,买方亦得入场叫买云。

(《时事公报》1948年5月15日)

溽暑话冷藏

宁波社记者　言　正

夏至已过,热浪侵袭,身上衣服非常累赘。可是在城区的一角,却有人正穿着棉衣做工,还不觉得热,那便是望江街的宁波冷藏公司。

冷藏公司是贮藏新鲜食品兼制冰的,市上过剩的鱼肉等类,总是送进冷藏库内冰冻贮藏。库内温度只华氏廿六度,不要说是细菌不能繁殖,就是人进去也有些吃不消。我们江浙一带最冷天气总在华氏三十度左右,在三十度时,已经是滴水成冰,冷得不能动弹,何况更冷呢? 尤其在这常在九十多度温度的溽暑天气过惯了的人,突然进去,分外的吃不消。

冷藏室有二种,一是凝结室,一是冷藏室。贮藏的食物,要先送进凝结室冻结,然后送进冷藏室贮藏。凝结室温度较低,食物送进后,内中的水分立刻凝结起来,等凝结后再加上一层水,使冻成一块冰块,移到温度稍高的冷藏室,可以久藏。凝结的过程有快慢的分别。慢的比较妥善,因为如果快了,外层已经冻结好了。冰是不容易传热的东西,里面便不容易冻结。冻结得好的就是放在太阳里晒,一时也不会融解。所以食物从冷藏库里取出时,重量一定加了,所加重量便是冰。

冷藏室四面俱是铁管,凝结室放食物的架子,全由铁管构成,室内热气便是由这些铁管吸去的。铁管的冷,当然异乎寻常。室内水汽碰到铁管,便凝结成针状的雪花,一片银光,犹如下了一场大雪一般。身处此境,那会想到外面的人正在流汗呢?

库内货物进出的时间,以天亮前后为最多。因为所藏鱼肉都要在早上买卖。其中鱼类尤多,几乎是鱼的世界。大致猪牛等可以活的养着,鱼却不能离水。而海鱼更是无法取得活的,不得不用冷藏来保持新鲜了。搬运货物的工人必须穿着棉衣,但制造冷气的总枢纽引擎间工人却相反。虽不比烈日下做工的人热,但比一般人要热得多。两部引擎同压气机,不停地旋转,烟囱制送出一个个烟圈,连续着升上天空。气缸里燃烧的柴油和压气机里受压缩的阿摩尼亚发出巨大的热量,使刚从自流井里打起的冷水变成了热水流出。这些热量从那里来呢?除了柴油燃烧以外,都是间接从冷藏库内所放东西里取得的。因为阿摩尼亚气经压气机压缩后,便缩小而结成液体,凝结时放出热量,都由自流井水吸去。凝结的阿摩尼亚液从铁管内通过盐水池放大重行化成气体时,又吸收盐水里的热。盐水通过库房时又吸收库内的热。库内物品的热,就这样慢慢地送到井水里去了。

盐池就是制冰的地方,盐池四周围着阿摩尼亚管。池内盐水比库房还冷,只华氏二十二度,清水通常在华氏三十二度结冰,盐水是零度,所以在二十二度时清水早已冰了,盐水却不会冰。人们便利用清水与盐池变化不同的机会,把盒盛清水放入冷却的盐水内,使凝结成冰。

科学造福人类真是不小,如果我们没有制冰的方法,那么除非用天然冰。但天然冰只能用,不能吃,并且产量、储存量,都受自然环境限制,远不若机器冰可以随意制用。如果你要蒸馏水的,便可用蒸馏水制造,如果你喜欢吃果子露,可用果子露制冰。如今冷藏库制造供应的有块冰、棒冰二种。块冰较大的,是供给人家冰箱等用的,冷饮店的刨冰也都是用它的。棒冰是供个人食用的,所以很小,并且在制造时先将果子露和入,便于随时食用。

制冰的程序是把自流井的水用沙滤器滤过后倒入铁匣内,将盛水铁匣放入盐水池,因为盐水温度在冰点以下,所以不久就凝结了。待凝结以后,便把它提出放入常温的水里,这样冰与铁匣脱离了,就把冰从匣里倒出,放入仓库贮存。这是制造普通的冰块。如果是制造棒冰,那么在沙滤水倒入铁匣以前须和入果子露,果子露的种类自然看市上需要而定,大致以橘子、柠檬、香蕉、杨梅、香草等为最普通。水放好后还要插一根棒,凝结以后,棒也冻住了,然后取出用纸包好,论打批给小贩贩卖。

制冰的人当然也是穿着棉衣工作。人们在吃刨冰或棒冰的时候,一定不会想到制冰的人是穿棉衣的,只是在想最好住在冷藏库里。其实真的住在里面决不会舒服,否则在冷天不要叫冷了。如果在里面觉得不舒服了又到外面,恐怕还要生病,比较起来还是不进去的舒服多了。

(《宁波日报》1948 年 6 月 28 日)

四、团体与组织编

渔业公所举定董事

奉邑沿海居民向以捕鱼为业，每届渔汛，各渔船均驶至定海所属之衢山、岱山、东沙角等处一带洋面网捕。近以海面多盗，该渔民等因自备资斧，置办号衣，雇勇巡护，并在该处分设渔业公所，延董坐理，以免滋事。日前已公同会议举定鄞县举人应朝光、宁海生员邬冠春、奉化廪生沈一桂充当董事，业由各渔民联禀奉化县，请给印谕矣。

（《申报》1907 年 5 月 18 日）

宁绍人团力之坚结

南市冰鲜业敦和公所，曾邀集同人，公议保存宁绍商轮之利权。兹将议案录下：一、同业贩运货物，均装宁绍轮船，其余客货，亦由同业各具信函，预先关照，以归一律。一、同业伙友往返沪甬，由本行给发宁绍船票，以昭划一。如违察出，向该行经理人罚洋二元，充作善举。一、冰鲜鱼船每年进沪销售者，约四百余号。每船以十人计之，不下四五千人。今同业邀集各鱼商妥议，嗣后往来沪甬，务须均坐宁绍轮船。凡我同业售货之行，给送每船每趟宁绍船票二纸，以尽义务。一、沪上各贩与同业交易，宁帮居多，故往返沪甬，络绎不绝。然其间小本经纪者，未免因船价稍有低昂，不顾大义而趁别轮。今我同业公议，如有贪价廉之小贩，任其以最低廉之船价，向本公所易宁绍船票一纸。本公所愿将公款津贴，以保利权。

又洋布、纸烟两业,为宁波进口大宗,该业诸君均系热心公益。闻现已议定,此后均装宁绍轮船,以保权利。

(《申报》1909 年 8 月 7 日)

渔民请组渔业团

宁、温、台三属前曾创议组织渔业团以自卫,事未实行。兹又有渔商丁兆彭等拟联合三区渔民组织浙海渔业团,规定一千五百艘,并令各渔船备置警号及自卫武器,如洋面遇盗,即鸣警请援,他船闻声即互相协助,至一切陋规流弊,概予革除。昨已拟就简章,呈由外海厅请予转呈省公署,未知如何批复也?

(《申报》1918 年 5 月 9 日)

浙江外海渔业总局民国十一年上期旧宁属
渔业公所公会调查一览表

公会公所名称	设立地址	董事姓名	籍贯住址	某帮渔业所设立
永丰公所	鄞县	陈子常	镇海县沙河镇	东湖陶公山帮
维丰北公所	镇海	蔡汝蘅	镇海县蟹浦	蟹浦帮
维丰南公所	镇海	陈子常	镇海县沙河镇	湾塘帮
协和公所	定海县岱山镇	朱玉成 戴廷佑	鄞县(大嵩、东乡)	咸祥大嵩帮
义和公所	定海县岱山镇	孙表卿	奉化县萧王庙	桐礁①栖凤帮
义安公所	定海县岱山镇	吴锐东	奉化县栖凤	同上
栖凤公所	定海县衢山	吴锐东	同上	同上
永安公所	定海县沈家门	蔡方卿	鄞县东乡	陶公山帮
兴安公所	定海县沥港	洪勉卿	定海县沥港	金塘帮
沥港渔业公所	定海县鹏山	杨希栋	定海县鹏山	同上
太和公所	定海县岱山镇	胡佩珍	宁海县东门	东门帮

---

① 桐礁:桐照。

公会公所名称	设立地址	董事姓名	籍贯住址	某帮渔业所设立
维丰公所	定海县岱山镇	费　侃	定海县岱山镇	岠山帮
南定公所	同上	汤铭策	同上	岱山帮
八闽渔业公会	定海沈家门	李　任	福建闽侯县	闽帮
鱼贩公所	同上	王和生	定海沈家门	定沈帮鱼栈
永顺公所	同上	陆修绠	定海城内	定沈帮
人和公所	同上	朱　沄	镇海城内	海山帮
鄞属永安公所	同上	蔡和锵戴廷祐	鄞县城内	湖帮
闽商渔业公所	同上	张锡卿	福建	闽帮
庆安公所	定海螺门	钱　潮	定海城内	定螺帮
人和分公所	同上	朱　沄	镇海城内	海山帮
安澜公所	定海岠山	张　黼	象山城内	岠山帮
保和公所	同上	侯福昌	定海城内	海山帮
镇定公所	定海岱山	韩襄周	定海高亭	岱山帮
长济公所	定海长涂	金贞咸	定海长涂	长涂帮
长庆公所	同上	王聿京	同上	同上
台属公所	石浦	陈缉夫	临海北岸	台州帮
温州航业公所	同上	郑　芳	乐清石浦	温州帮
爵溪公所	宁波	赵松韵	象山爵溪	爵溪帮

（《浙江公报·附录》第 4177—4178 号，1920 年 1 月）

劝办渔业公司意见书

宁、台、温三旧府属筹设渔业公司一案，由省长咨送议会付议，由庶政股审查报告以及修正公司简章概算计划各节，业已迭志本报。兹闻省议员王福申、余炳光等昨又提出意见书，云劝办浙海渔业公司，组织渔轮，保全领海主权，开发天然利源，本席极端赞同。第查近年渔轮企业之趋向与夫吾浙财政之现状，审度公司将来之利弊,对于修正案三、四两条似宜酌加修正,谨提出修正条文及理由如左(下):一、凡渔业公司能购备深水渔轮者,每一艘由省税补助银一万元,但每公司之补助费不得过三万元。一、补助费以一次为限。理由一、吾浙自上年组织浙海、富海渔轮以来,成效渐著,去年浙海、富海曾退还官股五万元零招商股,足见此种企业业已发达,初无俟极端提倡,苟能依此补助,已足招徕一般企业家之投资矣。理由二、浙省税止有此数,对于渔业公司之股本已许有保息条文,每年支出为数不赀,又于购买每艘渔轮时酌予补助一万元津贴,其办武装等费,如补助费继续三年,而闻风兴起组织公司者纷至沓来,窃恐吾浙财政必穷于应付,故不能不稍示限制也。理由三、提倡实业端赖大资本家组织公司,但将来托辣司之流弊亦不能不早为之防,故拟将每公司之补助费以三万元为限,使一般企业家利益均沾,并预防一公司垄断独占之弊也。上列修正条文及理由是否有当,敬请大会公决。又闻该议案结果业经审查员报告到会,三读通过,标题改为"劝办"云。

(《时事公报》1920 年 6 月 19 日)

组设渔业公会之呈请

一个是宁商设的 一个是闽商设的

宁属渔业公司董事代表朱庆云君前拟组设浙江渔业总会于镇海,每年春夏季设分会于定海、岱山、东沙角,冬季设分会于定海、沈家门等处,俾资振兴渔业并订规程,奉呈实业厅请予转呈省长核示遵行,未知如何批示也。

定海沈家门闽商李任、张瑞庆、陈祖琛等商拟筹设渔业公会,附送发起人名册、同业商号名册并章程等件,送由该镇商会函县分呈省道转咨农商部查核备案。昨闻冯知事已经奉到实业厅长转行省长指令,略称,呈件均悉,候据情转咨,俟准复后再行令知,仰先转令该县知事转行知照,章程名册均存云。

(《时事公报》1920 年 7 月 28 日)

又有渔户设公所

定名保和

定海县四面环海,渔户居多,公所因之林立,如鄞县之永安公所,沥港之永庆公所,其他如人和公所、太和公所、永顺公所。虽名称不一,其宗旨则同为保护渔民也。兹闻衢山湖泥地方渔柱周大成等又在倒斗岙设立保和公所,以保护渔民、维持渔商为宗旨。公推侯福昌为董事,议决每船收大洋二元五角,旗照费二角。如渔户需用盐斤及有与他帮争执等事,均由公所代为办理。一俟章程订定,即呈县请为备案云。

(《时事公报》1920 年 10 月 6 日)

请办护船候查核

鄞县大嵩江渔柱鲍福生、周益兴、王尊睦等日前具禀外海水警厅云,窃鄞县大嵩江地方背山面海,居民以捕鱼为大宗,俗呼莆船约计有百余艘之多,种种情形,早荷洞烛。伏查该帮莆船,春夏驶放岱山,秋冬则在东西柱洋面采捕鱼类。本帮渔户春夏时在岱山立有临时公所,名曰"协和",相沿已久。本帮渔民叠次会议,非置办护船不足以保全渔业。其应需费项早经各渔户承认在先,渔民分摊有限而获益良多,叠经各渔柱禀请钧厅在案。惟置办护船以选举管驾为要素,现柱首等邀集众渔户,已选定顾积华为大嵩江护船管驾,以顾君熟悉洋面,众望尤孚,已得各渔民之同意,应需护费业已公同承认,为此声叩厅长迅赐察核,准予加委,以顺民情而保渔业,实为公便云云。当奉来厅长批示云,禀悉,大嵩江应否设立护船,曾否得各渔民之同意,仰候令行第二队查明呈候核查云。

(《时事公报》1921 年 4 月 12 日)

永宁公所董事易人

鄞县东乡殷家湾地方,居民多以墨鱼为业,每年于阴历四月间放洋,约计四五百家,并设有永宁公所,公举该乡巨绅郑世璜担任董事。兹闻郑君已于前月间病故,该业中人以公众机关不可无人主持,于前日推举代表来城延请忻汰僧为董事。忻君以乡谊攸关,业已承认云。

(《时事公报》1921 年 4 月 15 日)

墨鱼公所循例组设

鄞县姜知事前日具呈实业厅云,查鄞邑南乡姜山一带地方,居民向以网捕墨鱼为业,捕鱼地点在江苏崇明县属嵊山、花鸟、绿华等岛,名曰北洋。每年以立夏节起夏至节止,为捕鱼时间。只因海面不靖,时有盗匪行劫。渔董柱首为保护安宁起见,故每届渔汛组设公所,以南乡伙飞庙为办事处,并举定总理一人、协理二人、渔董一人、办事员七人,雇用护船二艘,每艘设护勇十二名,管驾一人,呈由外海水警厅保护,并奉县立案。所有领取牌照收取护费,支给护船薪费等事,均由公所办理,惟公所并非常设机关,亦无何项章程,至经理各费,系由渔户按船摊派,名为护费,每年约可收入银二千余元,支数不敷,先由公所筹垫。其护船出发时,所需薪饷、军械、服装、杂用等费,亦暂由公所筹垫,俟经过渔汛再令各渔户照数缴还云。

(《时事公报》1922 年 3 月 5 日)

渔业公司已准备案

象山石浦镇前由华侨林熊征等,创设渔业公司,所拟简章经实业厅指令修正后,转呈省长咨部核示备案各节,已迭志前报。兹得农商部复省长云,本月一日准咨称林熊征等集资组织三门湾渔业股份有限公司,所呈章程经令转饬修改,兹据实业厅呈转改正章程,请转予咨前来,应咨送查核,并饬咨交部查照等因。准此,查该公司此次所报简章,绳以公司条例大致尚合,自应准予备案。除咨请交通部查核见复外,相应咨请贵省长转饬知照。

(《时事公报》1922 年 9 月 12 日)

渔商拒收护洋费之部批

保安会立案尚未准　冰鲜船报关可自由

宁、台、温三属沿海各渔商,前因江浙渔业公会,停缴护洋费后,即联络苏省各渔商组织江浙渔商保安会,在沪公推盛炳纪、王正庸为会长理事,具呈农商部,仍冀攫取此项护洋之费(即继承江浙渔业公司代理浙江冰鲜船进沪报关,大船每次进口仍纳五十六元,小船四十二元,按税例无论大小船,每船每次进口旺月十两,衰月五两)。一面邀集沪埠十六铺全体鱼行加入该会,订立章程,使冰鲜船户不得不入该会,否则即令各鱼行拒绝其货。事经一部分渔商得悉其情,以江浙渔商保安联合会,化名立会,勒收费用,□冒税饷,遂在浙江旅沪渔商公会,召集会议,决定亦具呈农商部,请予驳斥,以恤商艰等情,已见八月一七、十九等日报端。兹闻该渔商公会,昨已奉到农商部批示云:呈悉,盛竹书等呈请江浙渔商保安联合会备案,本部正在拟订司渔会暂行简章,以资准则。盛竹书等所请备案,令俟本部妥订章程之后,再行呈核。纳税问题,业经税务处会同本部及财政部删除江海常关折扣细则第二项及丁类第二种在案,尽可遵章纳税,如不愿该会经手,自由报关可也。

(《时事公报》1922 年 9 月 13 日)

改组渔业团体之主张

为便于监督起见

宁、台、温三属沿海各县知事,昨奉省长训令内开,准农商部咨称,比年以来,沿海各省渔业团体,纷然杂陈,即如浙江定海一县,渔业公所竟有数十起之多,此外则有渔帮渔团公会等,均以保护渔民为职志,究其实际,不外巧立名目,征收规费,其真足为渔业公益团体代表者,概不多觏。本部职掌,有管理渔业团体之规定,从前率取放任主义,既无章程,凭何监督,长此以往,流弊滋多。兹为整齐划一便于监督起见,参酌日本上年公布之水产会法,制定沿海各省渔会暂行章程大要,以县为区域,一区只许设立一会,其渔业繁盛之县,而领有港埠数处者,得酌设渔业分会,明示组织之方,列举职务之要。自本章程公布后,所有旧日各团体,均应照章改组,即于整理之中,寓有限制之意,循名责实,莫逾于此。兹已以部令公布渔会章程四十七条,除咨行外,合亟转令所属遵照办理具报云。

(《时事公报》1922 年 10 月 15 日)

江浙渔业团体之变幻

渔业公会如金蝉之脱壳　　仍拟移至甬埠开办

其变相之渔业保安会　　渔民正在反对中

宁、台、温三属沿海渔民,反对浙江渔业公会(即江浙渔业公司,假护洋名义浮收规费,于去年呈准财政部税务处令行江海关及总税务司,取缔消灭,该公会即联合上海一部分鱼行,乘机组织渔业保安会,续行收费,经各渔商两次呈部饬转封禁在案,第二次呈部文见一日本报)。至于江浙渔业公司名目,亦已由沈省长咨部取消矣。录其原文如下:

为咨行事,据实业厅呈,据江浙渔业公司经理陈昌标呈称。窃查前清光绪三十年间,敝公司总理张謇,因自保海权渔业,筹办渔轮,在上海见浙属之冰鲜船,大半影戤洋商,兼挂洋旗,有损国体。乃嘱江浙渔商组合渔会,自相纠察。该会因求附入公司代为管理,由公司总董樊棻拟章,禀请苏松太道详奉南洋大臣,核准咨部立案,于次年实行,迄今已历十八年。惟近年进沪之冰鲜船骤增,渔商之交涉较前更繁。敝公司实无暇兼顾,现由浙绅盛炳纪、王正庸等,另组江浙渔商保安联合会,业于前月呈奉农商部核准备案。所有渔会历办诸事,即可转移于该会,此后江浙渔商与江浙渔业公司,更无关系。查部章有一区域不能立二会之例,今江浙渔商既有联合会,则江浙渔会当然取消。除呈报江苏实业厅外,理合具呈,仰求厅长察核,准即转呈农商部核准备案,以符定章,实为公便。再江浙渔业公司,现转移至宁波江北岸,照常以渔轮捕渔为业,兼任护洋,合并声明等情。据此,查江浙渔会据称始于前清光绪三十一年,附入该公司,代为管理。今因盛炳纪等另组江浙渔商保安联合会,业已呈部核准备案,拟将渔会历办诸事,移转于该联合会办理,将江浙渔会名义取消,以符部章一区不能设立二会之例,尚无不合,理合备文呈转,仰祈转咨备案等情。指令外,相应据情咨请大部查照备案。

(《时事公报》1922 年 10 月 27 日)

组设宁台温渔团未准

慈溪商民王永彬前为扩充渔业团体起见,拟在甬埠组设宁、台、温、三属渔团,所有渔船应缴牌照等费,即归该商承办解缴,禀由财政厅请予核示祗遵。昨奉陈财政厅长批示云,呈悉,查外海船泊牌照费,经省议会议决,归外海水上警察厅征收,所请援案认办之处,应毋庸议,仰即知照。

(《时事公报》1922 年 11 月 10 日)

请放被封渔轮之函电

农商部查封江浙渔业公司,于三月一日,有部派省委人员,奉浙省长命令,至宁波饬外海水警厅,将福海、富海两渔轮扣留。兹由宁波、上海渔业永丰、敦和两公所及张美翊等电请浙督办、省长放行。兹分录其原电如下:

(一)致浙省长电:杭州张省长钧鉴,歌电敬悉,渔船放洋采捕,向赖福海、富海两渔轮运送银洋,以资保护,办理多年,渔商甚为称便。若仍由外海水警厅循例照缉,渔行不敢放款,渔民无力采捕。春汛已届,异常恐慌,乞将福海、富海两渔轮,发交敝两公所渔商执管。况渔业公司所置福海、富海两渔轮之款,实系敝两公所渔商纳税余款所积储。渔业公司无论官股商股,两渔轮归敝两公所渔商执管,亦甚公允。我省长轸念民生,体恤商艰,定荷俯如所请,谨此电闻。宁波渔业永丰公所、上海渔业敦和公所众渔商叩。

(二)致浙省长电:杭州张省长钧鉴,春汛已届,渔户急欲放洋采捕,惟海氛不靖,向赖外海水警派舰巡护。嗣因巡舰裁减,不敷分配,幸有江浙渔业公司福海、富海两渔轮护送。顷闻外海水警厅奉省长密令,将该两渔轮扣留,渔民失其依赖,异常恐慌。况江浙渔业公司,所置福海、富海两渔轮之款,全系渔商历年纳税余款所积储。以渔商之款,保护渔商,亦属名正言顺。应请省长立电外海水警厅长,速将福海、富海两渔轮,即日放行,俾数千户渔民,得以依期放洋,以顾生计而安人心,实为德便。上海渔业敦和公所众渔商叩。

(三)致卢督办函:嘉帅大人钧右,敬肃者,鄞东钱湖人民,多出海捕鱼。渔船北达苏洋,南近闽海,东极浪岗以东,纵横数千里,皆我渔民冒险谋生处也。年来铁路交通,运售鲜盐鱼类,北至天津,西至汉口浙西各属,皆由火车运往。而以宁波、上海为总汇之区,自海氛不靖,水警以外,全赖福海、富海两渔轮常川巡护,以免危险。三月一日,忽有部派省委人员到甬,奉省长密令,饬外海水警厅长,将两轮扣留。春汛告届,各帮渔船分赴沈家门,守候该轮巡护。虽经电请省长放行,未蒙电复。转瞬春分(旧历二月初五日),正黄鱼下水之时,一年生计全在于此。而海盗亦于渔期同时活动,多数渔民,束手无策。查该两轮系渔商历年纳费余款积储所得,无论江浙渔业公司有无情弊,应由张謇老负完全责任,与渔民丝毫无涉。渔轮应尽巡护义务,断不能无故扣留。敝公所渔商柱首等自上海归,知盛竹老上谒,传述尊旨,仰见大帅爱护浙民,无远勿届,曷胜钦佩。合特录电,代为呼吁。应请钧座速商省长,立饬水警厅长克日放行,以护渔船而利春汛。定海渔业传习所,对于渔民毫无影响。其小轮练习捕鱼,仅及沈家门、普陀山而止。渔捞之学,可想而知。是否部款抑系省款,同属虚靡。不知云厅长有无闻见,一并饬查为感。率臆布陈,伏乞电示施行,无任翘盼。专肃,敬请钧安,诸惟赐鉴。张美翊、蔡和锵谨启。

(《申报》1923 年 3 月 16 日)

查封渔业公司声中之两函

水产学校致盛竹书函

江苏省立水产学校,连日见盛竹书君为江浙渔业公司查办案,发表函电后,曾函知盛君,陈述该校对于此案之意见。其原文如左(下):

竹书先生伟鉴:连日于报端阅悉执事关于江浙渔业公司查办案之函电,窃有不能已于言者数端,请为执事陈之。夫江浙渔业公司艰难缔造,垂二十载,挽回海权,保护渔商,其功足录。诚如执事所言,我国海岸线,绵长数千里,渔业一端,关系国计民生至巨。吾人对于此惨淡经营之公司,爱护之心,固不稍减于执事,惟此次发生农商部派员查办之事,无论公司有无舞弊情事,为避嫌计,自无拒绝查账之理。农商部对于渔业,本有监督保护之责。江浙渔业公司,既有公司之名,复营渔业之实,何能独外此例。至若无端摧残公司,间接影响渔民生计,则尤为吾人所极端反对者也。尊论公司与部毫无关系云云,似犹未谛。况据执事又云,必须部令取消,方可呈请官厅查察者,亦非根本反对查办,不过部省权限之争议耳。查官垫之款,虽非部款,实系省款,农部派员查办,既系根据职权,且又经省委,更无拒绝之余地。总之此事真相,非查办不明,当事人嫌疑,非查办莫释。执事商界泰斗,虚怀若谷,而又位居公司董事,故敢本其爱护渔业之微忱,作此刍荛之贡献,伏维察照不宣。

李士襄等致盛竹书函

竹书先生大鉴,久耳盛名,无缘迪面①为憾。昨阅报见先生致徐青甫厅长函中,有涉及同人之处。查江浙渔业公司,开办十九年,并无商股,全恃两省官股银五万两营运。此项官股,该公司集股章程第五条已明白规定,安得强指为垫款。公司历年总收入,据经理陈昌槐节略所称,有八十余万元,除去股本与开支外尚存十余万元。此项余产,当然归公。犹之先生为交通银行经理,营业盈余,自应分给股东,非经理可以把持,其理甚属显明。而该公司将余产抑留,并未与股本随同缴还两省,谓非有意图吞,其谁能信。且渔民渔商,屡向部省控告该公司办理不善,请求查办。江海关副税务司诺乐师古亦一再呈请农商部及税务处,取消其报关之权,任令冰鲜船自由报关投税,以昭公允。农商部为维持渔民渔商公共利益起见,特令同人往查。乃该公司始终不肯交阅账据,因将情形据实呈复,无所谓危言耸听。尊函有王、李两部员蓄意已久一节,同人学识虽浅,事理尚明。此项侵占公家产业之行为,事关刑事,实不敢有此妄想。先生自知为该公司董事,责任难逃,改头换面,具名向农商部呈请办理。上海县渔会并托人向农部说项,撤销查账案,将两渔轮拨交县渔会。可见蓄意渔轮者非同人,而实先生且已久矣。幸农部洞烛尊谋,勿受请托,仍令秉公办理。同人责任所在,爱莫能助,不胜抱歉。至关于敝所成绩如何等一层,事属节外。先生既亦为部

---

① 迪面:觌面。

员,姑俟他日奉令查核,光降到所时,再行奉告,决不效该公司将簿据隐匿,请勿预虑可也。要之此案已有江浙两省执行查封,如有不服,尽可向平政院起诉。同人职务仅在查账,他非所知。除对于呈复官厅文件绝对负责外,凡属攻讦之词,概不答复,即颂春祉。农商部委员李士襄、农商部江苏省委员王文泰、浙江省委员曹文渊同启,三月十五日。

(《申报》1923 年 3 月 16 日)

渔商公会议定护洋办法

昨日(一日)午后,渔商公会开渔商各帮联席会议,到者有镇安、升平等十余团体,公推邬振磬主席,戴菊舫纪录。由主席报告,前日本会委派许一飞君赴甬,与甬商会接洽,要求该会将暂行保管之福海、富海两轮,由渔商公会接收,以资公共护洋。旋据甬商会复函,大致谓敝会具结承领之福海、富海两轮,实受永丰公所之嘱托,当交该公所转领,现在尚未领到,事关保护渔商,责任綦重,拟迅函旅沪宁波同乡会,邀集两方董事,从长计议,一俟妥洽见复,再行照办等情到会。此事究应如何办理,请众公决。经各公所协商,以为甬商会既将福海、富海两轮交与永丰公所办理,不啻将两轮仍交与渔业公司之手,讨论之下,一致认甬商会此举,未免偏枯。今为维持现状、保护春汛计,不可不筹一救急之法。当议定组织护洋委员会,推定朱云水、许一飞、林梅卿、姜立元四人为委员,专负办理护洋之责,并议以某轮为护轮,所需经费,由各帮进口渔商分任。刻正在分头接洽中,定月底月初放洋,实行保护渔商云。

(《申报》1923 年 4 月 2 日)

渔会代报关税之取缔

农商部及苏省公署,据浙江渔会电呈,江浙渔业公司,自改组江浙渔商保安联合会朦部备案以来,仍把持其垄断之性质,代报关税。请饬县查禁,并令冰鲜各渔船自行报税,昨省署已令实业厅饬县查禁矣。

(《申报》1923 年 5 月 16 日)

定海渔业试验场裁撤

甫属定海县为渔业之处,除实业厅设立外海渔业局外,又有农商部设立渔业试验场。该场自七年一月间开办以来,成绩卓著。现因经费支绌,维持匪易。业经农商部核准,将该场裁撤,并入海州渔业试验场办理,已咨请省署查照矣。

(《申报》1923 年 12 月 20 日)

李征五请保护渔业公所

致宁台镇守使函

旅沪甫绅李征五等,近因江浙交界洋面,海氛不靖,时有掳人勒索等情事发生,际此渔汛正旺之间,尤宜慎重办理,特由渔业公会等发起在渔船集中之岠山、岱山两处,设立驻岱义和渔业公所及驻岠栖凤公所,均聘庄华墅为理事,主持一切,深恐当地官厅,或有误会,特由李君致函宁台镇守使,请其转饬所属,妥为保护。原函昨已发出,函云,桐礁、栖凤二村,每届春季渔汛,渔船前往岠、岱二山洋面捕鱼时,各帮渔船麇集,渔民众多,良莠不齐,最易滋生事端,故桐礁、栖凤渔民,于岠、岱二山各设公所,例聘声望素孚者为理事,以资镇摄。今年岠山之栖凤公所、岱山之义和公所,均聘敝友庄君华墅为理事,第恐与当地官厅,声气未通,或有隔阂之处,特恳麾下函知外海水警厅长,并定海张知事,妥为照料,出示保护,以安渔业,无任感叩,渔汛已届,尚乞弗延云。

(《申报》1924 年 5 月 14 日)

奉化将筹办渔业协会分会

奉化自去年渔业监督刘昌言在沪发起组织中国渔业协会,复经各渔业团体加入,始得正式成立。闻该渔业协会,以全国道路建设协会为事务所,现以各渔区亟应设立分会,昨特函该会王柏轩嘱其在奉速行组织分会,以资联络各渔民。王君接函后已着手进行矣。

(《时事公报》1925 年 2 月 5 日)

渔业公所司事逐鹿多

奉化松林区沿海大溪沿地方,渔业向称发达,设有高钓公所,推举有声望者为司事,以处理关于渔业事宜。去、前两年,曾聘王柏干为司事,对于渔业,颇知整顿,渔民方面,亦能约束。今年王因有他就,表示辞职,该公所董事挽留不获,闻现在逐鹿者有王某昆仲、胡某、陈某等,但信用未著,渔董多不赞成云。

（《时事公报》1925 年 2 月 12 日）

筹设渔业银行须协力赞助

因可调剂渔民之生计

新任外海渔业局长周丙祥(字子和)拟办渔业银行,近已开始筹备,已志本报。兹有自称海滨子民知渔业银行之不可或缓,聊贡数语,为吾渔业同胞贺。浙东滨海居民之以渔业为业者,不知其几千万也。省政府特设外海渔业局,用以维护渔民之生计,增益国家之税收,于公于私,两有裨益。惟自设局以来,渔民之生计如何,国家之税收如何,窃以为生计竭则税收绌,反之,则税收必随生计之裕如而趋于旺盛也。年来吾浙渔业,日就衰落。据吾人之所知,渔民艰于生计,几不能保持其固有之事业,至云发展,更无望已。彼主政者,宜如何仰体省政府设局之初意,兼顾并筹,以期发达。若仅注目于税收,而不虑及渔民之根本问题,行见其来源涸竭,税收必受其影响。兹者新局长周君子和,有集资筹设浙海渔业银行之举,可谓洞见症结,深得补救之道也。夫银行为经济上之要图,调剂渔民之生计在是,周转渔业之金融亦在是,得调剂而渔民可不因生计之艰窘以废业,得周转而渔业亦可不因金融之枯竭以失败。吾浙不欲振兴其渔业则已,如欲渔业之振兴,非举办银行以谋根本上之救济不可。此其责任不仅在周局长个人已也,凡我浙人,咸宜群策群力,以助成此渔业银行之伟举。况银行组织,并不大难,所难者即股本,吾浙之当局暨大资本家,苟能念及渔业,热心赞助,则积沙为土,集腋成裘,巨款可以立筹,而全浙获无穷之益也。有志之士,易兴乎来。

（《时事公报》1925 年 3 月 9 日）

蛟川组织渔会之周折

镇海城区商民朱云水等,前为遵照部章,组织渔会各节,曾志本报。兹悉该邑十一区,以灵岩区之新备碶、西管区之贵驷桥、前绪区之蟹浦等处,渔民为最多。查各该处在前清时代,已由各渔民,就本处组设渔业公所一所,专办渔民一切事件,信用颇著。若得是项公所,一律改组,并入渔会,一般渔民多不赞成。闻朱等以劝导无效,拟向各该公所董事丁(新备碶董事)、刘(贵驷桥董事)、蔡(蟹浦董事)三君,作一度之接洽,再行从事组织云。

(《时事公报》1925 年 3 月 14 日)

爵溪渔会电请派舰保护渔汛

象山县爵溪地方,居民素以捕鱼为业,近因渔汛将届,由该处渔业董事暨该处渔业支会,除禀县请兵驻防外,特于删日致杭州督办省长实业厅长电云,时届清明,渔汛已旺,敝帮公决,即日出洋,浙洋海盗充斥,抢案迭见,伏乞饬水巡舰队严密保护,毋任迫切云。

(《时事公报》1925 年 3 月 21 日)

浙渔团反对七省渔业押外款

象山县渔会会长叶廷芳、象山石浦航业公会会长潘赞卿、象山裕兴盐厂经理黄达升、宁海县渔会会长叶人奎、温岭县渔会会长包卓人、礼安渔业公所董事冯瑛、太和渔业公所董事胡瑞瑛、台州红头渔船公所董事陈绪夫等,日前因浙属沿海各县,以报载政府有将沿海七省渔业抵款之说,特推叶君领衔致电北京执政府外交农商财政海军各部总长电云:吾国鱼盐之利,自古为重,沿海居民借此营生者,不下千余万人,而渔民尤占多数。就浙省而言,地方之治乱,市面之盛衰,人民之裕瘠,实以渔业丰歉为转移。今闻政府委派林梁曾三人,与某外人缔结密约,将奉、直、鲁、苏、浙、闽、粤沿海七省渔业,抵押借款一万万元,是直将沿海七省渔民命脉,一旦断送外人之手,病国害民,莫甚于此,吾浙全体渔户誓不承认云。

(《时事公报》1925 年 3 月 30 日)

姜山渔民改选渔董

鄞县姜山一带,居民多以捕鱼为业,前次举定渔董张志芳,业经告退。现经渔民张承椿、郑芹生等昨在姜山村炊飞庙,开会公举黄林发为总董,众皆赞成,拟即联名呈请水上警察厅长核准备案,并请加给委状云。

(《时事公报》1925 年 4 月 16 日)

富积轮保护渔汛

呈请淞沪水警厅立案

旅沪姜山帮目鱼船渔民代表张志芳等,昨呈淞沪水上警察厅公文云:窃渔民等籍隶浙江,在江苏境内花鸟壁下等洋面,网捕墨鱼为业。前曾于三年前,由渔户代表呈请一体保护,迭蒙钧区核准在案。现因渔汛将届,近感去、前两年保护不力,各渔户在姜王炊飞庙开会,议定自雇富积轮船,公举公民黄林发为渔董,张志芳仍为渔柱,并延请黄叔兴暨浙江水警厅第四区外海护洋巡船管驾卢招源为管带,设法整顿,借资保护,惟船内随带防盗枪子十支,如无护照,一经进出口岸,应受检查。为此请求钧区迅准查案,备文移请浙江水上警察厅立案给发护照,实为德便云云。

(《申报》1925 年 4 月 23 日)

渔商公所设办护船之照准

定海岱山东沙角老渔商公所,为旅岱镇海各渔商组织而成,相沿已数十余年,今庚仍聘陈居纶为董事,戴雍唐为司事。现因时届洋汛,各商装船,将欲开放沿海各商埠,脱售渔货,际此海氛不靖,盗案迭出,商船装运各货,殊冒危险。该董事等有鉴于此,特设长期护船一艘,雇佣管驾一人,护勇十余人,设备枪械多枝,土炮数门。日前拟具呈请浙江外海水上警察厅立案,并请给发管驾委任状,并借领枪械子弹,以资应用云云。闻来厅长接知后当即批示云,呈悉,设办护船,事属要举,应遵本厅取缔护船规则第八条、第二十一条之规定,将员勇名额及枪械数目,并所举管驾履历缮册,呈候本厅核明给发可也。闻该董事昨已缮具清册,向厅领到枪械,不日内即可出洋云。

(《时事公报》1925 年 4 月 27 日)

旅石各团体反对渔业办事处之表示

电请孙督拒绝海部进行

象山石浦所寓之宁海公所朱清澄、台州六邑公所王省斋、天台公所潘赞卿、温州同乡会吴杰等于阳日致杭州孙督办电云:近海部于江浙一带,有沿海巡防处、测量处、保卫渔业处之设立,并将浙省分为七区,区置总会办,征收捐费,令每区各缴垫款一万元以资挥霍,并未设一船一舰,以保我渔民,外渔之侵扰如故,海盗之猖獗依然,布告皇皇,以虚文为声势,处区叠叠,以征捐为技能,人民未获保护之利,先受苛捐之害,推其用意,不外窃取海权,攘夺渔利,以为抵押渔业借贷外债之准备,而巧立名目,多设机关,以为勒索捐费,搜括民脂之利器,将见领海变为异域,人民沦于夷奴,为害何可设想。况保卫渔业,为海军应尽之职务,而渔业保卫团为渔民自卫之团体。就官治而言,海军本有国税之饷源,乌可重苦吾民之负担。就民治而论,渔民向有自卫之设备,何劳越俎而代庖。我浙沿海渔业团体,现已公同筹议组织渔业保卫团实行自卫,业经公推张一鸣君为全省渔业保卫团总办,以完全民治之精神,实行自卫之目的,伏乞钧座俯纳舆情,拒绝海部之进行,维护渔民之自卫,全浙幸甚,渔民幸甚。

(《时事公报》1925 年 5 月 15 日)

甬渔业公所复总商会函

本埠商会前为日人驾船越境捕鱼来华销售事,函致各地渔会及渔业公所,劝勿代销。昨接宁波渔业敦和公所复函云:谨启者,敝公所同行,为日本渔船越界侵渔关系我国海权及渔民生计,业经决议一致拒绝代售在案。乃于五月七日闻有日船两艘驶沪投销,故敝公所又于晚间特召集同行全体开紧急会议,公决除拒绝代卖坚持至底外,关于沙鱼行得所堂方面,请贵会速即设法劝导,一致拒绝,并请官厅严重抗议,以保渔民生计而维吾国海权。敝公所除函致县商会、江浙渔商公会请一体力争外,相应函达贵会查照为盼,宁波渔业敦和公所谨启。

(《申报》1925 年 5 月 15 日)

各团体纷起反对渔业保卫处

甬属象山石浦所寓之宁海公所,台州六邑公所、天台公所,温州同乡会等,于日昨联名致孙督办电云:近海部于江浙一带,有沿海巡防处、测量处、保卫渔业处之设立,并将浙省分为七区,区置总会办,征收捐费,令每区各缴垫款一万元,以资挥霍,并未设一船一舰,以保我渔民,外渔之侵蚀如故,海盗之猖獗依然,布告皇皇,以虚文为声势,处区迭迭,以征捐为技能,人民未获保护之利,先受苛捐之害(中略)。伏乞钧座,俯纳舆情,拒绝海部之进行,维护渔民之自卫,全浙幸甚,渔民幸甚。又甬属定海沈家门商会长刘信懋、渔会长李任,昨亦电呈军民两长文云:近有人在浙海设立渔业保卫处,名虽保卫,实则勒捐,沿海渔商,不堪其虐,恳请转咨外海水警厅,勒令撤销,以苏民困,临电不胜屏营待命之至。

(《申报》1925 年 5 月 18 日)

宁波水产协会成立

鄞县公民郑炳、忻一、赵之伟等,昨呈县公署云,窃宁波旧属地处海滨,岛屿林立,为中国惟一之渔场。近海一带,各种海产极为丰富,但渔夫只知墨守成法,不图改良,以致素来著名之区,反见舶来海味,充斥市肆,殊为可惜。炳等有鉴于斯,乃联合水产学者、渔业中人及有志水产事业者,发起宁波水产协会,分调查、研究、设计、宣传四组,通力合作,以谋水产事业之发展。业由发起人拟定草章,并推定郑翼燕、方善圻、张毓练、郑谋琅、乌统远、林自章为筹备员,理合呈请钧署备案,伏乞察核施行,实为公便,计呈送章程一扣云云。兹将章程列下:

㊀会费，入会费二元，常年会费二元，特别捐无定额。㊁会期，以农历正月及七月之第二星期为常会期。㊂职员，会长一人、副会长一人，由会董互选之，会董十一人，由到会之会员互选之，基金会董二人，一司收入，一司支出，由会董互选之，其他职员暂定会计一人、书记一人、庶务一人。㊃经费，暂以会员所纳之常年会费，作本年经费。㊄会务，分调查、研究、设计、宣传四组，应执行之会务，由会员或会董推出专员，分组进行，其各组办事细则及所需之经费，由会董决议之。凡水产事业中有争执时，愿受本会调解者得解决之。

(《时事公报》1925 年 8 月 2 日)

反对裁撤渔业局又一起

渔业董事一致电请维持

外海渔团董事人和公所朱庆安、振安公所张序、定海永丰公所□盛等于效日致杭州省长、省议会、实业厅电云：窃阅大浙江报载省议员金润提议裁撤外海渔业局一案，不胜惶骇。查吾浙东滨大海，水产之饶，甲于全国，业此为生者不下三十余万口。近年日人侵入领海，肆意捕捞，不特侵夺渔民生计，抑且损害我国主权，加以海氛不靖，海盗猖獗，渔民裹足，厚利坐弃，以致外货充斥，土产衰落，内变外患，交相逐迫。若无长官机关为之提纲挈领，攘外靖内，则沿海三十余万口之生计殆濒绝境，此应请维持者一也。查外海渔业局，每年经费不过九千余元，若谓裁撤该局，可以节省公款，则区区之数，无补财政，而渔业前途影响非浅，不特渔民生计，直接蒙害，即税源亦将间接受损，此应请维持者二也。查周局长等自下车以来，悉心考察，锐意整理，对于渔民生计，莫不设法维护，莅任迄今，未及一载，课其成绩，尚有可观，设或未满人意，尽可苛严整饬。若谓因人问题，而涉及机关，是何异因噎废食，此应请维持者三也。今年春间海军部借保卫渔业名义，意图设立机关征收保护费用。董事等以增加渔民负担，迭电反对，惟渔业局成立已及五载，办理渔业行政，皆由公款支出，从无向渔民索取分文。际此渔业凋弊之秋，在在均赖该局为之整理，此应请维持者四也。董事等忝为渔民代表，利害切肤，难安缄默，谨电吁请，伏乞鉴核。

(《时事公报》1925 年 12 月 26 日)

浙江渔商分会报告渔业近况

昨晚七时,浙江渔商公会邬振磐等,假座一江春餐馆,宴请本埠新闻界,到者二十余人。席间邬君起立,报告江浙沿海渔业最近状况,略谓我国滨海七省,渔业之重要不减于农,即就近如江浙而言,北至苏属之海州,南至浙属之温州,海岸亘千余里,列岛至六七十,居民达数百万户,大半皆以渔为生活。我国向不注意及渔,一任滨海渔民,自生自灭。数千年来,船楫、网具非特一无进步,而且日渐衰微,殊堪浩叹。最近我国渔界又发生意外之打击,约有三端:㈠去年冬汛海荒,我国渔民捕鱼以春冬两汛为最要时期,春汛以黄鱼为大宗,冬汛以带鱼为大宗。去年春汛虽未见发达,尚可维持,至冬汛则自阴历九月起至阴历十二月止,大小各渔船之采捕,例之向来收入十减其九。海外如嵊山、枸潜①、落华②、虾脑诸岛居民,确有自去年阴历九月以来至今尚未得米,仅恃番薯、野菜以苟延残喘者。若今年春汛仍无相当收入,则居民不为盗贼即为饿莩,海国苍生恐无噍类。㈠东邻政府对于渔业,非常注重,闻其划分渔界,八十海里以内则为原有渔民捕鱼之区,八十海里以外则为拖网渔轮捕鱼,近更发明一种手操网对轮。其采捕功用,较旧式渔轮,更为简捷,彼国因新旧渔轮发达过盛,乃将我国江浙海面划入渔场,有图可征。而我国奸商,又往往替外人出面创设公司,其已成未成者有某某等三公司,去、今两年间曾三次到沪售货。现江浙两省官厅,正在派委调查,而沪地各鱼行又彼此相约拒不售货,此为渔界侵入之外患。㈠为江苏加征鱼税,此事之发生,其原动力全系有袁某者,耸禀苏省财厅,捏报苏省捕鱼船,总计六万九千九百余只,以值百抽五纳税,每年可收一百三十余万元。苏当道信以为真,委为淞沪征收鱼税委员。袁某一经委任,即在薛家浜设置巡船,以截河鱼咽喉;在吴淞口设置巡船,以截海鱼咽喉;而冰鲜适当其冲。昔在清季厘捐繁重,亦曾在吴淞设卡盘查冰鲜船只,嗣以该项鱼产须趁潮赶市,稍经留难,即变朽腐,不得已渔商皆改挂洋旗,丛雀渊鱼,大伤国体。苏绅张謇深知其弊,

---

① 枸潜:枸杞。
② 落华:绿华。

出为渔商请命,禀请清南洋大臣通融办法,论儆抽税,归并南关,一次征足,二十余年来,国课民生两皆无弊。今当内忧外患之时,该委员又不知冰鲜详情,只图敛财,直接制渔商之死命,即间接绝渔户之生机。敝会同人,代表两海民众,将最近渔业情形,贡献报界,久仰诸公关怀民生,主持公道,务请锡以数言,以救垂危之渔业,渔民幸甚,国家幸甚云云。至十时许,席终而散。

(《申报》1926 年 3 月 29 日)

鄞南渔民组织墨鱼联合会

公禀知事请求立案

鄞县姜山、张王等处渔民组织墨鱼船联合会,公举董事及总代表一节,已志前报。兹闻北洋董事黄麟缓、南洋董事陈良儒、南北洋总代表张志芳,联名具禀鄞县公署略云,本邑墨鱼船计分两种,其采捕于苏洋之陈山、涂下、花鸟、洛华①等处谓之北洋,渔户皆张王人,设立永庆公所,已数十年,自有渔船七百艘,其采捕于北洋之青棚②、黄腥③、苗子湖④等处谓之南洋,渔户皆姜山人,设立永泰公所,亦数十年,自有渔船三百艘,每年立夏节前开始出洋,阅二个月渔汛完毕。随即剖鱼晒鲞,载运回里,是谓螟蜅,投入行栈销售。唯因各处患盗截夺,人财两空,迫不得已自备资斧,雇用货船。当由公所呈请外海水上警厅加给委任在案。但人各为谋,并无同一章程,办法殊多分歧。官厅亦无成例可循,实不成公共团体之局面。今届渔汛,由两公所董事邀集各渔村等重加讨论,因之多数表决,设立鄞县墨鱼船南北洋联合会,公订章程,胥归一律,业经大众公举黄叔瑜等为会长,随时监督,俾利进行。虽渔汛只两月无多,而生计实一年所在,虽渔船只千艘,而生命实万众所系。为此粘具简章一纸,公叩恩准立案,实为公便。

(《时事公报》1926 年 4 月 6 日)

---

① 洛华:陆华。
② 青棚:青滨。
③ 黄腥:黄兴。
④ 苗子湖:庙子湖。

渔业团体一致反对鱼税局

昨晚六时,因淞沪设局征收鱼税事,江浙渔业各团体,假四马路一枝香开联席会议,到者有江浙渔商两省代表邬振磬、冰鲜行商敦和公所代表忻友笙、童子美、张子青,河鲜行商得所堂代表何企鹤、瞿鹤鸣,浙江渔商公会代表戴菊芳,渔商保安联合会代表忻成义,渔商永丰公所代表周千淋、王瑞运、王杏生,鸿安公所代表贺阿善、人和公所代表孙广生。由邬振磬主席,报告淞沪发生渔税事后,两次禀请当道,请予撤消各等情。次由瞿鹤鸣说明河鲜向来捐税及由内地运沪种种困难情形,认为现当兵燹之后,内地渔民,元气未复,实难再加负担。次由忻成义说明冰鲜来自远洋,到沪售货,利在捷运,万难中途截税及清季设卡,渔商皆逃挂洋旗各节。次由戴菊芳发言,略谓河鱼方面,既有瞿君所述之困难,冰鲜方面,又有忻君所述之前鉴,况现当海外鱼荒,各岛居民,方待赈济,何有于捐?近且日轮侵入我海,结队捕渔,小民生计,来日大难。当此内乱外患之时,鱼税实难另征,该局无设置之必要。于是由何企鹤、忻友笙、周千淋等附议,公决请南北两商会主持公道,转呈当道,恳其取消云。

(《申报》1926 年 4 月 15 日)

渔业团体再请撤销鱼税

旅沪浙江渔商公会、江浙渔商保安联合会,为吴淞征收鱼税事,第三次呈联军总司令孙传芳云:呈为鲜货不堪截税,厅令碍难祗遵,再恳饬财厅收回成命,将通过冰鲜划出征收范围,以恤两海贫民事。窃代表等前接淞沪征收委员袁庆萱公函,曾说明吴淞落地之冰鲜由吴淞报捐,吴淞通过之冰鲜,由上海纳捐,两种情形,详细报告,及上海冰鲜,由常关一次征足,断难中途截税等情。想荷洞鉴,代表等方静候解决。旋准袁庆萱第二次公函内开,财政厅指令,有章程内冰鲜本省现行税率,曾经规定税率,仍循旧例,一税之后,并不重征,呈请叠税各节,显系误会等语。查本省现行税率,一集议于苏州留园,一集议于南京省议会,上海冰鲜并未列入,何时规定,商民等并无闻问。至谓税率仍循旧例,查通过向无捐税,何有旧例,此事似出误会。来函又称,冰鲜从前未加整顿,系因前清外交失当,由张绅謇借库款五万两,开办渔业公司,开办之始,请予免税。嗣以公司闭歇,免税一案,即已根本消灭等语,尤属误会之至。不知渔业公司与江浙渔会,截然为两团体,特彼时渔会附设于公司之内,外间不知,遂混公司、渔会为一谈。其实公司因购买德轮而设,渔会乃因收回洋旗而成,其事不同,其时不同。清廷鉴冰鲜船俱挂洋旗,幡然觉悟,故有一次征足之办法。至民国十一年一月,且因公司将欲停办,曾合农商、财政、税务三部,□订冰鲜税率,亦承认一次征足为适当,档案具在,尽可考查。夫鲜船实为两海渔民之命脉,设令中道扦查,即直接制渔商之死命,间接绝渔户之生机。况国家课税原则,要必视民间生产力之盛衰,以为标准。查江浙去年海荒,为百余年中所仅见,沿海数百里,大对小对,收入十减其九,甚至嵊山、拘潜、落华、六横诸岛,居民闻有自冬迄春,未能得米,仅采番薯、野菜以充饥,荒象如此,何有于捐?兼之内忧方炽,外患又深,东邻越界捕鱼,日甚一日,近更用最新式之手操网对轮,结队来华,且将江浙沿岸千余里,划作渔场,共分九十余区。一月之中,该日轮到沪售货,已有三次,直驶而来,直驶而去。向使该委员政策果行,吾恐无知小民,有不托庇日轮之下,冀避重征者几希,为渊驱鱼,为丛驱雀,此又代表等所叹息痛恨,欲求援于我政府者也。为此除续呈省署暨财厅外,迫切上叩。务望钧座体察商情,维持原税,迅饬财厅收回成命,将钧船到沪之冰鲜,划出征收范围以外,渔商渔民,无任感戴,临禀不胜待命之至。

(《申报》1926 年 4 月 20 日)

鱼业敦和公所选举会纪

鱼业敦和公所,于前日召集全体同业开选举董事大会,用记名投票法,除正董方椒伯、驻所议董童志楣、交际董事忻成义照旧蝉联,不在选举之列外,开票结果,总董童蕃甫、郑立卿、方国梁、忻自康、张志胜均当选为议董。选出后,忻佑生以公忙再三辞让,当经全体力劝,始允就职。略事休息后,续行开会,推定方椒伯为主席,讨论护洋事。以现适届大水鱼汛之际,渔会渔轮,不敷保护,公决,应照去年一式办理,仍借海鹰渔轮协同巡缉。次讨论淞沪渔税局事,金谓,近来渔民因海荒之故,困苦已极,何堪再经此种意外剥削。公决,吁请总商会、江浙渔会力向联帅省长请命,务达撤消目的。末为摊基事,经公决拈阄分派,以昭大公,结果,众颇为允洽,遂宣告散会。

(《申报》1926 年 5 月 4 日)

港商函请商会提倡天然蚕丝

宁波总商会昨闻接有香港纶昌鱼丝庄来函云,敬启者,鄙号开设香港,营业本国特产天然蚕丝,行销欧美、日本、南洋群岛十有余年,此物为洋海上渔业所必需,每年贸易金额约有一百万元。历年除本省渔人自用约一二成分外,余额贩运各国,亦我国出口一大宗也。查我国沿海七省海疆万余里,渔业素盛,今除广东洋面之渔人有采用此等天蚕丝捕鱼外,其自厦门以上,如浙之宁波、定海、舟山,苏之崇明、海州,鲁之胶州、烟台,及奉直等地各渔场,均未见有人贩销采用,未卜其效力传播不远,各渔人未悉其术欤,抑各有习惯,未能改良其法欤。此等天蚕丝于洋海捕鱼之功用甚大,各国无不用之,尤以日本为甚。其出产地以两粤毗连地方为主,余则江西、湖南附近粤边各地,亦占一小部分,以香港为集合地,乃出口也。素仰贵会提倡国货,推销土产,敝号为扩充销场,鼓动各地渔人采用起见,前欲将货品送上陈列,希将出品代销章程寄下,俾得照章送上,伏希就近提倡或代通函沿海各渔业公司会所,俾知其效用而采用之,以使增加产额,于国计民生不无小补云。

(《时事公报》1926 年 6 月 12 日)

渔会派轮保护渔汛

江浙洋面渔民,向例以阴历四月至五月十五日为渔汛期,分赴嵊山大戢山各洋面,从事捕鱼。渔商方面,亦派人前往交易。因海盗蜂起,海面险恶,特由渔商保安联合会、江浙渔会、渔商公会三团体,派出富海、福海二渔轮,前往江浙洋面梭巡保护。前日该轮由淞口驶回,在沪南装载煤斤粮食,仍驶赴渔市区域,切实保护云。

(《申报》1926 年 6 月 21 日)

渔会派轮保护渔商

富海福海同时出发

江浙洋面渔民，前因渔汛期间，时有盗匪出没为患，电请当道派发海平舰前往梭巡，业志本报。兹闻渔商等以渔汛之期，虽将终了，而装运鱼件正在此时。保安联合会、江浙渔会、渔商公会三团体，派出富海、福海二渔轮，前往江浙洋面梭巡保护。前日该轮由淞口驶沪装载煤斤粮食，仍驶赴渔市区域，切实保护云。

（《时事公报》1926 年 6 月 23 日）

渔商组织渔业银行

甬属渔商韩秉甫等，近日发起组织渔业银行，业经召集渔民代表迭开会议，并拟订简章，昨已具呈实业厅请予备案，以利进行矣。

（《时事公报》1926 年 6 月 27 日）

中华渔业公司之发起

股本定二十万元

浙江洋面自有日人采捕鱼鲜之后，华商之筹设渔业公司者，日见其多，现有江浙士绅严九麟、张受之等在沪发起中华渔业公司，仿照奉粤等省所办轮船、捕鱼办法，先行购办渔轮一艘，在江浙毗连沿海一带采捕，以上海为销鱼市场，并已拟定招股章程，先行集股二十万元，每股一百元，定为二千股，由发起人担任其半，其余十万元从事劝募。至渔轮船身计长一百二十八尺，中阔二十三尺，已向汇昌造船厂订造矣。

（《时事公报》1926 年 6 月 27 日）

江浙渔局筹备中之渔业意见

渔业公司与渔会为二机关

东南通讯社记者因见前江浙渔业局发表章程,内有收回前江浙渔业公司之事务等语,昨特为此事,访江浙渔会邬振礐氏。其问答如下:

问:贵会是否继承江浙渔业公司?

答:否,敝会组织在前清光绪三十一年,有禀案可查。特当时渔商智识未开,不知办会手续,故一切托渔业公司代理,其机关亦附设公司之内,自渔业公司停办后,故不得不另立机关,继续进行。特外间不知,往往混公司、渔会为一,殊属误会。

问:贵会之由来既久,何以同一渔商团体,今又分为浙江渔商公会、江浙渔商保安联合会、江浙渔会等三机关,其各机关任务何如?

答:江浙鱼商共分八帮,浙江渔商公会代理外海七帮渔商报关,及七帮渔商有事,由该会处理之;江浙渔商保安联合会代理湖帮渔商报关,及湖帮渔商有事,由该会管理之;江浙渔会则专为八帮渔商主持海市之事,凡一切护洋运银,由该会办理之。自信敝会等三团体,实为两省渔民之重要机关,亦为两省渔民之自治基础。

问:何以谓之海市及海市情形如何,组织如何?

答:渔民捕之于海,必赖渔商运之于市,海市者即渔民渔商交易之机关也。故中国近十余年来遍地皆盗,而海外尤多于陆地。一当渔汛之时,其盗尤数倍于平时,当此群盗如毛世界,而欲于一片汪洋中现银交易,此为必无之事,故福海、富海二轮,实为海市之中坚;海市又无一定地点,譬如朝至蛇山捕鱼,则即在蛇山集市,暮至马迹捕鱼,则即在马迹集市。至海市组织情形,约分四科:一金融,二保护,三卫生,四通讯,以金融一科最关重要,换言之,即海市之活动银行也。

问:海市既须借渔轮为中坚,贵会所有之福、富两渔轮,究为渔会所有乎,抑为公司所有乎?

答:福海、富海两轮,前固由公司置之,今因债权关系,业经前江浙两省长会衔,委会稽黄道尹、鄞县姜知事,并邀集江浙两省中渔业中公正士绅会同督算,已将该两轮移转于江浙渔会,照现在而论,当然为八帮渔商公有,无论任何方面,实无过问之理。

记者又索其前会稽道原案,答俟稍缓几日,即当抄送云云。爰记之以告世之留心渔业者。

(《申报》1926 年 7 月 6 日)

组织墨鱼联合会照准

鄞县姜山等处渔民,组织墨鱼联合会,公举张志芳为南北洋总代表,黄麟绂为北洋董事,陈均儒为南洋董事,拟具简章,呈请知事备案一节,已纪前报。兹闻鄞县公署已批示照准,并出有布告云:案据南北洋墨鱼船总代表张志芳、北洋墨鱼船董事黄麟绂、南洋墨鱼船董事陈均儒等呈称,窃吾邑墨鱼计分二种,其采捕于苏洋之嵊山、岩下、花鸟、洛华等处,谓之北洋,渔户皆张黄人,设立永庆公所,已数十年,约有渔船七百艘。其采捕于浙洋之青棚、黄腥、苗子湖等处,谓之南洋,渔户皆姜山人,设立永泰公所,亦数十年,约有渔船三百艘,每值立夏,开船出洋,阅两月渔汛毕,陆续剖鱼晒鲞,载同回里,号称螟蛛,投入行栈销售各处,中间患盗抢劫,人财两空,不得已自备资斧,雇佣护船,由公所呈请外海上水警厅加给奉令在案。惟是人各为谋,并无就一章程,法殊多歧出,质之官厅,亦无成章可循,实不成公共团体之局面。今届渔汛,由两公所董各渔柱,重加讨论,因之多数表决,设立渔船南北洋联合会,公所章程,胥归一律。大众公决,公举黄叔瑜等为会长,随时监利进行。虽渔汛两月无多,而生计实一年所在,虽渔船只千艘以上,而生命实万众所关,为此粘具章程一纸,公叩恩准立案,并候训示遵行等情。据此,即经会饬城区自治委员查复。兹据复称,请函公会并组墨鱼会南北洋,系经多数同意,简章系遵行,核妥设立,以惠渔民等情前来。据此,除指令案外,合行布告各渔民一体遵照,凡入会缴费,借资维持,而利整顿,特此布告。

简章十三条:一、本会由永庆、永泰两公所墨鱼会而成,以资维持,整顿义务,并清理船规办法为宗旨。一、各渔船船照,由本会向外报办,以归统一。一、各渔船入会后,须缴费四元。一、本会置备护船三艘,北洋二艘,南洋一艘。一、每户船设管驾一人,水手十二人,管驾须以熟悉航线者为合格。一、护船管驾,该公所董事聘请会长认定后,呈请外海水警委。一、各渔船于立夏节前出洋,护船同时间每日应在洋面巡洋,俟渔汛毕,责任终了。一、渔船载运回里,须先陈明公所派船护送,否不负责。一、各渔船倘遇不测,护船应负追查。一、如因管驾不力,由本会呈请官厅处分之,如渔船伙友如有逃往等情,由本会酌量情形,请官厅处分之。一、各渔船并伙友如遇不测等,由本会酌量情形抚恤之。一、本会置备公秤一个,分存各该公所,随时与各行号对准,以昭公平。一、本会章程有未尽事宜,得随时修改之。

(《时事公报》1926 年 7 月 20 日)

江浙渔会办理结束

江浙渔会,自江苏渔业事务局成立后,即由会长盛竹书赶紧办理结束,交渔业局接收。现该会定于明日(八日)下午二时,召集渔商公会、江浙渔商保安联合会所属之各帮渔商代表开全体大会,结算报关余款。又该会自遵令移交后,外间渔商代表询问渔会与江浙渔业公司关系原委者,日有多人。兹由驻沪永丰渔商公所摘录十二年浙江会稽道尹督算后,咨达江浙实业厅文如下:

为咨行事,(上略)据鄞县知事姜若呈称,现准赵校长师复、曹厂长文渊,并前派部委王厅长文泰,先后抵甬。当由知事将该经理缴公司账略暨账簿,会同赵校长等,先在内部审核。(中略)查公司账内,实亏银二万七千十四两九钱一分(即系亏欠张总理謇暨盛董事炳纪之垫款)。又渔会账内,实余银十万六千八百三十八两七钱九分七厘,但所余并非现银,即系福海、富海两渔轮及甬北房屋、吴淞冰厂等三项代价。如以渔会之余款内,划出公司所亏之款,实仅存银七万九千八百二十三两八钱八分五厘,且此犹就前列三项存产之代价言之。若实行变卖,则渔轮已使用多年,不无朽坏之处,房屋又未全部完工,恐一经确估,尚不能实值前数。知事与赵校长等一再讨论,觉公司与渔会之账,本不必强分为二,当公司成立时,本以官垫之款为开办之用,但其后又确经两省官厅照数追还。至于已招之商股,查往账内最多时,亦仅一万五千八百四十五两七钱三分八厘,其后即逐年加息发还,现未发还者,仅存银一百余两。是官款既早经偿楚,商股又已大多数发还,则现时公司之主权,似已上不在官,下不在商,究竟所存之渔轮、房屋、冰厂三项,除划抵该公司亏垫款项外,应如何秉公处分,以资结束而昭平允之处,知事与委员,均未便擅拟。(中略)第就敝道尹意见,渔业为当今实业要图,而渔轮保护渔民采捕事宜,关系尤为重大。为渔业前途计,所有公司财产中之福海、富海两渔轮,似宜仍供保护渔民出洋采捕之用(下略)。

(《申报》1926 年 8 年 7 日)

鱼业敦和公所追悼会纪

本埠鱼业敦和公所,以前董李廷琛逝世百日,因其创办公所,组织团体,且又慷慨善举,热诚公益,同业追念前功,于前日上午,发起追悼大会。由忻董佑生主席,董志楣报告事实,宣读诔词外,到者除各行经理、冰鲜业友谊会全体同人,并来宾陈良玉、盛竹书、方椒伯、瞿鹤鸣、费鸿生、徐炳辉、孔慎甫、胡茅锦等二百余人,散会已十一时矣。

(《申报》1926 年 8 月 10 日)

敦和公所解释整顿行规

鱼业敦和公所董事方椒伯,昨复上海菜场摊户总联合会函云:径复者,昨准大函,曷胜骇异。查敝同业整顿行规,援照江浙各埠成例,增加每元一分外佣,早经取得各水客店铺贩户之同意。现查同省镇江各埠加收外佣,每元至一角之巨,其他各埠自二分至四分不等。敝同业事前曾与各水客店铺贩户等磋商,核减至每元一分,行使多日,各买户均称满意赞同,有交易簿册可以明证。此举完全根据各买户之协议,酌减办理,决无发生纠葛之理。如其另生枝节,似系贵会有意挑拨,其责任当然由贵会负担。再现在贵会会长姓氏,即希开示,俾资查核,准函前由,相应函复,至祈查照,至纫公谊,此致上海菜场摊户总联合会,鱼业敦和公所董事方椒伯启,元月十二日。

(《申报》1927 年 2 月 14 日)

鱼业敦和公所通告鱼贩

　　本埠鱼业敦和公所,昨通告各鱼贩云:窃吾冰鲜同业,为整顿行规,并议及年来为时世关系,坏账日多,除各行慎重放账外,不得不于所以挹注之方,兼筹并顾,由本公所新订十六两足秤,分发各行,以昭划一,此后自无九五、九八等种种之称。爰援照各埠成例,自丁卯年为始,增加外佣,每元一分,带收以来,业已一月有奇,多数买户,踊跃乐从,毫无闲言。诚以是项外佣,在各行虽加诸买户,在买户仍可取偿诸食户,按之实际,固并非加重买户负担也,并查苏、杭、甬、绍、镇江、南京,以及余姚、舟山各埠,早有外佣名义,且每元增加二三分,或竟四五分不等。沪埠同为鱼业,同援厥例,本不为过,并再四考虑,期买户对于食户,不致有所为难,特别减轻,为每元一分,此本公所苦心孤诣,增加外佣之议决经过也。各买户不乏明达之人,故于本公所此次改称加佣之举,赞成者实居多数,惟默察少数贩户,间或有个中实在,未能了解,致有讹传误会,反对之言,殊于行家贩户,两非利益,用特备述由来,掬诚奉告。各贩户应平心细想,行家未加外佣,未改足秤以前,与改用足秤加收外佣之后,相提并论,今昔互较,其利弊为何如? 各行家与各贩户,类皆交易有年,素孚情感,况唇齿相依之人,凡事自能洞见肺腑,为此开诚忠告,万勿为人利用。谨布区区,伏希亮察。

(《申报》1927 年 3 月 14 日)

江浙渔会代表之呼吁

　　江浙渔会八帮渔商代表,呈请总指挥部文云,呈为请发还会屋,复我自由,以惠海外渔民事。窃我江浙两省渔商之组织渔会,实始于伪清光绪三十一年。因渔民来自海外,未谙会务,在在假手于人,中间被张謇、盛竹书等把持垄断,经十余年。至民国十年,我八帮渔商,公举邹振磬君出而交涉,乃得两省当道照准,合委员会稽黄道尹公平督算,而渔会始能独立。至所有福海、富海两渔轮及吴淞冰厂、甬北房屋,皆为西海渔商历年积储之金所购置。办理以来,渔民渔商莫不称便。乃孙传芳于去年八月间,派莫永贞解散渔会,掠夺渔轮并攫去现金七千余元,化其名曰江浙渔业事务局,而其实所有财产,皆从劫夺渔会而来,吾民实有冤莫呼。今幸大军东下,恳将被搜之会中财产,如数发还,并治附逆者以应得之罪。除呈请总座外,为此联名公叩,不胜迫切待命之至,谨呈白总指挥。江浙渔会八帮渔商代表镇海朱辅成、沈家门戎人宝、长涂林鹤镛、鄞帮周千麟、湖帮王杏荪、嵊乘山周林发、奉化邬富基、黄陇杨笃春。总指挥部发出批示云,呈悉,既据呈总司令,仰静候批示可也,此批。总指挥白崇禧。

(《申报》1927 年 4 月 12 日)

鱼业敦和公所请释被扣鱼鲞船

鱼业敦和公所,昨为源通、鸿昌两鱼行鱼鲞船被扣事,函请上海总商会,转函苏属缉私统领部,迅行电令该队,将船货及舵工等一律释回。

兹录其原函云:径启者,顷据敝同业源通、鸿昌两鱼行来所声称,该行等在烟台、威海设有鸿成、鸿泰鱼庄,专为收买腌鱼,雇用帆船数艘,装运淞沪往来脱售。兹有船户罗阿生、詹阿卿、罗小炳、张中初等四船,均满装鱼鲞,驾驶来沪。讵经崇明附近七窑浦洋面,突被苏属缉私江海游巡队,指为夹带私盐,将船货及舵工一并扣留,带入崇明七窑浦港内守押,船户等再四申辩,置若罔闻。际此秋热天气,鱼货一物,易于臭坏,营业损失,实属不堪设想。应请致函上海总商会,转函苏属缉私统领部,迅行电令该队,将被扣船货及舵工一并收回放回,以免耽误,而保血本等情前来。窃查是项鱼鲞,系由烟台、威海渔户配用官盐落地腌就,该鱼庄备价收卖,并无私盐夹入,概可当场查验。历来装运淞沪,或经稽查,向不留难,历年如斯,有案可稽。此番突被扣留,殊出意外,商业前途,将来何堪设想。相应据情函请贵会,即希转函苏属缉私统领部,请其迅行电饬现泊崇明七窑浦苏属缉私江海游巡队,将船货及舵工等一律释回,否则请其押带来沪,有无夹带私盐情弊,便可当场验明,再行核办,并请其以后遇有是项装载鱼鲞船只,不得任意扣留,以解商困,而安营业,至纫公谊。

(《申报》1927 年 9 月 15 日)

江浙渔业各团体联席会议

渔业事务局长谭兆鳌,于六日发贴布告,欲将江河湖海腌干卤水产鱼类,加征值百抽五之税,且限于本月八日实行开征,因之渔业各团体,大起恐慌。七日二时,本埠南北鲜盐鱼事务所曾经开会,到会者有敦和公所各鱼行经理、河鱼得所堂、鱼商永丰公所、江浙渔会、腌腊公所、吴淞蓬莱公所、台州公所、永安公所、永宁公所等十八团体,金谓我江浙渔民,冒风涛之险,谋什一之利。年来海盗充斥,已不堪命,兼之捕获鱼类,往各埠销售,各种捐税,负担已重。即以上海而论,进口有关税,有省税,有附税,有转口税等四道之多。若渔业局欲再加征值百抽五,不啻竭泽而渔,何以为生?议决一致反对。十三日申刻各代表复集会于中央西菜社,计到屈文六、褚慧僧、虞治卿、王晓籁、沈衡山、赵晋卿、王汉良、王敬之、邬挺生、沈任夫、张康甫、黄瑞生、陶建华、姚梧刚、吴冠周、李惠人、林兰生、陈人宝、许一飞、戴雍唐、谢瑶仙、冯少山、严慎予、楼其梁、葛醴泉、林梅卿、邬振磐、戴菊舫、张醉卿等诸君,金以日来渔民皆在倒悬之中,议决急则治标之法,由各公团电请当道,于戒严区域内,制止该局行动,以免激动渔商公愤,然后再呈请国民政府解决云。

(《申报》1927 年 11 月 14 日)

渔业团体之呈文

鸿安等十八公所呈南京国民政府财政部江苏省政府文云,呈为江浙渔业事务局应撤未撤,暨局长谭兆鳌应惩未惩,吁请明令处分,为民除害事。窃查江浙两省,向无所谓事务局,有之,自孙传芳去年占据南京始。当时总办莫永贞,挟军阀之威,强夺江浙渔会之福海、富海两渔轮,一时暴力,无可抵抗,被没收者数月。今春革命军到沪,江浙渔会八帮代表呈诉两省当道暨总司令部,该两轮始由青天白日旗帜之下,拨还民用,但未涉及渔业事务局存废问题。先是革命军下沪之日,无暇考量,其于沪上各行政机关,不问新旧,一律暂予维持。总部军需处职员何广遂衔总司令命令,出为渔业事务局局长。迨渔会遵令恢复以后,该局复转移管辖于中央政府,乃有谭兆鳌为第二任局长之部令。

兹举该局应撤之理由有五:以政治言,该局为军阀所特设,与其他行政机关,具有历史性者不同,革命政府胡为袭军阀之旧,此应撤者一。以利害言,前总办莫永贞,受军阀利用,意图搜括,结果成绩毫无,徒耗临时经常等费数万元而去,将欲祸民,适以损帑,殷鉴不远,何堪变本加厉,此应撤者二。以名实言,该局事务虽沿渔业旧称,而查阅布告章程,完全为征收渔税办法,自河海江湖以至沟塘溪壑,一网打尽,名不正则言不顺,事不成徒滋纷扰,无裨实际,此应撤者三。以统系言,鱼类为地方杂税之一种,设立事务局,是否可行,有无窒碍,宜让地方政府核议办理。当兹训政开始,国家地方租税划分期内,何堪自乱其例,致开权限之争,此应撤者四。以用途言,侧闻劳动大学基金无着,条陈筹款者,率称江浙鱼税可供指拨,自朦开办以来,抗税风潮,数见报纸,欲竭泽而布网,恐缘木而求鱼。试一体察渔民之痛苦与公愤之激昂及推想将来之得不偿夫,何妨收回成命,另辟财源,此应撤者五。

至江浙渔业事务局局长谭兆鳌,经渔业各公所代表胪陈罪状,曰侵犯党权,曰卖官利己,曰苛征殃民,曰武装勒索,曰捣乱财政,事实彰彰,吁请查办在案。更举其应惩之理由有三:在昔封建时代,堂高廉远,民间疾苦,易为不肖官吏所蔽。今则建设全民政府,当然周知民隐,贪官污吏,断无存在余地,此就吏治言之,应惩者一。总理规定党纲,罢免官吏,官吏列为民权之一,今纵未及实行,亦何能听其残民以逞,此就党义言之应惩者二。苛税及于鱼类,毋乃其细已甚,如此朘削,裕课不足,病民有余,革命尚未完成,何可令人民先失信仰,此就民生言之应惩者三。夫公好恶乃有真是非,惩不惩在政府,应惩不应惩则在舆论。该局虽与人民为仇,人民究与该局长无隙,该局长如何借词诿卸,人民一切不问,我知根据事实,诉诸政府,总须政府自为权衡。至该局机关,不应继续保存,其理由已如上述,人民痛及切肤,义难缄口。江浙渔业十六帮公所系沿海渔民渔商各自组合,历有年所,最近集中上海开联席会议。为此据情呼吁,呈请鉴核,迅予分别撤惩,以树风声,而安渔业,无任激切待命之至。此呈,鸿安公所、台州公所、蓬莱公所、永安公所、敦和公所、永丰公所、长安公所、镇定公所、敦义公所、栖凤公所、灵和公所、延庆公所、奉化公所、蚕皮公所、江浙渔会、镇安公所、螺门渔会、渔商协会。

(《申报》1927 年 12 月 6 日)

总司令部函请发还江浙渔会

　　国闻社云,据本埠江浙渔会消息,总司令部昨有函致浙江省政府云,径启者,顷据江浙渔会八帮渔商代表黄陇帮许焯等呈略称,奉准发还之江浙渔会财产,彼浙江建设厅误为公有,提议收回,恳请始终维持原案,以惠渔民等情,并附副呈及令条影片。据此,查此案前于十六年五月间,据江浙渔商代表邬振磬呈,以江浙渔会,去年八月间被孙逆传芳非法解散,掠夺财产,改设渔业事务局,滋扰海外。当时渔民处于强权之下,无可如何。迨我军下沪之日,戎马倥偬,不及详查,继续委人。故渔民前曾迭呈江浙两省当道,并请求钧部恳予发还,蒙批交财委会办理。查浙财委会暨浙政务委员会、上海政务分会,先后均有复呈,皆谓此项财产,应在发还之例,请准恢复渔会,饬令如数发还等情到部。当经批示照准,并令江浙渔业事务局局长何广遵照,将该项财产,如数发还在案。兹据前情,除批示外,相应检同副呈及照片,函达贵政府,即烦转饬查明核办,并盼见复为荷。此致浙江省政府,附副呈一件,照片四件,国民革命军总司令蒋。

(《申报》1928 年 4 月 4 日)

江浙渔业公会改组成立

内部改为委员制　　执监委员已选出

　　江浙渔业界,自谭兆鳌任渔业局长时,主张值百抽五之渔税,群起抗争,致牵涉于江浙渔会,发生纠纷。该会会长邬振磬,一再向会内坚决辞职,并主张将内部改为委员制,业经海外各帮多数赞同,筹备有日,于昨日召集江浙八帮代表,在南阳桥会内,开代表会议。到各帮代表戴敦昌、周梅庭、王杏荪、张申之、王升昌、忻筱根、忻桂生、史阿二、王东园、林梅卿、孔小卿、葛醴泉、尤道林、邬振磬、邬信泰、许一飞、杨阿春、方玮林、汪阿贵、朱爱棠、张阿昌、王士冰,列席者冯祥甫、王仁坤、王仁林、胡阿清等。行礼如仪,临时公推张申之主席,致开会辞,略谓,江浙渔会,在历史上已有二十余年之久,办理如何,人所共见。现在主张改为委员制,并变更名称为江浙渔业公会,求内部组织,益臻完善,俾会内责任,得由多数人担负等语。次由邬振磬报告一年来会务之经过情形,旋即将修订江浙渔业公会章程,逐条讨论,多数通过后,当场选举执监委员,结果,戴敦昌、林梅卿、周梅庭、葛醴泉、方玮林、邬振磬、朱爱棠,当选为执行委员,张申之、许一飞当选为监察委员。次复公推江浙渔业建设讨论会出席代表,渔商方面推定张申之,渔民方面推定韩湘舟届时前往出席,散会已六时矣。

(《申报》1928 年 9 月 28 日)

江浙渔商代表请愿经过

江浙渔业事务局,奉国府明令裁撤,渔商赴京请愿代表周千淋、王杏生等,昨午有一部分先行回沪,分赴十六铺及吴淞一带渔商萃集之所,宣布请愿经过。略谓本代表团此次赴国府请愿,蒙朱佛公秘书代表接见,即陈述渔商种种痛苦,并递上请愿书,要求电饬渔业局,放还富海护轮,恢复商民自由报关。朱秘书答称,此案政府已接江浙沿海各业团体文电,完全明了,业将渔业局明令裁撤,至强夺渔商护轮及报关等事,亦由国府令饬财政部速电制止。并蒙朱秘书抄示国府训令,大致谓渔业局办理经年,毫无成绩,徒以扰民,交财部裁撤等语。某等表示感谢而出,旋赴财政部请愿,等候移时。蒙派周聘庚科长接见,某等当递请愿书,并出示抄录之国府裁撤渔业局训令。当以冰鲜渔船数十艘,停泊吴淞口,听候政府解决,要求立电上海渔业局,恢复报关原状,发还富海护轮等项,请转呈宋部长立予施行,以安人心。经周科长一一应允,遂兴辞而返,大约日内当有电令到沪云。

(《申报》1928 年 12 月 28 日)

渔商吁请勿恢复渔业局

维持渔会原状　渔税直接解部

渔商永平公所等,以财长宋子文有恢复渔业局改组渔会之举,特电国府蒋主席,行政院谭、冯两院长,请将该局裁撤,并维持渔会现状。兹录电文如下,南京国民政府主席蒋钧鉴,江浙渔业局,一年之间,五易局长,渔民膏血搜括殆尽,不但无分文解部,每一局长到差,反由部垫给经费,已成巨数,钧座洞悉此隐,毅然下令裁撤,两海渔民,方庆更生。乃顷见报载,财部宋部长又有呈请恢复渔业局之讯,不知宋部长据何理由,必欲保存此有损于民无益于国之骈枝机关。若徒为安插少数属员,而置两省数百万渔民生死于不顾,岂民生主义下之财政部长所宜出此,且报载宋部长呈内,并主张改组渔会,不知集会为人民自由意思,渔会尤有二十余年之历史,渔民为自身保存计,组织渔会,积储资金,购轮护洋,办理报关,得安全至今,以苟延此追波逐浪之劳苦生活。在此训政期内,方扶植之提携之不遑,必欲迫压摧残,宁今日政府诸公所忍为,用敢沥血布陈,伏乞钧座坚持,裁撤渔业局主张,维持渔会原状,所有渔税,即责成渔会照章代收,直接解部,免再设立专局,增渔民负担,徒供员役耗费,庶于国于民,两有裨益,惶迫驰禀,恳祈俯纳,毋任企祷之至。永丰公所、鸿安公所、镇定公所、奉化公所、台州公所等叩,真(致行政院电大致相同兹从略)。

(《申报》1929 年 1 月 13 日)

定海渔业组织联合会

浙江定海岱山地方,素为产鱼之区,渔民及渔船之众,甲于全国。近因海盗横行,沿海渔民裹足,受此无形损失,实非浅鲜,爰特组织渔业联合会,公推当地缙绅林鹤镛、韩襄周、赵秋远等为该会主席委员。闻该会规模宏大,组织完备,并由林主席等,函聘浙江名人庄崧甫、邬振礐等为高等顾问云。

(《申报》1929 年 12 月 10 日)

宁台渔商之呼吁声

戊辰社云,宁台鱼商为各鱼行增加佣金事,昨发出节略,请各界援助。其文云:窃我冰鲜鱼商,常在嵊山、岱山等处洋面,贩运鲜鱼至沪、甬等处,分投各鱼行代为出售。上海之敦和公所各鱼行,对我鱼商售出之货价,照向例扣取佣金,名目繁多。先扣九九,再于九九内另扣九八八,由九八八再扣九三,名曰行佣,又另扣一厘,名曰栈力。其尤不近情理者,各行所组织之公所,其经费不由各行负担,而一并取给于鱼商。在上列行佣、栈力之外,再扣一厘曰公川。故鱼商应得之货价,每百元仅收得九十元零三角。民国十五年,各行借口于生活增高,开支浩大,又加行佣一分,由是每百元只收到八十九元七五三矣。嗟我鱼商,小本营生,出没重洋,既冒风险,又冒盗险,因无智识无团结,任人宰割,忍痛而已。乃各行尚不知足,本年二月起又突加行佣一分,据云业已呈准社会局。我鱼商忍无可忍,不得已始为最后之挣扎。谨述反对理由,惟我仁人君子,垂怜幸察。第一,各行此次加佣,复以生活增高为词,不知十五年业经加佣一分,计各行共同收入,较十五年以前,每年可增至十万元左右。相隔仅三年,忽又加佣,在鱼商何能忍受。且生活增高,不仅各行为然,鱼商亦感生活增高之痛苦,不特无可取偿,且须对各行新增负担,于情于理,宁得谓平,此不能承认者一。第二,近数年来,因日本鱼货侵入市场,鱼商多半耗折,此有事实可证,即各行亦知之甚悉。今以每鲜船营业四万元计,每年加佣之损耗,即须骤增四百元。鲜船除折耗者外,即幸而获盈,每船亦不过三五百元,然则我鱼商尚有不折耗之希望乎?此不能承认者二。第三,鲜船营业,以每年九月至次年八月为起讫,领用行本,招雇伙友,均自九月始,营业继续与否,亦以此时决定。各行加佣,如在上年九月以前宣布,则我鱼商对于继续营业,是否合算,尚有自由审量之余地。今事前绝不宣布,朦禀官厅,以为取盈之计,使鱼商欲进不能,欲退不可,非听其一网打尽,别无办法,迹近诱骗,此不能承认者三。第四,各业公所,其开支由各业自行负担,上海一埠,无业不然。今敦和乃取给于鱼商,使鱼商负担意外之义务。自抽取公川,迄今十余年,以每年万元计,我鱼商对敦和公所负担,殆逾十五万以上,即谓此公所为鱼商所有可也。汗血之资,任其取求。而鱼商对公所绝无丝毫可享之权利。此一厘之公川,徒以供公所铺张迷信及各行经理每星期宴会之用,世称有被压迫阶级,殆我鱼商之谓乎,此不能承认者四。综上所陈,各行之骤加行佣,抽取公川,是否合理,可以共见。我鱼商为弱者,惟有竭诚呼吁于各界诸公之前,庶悯其艰苦被压,而赐拯救焉。和泪陈词,不尽百一,无任迫切待命之至。

(《申报》1930 年 2 月 28 日)

上海渔业敦和公所对于宁台鱼商呼吁之驳复

阅二月二十八日申时两报所载宁台鱼商呼吁各界新闻,一则该鱼商所述各节殊多指鹿为马,有意淆惑听闻,敝公所以事实所在,难安缄默,不得不举其谬妄之点一一驳斥如下:查敝同业各鱼行对于各鱼商代客卖买所取佣金,历来较之他埠同业为轻,如南京、苏州、杭州、宁波等处,大都以九折、九一、九二扣佣不等,此外如本埠各业行商所取佣金,亦率在九折、九一、九二之间,惟敝同业则深知鱼商之困难,故以九三取佣,勉忍痛苦,支持有年。近因生活高昂,开支激增,实处于无可弥补之境,不得已始酌加佣金一分以资挹注,此敝同业所以加佣之缘由也。至于该鱼商谓取佣名目繁多,如先扣九九,再于九九内另扣九七七(原文误指九八八)云云,殊属附会之至。查是项折扣,系属鱼商方面船伙及鱼客向例所回取,名之曰插花、打篙、拔舵、轮川以及全船伙友之酒饭等项,所有扣折之款作为供给鱼商上项之用,并非行家所取,不过代为经手而已。若言栈力一厘系渔船上货时劳动栈司苦力之工资,向来出自鱼商自愿,亦非行家所取。总之敝同业除九三改为九二扣佣外,有实无其他繁琐之名目,此其可驳斥者一也。又云民国十五年间又加行佣一分,查敝同业于是年并无对鱼商有加佣一分之举,假使确有是项加佣,则合诸此次所加,以向例九三计之,何止九二之数,其为捏词可知,此其可驳斥者二也。更就生活增高而言,既同处于环境之中,固彼此皆然,殊不知佣金至此始加而鱼价则早已逐渐增长,今独以生活同感增高为辞,而不计鱼价之收入亦已今非昔比,责人何厚,责己何薄?此其可驳斥者三也。所指抽收公川一厘而论,查上海各业公所,无不以同业营业经售项下抽收之,即他埠亦然,况敝公所对于鱼商方面所抽者不过一部分而已,此外非鱼商客货如本行行货,以及本行自设庄客与自营渔船亦属同样抽收,何得谓完全抽自鱼商乎?是项公川,年以拨充公费用尚属不敷,甚至负债累累,均有各行垫借,亦可谓至公无私者矣。至鱼商出此一部分之公川公所固亦尽一部分之义务,如疏浚江岸淤泥,设置带缆巨桩以利渔船停泊,雇用码头巡丁巡查偷窃鱼货,复于停泊渔船距离之处装兜棕网,以预防船伙失足落水之患。凡此种种设施莫不需巨金,今乃谓鱼商对公所绝无丝毫可享之权利,试问上述各项是否为鱼商所享受者乎,此其可驳斥者四也。综观原文,架词虽工,事实难逃,如上所述,敝同业此次加佣是否为取盈计抑系不得已而出此,当能邀各界之明鉴也。

(《申报》1930 年 3 月 2 日)

鱼商忻筱根即小赓否认永丰公所代表郑重声明

现闻冰鲜永丰公所有假借鄙人代表名义,具呈上海特别市社会局反对鱼行加佣一案,知之不胜骇异。鄙人在甬营业,对于鱼行加佣并不主张反对,如确有是案借名具呈,鄙人始终否认,为特登报郑重声明。

(《申报》1930 年 3 月 12 日)

鱼商永丰公所对于忻筱根否认代表之声明

忻君筱根为本公所柱首之一,此次因上海各鱼行突加行佣,我湖帮鱼商曾在鄞东后庙开会,各柱首及各鱼商多数出席,议决反对。当推忻君与戴敦畅君二人代表来沪,向驻沪本公所报告,并与各帮渔商公所共商办法。事实俱在,岂容讳饰。今该项广告乃谓假借名义,又谓对鱼行加佣并不主张反对,数日之内,反复若两人,是否忻君受鱼行压迫不得已而出此,抑系有人借用忻君名义,为破坏团体之计。除俟查明再行对付外,特此根据事实郑重声明。永丰公所代表周梅庭、戴敦畅等公启。

(《申报》1930 年 3 月 14 日)

渔商继起反对征费

实业部江浙渔业改进委员会,因征收值百抽一之渔业建设费,致起各渔商之反对,昨日又有宁波湖帮渔商周千麟、忻筱根等,呈中央政治会议、国民政府等。原文照录如下:呈为渔业建设费,万难负担,吁恳俯准,迅饬实业部,从缓征收,以维民生事。窃商等接准上海市渔会通知,附实业部核准江浙区渔业改进委员会征收渔业建设费暂行规则九条。闻命之余,群起惶恐。金谓,当此渔业衰落,已达极点,仰赖政府维持,尚恐不及,反欲征收变相渔税,实为沿海渔民渔商所最感痛苦者也,此商等不能担认建设费之理由一也。查征收规则内,谓此项建设费,由鱼行代征,又为商等不解。按渔业习惯,渔民捕之于海,渔商运销于市,所以鱼行售出之货,大半由渔商运输而来。若建设费由鱼行扣取,事实上变为渔商独任负担,更非事理之平,此商等不能担认建设费之理由二也。江浙区渔业改进委员会征收此项建设费,根据于实业部整顿渔业计划,曾奉中央政治委员会批示,有参酌成规妥慎办理之谕。查近年日人侵渔,沿海渔业,一落千丈,我政府洞览其情,于二十年三月间,颁布渔税渔业税一并豁免之令,既有免税之成规,又有征税时代轮儆抽税之成规,均未蒙实业部顾全,而竟断然订定值百抽二之建设费,似未免建设其名征收其实,此商等不能担认建设费之理由三也。商等历年亏本至今已在奄奄一息之际,即如运销上海一埠而言,进口有海关有盐局之严厉检查,有交通部、航政局及地方政府、航政、卫生、公用、财政各局之登记,各种纳费,各种束缚,鲜货营业,已极困难,较之洋货进口,一税之后,全国通行,两相比较,又不免自绝生计,此商等不能担认建设费之理由四也。是以商等一再集议,万难再事负担,又不能渔商独任负担,迫不获已,惟有仰恳政府逾格垂怜,俯念渔业垂危之际,准予迅饬实业部,将征收建设费规则,从缓实行,俾渔商暂维现状,国计民生,亦□受裨益矣,不胜迫切待命之至,谨呈中央政治会议,国民政府行政院、立法院,渔商周千麟、忻筱根、曹赤猷、王瑞荣等。

(《申报》1933 年 4 月 4 日)

永丰公所等函甬渔商请照沪例扣建设费

实业部江浙区渔业改进委员会渔业建设费征收处,自四月十五日开征以来,江浙八帮渔商□皆乐从,迄今月余,尚能相安无事。惟甬埠有少数鱼行误会建设费之用途,以致发生反对声浪。顷永丰公所等江浙八帮渔商联名盖章,致函宁波各鱼行,嘱为依照上海办法,分别代扣汇缴。兹录八帮渔商致甬行原函如下:

径启者,实业部江浙区渔业改进委员会,征收值百抽一之建设费,在上海方面,系由各鱼行就各客货价内,代扣汇解,试办将及一月,尚能彼此相安,沪甬渔商,本属一体,所有宁波方面应缴之建设费,业已函请贵同业公会,传知各鱼行,依照上海办法,分别代扣汇缴,以归一律。至于护洋一节,现经敝各公所向管理局磋商,已有整个计划,关于宁波进口之各鲜船,自当派舰随时至口外巡护,以保各客之安宁,合亟函达,即希查照为荷。

(《申报》1933 年 5 月 23 日)

象石浦渔民成立水产品合作社

理事蔡中正等三人　监事许焕文等三人

象山石浦渔会理事蔡中正等于四月间发起组织合作社以来,已筹备完善,定名为象山县第五区石浦渔民水产品无限责任运销合作社,业经呈请县政府核准,并发给许可证在案。该发起人等,始于本月十五日召集社员,开正式成立会,计到社员十七人,及各机关代表各法团来宾,共有数十人,济济一堂,颇极一时之盛。行礼如仪,先由临时主席蔡中正报告开会宗旨,继由社员投票选举,以蔡中正、林照祥、顾筱遒三人当选为理事,许焕文、黄慧斧、柯鸿亮三人当选为监事。闻已于昨日呈请县政府备案云。

(《上海宁波日报》1933 年 9 月 23 日)

沿海各县渔会成立

定海尚在筹备　建厅限期设立

浙省建厅前为发展沿海各县渔业,经令饬各县长督促组织渔会,以便进行在案。兹准实业部江浙区渔业改进委员会函,为各县渔会,未经成立,关于渔民鱼商渔村等种种问题及渔业之保护改进等种种计划,一切进行均感困难,请转饬督促渔民鱼商,按照渔会法限期组织渔会,当经通饬各县长遵照办理具报。兹悉该厅业据渔区之永嘉、玉环、温岭、南田、象山、镇海等各县长呈报,均经先后组织成立。建厅据报后,以沿海各县渔会既经成立,而渔业荟萃地之定海,虽在进行筹备尚未组织成立,昨已电令限本月底组织成立具报云。

(《上海宁波日报》1933 年 10 月 1 日)

殷家湾渔民组渔业分会

县党部准予发给许可证

　　鄞县东乡殷家湾一带住民业渔者不下万人,惟渔民墨守旧法,对于渔具不知改良,因之生产技能,无从增进,再加日鱼倾销市场,盗匪横行海上,所以年来鄞邑渔船日见减少,渔民多改他业,长此以往,设非奋起挽救,力图振兴,渔民生活,实有不堪设想。现当地渔民郑则诚、郑杏发、陈顺金等,有鉴于斯,特联络同志数十人,依渔会法各项之规定,发起组织鄞县渔会殷家湾分会,呈请鄞县县党部核准,以期挽救垂绝渔业。闻党部已发给第五八号通知书,准予组织,并派陈箕鋆为组织指导员云。

(《宁波民国日报》1934 年 5 月 10 日)

定海岱山高亭镇定公所启事

　　窃吾岱大溜渔船,每岁春汛在苏境里泗洋面采捕鳓鱼,由来已久。乃近年海氛不靖,盗匪横行,往往将岱帮捕得之鱼劫掠一空,受其害者不一而足。查该匪等售货地点以苏省海门县属之灵甸港及常熟县属之浒浦以为尾闾。现岱民为亡羊补牢计,经一致决议,以后捕得鳓鱼,将其尾上翅一角截去,俾易辨认而便查究。除呈请两省当道随时饬属侦查外,如有该项鱼类发现,代为将人赃并获者,愿以鱼价之五倍为酬,通风报信因而查获者,以鱼价之两倍为酬,储款以待,决不食言。恐未周知,特此登报公告,希各界注意为荷。

(《申报》1934 年 5 月 22 日)

沪市渔业界筹组国民海产公司

筹备处设十六铺里马路

　　沪市渔业界巨子周望月、金楚相等,鉴于我国渔业衰落,日人乘机侵夺,每年海产物输入达四千万元之巨。为发展渔业挽回利权计,特在沪集资五十万

元,筹组大规模海产公司,现正积极进行,年内可正式成立。华东社记者昨特往十六铺里马路该公司筹备处探悉详情,分志如下:

五十万元组织公司

该公司定名为"国民海产股份有限公司",资本额定五十万元。现已征得本市渔业界多数赞助,并已呈请实业部备案。经实部核与该部所拟渔业四年计划中所规划之盐鱼制造厂目的相同,已批示核准,允予提倡。现已着手进行,筹备一切,限于本年内正式成立,开始营业。

营业范围约有四点

该公司之营业范围,约分下列四项:㈠设立海产制品厂于江浙沿海嵊山、泗礁、岱山、舟山等四重要渔区,俾与渔民分工合作。㈡自备汽油运输船,以收渔船渔获物及贩运鲜货工作。㈢附设天然冰厂及堆栈。㈣组织渔民消费合作社等,将来并拟购置渔轮,自行捕鱼,养殖贝蛤,以增加生产,但须视营业之发展而定。预计每年营业总数,约在一千万元以上。

调查渔场每年产量

该公司以发展是项实业,首须明了产鱼情形,特赴沿海各渔区,经过长时间之调查,历经象山、镇海、台州、温州、嵊山、泗礁、岱山等处。据统计每年产量,黄花鱼约一百六十万担,大黄鱼约五十七万余担,乌鲗鱼约三十万担,带鱼约三十六万余担,海蜇皮约二十万担,其余如沙鱼、鲳鱼、鳓鱼、淡菜、海蜒、紫菜等,亦均有详细统计。

改良计划先办制厂

该公司对于改进渔业之计划,为使轻而易举,并适应需要起见,决从创办海产制品厂入手。特聘请专门人才,从事研究,于制品厂内,各分设腌制鱼类部、干制鱼类部、罐头鱼类部等。概以科学方法精制,使经久不变,调味适宜,并附设代理渔船事物部,供给渔民各种需要,俾渔民减轻负担,专心捕鱼,以收提倡海产,救济渔业之实效云。

(《申报》1934 年 8 月 27 日)

取缔重秤后鱼栈别翻花样

始终不忘剥削渔民　将鱼价打一八八折

鄞渔会请转函制止

　　鄞县渔会,前以鲜客沿用旧秤,剥削渔民,曾分呈当局迅予制止,经本报一再披露。现沈家门各鱼栈,以旧秤废除,难图厚利,因密议抵制方法,以鱼价八八扣付。现渔会又具呈鄞县政府,迅咨定海县政府布告制止,探录原文如下:呈为呈请事,案查鲜客沿用旧秤,违反政令,曾经本会申请钧府,准予转令查禁在案。兹据会员史文蓬等来会报称,定属沈家门地方,为浙江省唯一渔区,渔民渔船及鱼栈鲜船,均荟集于斯。本县渔民捞获之鱼,除有时经售于鲜客外,概售给沈家门各鱼栈。今沈家门各鱼栈鉴于本会申请查禁旧秤消息发表后,竟敢密议抵制,加重剥削,渔民生计,岌岌堪危。闻其抵制方法,以鱼价八八相付,如鲜鱼每千斤完价百元者,付款八十八元,较诸沿用旧秤之流弊,有加无已,纠纷易起,变生不测,用将急报本会,设法救济等情。查统一衡器,政府命令,鲜客鱼栈,自应遵令改用,似不能因本会申请查禁沿用旧秤,加重剥削渔民,借图厚利。现鲜客定价,既取决于鱼栈,交付鱼款又扣八八,是渔民生命辛劳所得之代价,殆剥削净尽。此百分之十二之回扣,实较从前渔税及渔业建设费之违法征收为尤甚者也。据此前情,理合备文呈请钧府,迅咨定海县政府布告制止,借惠渔民,实为公便。

(《宁波民国日报》1934 年 10 月 23 日)

旅沪甬同乡会转呈苏省府　请制止温台渔民笼捕墨鱼

请制止温台渔民笼捕墨鱼

苏省府饬崇明县查禁护渔办事处派舰监视

　　宁属沿海渔民八千余人,以江苏省所属之领海花鸟、嵊山、绿华、崇明等岛屿渔区,时有温、台两帮渔民,放笼诱捕墨鱼,其妨碍网捕工作及鱼类繁殖甚巨。

曾于民二十年间,与温台渔民发生剧烈械斗,其空前之惨剧,迄今犹惶。虽经江浙两省政府之申令禁止笼捕在案,而现今又届渔汛,为预防重肇覆辙计,于日前联请宁波旅沪同乡会,予以转陈江苏省政府,维持禁令。乡会据情,乃分别转呈实业部与江苏省,迅予令行护渔办事处,派舰监视,或令饬崇明县政府切实查禁。兹乡会先后奉到实业部及江苏省政府批复照准云。

(《宁波民国日报》1935 年 4 月 7 日)

姜山渔民组织墨鱼船联益会

专员办事处召发起人到处面询

鄞南姜山一带渔民,多采捕墨鱼(即乌贼)为业,现有邬煌南等,发起组织墨鱼船同人联益社筹备会。兹因墨鱼渔汛将届,于日前呈请第五特区行政督察专员办事处,请转函实业部护渔办事处,派舰护洋驻泊花鸟岛,以维渔业。赵专员据呈后,以该联益社组织情形及墨鱼船历届捕鱼护洋状况,亟欲查明实际真相,昨特令该民克日来处面询,以凭核办云。

(《时事公报》1935 年 4 月 26 日)

奉栖凤桐照渔民公所赵次胜任理事长

赵派李宋二人前往主持

奉化栖凤、桐照一带渔民,大半捕鱼为生,向有义和公所之设立,办理渔民福利事宜,理事长一席前由庄莘如担任(庄崧甫之侄)。庄氏兹以事务纷繁,无力兼就,业已改请第五特区行政督察专员赵次胜担任。赵氏亦以处务重要,不能时往主持,兹已派定李厚裹、宋庆玲代表前往支持所务,李、宋二人定十五日左右赴奉云。

(《宁波民国日报》1935 年 5 月 3 日)

虞洽卿张寿镛等请放鄞县渔民借款

电请蒋委员长鉴核赐准

宁波旅沪同乡会及旅沪甬绅张寿镛等,昨日电蒋委员长文云,鄞县东钱湖渔民,受甬埠钱庄倒闭影响,借贷无门,秋汛在即,放洋无望,势将坐毙,环请敝会,电呈钧座,援去年奉化渔民借款成例,迅予电令农民银行,拨借渔款十万元,以资救济。除函呈外,为此电请鉴核赐准,实深公感,宁波旅沪同乡会虞和德叩皓。又张寿镛等致蒋委员长电云,吾甬自多数钱庄停闭,金融极度呆滞,渔民受此影响,告贷无门,值此秋汛,放洋在即,恐慌万状。该渔民等,拟援去年奉化渔民借数成例,代向我公陈情,电饬农民银行,续放渔款十万元,俾免数千渔民失业,为特电呈,敬乞俯予维持,不胜迫切待命之至,张寿镛、张传保同谨叩皓。

(《时事公报》1935 年 8 月 23 日)

浙海渔区盗匪猖獗 渔民电沪呼吁

渔船二十余艘被掳 请派巡舰救护出险

浙属沈家门渔业公所等渔民团体,昨致本埠实业部护渔办事处代电云:呈为渔汛期内海盗猖狂,掳□大批渔船万急,迅派巡舰护渔,一面调兵直捣匪巢,救护被难渔民出险事。窃属会顷接渔民报告,十月三十一日下午,张小娘、陈庆堂、蒋阿小、贝福生、夏定兴、忻云卿等渔船二十余对,在慣山洋面被匪掳去,人船均遭绑架,渔具悉被蹂躏。匪首金顺安、黄春山扬言接信后,须往指定地点接洽取赎,否则毁船撕票,其猖狂顽恶,盖有如此。属会据报,询悉在渔区并无巡护之轮,在就地又乏追缉之船,水上治安,已是遍地荆棘,渔民生计,益觉水深火热。今年出洋对船,购办工具及一切贳船之金钱,完全系东典西质而来,勉强而行,无非欲在困难艰苦中,求得一家之衣暖饭饱。若捕渔区域,在在可以遇到匪徒,无何罹难家属,呼天抢地,其余对船,岌岌自危也。用特万急电请,仰祈迅派巡舰,迅赴渔区,切实巡护,一面调兵追剿,救护难民出险云。

(《申报》1935 年 11 月 6 日)

鄞县渔会暨分会已先后成立

县府呈复专员署

鄞县政府昨呈复专员署文云,案奉钧属饬令第二二四号,饬将渔会组织成立,克日具报等因。奉此,查本县有县渔会及东钱湖分渔会二渔民团体,县渔会成立于民国廿一年九月,东钱湖分渔会成立于民国廿三年七月,理合备文呈复,仰即鉴核云云。

(《宁波民国日报》1936 年 3 月 5 日)

江浙渔商纷请中央发行渔业公债

各渔会等胪陈振兴渔业要点多端
财实两部即将派员会同计划办理

(沪讯)上海渔轮业同业公会、上海鱼市场筹备委员会、宁波旅沪同乡会委员长虞和德、定海旅沪同乡会委员长刘鸿生,以及苏省常熟、盐城、南通、崇明、南通、东台、松江、海门等沿江海二十余县渔会等,以我国沿江海各省市地方人民,直接间接恃渔业为生者,不下千余万人,每年渔产价值达三万万元以上。近年农商凋敝,社会金融枯竭,渔村组织亦随之崩溃。如果不筹商救济办法,则将来不特渔船不能出海作业,益将任外轮任意侵渔,危害地方安宁,影响社会经济,故纷请呈请实业、财政两部,特请中央发行渔业公债,或妥谋一根本救济之方。兹探志各渔会及各公团所拟办法及意见如次:

浙省渔业经济状况

浙省定海渔业,冠于全国,而沈家门地方,尤为渔民荟萃之点,每届冬汛,有大对船一千二百余对,放洋采捕,每对生产,平均五千元计算,统计所获,不下六百万元,惟在放洋之先,必须筹集渔本,如人工租船、柴米、桐油、藤拷、绳网等物。每对大船需用渔本一千五百元,共计约需一百八十余万元,此项渔本,向由甬、沈二地银、钱二业贷予鱼栈,再由鱼栈转贷渔民,俟渔获物售出后,算还本息,已成惯例。

公团集商贷款救济

近来银、钱两业,因遭受现社会不景气影响,金融停滞,放款紧缩,鱼栈无从周转,渔汛因而坐失,数百万元之渔作生产遗弃海中,数十万户贫苦渔民未由生活,甚至为饥寒所迫沦为海盗,流祸地方。故经各公团集商之下,拟仿照财部救济工商业办法,请中央筹备公债或渔业公债二百万元,组织贷款基金保管会,贷予渔商,贷放期间,限定一年,暂以黄花鱼生产金三百万元为保证金,到期由鱼栈负责收回。贷放之时,除鱼市场动产不动产为抵押品外并取殷实铺保,务使基金稳固,款不虚靡。

贷款渔民不忧损失

又各地渔会等,则主张请由政府就已发行之公债或准备待发之何项公款项下,提拨数百万元,分存办理农村贷款之各银行,贷给渔民,以作渔船出海捕鱼之资本。至于渔村生活,不比农民安定,每岁出海渔艘,不免闻有遇风遇盗之险,此类损失,贷者当然抵偿,此则拟请财部于盐税项下,每担加收一角或五分,以便抵补渔民贷款损失之用,此盖为救济之稳妥办法,且可为渔民贷款者,保留一偿用之立场。

护渔弭盗有赖海关

关于渔业衰落之总因,固不仅渔捞方面之一端,即如运输制造等,亦极关重要,似亦应由政府设法救济,方能谋彻底之振兴。拟请政府仿照水灾附加办法,于海关水产物进口项下,带征附加百分之一二,以作沿海渔村振款,以作救济及改进渔业技术之用,如此则不待渔民既可安居乐业,利赖滋生,亦即无形中消弭海盗,保护沿海贸易安全,海关谅亦乐予赞助。闻财、实两部,以如上所陈,纯为现时救济渔业之切要方案,故拟派员会同计划办理云。

(《宁波民国日报》1936 年 3 月 11 日)

外海渔业合作社呈请限制海鲜商延欠鱼款

请分令沪甬渔团奉行"埭埭解"习惯

鄞县东钱湖外海渔业合作社,去年曾呈准鄞县区行政督察专员公署,令饬沿海各县府出示,督促所属海鲜商,对于鱼款,应恢复旧制,厉行"埭埭解"。乃各海鲜商故态依然,仍一再延压,该社昨又续呈专员署,请重申前令,分行各渔业团体,责成所有海鲜商,切实奉行。兹录原呈如次:窃属社前以鲜商在海上收买渔船渔获物,售得之鱼款,因贪图生息,常故意滞留,延不汇解,或久被积压,浸成巨数,遂萌图吞妄念,挟款宵遁,致渔民横遭损失,妨害生计,殊非浅鲜,渔业惨败原因,此实居其一焉。苟不整顿而谋改善,固永遗渔民祸患,而属社偿还鄞县县政府救济借款途径,殆亦受其影响,发生危险。经于去年十月十七日,呈准钧署,令饬有关渔业各县政府出示,督促所属海鲜商,厉行"埭埭解"旧制,将售得鱼款,立时汇解,不得截留或滞付,并奉批示在案。奈近查各海鲜商,依然不改故态,视政府法令等于具文,良堪痛恨。目下小黄鱼汛将届,佘山洋一带,鱼产量最盛,渔民终岁希望胥在于是。海鲜商向渔船交易鱼值金额,为数弥巨,若任其仍复延搁,则渔民之鱼款收入前途,必多损害,合再备文续呈,仰乞俯赐察照前今所呈各节,重申前令,另行分令各渔业团体,如宁波冰鲜业同业公会、鱼商永丰公所、定海沈家门渔栈业同业公会,及转函上海特别市市政府,转令上海冰鲜业同业公会,责成各该所有海鲜商,一体切实奉行,务期铲除此种悉习,借维渔民生计,实为德便。

(《时事公报》1936 年 3 月 23 日)

奉渔民借贷所先后借与渔民七万余元

余款仍留农行未动　该所昨开董事会议

奉化渔民借贷所,昨在鄞县区行政督察专员公署开第八次董事会议,出席者曹镇麒、庄崧甫、宋汉生(庄代)、赵次胜、应梦卿、孙性之(应代)、沈昌佑,列席程廷倬,主席曹镇麟。一、主席报告第七次会议记录,二、副主任报告,本所今年分向中国农民银行订借法币十万元,先后已借与渔民七万另六百元,其余之款仍留中国农民银行未动云。

(《宁波民国日报》1936 年 4 月 9 日)

象山等四县渔会电争国民大会代表

同属职业团体独遭屏弃

象山、临海、玉环三县渔会,定海沈家门渔会分会,以此次召集国民大会,原为聚会全国民众代表,群策聚力,共谋国是,合救危亡,故代表选举法原则,有职业团体、自由团体等代表权之规定。乃近阅报载,闻于职业团体方面,如农工商各会,均已分配代表名额,而居地占全国七省之广,人数达全民百分之十,如渔业组织之渔会,对于国民大会代表名额,独遭屏弃,特联电中央党部、国民政府、行政院、立法院、实业部,请准予增补渔会代表名额,以弥缺憾。

(《宁波民国日报》1936 年 5 月 11 日)

渔会电争民会代表

鄞属象山、定海、玉环、临海四县渔会,以此次颁布之国民大会代表额,关于职业团体方面,如农工商各会,均已分配,而于占全国七省之广,人数达全民十分之一的渔会,代表额独付阙如,因特联电中央,请准予参入。

(《申报》1936 年 5 月 13 日)

鱼业行商不得组同业公会

渔会法系工商同业公会特别法
令饬鱼商应先于普通法而适用

宁波商会昨奉鄞县政府公函,曾奉实业部指令解释经营鱼业之行店,是否得依工商同业公会法组织同业公会,抑应组织渔会,不得疑义,请察核解释示遵由,内开,呈悉,查司法院院字第九〇〇号解释,依渔会法施行规则第五条,鱼行或行店,可依渔会法组织渔会,其所组织之同业公会,实即法律上所谓之渔会,故渔会虽与商会不同,而渔会法实系工商同业公会法之特别法,依特别法应先于普通法而适用之原则,渔户或鱼行,自不得径依工商同业公会法组织公会。该县沈家门镇对鱼业,径依工商同业公会法组织同业公会,与上项司法院解释不合,仰即知照(下略)。

(《时事公报》1936 年 6 月 10 日)

鄞外海渔业社偿还县借款

利息本月内清偿

鄞县东钱湖渔民,去年因鱼栈停止放款,乏本出洋,由东钱湖外渔民合作社名义,向鄞县政府贷借渔款三万二千元,订立合同,按期归还。兹悉该项渔款,现经到期,已由合作社向渔民络续收回,如数偿还县府,所欠息金,亦于本月份内可以还清云。

(《时事公报》1936 年 6 月 10 日)

各地渔会呈请划分农渔代表名额

推派代表晋京请愿　　函同乡会协助交涉

江苏崇明县渔会,浙江定海县渔会、鄞县渔会、玉环县渔会、象山县渔会、临海县渔会、福建惠安县渔会,上海市渔会等渔业团体,以依照国民大会选举法附表之规定,各地农会与渔业代表,合共四人,不特与同法第二十条之规定,滋生疑义,尤于沿海各地实际情形,有所未洽。二十日特联合推派代表许焕文、黄振世、周濂泽、忻梵僧等持呈晋京,分向中央党部、国民政府、行政院暨国民大会选举总事务所请愿,请求划分各地渔农代表名额,分别选举,以重选政。

原呈如次:呈为联合推派代表,晋京请愿,请求函令国代选举总事务所,通饬沿海各省市选举事务所,妥为划分渔农代表名额,分别选举事。窃渔会为具有独立人格之重要职业团体,其地位实与农工商会相并列。以吾国沿海各省市渔业地位之重要,就人数言,渔民鱼商,数达千万;就事业言,渔业经济之建设,已形成国民经济建设中之主要部分。且海洋渔业,尤与国防有特殊关系,将来国民大会中各职业团体,均有代表加入,如渔会独付阙如,是不但无以上符国家重视渔业之至意,且无异剥夺千余万渔民鱼商之参政权。查国民大会代表选举法附表三,业经合并规定各地农会与渔会代表名额,此在法意上已视农渔并重。惟农渔代表名额,既系合并规定,则内地重农,沿海重渔,沿海各省市选举事务所,自应参酌实际情形,妥为划分农渔代表名额,并依照选举法第二十条,由各该职业团体执行机关职员分别推选候选人。如仅因农渔代表名额之合并规定,而不分内地与沿海,一律举行农渔代表之合并选举,则不但违反立法原意,且渔会数量远不及农会之多,以多数与少数关系,渔会势必不能与农会竞选,产出代表。例如上海为全国渔业聚散之中枢,渔业地位极关重要,但市渔会无分会设立,市农会则设有十五个区农会。如合并选举,则以一个市渔会之执行机关职员,既不能与十五个区农会之执行机关职员竞选候选人,且市渔会无异为市农会所统属之一区农会。按诸选举法第二十条,各该团体推选候选人,以各该职业团体执行机关职员为限之规定,亦有所违反。根据上述事实与法理,属会等认为沿海各省市农渔代表名额,亟应由当地选举事务所参酌实际情形,妥为划分指定,俾无偏枯。并依照选举法第二十条所规定,由各该团体分别选举,以重选政。今各地选举事务,正在积极赶办中,时机甚迫,特由属会等联合推许焕文、黄振世、周濂泽、忻梵僧等来京请愿。敬恳迅予通饬沿海各省市选举事务所,妥为划分农渔代表名额,依法选举,不胜公感之至。

鄞县、象山、定海、临海、玉环等五县渔会,昨联名电请宁波同乡会,请协助交涉国民大会代表名额,与农会分别划清。原文云:宁波旅沪同乡会台鉴,窃渔会具有独立人格之职业团体,其地位实与农工商会相并列。以吾国沿海各省市渔业地位之重要,就人数言,渔民鱼商,数达千万;就事实言,渔业经济之建设,已形成国民经济建设中之主要部分,且海洋渔业,尤与国防有特殊关系。将来国民大会中各职业团体,均有代表加入,如渔会独付阙如,不但无以上符国家重视渔业之至意,且无异剥夺千余万渔民鱼商之参政权。查国民大会代表选举法附表三,业经合并规定各地农会与渔会代表名额,此在法意上,已视农渔并重。惟农渔代表名额,既系合并规定,则内地重农,沿海重渔,沿海各省市选举事务所,自参酌实际情形,妥为划分农渔代表名额。依照选举法第二十条,由各该职业团体,分别推选候选人,如仅因农渔代表名额之合并规定,而不分内地与沿海,一律举行农鱼代表之合并选举,则不但违反立法原意,且渔会数量,远不及农民之多。以多数与少数关系,渔会势必不能与农会竞选,产生代表候选人。按诸选举法第二十条,各该团体推选候选人,以各该职业团体执行机关职员为限之规定,亦有所违反。敝会等根据上述事实与法理,认为沿海各省市农渔代表名额,亟应由中央通饬各地选举事务所,参酌实际情形,妥为划分,指定农渔代表名额,俾无偏枯。并依照选举法第二十条规定,由各该团体分别选举,以重选政。除另文呈请中央党部执行委员会国民政府行政院国民大会选举总事务所外,窃以本省居全国渔业重心,渔业地位,更形重要。而本省渔业人民,尤以我甬人为最多,事关渔民政权,为特电恳贵会协助呼吁,俾达目的,毋任感盼之至。浙江鄞县渔会理事长沈友梅、象山县渔会理事长许焕文、定海县渔会筹备主任楼谷人、临海县渔会常务理事金奇桴、玉环县渔会理事长杨克逊叩,马。

(《申报》1936 年 8 月 22 日)

浙渔界领袖亟谋自救

筹组浙省渔业联会

我国渔业,在今日市情不景气,外轮侵渔及渔盐变色,重重压迫之下,已呈极度衰落,数百万渔民,辗转挣扎,大有不可终日之势,以江浙两省渔获物产量丰盛而言,任其浮沉,不但关碍民生,实是影响国计。兹悉甬籍渔业界领袖张申之、庄崧甫、邬志豪、陈粹甫、张少畔、陈忠皋、曹吟才等,目击渔民困苦情形,致力于改善渔业之设计,因值国步多艰之时,政府虽有建设渔业之图,容或力有未逮,为求渔业之建设,非在渔业本身谋改善难收实效,爰有先从事于渔业界团结之计划,使渔业有健全之组织,方能发挥力量,设计改进。国民社记者特为此事,晋谒甫自杭接洽渔业返沪之陈忠皋氏,承见告如下:余(陈氏自称)此次赴杭,系承庄崧甫、邬志豪两先生之邀,为筹组浙省渔会联合会事,向当局有所接洽,并贡献亟应救济渔业之意见。良以我国领海之广,渔获物蕴藏之富,据专家调查所得,年计二万万元之数。惟以渔业生活困苦,向不为国人所注意,而渔民类皆不识不知之氓,率守旧章,致难与现代潮流相竞争,始有今日衰落之现象,实堪痛惜。近年来因渔业衰落之结果,演成舶来渔品侵销我国市场,进口之数,不下数千万元,闻之惊心,国人始稍关注。迨渔盐变色争执,岱山惨案暴发,更引起各界重视,尤其是吾辈甬人,关怀深切,群起谋渔业之救济及改善,主其事者庄崧甫、张申之、邬志豪、陈粹甫、曹吟才等诸绅商,余亦参与末议,曾经邀集各帮渔民领袖,筹议办法,金主先从组织渔会入手,以求自力更生,渔民感切身之利害,进行颇称顺利,将浙省各县属已先后成立者,有鄞县县渔会、奉化县渔会、象山县渔会、定海县渔会及沈家门、钓门二分会,他属如玉环县渔会、瑞安县渔会、临海县渔会亦相继组织,并进而谋组浙省渔会联合会之筹备。日前邀请熟悉渔业情形,曾任宁象南区暨温台区渔业建设费征收处主任赵揆一氏同赴各属,实地调查渔民现状及渔盐变色后渔民所受之影响,并赞襄渔联会之组设,俾垂毙渔民,得有昭苏之望。他如渔业银团之筹划,运输生产消费合作社之组织,均将在渔联会成立之后,设法推进。至于渔联会已由鄞县、奉化、象山三县渔会发起,呈请省党部颁发许可证,各属渔会赞同加入者,已达十七单位之多,俟许可证奉到,即可筹备成立。惟兹事体大,端赖群力,鄙人此次在杭,承省委朱守梅先生邀宴,对于改进渔业一事,颇加赞许,并允力促其成立云。

(《申报》1936 年 11 月 5 日)

庄崧甫等发起组织浙江渔会联合会

呈浙渔业管理委员会说明理由

浙省鄞县渔会常务理事庄崧甫、奉化县渔会常务理事刘祖汉、象山县渔会常务理事许焕文等,为谋增进渔民之智识技能,改善渔民生活,发展渔业生产,并联络各县渔会共同行动起见,特发起组织浙江全省渔会联合会,具文呈请浙江省渔业管理委员会,转呈浙省政府准予派员指导。兹录其原文如下:

呈为联名申请发起组织浙江全省渔会联合会,仰祈迅予转呈浙江省政府派员指导组织,以利渔运事。查我浙地处沿海,水产之富,渔盐之盛,甲于全国,惟渔民墨守旧法,对于渔业上之种种技能,不知改良。况年来又受外鱼倾销影响,致浙省渔业更形衰落,依渔为生者大都衣食不继,而各县虽有渔民团体组织,类皆各自为政,不求声气之相通,甚至因笼捕、网捕墨鱼各异,固执偏见,曾于上年间酿成械斗惨剧,是皆浙江省渔民平时缺乏联络感情,与夫领导机关也。此外渔民生活如何使其改善,渔业生产如何谋其发展,如何举办渔业教育,筹设渔业资金,亦均无通盘筹划,以及共同目的。各县渔会为渔民合法团体,责任所在,自应设法进行,故组织浙江全省渔会联合会,诚属刻不容缓。为此依据渔会法第二十二条之规定,召开各县渔会代表谈话会议,一致赞成,发起组织,拟具章程草案,并择定宁波环城路一八号为筹备地点,公推鄞县、奉化、象山三县渔会,为申请代表,备文附具章程呈送钧会察核,仰祈迅予转呈浙江省政府派员指导组织,以利渔运,实为公便(四日)。

(《水产月刊》第 3 卷第 11 期,1936 年 11 月)

筹组渔业银行

浙沿海各渔民,类皆资金缺乏,每逢渔汛,资金多仰给于鱼栈,而鱼栈又取给于钱庄,因此重重剥削,渔民鲜能获利,苦不堪言。定海一带重要渔区,年来虽有渔民借贷所之设立,但范围不大,难以普及。浙渔业管理委员会有见及此,已拟定计划,决除根据上年度行政计划已与农民、地方两银行订立二百万放款合同继续贷放外,更拟筹设渔业银行,以便渔村经济,得以周转灵活。该项计划,决于本年度内实行,在杭州设立总行,各县重要渔区,设分行或办事处,并举办储蓄等业务,将储存利息提高。至该行资金方面,正由当局筹商中,将采官商合办,一切章程及储蓄规则,即将着手草拟。

(《申报》1937 年 7 月 25 日)

鄞冰鲜业具呈专署　请求改变查验办法

手续烦琐冰鲜臭腐乏人购买
省府未核定前准予变通办理

鄞县新鲜冰鲜业同业公会以出入口查验手续烦琐,冰鲜腐臭,渔民鱼商受害匪浅,昨具呈六区专员公署请求改变办法云,窃我浙东地濒南海,宁属七邑沿海居民多赖网鱼为生,其销售处所上海,独占巨额。自抗战以还,海氛不靖,敌舰伺隙,渔民网捕设不小心,人船俱没,货固无论,其困苦状况,谅可概见。为因升斗之利,历尽千辛万苦,方冀装轮脱售养父母妻子。今以查验须要经商会申请战时物产调整处县办事处及查验处盖章再行报关装轮,往返三天之久,鲜货腐臭,购买乏人,沿海数十万渔民生计,势将尽绝,斯民何辜,忍教其饿死沟壑耶?为此恳切上呈,仰钧处体上天好生之德,拯渔民倒悬之急,迅为电呈省政府建设厅战时物产调整处,准予改变办法。凡鲜货出口,请免经何项手续,只需由宁波出入口查验处呈验,照例报关,则冰鲜庶几不腐,渔民感德无涯矣。近者,中央政府为减除渔民之痛苦,顾虑渔民之生计,特令沿途关隘,凡遇渔船出入随时放行,不得阻碍,并准帆运水产,均免税则。伏乞钧处本中央政府宽大仁厚之意,在省政府未核定前准予变通办理,以维时艰,而苏民困,实为德便云云。

(《宁波商报》1938 年 7 月 4 日)

冬季渔汛转瞬将届

象渔会谋产销呼应 呈请防守部饬海福轮兼湾石浦

象山县渔会,因冬季渔汛转瞬即届,石浦为渔业集中之区,附近十余万渔民,数万家渔户生产鱼鲜,向赖该地为市场,而出运又以上海为唯一销路。自战事爆发后,航行停止,在昔有沪甬瓯商轮日夜装运,而今虽蒙当局准哈纳轮湾石,奈班期距离太远,且载量有限,产销不能相应,似此仍无济于事,况闻敌人有侵占舟山群岛为渔业根据地之梦想,向渔民兜卖鱼鲜,渔民生活,一旦处于绝境,难免被敌利用,实有碍抗战前途。该会目睹险象,不寒而栗,故特具文呈请宁波防守司令部,恳令饬海福商轮加湾石浦,使产销强可呼应,以安后方渔业云。

(《宁波商报》1938 年 9 月 19 日)

石浦渔会护洋残渔

竟开枪射击渔船

象山石浦第二区渔会理事长许焕文,近向某机关借到兵舰即开枪射击,当被击中船伙二人,一中胸部,名戴文土,宁海人,伤重甚危,一中脚踝骨,名李永根,定海人,踝骨已碎裂,流血过多,伤势沉重,当雇轿送象城某院医治,以伤重再送本埠华美医院医治。兹闻该渔民鱼商等,已联合呈请省方及中央有关机关惩办。

(《时事公报》1946 年 5 月 4 日)

渔会杀渔民

石浦渔会,为了护洋,煞费苦心,借到了一个兵舰,不料借到兵舰第一步就"勒收护洋费",收了护洋费,于是第二步就开枪射击渔船,还有第三步呢！大概不至于也会出售什么"匪片"吧?

渔会是人民团体,人民团体有了兵器竟也杀人,可知罪在兵器,平时大家骂土匪,骂纪律不良的部队,原是明于责人,而昧于责"器"!

(《时事公报》1946 年 5 月 4 日)

来函更正

敬启者,顷阅贵报五月四日地方新闻栏内,载有《石浦渔会护洋残渔》新闻一则,与事实殊多不符。兹将经过翔实情形,缕述如下:查本届渔汛,适值战后,海盗蜂起,本地渔民丁标发、林三弟等,先后纷纷来会,要求设法派队护渔。当以关系渔民安全,即经敝会呈请局署派舰保护,并蒙外海水警局饬派第二大队第六中队随船保护,又蒙定海海军接收专员公署,派舰协助,常川游弋渔区,以维海上治安。故本届渔汛,渔民未遭匪劫,得以安全捕捞,心感之余,均自愿津贴汽油消耗等费用,每对二万元至六万元,冰鲜船亦同,事实俱在,绝无矫饰。报载敝会勒收护费自十万元至二三十万云云,委系危辞耸听。迨本月十七日,本埠渔民群往爵溪洋面捕鱼,敝会为切实保护起见,经由军舰随船保护,讵于十九夕夜色朦胧之际,舰中见有可疑船只,喝令停锚,奈该船不服检查,以致误伤船夫二名。其时焕文正在石浦(与爵溪相距百里之遥),闻讯后,即报告舰长,先将肇事人员扣押,一面又将受伤船夫,送县医治。旋因县中医院设备简陋,复转送宁波华美医院疗治,煞费苦心。且焕文服务渔业界,垂二十年,平昔无不以渔民利益为前提,何敢妄冀需索,前载事项,谅系访闻失实,用特事函更正,以正观听。

此致

时事公报社

象山县渔会理事长许焕文谨启　五月十日

《时事公报》1946 年 5 月 18 日

吴笔峰等筹组浙水产建设协会

(三门湾社讯)浙省渔盐出产,甲于全国,自抗战军兴,浙境沦敌,蹂躏八载,所有渔业设备,摧毁殆尽,影响国民经济,实非浅鲜。兹闻本省闻人吴笔峰、翁文灏、陈立夫、毛康祥、俞济时诸先生,特集地方渔业界人士、水产专家,筹组浙江水产建设协会云。

(又讯)农林部中华水产公司派员至浙东,接收敌伪渔业设施,在舟山群岛方面,共接收大洋丸等渔轮五艘、帆船五艘云。

《时事公报》1946 年 6 月 21 日

浙东七县渔会在沪组设联办处

(三门湾讯)浙东沿海象山、奉化、定海、临海、玉环、乐清、三门等七县渔会,以本年春季渔获不丰,渔村经济破产,亟须设法救济,因鉴上海为全国最大销鱼市场,关系各县鱼销及渔村经济甚巨,特联合在沪组织办事处,以资共谋发展。闻已由象山县渔会理事长许焕文,赴沪组织成立,择定劳合路象山旅沪同乡会为办公场所,已开始办公,并聘请上海渔业耆宿黄振世为顾问云。

《宁波日报》1946 年 9 月 29 日

奉渔会向专署陈述巨奸陶志山罪行

奉化县参议会,前由参议员张超、孟仁泽、郭南森、沈修璇、邬叔辉等提议,向各方征求巨奸陶逆志山罪行。兹悉该县渔会理事长林岫亭,将陶逆罪行备文沥陈六区俞专员兼保安司令,兹探录如下:匪首陶志山,出身剧盗,率领温台余党四百余人,专在舟山群岛扰乱渔场,掳劫船只,荼毒渔民。奉化沿海一带渔船,正当抗战时期,迫于生计,冒险入海抢产,于民国三十二年三月间,桐照渔户林善祥渔船出洋,采捕于象山港口汀子洋面,即被骑劫,结果勒索伪币一百廿九万元,劫去新渔网一顶,渔米三石,始得人船放还。次年四月,桐照渔户林云南渔船,于洋地采捕第一水黄鱼,又被骑劫至三门湾,勒索金戒二十只,阴丹士林布、大鹏布各一百疋取赎,因林无力应付,结果渔伙逃归,渔船被毁;同年栖凤渔户沈开瑞、沈张定、沈方全渔船三只,亦均于四月在洋地人船被掳,卒以各出伪币三百万元取赎放回。又滥发卡片,强迫渔船领受,每季每片保护费伪币二十万元,此种卡片上,但书"协和"二字,分春夏秋冬四季,由沈家门陈顺兴鱼栈主陈满生侄子(麻皮)分发,事实昭彰。此外如渔具鱼货,被其劫掠贩卖者,不胜枚举。闻俞专员据呈后,已严加侦办云。

(《宁波日报》1946 年 11 月 22 日)

筹组浙渔业银行

沈友梅被推晋京向财农两部接洽备案

(本报讯)筹组省渔业银行一案,经积极进行以来,甚为顺利,余情曾迭志本报。顷悉该案发起人谈话会为谋增厚力量加速进行起见,除加推张强、何仁良、叶达三、刘祖汉四参议员为发起人外,并推沈友梅赴京向财政、农林两部接洽备案手续。闻沈氏俟赴溪口代表本省参议会向蒋母毛太夫人致祭后,即将首途晋京云。

(《宁波日报》1946 年 12 月 22 日)

大嵩港渔民组织合作社

(本报讯)鄞东大嵩港为鄞县出海最近之港口,沿岸居民多数以捕鱼为业,战前有大小渔船二三百艘,于战时因受敌舰之压迫及经济之涸绝,均无法出渔,渔船亦多数破损。胜利后,虽有部分渔户出洋捕鱼,大多数均以市面之不景气及资金之无法筹集,仍未能重操旧业,以致渔村经济濒临危境。该处渔民为欲挽救此一危机,自动发起筹组大嵩港渔业合作社,经一月余之筹备,于昨(五日)下午一时假咸祥镇第一保国民学校召开成立大会,到渔民五十余人,县府并派合作室主任张鉴前往指导,县渔会亦派员列席。当场通过章程暨推举朱厚富等十一人为理事,朱寅凯等五人为监事,并议决由理事会向县府呈请登记及向中国农民银行申请渔贷,以便于春汛时,渔民得及时出渔,大会至五时许圆满结束。

(《宁波日报》1947 年 1 月 7 日)

南田区召开渔业社创立会

(三门湾社讯)三门南田区,孤悬海岛,渔民数千,为地县重要渔区之一。兹闻就地渔民胡松初等,为发展渔业起见,发起组织三门县南田区渔业生产运销合作社,于三月十日召开创立会,出席社员三百多人。省渔业局石浦工作站及就地政府党团机关,均派员列席。当场选出胡松初等十一人为理事,陈良希等五人为监事,并通过社章,及要案多起。

(《时事公报》1947 年 3 月 17 日)

省水产建设协会组织春汛护渔会

定二十八日在定召集　沿海各县长均将出席

(渔声社杭州讯)浙江省水产建设协会,鉴于去冬渔汛时期,海匪猖獗,影响渔民生计匪浅,兹因春季渔汛即届,为确保渔民安全计,拟即在定海组织浙江省春季渔汛护渔委员会,由海军部驻舟山专员办公处、浙江省外海水上警察局第二大队、浙江省渔业局、浙江省水产建设协会、浙江省渔会及本省沿海各县长、各帮渔民代表等组织。护渔办法分为二段:第一段,担任宁温台三帮渔民出渔时工作;第二段,担任全部渔场巡回巡弋工作,回洋时亦同。并定于本月二十八日,在定海召集沿海各县县长及各有关机关首长,并渔民代表,会商护渔事宜。

(《时事公报》1947 年 3 月 27 日)

本省水产建议协会召开护渔会议

决议该会设立驻定海办事处
通电反对渔盐变色等案多起

（东南社定海讯）本省水产建议协会，于本月二十八日假省渔业局召开本省全省护渔会议，计出席省水产建设协会代表吴笔峰、海军部舟山区专员办公处郎专员、省外海水警局、省水警第二大队、省渔业局、上海水产运销联合会及奉化、鄞县、定海各政府、县渔会各区分会代表，共二十余人，决议提案，计有如何确保渔民安全，省水建协会设立驻定海办事处，及通电各方反对渔盐变色案多起云。

（《宁波日报》1947 年 3 月 31 日）

变相鱼税及渔业税

渔业团体联请停收
鱼商渔民反对镇渔会强收经费

（宁波社讯）我国渔业，技术陈旧，以致衰落，政府为挽救而图振兴起见，曾于民国二十年四月训令实业部："……特将所有鱼税渔业税，一律豁免，嗣后无论何种机关，不得另立名目，征收此数捐税，用副政府□除烦苛、维护渔业之至意……"十余年来，经营渔业者，确无任何机关及何种名目，对"鱼"及经营"渔业"者，课以捐税。不料胜利后，政府竟有"行商营业税"，及"一时所得税"之征收，向经营渔业者（冰鲜船及鱼厂），课以重税。闻奉化渔会、定海渔会、鄞县鲜咸货同业公会、岱山鱼厂公会、衢山鱼商协会、象山渔会、鄞县渔会、浙江水产建设协会等十余团体，已派代表联袂向浙江省政府、农林部、财政部、故正在南京召开之参政会诉愿，请求依法停止征收鱼税渔业税云。

（宁波社讯）渔汛期间，往来镇海、宁波之鱼商船，日必四五十艘至八九十艘，镇海渔会会长谢连富，竟趁此机会，自五月廿六日起，强制经过镇海口之渔船及鱼商船，不论该船业已在定海、象山、奉化或鄞县入会或未曾入会，一律均须加入镇海渔会，每船征收入会费一万元、常会费五千元，至以二十担可容之小帆船商护洋船名义,征收事业费,以每百担一万元计算,瓜皮小舟亦须缴纳事业费二万以上。闻每日所征收之总数,在二百万以上,一般渔民鱼商,以为此种近似卖路钱式之征卡行为,实在可恶,已将经过情形,向渔业局宁波办事处控诉。闻该办事处将派员赴镇海彻查,并依法处理云。

(《时事公报》1947 年 5 月 30 日)

渔业团体代表返甬发表请愿经过详情

冰鲜鱼厂均为渔业机构
中央寄予同情可免征税

(宁波社讯)宁绍杭渔业团体,为请求主征机关继续豁免渔业上重要机构之冰鲜船(运输)及鱼厂(腌制)"行商营业税",及"一时营利事业所得税",特派代表于凤园、郑芳洲(定海)、胡国门、郑祖荫(鄞县)、沈渔、宋大懋(奉化)、方文荫、朱伯俊(绍兴)、朱行德(杭州)等十余人,分向京、杭党政参各机关请愿后,业于八日返甬。记者为明了请愿经过情形起见,特邀访各代表,承告经过情形如下:查鱼税与渔业税,前经国府于民国二十年明令豁免,各地对于冰鲜船及鱼厂之营业税及所得税,早已不再征收。而本省此次首先对冰鲜船及鱼厂征收行商营业税与一时所得税,不独加重负担,抑且将使渔民裹足而影响市面,故乘此次参政会例会之便,于本月一日,联袂赴京,向参政会请愿。当蒙邵秘书长力子接见,并发表意见,略谓:渔业税在战前已经政府豁免,在兹战后渔业衰落,亟待救济,并图复兴之今日,自应继续豁免,以恤民艰,对于各位代表所提意见,深表同情,当向政府建议继续豁免。浙江参政员吴望伋、赵舒、朱惠清等,咸表同情,愿为竭力促成。代表等为贯彻目的起见,遂招待新闻界,并商请全国商联会一致声援,一面续向行政院、农林部、财政部等请愿。财、农二部表示:此项营业税,地方得十分之七,中央得十分之三,为数甚微,且冰鲜船及鱼厂同为捞捕之重要机构,渔民鱼商负担既如此之重,自寄予同情,可予免除,惟有关地方财政,尚须与省方商洽。代表等于是转沪向财政厅、建设厅、省参议会等请愿,一面招待新闻界,并向省党部、省渔会、省商会呼吁。惟财厅厅长陈宝麟意见谓:免税范围仅及捞捕。当由代表沈渔说明渔业范围包括捞捕、运输、制造等项,可以政府公布之渔会法及渔业局规程为证,则运输及制造者,当亦在免税之列。环观他省,均无是项税捐,而独本省征收,将来沿海海鲜,将不在本省出售,而运往外省,影响本省沿海市面之繁荣。开征是项捐税以后,收入虽似增加,但因市面之衰落,反将减少其他收入,结果得不偿失。陈厅长当允向中央洽商办理,倘他省并无上项税捐开征,本省当不能独异,决予继续豁免云。

(《宁波日报》1947 年 6 月 10 日)

浙东渔团联办处定期召开成立会

(宁波社讯)浙东各渔业团体,为联络感情,互通声气,组织浙东各渔团联合办事处,消息已志本报。兹悉参加团体,计鄞县渔会、奉化县渔会、象山县渔会、定海县渔会、永嘉县渔会、平阳县渔会、玉环县渔会、临海县渔会、玉环迭顺渔会、定海螺门渔会、定海岱山渔会、定海虾峙渔会、奉化虹溪渔会、奉化桐礁渔会、奉化栖凤渔会、绍兴北货同业公会、杭州腌腊咸货同业公会、岱山鱼厂业同业公会、岖山鱼厂业同业公会、鄞县鲜咸经纪商业同业公会等共计二十余单位,浙东沿海重要渔区,均已一致参加。闻该处已定八月十八日召开成立大会,已分别函知各渔会等,准期出席与会云。

(《宁波日报》1947 年 7 月 28 日)

保证责任象山县东门岛渔业生产合作社渔船捕鱼简表
(民国三十六年六月)

船名	只数	种类	地点	时间	售鱼方法	人数	渔具经费	资金盈亏负责	备注
大捕子娘对		带鱼	嵊山洋面	冬季渔汛自十一月起至十二月中旬止	鲜售	每只十一人	每只裤脚网二顶,舢板子二只及苧碌麻、桴血食米等约需款一千五百万元	船与网由船主独资经营,渔获物盈利作十八股,余十一股由船伙按照技术效能分摊,如遇亏本,亦照前项分配负其责任,惟须船主先行垫付,船伙待下期捕获归还	大捕四十四只,每只拟请贷款国币三百万元

船名	只数	种类	地点	时间	售鱼方法	人数	渔具经费	资金盈亏负责	备注
大捕对渔	四四	小黄鱼	坛头山①洋面	春冬合季渔汛十二月中旬起至一月底止	售与石浦渔贩	每对十二人	每对裤脚网二顶、苎碌麻、烤血、食米、等约需款一千五百万元		
			嵊山洋面	一月底起至三月中旬止	售与鲜船或厂栈	同上			
大捕张网		大黄鱼	岱衢山洋面	夏季渔汛三月二十日起至五月五日止	售与鲞栈制鲞	每只六人	每只大捕网新旧二顶、船伙薪水及木锚、草竹、食米、烤血等约需款二千五百万元	独资经营,盈亏由个人负责	
		鲳、鳓及小鱼等		夏季渔汛五月六日起至六月二十日止	自备渔盐以咸货售与厂栈	同上	同上		
		鲳鱼、黄鱼、霉子□、鲹海蜇等	象南洋面	秋季渔汛七月起至十月中旬止		每只六人	同上		
红旗对	一六	大黄鱼	爵溪及岱衢洋山面	春夏合季渔汛二月起至五月底止	售鲜	每对十人	每对裤脚网一顶、苎碌麻及烤血、食米等约需款六百万元	船与网由船主独资经营,渔获物盈利作十五股开,船主作四股,余十一股由船伙按照技术效能分摊,其亏本负责办法与大捕对渔同	红旗十六只,每只拟请贷款国币二百万元
		带鱼	南渔山及嵊山洋面	冬季渔汛十月中旬起至十二月底止	同上	同上			
		大黄鱼	坛头山洋面	秋季渔汛六月起至十月中旬止		同上	同上	同上	

---

① 坛头山:檀头山。

船名	只数	种类	地点	时间	售鱼方法	人数	渔具经费	资金盈亏负责	备注
舢板对	五〇	大黄鱼	坛头山洋面	春季渔汛二月起至五月中旬止，秋季渔汛六月起至八月底止		每对八人	每对裤脚网一顶、苎碌麻及栲血、食米等约需款五百万元	船与网由船主独资，渔获分配办法与大捕对渔同	舢板对五十只，每只拟请贷款一百五十万元
虾捕	一六	小虾	本岛内外港	二月底起至八月止	制干另售	每只八人	每只可能六十株至八十株椿，每株椿需网二顶及簟竹、血栲等约需款六千万元	独资或合伙未定	虾捕六十只，每只拟请贷款一百五十万元

（《浙江经济月刊》第 3 卷第 4 期,1947 年 10 月）

地方零讯

飓风过后，气候和暖，冬季渔汛开始，三门湾及象山之南韭山、沙塘湾、铜钿礁、石浦、延昌前一带，小对网渔船，日来先后结对北上嵊泗列岛洋面，捕捞带鱼，一部分仍在韭山列岛海面捕捞。象山南韭山渔业生产合作社，最近向中国农民银行及中央合作金库，借到冬季渔贷，连日转贷各社员渔船，每对渔船贷发一百五十万元，故今冬渔船出渔之食米伙食，可告无虑。

（《宁波日报》1947 年 12 月 3 日）

地方零讯

（正义社讯）鄞南姜山渔民，为联络情感，共谋发展营业，拟组姜山渔分会。已由黄家恒等发起，并经县府批示准予组织。兹闻成立大会定于十二月十二日召开，并呈请县府、县渔会派员列席指导云。

（《宁波日报》1947 年 12 月 12 日）

地方零讯

(正义社讯)鄞县县渔会姜山分会,十二日上午在姜山乡张五小学召开成立大会,出席渔民黄麟根等二百余人,选举黄家恒为理事长,张章成、厉渭桥为常务理事,黄麟根、张祥华、鲍阿三为理事,张善庆、黄家逵、张德华为监事。

(《宁波日报》1947年12月17日)

地方零讯

(本报讯)鄞县民船船员公会,昨开第六次理监事联席会议,决议:推员筹组"鄞县船员消费合作社"及调整会费(经常费每人每月一万元,入会费二万元,自十二月二十一日起实行)等要案多起。

(《宁波日报》1947年12月22日)

鄞东大嵩乡渔合社发生渔贷舞弊案

理事长串通司库挪用营利　农行及合作金库分别追缴

(本报讯)鄞东大嵩乡,近发现一渔贷舞弊案,有关方面正在彻查中。兹探录详情如次:

本年春季,中央发放渔贷,鄞县奉拨数为九千万元,由甬农民银行农贷部贷放。鄞县渔民照章成立渔业合作社者,计大嵩渔业合作社、东钱湖渔业合作社、姜山渔业合作社三家,共计社员一百八十四人(内大嵩七十人)。当时大嵩合作社贷到国币二千六百九十万元,余款分贷钱湖、姜山二合作社,于四月份贷放,按月五分起息,限十二月份归清,照章社员提前还本者应尽先归还。讵大嵩合作社理事长朱善鹤,见有利可图,竟串通司库朱寅凯,从中将是项贷款于短期内向渔业合作社社员本息收回,挪用营利,延不缴解。各社员以事关渔合社信用,影响未来贷款,怨声沸腾,经具名二次向县府呈控挪用公款妨害渔贷。九月间,农行农贷部亦得到是项消息,派员下乡密查,据调查结果,朱善鹤确有串通朱寅凯挪用渔贷情事,当向朱某等追缴,并函请县府办理,朱某允为代向他处借款归清。其时朱善鹤曾先后利用渔合社名义,向中央合作金库宁波支库借到十一月廿八期国币一千万元,十二月四日期二千万元。农行农贷部以朱某款项早已借到,仍延不缴解,出于有意挪用,故不解缴,违反法令,乃函请县府拘押追缴,至合作金库,亦以借款,逾期未还,正在追缴中。现悉县府已派卓指导员下乡调查真相,如属故意违缴,将予拘押转解法院审办云。

(《宁波日报》1947 年 12 月 25 日)

渔产腌制运销　奉成立合作社

呈准省管理处核准

奉化县沿海一带居民,大都以渔为业,其生产过程,原有捕捞、供给、腌制、运销四大部分,目下虽有桐照、栖凤、虹溪三渔业生产合作社之组织,但以资本不足,仅从事于个别捕捞之初步生产,若加上腌制、运销等过程,仍须受鱼行鱼厂之私人营业所操纵。该渔产腌制运销业中坚沈鸿茂、沈开颂等,有鉴于此,为其改进渔产腌制之技术与渔产运销之便利,调整整个渔业生产关系,改善渔民生活,以谋渔区繁荣起见,经于上年十二月发起筹组奉化县第一渔产腌制运销合作社,经呈请县府转请省合作管理处电准组织后,积极筹备,业于前日正式成立。

(《时事公报》1948 年 3 月 7 日)

推广各地渔合社　省颁注意事项

鄞渔合社扩大征求社员

(宁波社讯)鄞县政府昨奉省合作事业管理处代电,为谋推广健全本省沿海各地渔业合作社组织起见,特颁发《浙江省沿海各县推进渔业合作社注意要项》各点,规定渔业合作社以发展渔业改善渔民生活为目标,各社之设立单位,以不受现行行政区域之限制。其社员除直接从事渔业之从业人员外,所有居住业务区域内热心合作事业深得渔民信仰能领导渔民及能提供渔业技术指导等各地方人士,亦得加入为社员。各渔业合作社业务以生产、制造、供销为主,渔区合作指导人员应随时会同当地渔业改进机关,灌输渔民合作智识,传授渔捞技术,并每二个月至少巡回指导各渔业合作社一次,将各社业务进展情形汇报省处。

(又讯)本埠鄞县渔业合作社,最近由冯和泳接充经理,现拟发展业务,筹增资金,正在扩大向各方征求新社员云。

(《宁波日报》1948 年 5 月 1 日)

推进渔业合作　昨日开座谈会

(宁波社讯)中央合作社金库设计处长许超,日前来甬出席渔棉合作会议。昨日上午九时后,在江厦街宁波支库召开渔业合作座谈会,出席史锦纯、薛国盛、陈渊、吴笔峰、沈明才、李星颉、杨立赞、叶枚等八人,主席许超。兹录谈话要点如下:一、鄞县、定海、奉化、象山、宁海各组织渔业联合社,并各设腌制合作工厂,其经费总额,暂定一百亿元,由各联合社自行筹集六十亿元,余四十亿,请中央合作金库投资。二、请中央合作金库将贷款在渔汛前发放。三、渔业生产合作社改以食米、麻、桐油等实物贷放,并请宁波支库派员机动轮驻沈家门等处监放,请合作管理处派专任指导员配合工作。

(又讯)许专员于当日下午二时,由后塘乡代表钟士康陪同赴该乡三、五、七各保合作社复查此次发放粮食增产贷款。

(《宁波日报》1948 年 5 月 18 日)

南田渔合作社　办理秋汛渔贷

三门县南田区金添门外海洋,每逢秋汛,鱼产旺盛,兹闻该地渔业合作社,以秋汛在即,商请水警队护渔,以保海上安全,并特大量配备食米、栲血及日用品,贷给渔船应用,不限船籍,只需秋汛在该处捕鱼之船只,均得享受此项权利,并自即日起,由南田区渔会办理登记,古历五月底起常驻金添门办公,并通告各帮渔船云。

(《时事公报》1948 年 6 月 21 日)

宁镇定等七区设渔业合作机构

团结渔业从业人员共谋发展　使生产与战斗合一免除剥削

(本报讯杭州十七日专电)建设厅为号召渔业从业人员以自力自卫精神使生产与战斗合一免除中间人侵害剥削使渔民安居乐业起见,特订颁渔业分区合作经营计划纲要如下:

一、原则:以本省沿海各重要渔区就天然形势分区设置渔业合作机构一所为原则。

二、方法:团结各该区内鱼行、渔户、鱼贩及地方有关渔业劳资各方面共同投资组织公司式之渔业合作机构,向发展渔业的共同目标进行。

三、实施程序:初步先就浙东沿海重要渔区如镇海、宁波、定海、石浦、临海、坎门、鳌江等七区各设置一合作机构,如有成效后,再行发展至浙西沿海及钱江下游各县。

四、组织:一,各渔区合作机构之业务,分为捕捞、冷藏、干制及运销四部分办理之。二,各渔区须有渔船五十艘,分为二十五对,每对配步枪六枝、轻机枪二挺,出渔时以五对船为一小队,五小队为一大队,以期守望相助,达成生产与战斗合一之目的。

五、经营资金:除政府、渔民、鱼行、鱼贩筹集现金投资外,所有渔船、渔具、栈厂、劳力等,均得折合现金缴纳,作为经营资本。

六、期限:所有上项各渔区合作机构,统限本年冬汛以前一律筹组成立,浙西及钱江各区,视第一期各区办理成效如何,再行决定。

(《宁波日报》1949 年 3 月 18 日)

五、社会与治理编

渔人斗案

宁郡奉、象等渔户暴悍殊常,动辄恃强械斗,虽当道严申禁令,而若辈愍不畏死,终觉野性难驯。奉帮渔人石涨贵曾欠象帮渔人林阿华之钱,屡向索讨,未经归赵。日前林邀同中人沈鱼来、沈小伙往索,一言不合,石即纠集同帮胡美悌、杨阿乃各逞威武,互相斗殴。林鸡肋不足挡尊拳,以至受伤甚重,控诸定海厅,尚未集讯,即由象帮董事蒋某与奉帮董事沈某带同各渔户到府自首。宗太守检查此案,谓本应由定海厅按名提究,姑念各具改过切结,尚知悔过自新,遂将石笞责五百板,胡、杨各笞三百板。其奉帮之沈渔来、沈小伙作中索欠,虽无不合,然听众互殴,致林受伤甚重,其在场逞凶亦可不言而喻,应亦各笞五百,以示薄惩。林伤已告痊,从宽免究,随行文定海厅销案云。谚云,鹬蚌相争,渔人得利。此则因渔人失利以致鹬蚌相争矣。呵呵。

(《申报》1885 年 1 月 13 日)

海盗猖獗

象山一县孤悬海角,久为盗贼之巢,纵火劫财事所恒有。日前金井头等处有海盗登岸,驿骚掳人勒赎。经绅士陈君之翰等吁请胡太守在该处添设炮台,调拨重兵防守。太守准词,当即札饬象山县妥筹防御章程,禀候核办,一面会营巡缉以戢匪踪。被掳之黄孝章候檄县,会同营汛防军多派干练兵役严速查明,追回具报。至添设炮台一事,太守谓当此帑项支绌,未可轻议创造云。

(《申报》1886 年 3 月 31 日)

诬控巡丁之理由

定属岱山南平渔业公所董事沈君禀称,屠仁美等二人贪夜割网送案,请即究办。经史司马研讯,屠仁美等供称本山渔户前月新设登和公所,延聘镇邑刘绅崇照为董事,身等均系该所丁役,梭巡后岙地面,南平公所系巡前岙。昨夜该所巡丁数名过船,诬为割网窃贼等语。司马得供后,知系同行嫉妒,即将屠仁美等交差取保,限令邀同刘绅来定讯断。

(《申报》1909 年 5 月 2 日)

渔民因税滋闹详情

甬郡某渔船于上月杪汛毕回湖,载有盐渍多舶,突被关员查获,照章完税五两以充公川。该渔船心有不甘,遂赴岱山等处扬言关员勒索渔税,亟宜设法抵制。当经渔民会议与洋关为难,并约定于初三日一齐开驶至关前停泊,约计四百余号。果有洋员入舱搜查,该渔民等遂鸣锣掷石,洋员见势不佳,转身上岸饬丁飞报道辕,由桑观察率领卫队驰往弹压不散,并要求道宪勒石永免,势颇嘈杂。观察当即传同该处乡约董事谕令静候办法,毋得暴动,所有税罚一概免去,各渔船遂解缆而去,其事始寝。

(《申报》1909 年 5 月 9 日)

象山港游记

章　甫

暑假旋里,穷居无聊,备资作象山港游,携仆一、行件三。

五月二十一,由宁波搭小轮赴定海厅。

二十二,搭中路船抵舟山之沈家门。

二十三,拟入象山港,苦无搭客船,托友以墨银十二,买渔舟一,以二渔父充舟子。八时,离沈家门,向西南行,拟先入北港,然后循南岸出。九时后,涉旗头洋,洋面宽广,三十里内,无片岛影,望四围岛屿若城阙。西南则渺无涯岸,如吴淞望长江,莫知穷极。洋内水量颇深,自九托至十六托。脱象港海军果成立,北以兼顾舟山,此其巡射处也。午后一时,由泥城嘴登旗山角,角为昆仑山脉远东入海处,浙之第一大角也。高峰即旗须山,出海面二百十四尺。余思登端以穷极,而山石危立,苦不能上。询之土人,谓稍南五里王前岭,乃登山捷径,复登舟前进。二时二十分,上王前岭。岭极狭侧,又无达峰之径,扶仆梯岩上之,及岭,架镜四览,北之舟山,南之登步、桃花,隐约可辨。山东南尽处,即向登之泥城嘴,北尽处则长跳嘴也。俯视山麓,见帆船十数,绕角北驶,旗山实象港北口第一冲要也。设探索灯其上,以报告南北警信,似为军事要著。反舟六时半,夜泊舟于冷礁坑外,去王前岭四里有奇。

二十四六时,望南行,径升罗山东,复西行,经五桂山南。八时半,至官山。三山均海滨小岛,岛上草木不生,旁多沙浅。官山北一小平原,原间置郭衢所城。船面瞭望,惟有丛林。官山去冷礁坑十有三里,离官山南三里许。舟子问余曰:先生进十尺路乎,抑由外海乎? 余问二者若何。舟子曰:十尺路即梅山港,北岸大陆,南岸梅山,港长十七里,阔仅里许,水深及丈,西向出港,即岛边礁羊毛崎诸险。偶不慎,破舟折舵,但入象山港较近。外海即孝顺洋,海阔水深,驶行固便,但风浪颇大。余令从外港行。九时半抵小凤凰山。系海中巨石,现与梅山淤泥相接。山东南里余,为扑蛇山,扑蛇东即六横大岛。扑蛇与小凤凰大小略等。舟行两山间,测海底有沙,大轮莫渡。西行循梅山,昔本大小八山,因海沙增涨,现合为一。梅山八山之一也,周二十三里,山麓皆沙,西南尤甚。过梅山二里,见洋砂山,环列四礁。舟子所谓梅山港之险即此。时下午四时,海潮已涨。望之出水约八尺,而与象北七星,四十里外,南北相对,为象港一大门户。然离大陆不及二里,外来之舟,决无有近洋砂山者。六时,入鄞县境。见大荒屿,港面顿杀。南至象山半岛三十二里,见黄牛礁,礁北为大嵩港。舟绕黄牛礁西入港,抵虾爬袋泊。泊处舟楫颇伙,去官山三十五里。

二十五,入虾爬袋村,虽不成街,而店肆略备。过村行十二里,入大嵩城。城洪武年置,现改为场,设巡司以理盐政。城西北九十二里,即郡城。象港北岸,山脉蜿蜒,高者达一千九百四十七尺。惟由大嵩达郡,为椭平线(此路余算测之较审)。杭甬路成,引支线以抵象港海滨,事易费省,于军事大有影响。且大嵩南之涂田,年月增涨,濒海十八里,尽为膏壤。脱有缓急,以其粮应五万军,足支四月。惟淡水不多,傍海皆沙,寄碇不便耳。日午,于族戚陈家过膳,谈及近年盐政,十分荒废。因海涂为田,盐灶减少故也。午后阅历城中,人烟稠密。城北为凤凰山,半入城中,城周五里,叠泥土成之。四时出城,路旁草棉著花,早禾垂穗。六时登舟,视天色已晚,仍泊舟不发。夜闻款乃声甚烦,询之,为自西泽渡来者。

二十六六时,出大嵩港,潮平岸阔。昨见之黄牛礁,微露两石角。十里后,过大照面,入奉化境。见土塘长几五里,塘内竹窦村,望而见之。塘尽为锁口山,高二百三十五尺,自官山至竹窦,曲折五十余里。海滨时露沙浅,近锁口山始露石脚。港面视大荒屿为狭,南拒象山之青电山,仅二十里。十一时,见小立山,小立西为大立山(或作大小列均岛),与象之高泥山相对,恃镜力得以望见。大立西北为湖头渡,见旅人数十,负伞摇笠,立于狮子山东麓。港中渡舟五艘,向人憩处争进。余令舟子速行,衔彼舟尾。询彼舵工,曰:"余自黄山渡来,彼皆陈山渡船也。"自大嵩港至此,十有八里,狮山西为倒骑龙山,突入海滨,与象之文衙山相对。港最狭,不及七里半。水颇深,平均十八托。两岸山势又耸,南北置炮台以拒之,港内不易入也。西为缸爿礁,再西缸爿山,视礁大五分之四。缸爿山南水较浅,可四托,稍南深至十托。巨舰出入,须循文衙山麓而行。再西则大德小德,小德北为墙下潭,去湖头渡二十一里。是夜寄舵焉。

二十七起舵,墙下潭东面系田,西面旁石坑山。起舵后,即绕山麓行。山高一百十七尺,山尽又现土塘。塘外一块石,名仙人山,山上曾置望台以备倭。塘内应村司,塘西接董公山,高八十四尺。乃舍舟登陆,约舟子以日午当返。董公山东麓,略现平地,残垣断壁。昔时筑炮台处,今只留丛草矣。炮台北为董公岭,发匪之役,伪将杜曾由此袭郡。自岭南望,悬山兀立海中。凡象港内诸岛,惟此为大。下岭西,过湖阳桥,一小村落,为何泊所。庭前妇女数辈,谈笑结网。询此西去何所,曰:目前梓树岭,岭西南即桐照村。余忆学友林君翔华居桐照,思一过问,乃命仆返语舟子,移舟至桐照村相俟,只身陟岭。岭高二十七尺,岭南一冈,即桐照山。冈上一片黑色,渔父晒网处也。十时半,入桐照林君翔华家,自墙下潭至此,二十三里。林君见余,款待殷殷。余以在舟六日,恚甚,得此乐,似未曾有,遂宿其家。谈次,余谓林君曰:"余之游,以闻政府将辟象山为军港,故来此耳。"林君曰:"吾国政府,著著落人后,即以军港论,政府未知象港之先六七年,西人兵舰,已来勘测,其寄碇恒在□山东南,多时至十余号,余见多次矣。今年闰月十九日,意大利之兵舰,亦曾驶至狮子口,政府以为此囊中物,必无人觉察也,岂知强邻之窥伺,已多时耶。"

二十八,由桐照西登大潘岭。岭南突起一冈,跃然入海。林君谓此系狮子山,象港内庭之左户也。相将俱上,山不甚高,出海百尺。惟形势绝胜,为数日游观所未睹。对岸白象嘴,属台州宁海,两山整锁港腰,阔可三里。俗以其险,谓之狮子口。内外各一小岛,口外为分水礁,口内为天门山(或称书房山)。口内之海,宛然天堑,周四十里有奇。南部一湾,望之不甚清晰。促林君雇舟探之,西抵栖凤村,遇同学沈君渭川。邀过其家,乃由栖凤向北行。途次,右道傍山,左道傍海。去栖凤五里为尹家,沈君住处也。午后,约游吴家埠,北行二里,过降渚碶桥。时大雨后未十日,桥下溪流湍急。沈君谓此水来自分水冈,循水而北,可不陟峻岭而抵郡城。若引甬线通象山,此水其轨线也。余向以为象港北岸,惟大嵩北成椭平线,岂复料及此。过桥即吴家埠市,店肆不整,戋积者鱼鳖为多。晚偕林君宿沈君家。

二十九,偕二君亟抵降渚碶口,欲探狮子口内之形势,昨日望见而不甚清晰者。出尹家里余至碶,即降渚碶桥之下游。泊舟甚伙,大半渔艇。沈君招二渔人,指一相当之舟,作竟日游。八时半,向西南启行,望北岸土塘甚长。塘外铺沙五六里,离碶六里,登鲒骑山。翠微深处,全谢山之鲒骑亭犹在。山北为平原,数百年前,此山实一岛耳,东南麓旧曾筑土炮台。鲒骑西南五里,有海石三,距陆地十余丈,俗呼三山。三山西,宁、台两府分界处也。三山南北皆暗沙,东面稍深,然只及丈。渔人曰:"内海不惟此处无深潭,过东十里,亦不过二丈余。"三山南二里,有山角,东向入海,为金呑山。金呑南铁江口,即昨所望见者。江口阔八里,江长二十六里,实一海湾。江西土塘,塘外之沙,露水面者且二三里。江东则山崖侧立,民舟之入江者,向山下旋进。江口水深三十二尺,狭而不能容轮。余舟略江口向泗姑屏山行,泗姑屏东北八里,即白象嘴,山却一脉。自泗姑屏至白象嘴,水量渐深,自四托以至十一托。十二时,出狮子口。按狮子口去旗山百三十里,去大嵩港口八十余里,百里外方涉大海。口内水深逾五托者,六分之一。故形势虽具,徒遗种处耳。时日之方中,二君惮暑甚。余强请薄暮始返,乃出分水礁南之屃楼门,四里,抵盒山嘴。自白象嘴至此,冈峦起伏不一,土人均呼之为白象嘴。盒山北为小普陀山,普陀东南,有涂田十余亩。田间古寺一,与二君沦茗其中。盒山多海贼,故未敢上。盒山东为黄墩港,内通宁海县,现有小轮驰驶。港面阔六里,水较铁江口为深。港口东北塞小岛三四,稍大者江彭山,奉、象、宁三邑分界处。港口正对桐照,距二十里。乃移舟北向,历大小沙担屿、马尿诸岛后,时已五时半。夕阳西挂,薰风南来,帆满舟轻,行驶极疾。抵桐照,余舟泊焉,邀二君过舟晚膳,至十时始别。

六月初一,北岸之梗概略具,思作南岸游。北去桐照十四里,抵鹿尿岛。西对马尿且四里,鹿尿南三里为铜山岛,岛旁水深六托,铜山东为中央山。舟穿两山南,水骤深至十二托。余以天气酷热,归思跃跃不可遏,属舟子挂帆向东疾驶。中央山尽,接白石山,较中央、铜山为高大。三山东西纵列,划象港一部为二汊,但南汊较北为狭。入王墩港者由南进,狮子口则由北行。白石之东,港宽水深,五六年前,西人兵舰恒寄碇于此。去桐照十有八里,去大海八十里。白石东十里余,虎山北伸入海。虎山西一小湾,为西周渡,与隔岸墙下潭相对。虎山东为文岙山,十里间冈峦起伏靡定,其最高峰达一千二百十四尺。滨海山麓多石壁,不见村落,礁险亦尠。北对缸爿山,港面极窄,而水深及十三托。下午二时四十分,抵西湖港口。两岸山石,东为东塔嘴,西为西塔嘴,两嘴相距二百四十一丈,俗呼为蛤蚆嘴。进嘴即西湖港,形如罍。湖北岸离嘴四里,有岩石陷入海滨,为羊角暗礁,望之若岛,而西湖港之内部,却为所蔽。礁南岸稍凸为猫头嘴,由嘴东望,觉港形如弓。北岸负山而直,南岸带沙而曲,面积约三十六里。港滨具渡三,极东陈山渡,稍南黄溪渡,通象山邑治,南墙头渡,通三门湾孔道。港内深浅,渡头景象,恨未能实勘。惟测猫头嘴,水深四托,蛤蚆嘴水深六托。夜寄舵于猫头嘴东南莲花庙前。

初二黎明,出蛤蚆嘴。港口向西北开,离口东北二里,海中一石,圆若贝珠,为鸟柱山。时海潮盛涨,舟行殊滞。幸假南风以东驶,稍强人意。八时抵西泽渡口,口外四里即饭礁,自蛤蚆嘴及此,二十余里。港心惟岛柱、饭礁二岛。图书上所谓大小历、串镜盘崎诸小岛,实未曾见。南岸则山脉参差入海,凹处几片涂田耳。饭礁东三里许,水量稍浅,三托半以至四托。九时半抵七星礁,名为七星,其实九礁。北部鹊礁最小而险,东部野龙山最大,西南部之里门外门为次。里门南四里,为青电山。山麓沙碛颇多,吸水四托之舟,即不能行。野龙东四里,海中如叠石成堆,为石头礁。南对石门山,山为象山半岛极北之石角,出海面四百五十六尺,与北岸大荒屿对峙,为象山港之外藩。石门山与石头礁间,为大石门。象北渔舟,由此出入。出大石门,即孝顺洋,去狮子口九十五里。时十二时四十分,潮平风紧,舟行似射,惟上下颠播(簸),不能驻足。三时十分,抵鸦鹊礁,与北面黄岩头山,淤泥相接。黄岩头乃六横之西南尽处,高五百十七尺。山北麓下长涂村,村外即双屿港,长七里,广三里,深三十二托以至三十七托。西屏佛肚,东即六横。由港北涉旗头洋至舟山,南渡孝顺洋至象山,均不出四十里。故六横之于象山港,犹刘公之于威海卫,形势不同,险要则一也。夜十二时,抵定海大道头,初三返宁波。

(《东方杂志》第 12 期,1909 年 8 月)

请兵保护渔业

镇海洋面素为盗薮,吴吉人军门统领浙洋水师时认真缉捕,盗风稍息,自吴军门物故后,台州海盗横行海面,遭劫之船时有所闻。兹届秋汛,为渔业最关紧要之际,湖帮渔商,俱有裹足不前之势。现闻有曹阿宝等多人向统领衙门公叩拨派兵轮前往巡护。当蒙冯统领檄饬永定小兵轮前往巡护,想不难驱逐匪类以安渔业也。

(《申报》1910 年 9 月 24 日)

浙洋海盗之披猖

日前定海渔户戴抱来等禀报该邑县知事文云,伊等置有渔船多艘,在乌沙门地方网捕,适潮汛已过,停泊该港口候潮。于二月(旧历)初五夜七点时,突来盗船两只、盗匪四十余人,蜂拥过船。当由宁帮渔伙忻阿甫向前扑杀盗匪一人,该盗众奋力抵御,旋将忻阿甫枪毙,刀伤戴三连,随弃尸海中,其镇帮渔户王孝裕等三人亦被枪受伤甚重,并掳去定帮渔民共计六人,由盗目王云龙宣布须备足洋元二千六百金方许赎回等情,禀请迅派师船跟缉。经由丁知事咨请水师王统领谕饬各师船协力追捕,救拔人船,希将该盗首王云龙等务获究办,未识能否弋获也。

(《申报》1912 年 4 月 17 日)

台帮渔民之蛮横

象山石浦□每届渔汛,台州帮渔船停泊江滨者,约有六七千号,时有蛮横渔民购物不给价值,商人恐滋事端,不敢计较,官厅亦不干涉也。本月九日,该渔帮又纠集多人肩荷快枪,无端将话新茶园打毁一空,经该园主张鹤年哀求,管带汤兆德出而弹压。讵汤亦不敢开罪彼辈,仅婉劝解而罢,未知当道亦有所闻否?

(《申报》1916 年 9 月 28 日)

查办石浦滋事渔民之省批

象山县石浦渔民前在华新茶馆滋扰情形,曾志报端。后由该处士绅电省请办,经该县知事将亲往石浦办理情形,呈复省署。昨得吕省长批云,据呈查办石浦渔民滋扰一案情形,已悉渔民寻衅报复,激成罢市风潮,此风断不容长,仰将真正滋事要犯查拘惩办,以示儆戒。一面督饬该董事等妥为约束,不得再滋事端,是为至要,此令。

(《申报》1916 年 10 月 14 日)

江浙会剿海盗

江浙交界之花脑沙、四礁山、嵊山、佘山等洋面,均为海盗出没之区。此种海盗,均系沿海渔民。每于驾船捕鱼之时,携带枪械,遇有孤帆商船,即行抢劫,甚至将船拖至海滩,打碎瓜分。兹为浙江杨督军查悉,除令饬外海水警王厅长派舰捕缉,一面咨请海军萨总司令,饬由海军第一队林司令,派遣建康炮舰前往巡缉外,并咨齐省长转饬江苏水警第一厅,令饬策电、安涛两舰驶赴该处洋面,协同剿捕。

(《申报》1917 年 4 月 10 日)

自置护渔船

定海蚶子山张岙等处渔商鉴于海氛不靖,渔船叠遭抢劫,特邀集会议决定,自办护船数艘以资保卫,所有经费概归该处渔商共同担任。现已推举代表陈冬葆等到镇,请求水上警察厅署备案,惟取消护船改编渔警,业经水警厅长议有办法,则此项护船之请办未知能邀允准否也。

(《申报》1918 年 3 月 24 日)

保护渔汛

宁波外海水警厅长来君近据渔民方智茂等电称,霍山洋面现有大帮盗匪啸聚图劫,又据渔民黄阿友等禀称,定海县属洋面渔船遭劫多至十余艘,请饬剿办等情。来君以目下春汛已届,各处渔船纷纷出洋捕鱼,如再不严行剿捕,任其肆扰,于渔业前途殊有妨碍,因特饬永安、永定两兵轮迅行前往会剿矣。又闻定海县属岱山渔汛,每在阴历四五月间,所有宁台各属渔帮麇集该处,放洋采捕,外来商贩群聚收买,船只数千、人逾十万,人聚错杂,匪棍盗贼往往□迹期间,觊觎资财,勾结为患,开场聚赌,诱惑善良,甚至劫掠勒赎,鱼肉民商,无所不至。县知事以往事可鉴,渔汛已届,丁此多事戒严之秋,海盗猖狂之际,防范弹压尤应严密,特与营长等会商办法,业将各项条规拟就印发,俾遵示知戒云。

(《申报》1918 年 4 月 1 日)

海盗占据南麂岛

宁波渔民周寿康电省长云，南麂海岛于二十八日被台匪占据。齐省长即电镇海来厅长云，顷据渔民周寿康电禀，南麂山岛被台匪肆劫，现尚踞扰等情，仰即电饬该管警队，迅速驰往查拿勘办具报云。闻来厅长已饬第三区赶速缉办矣。

（《申报》1918 年 6 月 7 日）

鱼山岛又遭盗劫

定海鱼山，为县辖北悬海一小岛，居民约四百余户，大率以耕渔为业，间有小康之家。上月间，有匪船数艘驶傍该山港口，率队登岸，至某姓强索酒饭，并声言山上各渔户须措备现洋三千元，限十日内集足，由某等来取等语。该山民闻信后，正切恐慌，讵各该盗匪果如约前来，向某姓家索取不得，遂大肆劫掠，盘踞日余，无家不遭其毒。甚有轻年妻女，被其污辱。现各被害人已将被劫情形禀诉县公署，请求缉拿云。

（《申报》1918 年 9 月 27 日）

浙洋冬防纪要

外海水上警察厅长来伟良君，以冬令伊迩海盗蜂起，各帮航商迭遭抢劫，掳人勒赎时有所闻。虽经各巡船严密游缉，无如洋面广大，顾此失彼。爰特召集各区长、队长及厅中科长等会议防备，大致如下：（一）派超武、永靖两兵舰游巡外海全境及乍浦洋面，原游外海之新宝顺应调赴温州，会同永定兵舰游弋所有，定安兵舰调往马迹山，会同苏省水警巡哨，以期周密。（二）要隘处加派巡船驻泊，夜间于岸上派出外岗，严密视察。（三）冬令时间，盗匪乘此行劫，渔业航商堪虞，各该管队长分队长警应负完全保护巡缉之责任。（四）冬防期间，各区长应每月出巡二次,考察长警勤惰及地方情形随时报厅查核。(五)如遇外人往内地游历,应于保护之中注意有无违法情事。(六)查察渔船及航船地内有无匪船混入。(七)如有痞棍有演说结社等事应会同陆警切实禁止。(八)现在冬防各长警不得借词请假,有非常事故不在此限。

(《新闻报》1918 年 11 月 2 日)

捞劫渔船之呼诉

镇海前绪乡澥浦渔民金阿品禀水警厅云,民等在澥浦沙头涨网为业,去年阴历十二月十三日本船驶至蛇山洋面北乡地方,突来福建船一艘,盗匪十余人,口操台音,持刀执械蜂拥入船。船中舵工一名,伙伴六名,全船连人被该盗匪掳去,同时有本帮郑安定渔船一艘,因吓诈不遂,亦被掳去。是案失去渔船一艘,船内网具、杂物不计其数。民等身家性命俱托于此,至掳去舵工一名、伙伴六名又郑安定涨元一名,共计八名,不知该盗匪如何虐待,案情重大,非寻常被盗可比。叩请厅长饬派警士多名迅速查拿,追出原船一艘并舵工等八名保送回家,以安渔业。

(《申报》1919 年 2 月 12 日)

定海渔民闹盐

岱山奉帮渔民,因盐税问题要求不遂,盐警开枪示威,致相奋斗,渔民中弹死者六人,伤者二十余人。其盐警被棒殴死者一人,小岭墩新设之盐局已举火焚毁。现经县公署会拨警队驰往弹压。闻所毙之盐警一人,姓余,湖南籍。当时由众渔民用刀将该警腹部剖开,将盐纳入,裹以麻绳,投入海中。该镇第十五营缉私营长,亦曾被渔民掳去,经盐警奋勇夺回,未致伤命。渔民方面,以无枪弹,故死伤倍多。两浙缉私米统领得报,于二十七晨乘江天轮由沪抵甬,转乘缉私巡轮前往岱山查办。

(《申报》1919 年 6 月 30 日)

旅沪浙人电陈渔户被伤情形

崇明县属嵊山海岛,每年冬令浙省台州、宁波、温州各处渔户赴该海山捕带鱼者颇多。前月有宁、温、台渔户被该山保卫团兵枪伤多人,此案至今尚未了结。现经温州、台州、宁波三属旅沪同乡会,将实情电陈江苏军民长官,请其查究。原电录后:江苏李督军、齐省长,上海何护军使钧鉴,顷据同乡瑞安县人梁阿青、陈金良,黄岩县人董永为来会声称,青弟亚东向在崇明县属嵊山捕鱼,于旧历十月十六日被该山赌棍魏金宝、全福等诱赌凶殴,至二十三夜毙命。青叔永坎亲向理论,讵该凶犯金宝等不自悔悟,又复仗势邀出义父即现充该山保卫团总蔡政纯,先期率丁到家吓令青叔永坎将尸下葬,青叔稍与争辩,该团总遂吓令团丁开枪乱放,致弹毙过路黄岩县渔民黄永来及弹伤瑞安县渔民林定选、梁良凤、梁不并、梁光树、孔光祖,鄞县渔民黄阿夏、杨阿品,黄岩县渔民黄永根等八人,左右手足等处受伤轻重不等。查林定选受伤尤重,闻已毙命。业经青叔永坎暨黄永来之父良洪,于是月三十日分别报请崇明县署派委诣勘验填属实在案。该团总自知行为过激,酿成巨祸,一被据实呈报,自必难逃法网。乃横生诡计,始则挽出花鸟山保卫团总卢会泰到地说和,继则授意会泰诱令青叔等单诉金宝等开枪击毙,为自己卸罪地步,终则纵凶脱逃;一面私备和约,交由柱首杨友才等转令青叔永坎等签押。是时青适自家至嵊山,该团总又将和约内亲注胞兄阿青四字,勒令一并画押。青等处积威之下呼吁无门,乃乘间携约来沪,请求同乡垂怜伸雪等情。据经敝会等再三查询,情节确凿。该凶犯魏金宝等如此横蛮,罪无可逭,而蔡政纯身居团总,职司保卫,乃无故弹毙平民,枪伤多人,又复勒填和约,草菅人命,均属大干法纪。敝会等悯念同乡,谊难坐视,用敢冒昧代陈,伏乞督军、省长、护军使迅派干员密查事实,并恳分饬外海水警厅及崇明县知事拘凶讯办,以雪沉冤而维人道,不胜迫切待命之至。温州旅沪同乡会、宁波旅沪同乡会、台州旅沪公所同叩。

(《新闻报》1920 年 1 月 27 日)

网捐助学之查复

南田县八九都董事包贤兴前奉陈知事令,筹议坦头山网捐一案,已志于八月十七日本报。兹闻包君昨复知事云,案奉钧署训令筹议分担网捐补助劝学所经费一案,奉令后当即召集各网户□命劝导。惟网捐一项抵支劝学所常年经费,乃地方教育前途之首要,必不可省之理,自应比较增减均摊认捐,借维学务。但查郁奶奶张网十四排、张贵巨张网十七排,已均常年捐入启迪学校经费银各六元,又许兴隆张网十排常年捐入启迪学校经常费银四元。按网户所认学校常捐之比较增减匀摊分认劝学所经费,还希钧裁按网户张网多寡酌予平均分担,以昭公道云。

(《时事公报》1920 年 9 月 15 日)

缉私巡船为害渔民

奉化忠义乡翔鹤潭地方驻有缉私扳商船四艘,专查象山洋面入口私盐,惟渔船查出严罚,以是该处渔船均不敢逾此规则。不料缉私船员役贪私营利,篾视规则,不恤渔民辛苦,往往渔船带盐并未逾章而该营竟任意乱罚,少则十余元,多则百余元。又当渔船返洋之际,该船以查盐为名,屡次强取鱼货,一般渔民因势力薄弱,大半俱不敢与争,即争之亦属无益,故渔民莫不暗恨吞声。有该管之责者,其竟任此虎狼之吏役肆行滋扰耶。

(《时事公报》1921 年 4 月 14 日)

渔米被扣请饬放行

镇海蟹浦人民多以捕鱼为业,渔船在洋食米,向由鱼行窠数向产米地方购来,按照渔船分配,以资食用。兹有春记行向平湖购来渔米一批,为竹山港捐卡扣留,经该行呈请县署,略谓,小行于二月间向平湖配置黄米二百九十石,备渔民出洋之用,领有平湖县护照,于三月初五日由百官过塘,经过竹山港,被该处捐卡扣留。现在渔船出洋在即,候用甚急,务请咨照该捐卡放行,以重渔食云。闻经盛知事据情咨情,该捐卡验照放行矣。

(《时事公报》1921 年 4 月 19 日)

渔船请派巡船护送

(象山)县属爵溪洋面现值渔汛之际,乐清、玉环、温岭各县渔船云集该处网捕,约阴历本月初旬即散洋回籍。今年鲜花大发,各渔船均犹满载而归。值此海氛不靖,途次恐遭匪患。兹闻有该三帮渔户代表蒋寅、徐仲淹、陈瑜等向外海厅具禀,请求饬派巡船护送,以免危险等情。兹录其原禀及批示如下:

为洋面不靖叩恩准派轮保护以安渔业事,窃各渔户等,每届渔汛之时,年年在爵溪捕鱼,迨及旋里皆有银洋携带。前三月二十日众上爵溪,因玉环县请轮公事迟出,未蒙派委率轮梭巡护送,以致各渔户皆被劫掠,但所失者不过粮食衣着,犹其小事耳。现在返棹在迩,每船均有行李,关系重大,况逢岁歉之余,洋面盗贼充斥。若不求恩派委率轮保护,势必至洋上被劫,则渔民家室难保无冻馁之忧矣。为此公推寅等为代表,联合全叩伏乞厅长恩准施行云云。旋奉指示:禀悉,该代表等禀请俟渔轮散洋回籍之际派舰护送等情,候行令该管第四队妥筹防护,仰即知照云。

(《四明日报》1921 年 6 月 2 日)

请调警队回防渔汛

象山县知事李君日前具呈省长文云,窃照属县地方三面环海,每届首夏宁、温、台、闽各属渔民连帆结樯,相率来辖境洋面采捕鱼鲜,船计数千,人计数万,素以县属近海之石浦及爵溪一带,停泊买卖,人既庞杂,滋生事端,掳人越货,随在可虞。故每逢渔汛,水陆警队变动防地,扼要巡逻,并由知事驰往石浦会同营队长官,切实弹压,办理稍一不慎,祸患即乘间而生。现计渔汛迫届,属县向有石浦警备队,于上年抽调五棚,前往嵊县地方防剿土匪,时将一载,尚未调拨回防,旧有水警巡船,现又奉裁三艘,县境陆地已患空虚,近海港岸,复告单薄,益

301

以邻县及本境灾祲之后,失业众多,流为匪盗,意计中事,迭据地方士绅纷纷来县面请布置。知事保境安民责无旁贷,但情势兵力实际未能分投兼顾,转辗思维,惟有拟请将上年赴嵊防剿土匪第二区第五营警备队什兵五棚哨官长二员,克日调回,照旧填扎石浦、爵溪等处,庶陆地择要布置,或冀有备无患,一面并恳钧长转饬本省外海水警厅,属县渔汛届期派拨兵轮及加派分队巡船,不时来辖境洋面及石浦一带驻泊游巡,以寒匪胆。所有属县渔汛泊届防务空虚,拟请饬调原有警备队回队原因,理合具文呈请,仰祈鉴核照准云云。闻来厅长已令行外海水警查照办理矣。

(《时事公报》1922 年 5 月 12 日)

侵占海岸之质问

梁议员对于省长之质问

象山石浦一镇,虽属海隅,然市肆栉比,居户稠密,致人民往往有侵占海岸之事。去年曾绍贤占有渔民道头造屋,涉讼至今未已。日前省议员梁成等有鉴于此,特向省长提出质问书云,查象山县属石浦镇,地当三门湾之咽喉,系浙东渔商广集之所,自二湾头以至横塘岸,而达江心寺前,东南沿海一带,原有涂场数十亩,均属国有土地,向归宁台各属渔商船具停泊有埠。凡远近航渡往来,就涂筑有道公路,路旁两边涂场,均需渡船随潮上下泊岸,以利交通。经前清提督示禁,不准人民私擅填筑,妨害水利,遐迩老幼,罔不闻知。后被当地豪强,不顾公益,或借江心寺之名占有,或借塘岸内之产属管,沿街□贪鲸吞,几无隙地,仅存各码头公路船坞旧址。上年有石浦商人曾绍贤,串通蔡德昌,借有横塘岸以内屋基,影射至岸外国有涂场,立契买卖,甚将东门岭头公路船场,私擅填筑造房,侵占渡船泊岸场所,以致激成地方公愤,公同拆卸。事出正当防卫,迭经公民屠兰亭、奚如友、吕瑞荣等,先后呈请恢复路状,以利交通。曾由贵省长暨警务处,训令勒限曾姓拆让,建筑修复街头船路。乃象山县知事李沫,延至今,并不遵令办理,喧传曾绍贤以重贿嘱托所致,不为无因。现在东门街头砖石乱坍,船路壅塞,时有冲沉渡船,危及公众生命之虞。议员等闻见所及,深滋疑虑,贵省长为总揽行政长官,何以任听该知事违令徇私,延不修复公路,收回国产?爰依省议会暂行法第十九条之规定，提出质问，希于五日内明白答复，毋任企盼。

（《时事公报》1922 年 6 月 25 日）

知事管带星夜赴岱

亦为渔民械斗事

定海岱山东沙角，奉化帮及象山帮渔民械斗一案，已志本报。兹悉此事发生后知事管带虽已派员前往勘验，无如两方积不能平，仍有开战之势。适新宁海商轮于闰月十八日由象山来定，特放岱山（该轮定期本月十八、廿四，六月朔日特往岱衢山装货）。陶知事在东、王管带汉臣，即带同随员及军警十余人，于是夜八时许，同趁该轮前赴岱山弹压，并办理善后事宜矣。

（《时事公报》1922 年 7 月 14 日）

渔民械斗案六志

张哨官懦弱无能　金所长费尽心力
水警巡舰大助声威　知事管带到岱过迟

定海岱山奉、象两帮渔民械斗一案，县知事得讯之后，十六晨先派驻定警备队哨官张荣麟暨警所长金达赴岱山弹压，继恐张、金二君办事不周，复于十八日同王汉臣等乘定海轮前往相机行事，并由外海水警厅长派拨永平舰往岱山防卫各节，已五志于十五日本报。兹又得一访函云，该山自十四日发生此案后当晚毛哨长恐流弹所及，地方糜烂，协同侯警佐宣告戒严。毛哨长彻夜巡梭，目不交睫，商董戎文卿向两造劝谕，说得舌敝唇焦。此十四夜始得安稳过去，未致开火。十五日商会开紧急会议，邀集绅商决定两帮交战区域，不许侵入市街。一面再向两帮陈说，最好俟知事到岱解决，双方因之各守阵势。不过象山东门帮之梁鸿琨（黄岩人）在念母岙充作暗探，为奉化帮所拘留，金标之妻（东门帮）至念母岙寻夫，亦被大打一顿。十六日下午三时张荣麟管带警备队十余名，金达警所长带警察八名（依知事之见先嘱带警察四名，金恐不足故带八名）并仵作等抵岱，略讯情由，即至尸场验尸（张哨官则架子大，坐轿而往）。验毕随至岱镇警

303

所,奉化渔民要求惩办祸首,金所长遂出示四条:一解救,二抚民,三辑凶,四如不服从命令格杀勿论,此十六日之情形也。十七日东门公所司事胡常、奉化公所董事林时喜到岱,遂相互接洽。奉化帮由张哨官担任解除兵器,东门帮由毛哨长担任解除兵器,议定十八日两帮仍开船捕鱼,其赔偿费,由官厅到后持平核办。金所长以为可告圆满结束,不料十七日晚有奉化帮二人,在某酒馆饮酒,适有东门帮数人经过,奉化人醉后不谨,复经逐之,东门人遂至公所轻事重报,谓奉化人仍要拿我,东门人遂又发怒,仍各备战。奉化人亦以合山护船借到枪械八枝及善战者十余人,遂大变初心,决计再战,金所长实费尽口舌,终归无效。当决于夜间开战,奉化行家及公所人员知事已决裂,将行李贵重等物担至船上,预备一战后,即逃回奉,再做定夺。经戎商董、毛哨长,再邀金所长前往恳说,以为夜间开战,炮火横飞,定有伤害居民,可否迟至明日(十八),幸奉化人允之,于十八日午时开战。可嗤张哨官究属无用,见势不佳,恐伤性命,于是夜暗带队伍,不知向何处躲避去了。该镇警察既少,兵力单薄,岱镇侯警佐满望知事早到或可解决,讵待至十八晨八时,尚不见到,心急如焚,遂邀岱镇绅商汤习规、张静庵诸君等到所会议。正在讨论间,奉化人果送战事通告书到所,谓准于午前交战,临时机关设在立坛庙,请各官长不要阻止云云。函外附有扯碎旗子一面(示决心开战),幸霎时间闻水警第一队高分队长、陈分队长等,乘永平舰已行至高亭地方,于是各商民心始大定,声威顿壮,因火速遣人往迎请该轮直驶至东沙角保护。十时许奉化帮约有四五百人沿狗头颈,共分六路备战,然勇敢者不过数十人,其余均属喊呐之辈,一路赴小岭墩追赶警备队,该队避至桥头,毛哨长手掌被流弹射伤。据奉化人说,谓毛有意袒护东门帮,欲得而甘心云云。张哨官早已抛弃队伍,交毛哨长督率,己身则匿在民家,甚至何者为奉帮,何者为象帮,渠亦不明了,不知他此事来岱作何事。故东门人背水而阵,专取攻守,小岭墩奉帮百余人,既与东门帮接近,东门人开枪回击,结果奉化人大败,且重伤一人,传说已抛于海中灭迹,小伤六人,迨奉帮败走。时仅午后一点,至三时许水警第一队到岱,人心始定。当由高分队长富兴,与合山护船林管驾(即借给象帮快枪者,见前报)大办交涉,谓其接济象帮军火,致肇此祸,林亦不赖,惟能担任奉化人今夜断不再出事云,然东门人及官厅仍防备也。水警亦有半队在陆,借壮军威。至夜二时许,陶知事偕王管带始乘新宁海来岙,上岸后至警署暂驻,未知如何核办。此十九日上午二时前之事也,余容续志。

(《时事公报》1922 年 7 月 16 日)

渔民械斗案之余闻

定海岱山奉、象两帮械斗一案,已七志本报。兹又得一访函云,当两帮激烈战斗时,奉分五路进攻,象取守势,妇孺哭声震于十八日天,闻者心惨,枪炮互施三时之久,全市扰乱,弹伤居民,结果奉败,人人称快,因奉帮太骄横也。是战奉迁怒警队,枪伤哨长,十九早偷营,抛掷火药,抢劫营械,危机一发,幸陶知事惩抚兼施,谓枪弹一发,良莠难分,全市糜烂,亲督员绅分途晓谕,并赴费戎张绅寓渔帮向渔帮宣谕,以本日十点钟为限,如再见手持枪械,众至三人以上,必予枪击。谕示中有启衅之罪,奉四象六,屡攻之罪,象少奉多,仍是半斤八两。本县深知此次安分被胁者多,好乱为匪者少,赶速开船,以自表白,以免株累之语,为最服人心。自十九下午起至廿晚,两帮数百号之船联翩出海,亦一巨观。东门董事以船少恐奉人洋面截杀,请求师船护送。高队长初尚迟疑,以为非有知事印文,准其开炮不行,陶知事准之,一场大战,至此告一结束。惟吾岱商民,枉受池鱼之殃,暗中损失不少,岂不大冤,而后警佐毛哨长此次同受袒助东门之嫌疑,毛一勇之夫不足论,侯则平日捉赌拿烟,工于需索,今又酿此巨祸。陶县长为尊重民意起见,故将该警佐撤调,改委彭能前来暂代,并闻陶公以疏防肇事,自请省署从严议处。其实此番安危之机,幸赖陶公决于俄顷。陶公自力争渔盐苛例,各帮渔民亦极称颂云。又闻外海水警厅长来伟良昨致杭州严督办省长电云,督座删电,省座盐、删两电均悉,岱山械斗,业已平静,并由职厅巡轮巡船押送各渔船回籍,谨闻,末情续呈。

(《时事公报》1922 年 7 月 22 日)

知事呈报渔民械斗之详情

定海岱山奉、象两帮渔民械斗各情,已八志本报。兹录得陶知事具呈卢督办、沈省长、黄道尹文云,文、元电呈计到,文日之斗,仍系奉攻象守,结果奉败,

305

闻毙一人,被象投尸于海,又伤二人,象亦称失踪八人。元早奉帮扑营,意图劫械,已有空帮落壳搀入,与象帮之雇匪借械情事相同。自毛哨长带伤,仅放天枪,仍禁还击,队兵愤怒,经知事协同王管带,抚慰制止,不忍自戕同种,以免糜烂地方,一面减从躬巡,百端晓谕,究竟此曹安分者多,好乱者少,胁从者多,为匪者少。数日斗疲,所费不赀,子弹垂罄,无名之师,扰害市场,伤及局外,公论不许,其气已馁。又不幸外海高陈陶三分队,驶至协防,尤幸象帮董事胡佩珍、奉帮董事吴峤,于灰、真日先后赶到,为急则治标之计,由吴董劝谕奉帮之船,尽于元夜开离岱山,以象帮船少不敌,恐在洋面截斗,更演惨剧,议略缓开行。知事担任请三分队师船护送,印文声叙,如遇海门准对于启衅抗官者,开炮制止,其船亦于寒夜开尽。虽洋面安危,不能预料,而陆路斗民,则已解散。伏查此案,两帮向有积仇,廿余年前象帮强横欺凌,一如今日之奉,曾经一次大械斗。某帮以公愤为奉助,象大挫败,被戕数人,自此奉渐强横,与象报施,前后易位焉。每年渔汛,常有个人争斗,小者柱首理处,大者董事平停,非重伤人命不告官,告官亦绝少拘惩真凶,大率以抚恤赔偿,不了了之。固为息事宁人,适以养成骄悍。岱山商场在东沙角,其横街东西分属两帮势力范围,以街中之财神殿划沟。此次最近六月杪,有象数人觑奉一人嫖赌,往掔殴辱,盖系报复去秋所受奉人同式之辱,遂为此番大战斗之起点。自是纠伙越界,辱衅互殴,不计次数。有一次奉殴象人,误认乡警,激动公愤,维时侯警佐、毛哨长,恐其酿祸,奔走两帮,责成柱首理处,乃理者自理,斗者自斗。虞日奉纠十余人至财神殿,刃伤听书之象人数人,象愤竖旗纠众决斗,以铁板沙为根据地,奉应之,以念母岙为根据地,据险掘沟,设防派探,一如兵法,而市场恰界其中。是日开始战斗,枪炮互施,奉先胜,仅兵五人追至沙河无继,象反攻弹毙追者杜姓一人,重轻伤数人,闻象亦有伤者。齐日续斗,奉以人众气骄,一路猛攻,象以人少,绝地死守,斗亘两小时,流弹伤及居民,全镇罢市,商民迁避,其势岌岌。知事奉高审厅令虞日赴乡筹备邵姓开棺检验,呈报在案。佳日闻报,并据死亲杜姓状诉到署,当飞令金所长协同城哨,并带吏警驶往查办,迭邀地绅两造调解,已有端倪,死伤亦经检验。无如混乱之际,谣多误会,更有痞徒播弄,不独牵入局外之盐廒盐营,甚至营警官吏因驻扎之地点与职权之行使,各被袒助一方之疑谤。此曹脑筋简单,深信迁怒。大率真日以前之斗,纯属渔民,其后已有中级董柱加入,扛大旗,设机关,发战书,众口一词,调和绝望,遂有文日之斗。知事真日得报回县候轮,文晚驶岱,情报业详文、元两电。元午以后,转危为安,良由王管带、金所长督率属官,防范得法,尤赖吴、胡两董资望素孚,互蠲成见,力顾大局,否则燎原势成,匪盗乘便,大局真不堪设想。知事连日督属安抚居民,清查匪械,秩序恢复,于铁日回县。一面遴警行文拘捉首魁正凶,一面定期召集两方地绅,会议善后,此查办本案之大概情形也。

至议善后,要先平定,此案启衅奉四而象六,罪屡攻则象少而奉多,论法律则构成骚扰,厥罪维均,讲事实则奉有死亡,损害较重,谓宜象帮特别谅解有宜平群渔羞恼之怒,即以杜他年报复之根,否则象必联台,奉必联衢,牵涉愈多,仇杀愈烈,官绅明知而不豫为谋,亦岂人道主义。故此会双方皆宜开诚布公,切不可唱高调顾虚面,而以外交手段出之。而后拟议下列各端:一、添常驻副董。二、加重小董柱责任。三、设稽查员,订禁约。四、取缔带枪。五、妥订护船职责。六、割分侨地。七、设缓冲地,立公证人。八、厉行讲演并办半日学校。九、严禁娼赌。十、厉行警察干涉。此又知事拟议善后之方法也。知事有地方之责,虽因轮电梗滞,公出迂回,究属事前疏于防范,以致酿生重案,应请宪台从严惩戒,以儆不职,而谢地方。除检验尸图文结另文呈报暨分电外,为此电请鉴核训示施行。

(《时事公报》1922 年 7 月 23 日)

水警队长梭巡洋面之计划

分防汛地　以专责成

宁波外海水警厅长,昨据沈家门新编第一水巡队长陈常益呈称,窃照此次水警奉令裁编,职队以旧一二三三队所辖区域,归并改组,洋面辽阔,绵亘千里,荒屿僻岛,棋布星罗,防线稍一不周,航商即蒙影响,惟是所属分队,一裁再裁,已过半数。前以三部,每队二十一个分队之力,犹虞盗匪乘机肆獗,现存巡船仅留小半,而欲维持北洋全部安宁,要在扼要驻扎外,并驻重游巡,乃得洋面无空虚之患,匪徒无乘隙之机。队长仰沐裁成,谬膺重任,配置防汛,安危所系,不得不出之以慎重。考察各该旧队以前划防兼汛之案,已不适合现时情形。兹经队长权衡缓急,重予支配,伏查镇港为钧厅驻地,沥港为航商要道,拟各派驻分队一个,其派驻沥港分队,并令兼防羊山,缘羊山虽与苏洋接壤,而洋面太大,风浪较巨,停碇维艰。从前派驻该山巡船往往泊沥时多久矣,名不副实,且查沥港为火油船由沪往南,有时所必经,偶失保证,即酿交涉。队长对于此点,用是再三审计,拨驻师船,似属要图。羊山有警,一潮即达,可兼顾也。一面仍饬驻镇分队随时协助,以免疏虞。

定海港为交通繁盛之区,拟派驻船两艘,责成巡缉崎头、桃花、六横、东西柱一带,并令一司保护北来油船,一司稽查船舶兼护商船。又沈家门为职队队部所在地,仍照旧章驻扎一个分队,责成兼防普陀朱家尖一带洋面,并派司稽查船舶保护渔商船只,暨临时差遣缉捕,及备队长督巡全洋之用,此队长派船扼防之情形也。其余巡船四艘,拟编两个游巡队,即以沈家门港为派出地点,分头出发,一巡桃花、六横、象山港、沥港、岑港、乍浦、鱼山、岱山、高亭一带洋面,一巡朱家尖、普陀岛、青浜、庙子湖、长涂、衢港、鼠狼湖、黄泽、大羊山一带洋面,专令常川梭巡,不任稍有间断。至派充游巡之船,拟按月轮流调换一次,但调换时只调换其分队,不变更其洋线。其换防时限,率以次月十日左右发饷为期,以均劳逸,而资便利。队长自当随时亲出督巡,借资振作,所有苏浙会剿事宜,再行临时抽调前往办理。

兹派第一分队驻扎镇港,第四分队驻泊沥港,第二分队暨第八分队驻防定海,第三分队泊驻沈港,第五、第六分队及第七、第九两分队从事游巡,俟调换时逐月列入驻地表具报钧核,所有队长支配巡船,巡防洋汛缘由,除分行遵照外,理合列表具文呈报,仰祈钧长鉴核示遵。

(《时事公报》1922 年 7 月 24 日)

拟定渔民械斗善后法

以呈道尹核示

定海岱山渔民械斗一案,迭志本报,日前经定县知事会同该处绅董,拟定办法十条,电请会稽道尹查核。经黄道尹以此次奉、象两帮渔民挟仇决斗,伤及居民,以致罢市,实属不法已极。该知事事前虽疏于防范,得报后立往岱山会督营警,设法解散,办理尚属得宜,仰仍严缉首犯,以儆将来,一面将善后办法,妥核后再电知陶知事知照云。

(《时事公报》1922 年 7 月 27 日)

穷岛海盗之出没

南田花岙山,素为海盗渊薮,一入冬令,更是出没无常,月前本报,曾揭载有白布缠身之海盗二十余人,泊舟□娘岙,无如岛邑初辟,兵力单薄,官厅初未注意及之。兹得访函,复有盗匪五十余人,发现于青水岙,惟对于该处人民尚无施扰行为,意在借该处为根据地,故不欲结仇于土人。按该邑以蓬莱乡较为富庶,久为盗匪所觊觎,此次来意或即在是,深望官民之能严密筹防也。

(《时事公报》1922 年 11 月 29 日)

海岛被盗淫掠

定海长涂地方,九月十一日夜,突来帆船三艘,内有盗匪数十人,从杨梅坑上岸,挨户行劫,次晨又至东基地方,适遇陆姓少妇,盗等欲行非礼。该妇抵死不从,乘机脱手而逃,被盗追至江岸,见无路可走,竟投江自尽。该盗等又在该处,踏毙三岁女孩一人,计被劫财物,约二三千金,以陈公兴号损失最巨云。

(《申报》1923 年 10 月 3 日)

海盗劫船掳人

甬象山县西乡泗洲头,为该县之巨镇,旧历八月二十二日,例为市期,各处船只麇集。昨有苏岙、马岙两航船,市散驶回,甫至平岩头洋面,突遇盗船两艘,开枪示威,跳过航船,将搭客货物掠劫一空。同日又中泥航船,亦被匪劫,内有年轻搭航二人,畏惧过甚,投海溺毙。嗣据被劫者报告,匪船形式,颇类缉私船,

309

且匪徒所著衣服,又均为军服云。又大咸乡瞻崎^①地方,有周某者,日前运谷数万斤出口,驶至崎头洋面,突遇海盗,将人谷一并掳去,且致书于该被掳人所开之周乾大南货铺,索千金赎回云。

(《申报》1923 年 10 月 15 日)

水警与海盗之大激战

定海沈家门外海水警厅第一队队长陈常益,现因冬汛期间,海氛不靖,于十六日严饬各分队队长暨闽帮护商,迅往庙子湖等处会剿盗匪。由第一分队长袁衮、第五分队长刘尧坤、第九分队长陈用钧及第一号护船管驾高富德、第二号管驾杨宝发等五巡船,即日出发。至十八日下午二时许,各巡船抵香螺花瓶洋面,即庙子湖相近,见前行驶钓冬船式之盗船,纵横密布,各令水警开枪追射。该盗等胆敢还击,抵抗拒捕,械斗约三小时。水警王余喜背部、周德高耳部被盗弹中受伤,直至下午五时,该盗见势不敌,弃枪入水,当即并船生擒盗首陈凤翔,盗伙金如作、俞良树等二十二名。约计当场击毙者二十六名,夺来盗械三十一支,子弹一百零五颗,并救回梁合顺、梁金炉难船两艘。事后各分队长会衔具文,解盗缴械送队请究,当由陈队长提案讯明,该盗等均供在洋行劫不讳,刻已呈请厅长处刑矣。

(《申报》1923 年 11 月 23 日)

浙洋联防之计划

宁、台、温三属洋面,近来匪氛不靖,除由宁波旅沪同乡虞洽卿等呈请卢督办,派超武兵舰巡视外,并由海道测量局,对于沿海区域分段设置舰艇,其警报气候及推广灯塔两事,已与海关接洽同意,如制止偷漏禁物、海盗劫掠、援救沉舟、保护渔业等事,须与外海水警厅互通声气,方能收指臂相助之效。昨经张省长令行外海水警厅长来伟良,妥为洽同办理矣。

(《申报》1923 年 12 月 8 日)

---

① 即瞻岐。

剧盗一夜连劫六家之骇闻

鄞县大咸乡塘头街地方,于十八日晨二时许,突来盗匪二十余人,首至忻存药店、成大南货铺,劈门直入,抢掠衣服、首饰、洋银等,约计五六百元。次复蜂拥至恒大、豫生、徐万成、施生彰各店,饱掠而去,损失不下二千余金云。

(《申报》1923 年 12 月 21 日)

海盗焚劫小蔚庄

甬属象山县盘安乡小蔚庄地方,于本月九日下午四时许,突来盗船两艘,盗匪四十余人,径至王仁尧家,见王不在,将王仁尧家四架平屋,完全烧去,许维沛家烧而未坍,其他各户,亦有被劫者。烧时将出入要道看守,直至王仁尧家房屋烧尽,始行散去。当时幸适大雨,未及延烧邻居。事后调查,计烧去平屋十余间,老酒七八缸,以及谷米物件等,损失在五千元以上云。

(《申报》1924 年 3 月 15 日)

派兵赴岱弹压渔汛

甬属定海县张知事,暨警备队第七营傅管带,因近日岱山渔汛已届,鉴于往年械斗流血巨案,特于日前致电宁台镇守使署,请派陆军开往镇慑。兹悉镇署接电后,已于昨(十二)日饬步兵第四团石团长,着派官长一员,率兵士二十名,开赴岱山弹压。一俟渔汛过期,即行回甬云。

(《申报》1924 年 5 月 15 日)

认真弹压渔汛之陈报

甬定海县知事张宏周,昨电陈宁台镇守使署文云,知事于十六日会同警备队第七营管带傅兴藩,带同军警,乘超武兵舰到岱,弹压渔汛。正值初水,各帮渔船,均出洋捕鱼,约需捕鱼二十万担。因天雨数十日,盐户不能晒盐,盐价飞涨,从前因此屡发抢盐风潮。知事恐闹盐荒,会商场知事、秤放员,少发引票,俟至缺盐时,拟再磋商二厫,借盐救济。按各帮渔船多寡,酌量分配,照成本结价,归各帮分所承领,派兵弹压,免滋事端。维持渔民生计,保护地方治安,知事职责所在,会督军警,日夜亲出巡防。游民虽多,地方安谧如常,请纾廑念,谨先陈报云。

(《申报》1924 年 5 月 25 日)

盗船封锁青门港

甬属象山爵溪洋面之青门港,于十五日有盗船五艘,计匪徒一百余人,停泊该港。适各渔船正驶往捕鱼,被该匪船拦泊港门,不能驶入,只得纷纷转舵驶回,报告该处巡船。当由第二号巡船前去,相距百步,激战二小时。该巡船因寡不敌众,亦转舵驶往石浦,报请水师协助矣。

(《申报》1924 年 6 月 23 日)

渔人歼盗之快闻

象东爵溪洋面之南韭山,向为海盗之出没所。据闻现有海盗二百余人,皆处是山,盗首名六大老。日前有爵溪鲤鱼船一艘,被该盗等拔去(拔该渔船时盗只三人),及至海中,渔人乘机将三盗尽力推入海中,即扬帆而回,亦云勇矣。

(《申报》1924 年 7 月 21 日)

甬帮渔业呈请水警保护

为渔汛已近海盗未靖

宁波墨鱼税代表张志芳等,昨呈江苏第四区水上警察厅文云,窃敝公所渔户,每值春夏之交,采捕墨鱼,于江苏洋面之嵊山壁下、花鸟、洛华等处,中途载鲞被盗截夺,生命财产,关系甚巨。曾经设立公所,自雇护船,垂五十余年,颇著效果，迭次请求钧厅，加委给示在案。今当渔汛紧迫之时，正在军事平靖之后，匪徒四出，劫案迭闻。以宁波人民，而至江苏境界，超过七重洋面，风浪以外，又苦盗窃，渔众惊惶，几至废业。当电敕董事及司事忻初康，召集柱首公议，金以选举得力管驾，加置护船，先时准备保全渔汛，业已公举陈英为一号管驾，朱子杰为二号管驾，更番梭巡，沿路保送。事出商办，令由官颁，但补船本协助艇船之不逮，而艇船冷漏，租借钧船，喧腾报章，远近震栗。因思维持渔民生计，故钧区职务所当尽，而帮贴修船经费，亦渔义务所应有。拟将估定修费七百元，提出十分之一，由敝公所随后呈缴于阴历端午前后，一律完足，专门明令下颁，附本期票，以便艇船到嵊山时，得由敝公所照数接洽，俾资小补，而作报效。为临汛呈请厅长，恩施颁谕，委令四道，布告十方，用作奉行，以安众望，谨呈。

（《时事公报》1925 年 4 月 9 日）

采紫菜父子葬鱼腹

冒险轻生为吃饭

镇海东门外居民多以渔为业。今春以该地所出紫菜销路颇旺，价格尤昂，一般营此业者莫不利市三倍。有素以脚夫为业之赵宝全者见而心羡，亦欲借此图利，乃于日前（六号）率子炳章前往捞取。然紫菜多在岛石中，素取者尚取之不易，况伊父子毫无经验，炳章正在捞取时偶一不慎，以致失足坠水，时同在捞取而善泳者虽不乏人，然多以自顾生命，加之天气寒冷均置之不理，宝全救子心切，奋身跃入水中，亦竟被巨浪卷去，不见形影，噫！亦云惨亦。

（《时事公报》1925 年 4 月 9 日）

好斗之渔船

本月初二日，据中途船传说，象山东门帮蒲船与奉化帮莆船，业于泗礁相近之马头洋面，互有冲突。是讯传来，岱山东沙角之全市居民，咸为不安，益惕于民国十年间之往事也，当时两帮渔民，在岱东之大械斗，其起因亦始于外洋，其拢洋亦适遇端午，端午雄黄酒一喝，渔人怒气冲冲，死不肯休，互相格斗，全市弹如雨下,居民关窗闭户,交通俱绝,顿现萧瑟之景象者数日,而奉帮之被杀于东门帮者十余人,俱以龙刀截入尸体,负往海滨沉没之。今则起因相类,时期又合,莫怪居人之杯弓蛇影也。

(《时事公报》1925 年 6 月 27 日)

水产学校校长得人

鄞县陈谋琅君,前卒业于江苏省立水产学校,民国六年,留学日本函馆商务省水产讲习所本科养殖科,民国十年毕业,历任江苏省立水产学校养殖科主任、养殖场场长,才学兼优,现被省当局聘为台州省立水产学校校长。闻该校开办至今九年,因办事者不得其人,毫无成绩。想陈君必能大加振作,为该校造一种新气象也。

(《时事公报》1925 年 7 月 17 日)

水产学校改革情形

甬人陈谋琅君,自奉省令委为省立水产学校校长后,遵即赴海门到校视事,见校舍荒落,满目凄凉,室内尘埃堆积,玻璃破碎,操场庭院则荒草没胫,几无通路。陈校长见在在需加修缮,又因前任校长张苑林携钤记回原籍,延不交代,恐开学期近,不及修葺,即先垫款筹备,雇工刈草,以便行路,学生寄宿舍则妥为修理,楼窗式样翻新,礼堂大加洗刷,顿易旧观,并已雇就机工,俟交代清楚后,即将工场着手修理,俾开学后,诸生即可实习。据闻实习经费已由教育厅列入概算,当不如从前之有名无实,空费光阴,不禁为水产前途庆也。

(《时事公报》1925 年 8 月 11 日)

渔民争地盘之一幕凶剧

象山淡港地方,渔民甲某,前日与奉东应家棚渔民陈阿水,争抢网地,致起冲突,酿成血案,各方互有负伤,尤以阿水腰部受伤甚重,几于殒命,该舟渔民,遂将某甲拘押,并加殴辱,某甲遂欲提起诉讼,阿水等自知不敌,只得忍受吃亏,赔网洋五元了结云。

(《时事公报》1925 年 9 月 18 日)

王管带注意沿海防务

亲自率兵巡视

驻奉警备队第六营管带王国治,因忠义乡地接宁象,形势险恶,特亲率兵十一余名,往沿海一带巡视。首至西忠义,入松林区之第二哨驻扎地太平庵村,折回入东忠义境。当由该区自治委员吴君邀集各村士绅,详述沿海之形势,多有请求派兵驻扎,以御匪患者,未知王管带能否俯顺民情,思患预防也。又闻该管带于二十日返奉城,二十一日赴甬云。

(《时事公报》1925 年 9 月 22 日)

禀请组织东门岛民团

象山东门岛商民周本初等,组织保卫团一节,已志本报。兹悉该团于昨日具禀到县云,(上略)东门岛僻在海外,向无营警驻扎保护,际兹海氛不靖,盗贼乘机窃发,村人子夜惊惶,风声所及,几乎草木皆兵。爰是合岛集议筹办民团四十名,照保卫团定章组织,定名为东门岛保卫民团,枪械子弹等件,先事设法借用,以期早日成立,团丁饷需,分常驻、后备二种,常驻每人月支六元,后备半之,团总、团长各一人,不支薪而酌给公费,均由本岛居民捐资供给。业已推举本初充任团总遵章组织,并公举团长从事教练。事关筹办民团,保卫地方,理合呈请备案委任云云。闻劳知事以东门岛防务,确为重要,当即批准先设二十名,俟有经费,再行扩充云。

(《时事公报》1925 年 11 月 12 日)

栖凤食米来源大缺

因各县禁米出运

奉化西忠义区栖凤村,民多业渔,食米多赖宁海、象山两邑接济,近因各县米禁甚严,米船罕至,以致粮食大缺,是以每元只可籴米九升,尚无处可买,其前途之恐慌,诚有不可思议者矣。

(《时事公报》1926 年 3 月 28 日)

渔船赴岱捕鱼禁带军械

定海知事乔葆元,昨致道尹代电云,本届县属岱山鱼汛在即,已循案咨请永嘉、乐清、温岭、玉环、宁海、临海、天台、黄岩、鄞县、奉化、象山、镇海等十二县,出示晓谕境内渔民,暨转行所属各帮渔业公所,凡有渔民来岱各船,务须自备食米,惟于米粮外,不得携枪械军火及违禁物品。如有形迹可疑之人,立即勒限出境,并请分咨水陆军警一体严密盘查禁止各在案。但时值海氛不靖,恐有匪盗混迹其间。兹为预防扰害维持治安起见,用特电恳附准查照上年旧案,迅赐令饬外海水警厅及上列各县,一体照案办理。布告渔民,只准各带食米,不准夹带枪械赴岱,并派警队在渔船出口地方,认真检查扣留,以免贻害,而昭慎重,仍乞指令祗遵。除分电并妥为筹防外,谨此快邮电呈云。

(《时事公报》1926 年 5 月 11 日)

迁移水产校案已打消

但须查办校长由杨议员另案提出

宁属省议员戴敦勋等,前以海门水产学校,应迁移至镇海,缮具六项理由,向省议会提出付议,已志前报。兹闻省议会于八日开议后,由戴议员登台说明原因。梁成、邬荣铖、谢绍枋等均不赞成迁移,而王承祖、顾绍钧则主张应付审查,未有结果而散。九日复行开议,杨毓琦对于是案所提出之(甲)地处偏僻,交通不便,(乙)水产稀少,原料高贵,(丙)学生不多,程度低劣,(丁)人才缺乏,教员难求,(戊)积习极深,校风衰败,(己)虚縻公款,成绩全无等六项意见,详细辩驳,尤对于(戊)(己)两项,谓与迁移不成问题,主打消。邬荣钺再补充反对理由。郑永祚云,应否迁移,系一问题,而(丙)(丁)(戊)(己)四项,系问题中之一小部分,是否如此现状,应付审查。吴鉴谓学校成绩之优劣,实无一定之标准,谓为迁移而一定办得好,既未能逆料,亦不能断定其将来之成绩,好到如何地步,且事实上不能因办理不好,便以迁地为良。卢旌贤云,水产校既系省立,是希望有成绩也,应请临海同人,将该校办理之现状,知悉者报告一二。如大众以为确无成绩,或认以后无再好之希望者,则迁地亦未尝不可。当由杨毓琦声述一二,主席乃以赞成反对付表决,时在席八十七人,赞成付审查者起立三十七人,少数打消。杨毓琦临时决议,谓戴议员所提出之迁移案内(戊)(己)两项,主查办水产校长。张旭人、叶向阳云,应须另案提出。王侃询主席,杨君动议,有否成立,主席云,已成立。乃由杨毓琦登台说明提出查办之旨趣,并谓时间匆促,未克书面提出,即以戴议员所提出者作根据。许国植表示反对。邬荣钺谓办理不善,应提查办。张立谓戴议员之提案已打消,查办应另提案,否则如表决后付审查,将何从审查起呢。卢旌贤谓可由戴、杨两议员会同起草查办案。王润主由大会内推出起草。丁仁云为尊重议案起见,应先有案而讨论,王侃亦有意见,结果由杨议员提出办案后,再付讨论云。

(《时事公报》1926 年 6 月 12 日)

渔汛期满海氛未靖

海军加派超武舰巡洋

江浙渔业保安联合会、江浙渔会、渔商公会三团体,以现装运鱼件之时,电请当道,派拨富海、福海出洋巡护一节,已志廿三日本报。兹闻驻沪海军司令部,以夏历四月至五月十五日,为江浙沿海渔民捕鱼汛期已满,凡在大戢山、三门湾、海门一带渔民,均驶回吴淞口外,趁夏季休假,修理船只,恐日轮乘隙越界捕鱼,且因海氛未息,近日据报仍有海盗劫掠渔船情事,特加派超武舰,在浙洋面切实保护云。

(《时事公报》1926 年 6 月 28 日)

渔民向盗纳税又一起

象山东乡爵溪地方，今年南韭山洋面一带，盗匪充斥，统计有四五百名之多，搅扰渔业。公民郑某等，虽赴水警厅请求加派巡船，未见有效，近日渔民相约拟每船出银十五元，渔船百余艘，可得一千五百余金，派人至南韭山匪首处缴纳，与彼签订条约，希望不侵犯渔船。未知负地方之责者，将何以设法善后也。

(《时事公报》1926 年 7 月 16 日)

海盗猖獗之一斑

今庚冬汛海盗猖獗，常出没于铜沙洋面一带。本月十四日月湖帮冰鲜船十一艘，驶近该处洋面，突被大帮盗匪(盗首系朱猛江)掳去八艘，后经江浙渔会闻讯，当派福海轮跟迹追缉，遇于马迹洋面，双方激战数小时，卒将冰鲜船六艘拔归，其余二艘不知去向。

(《申报》1927 年 12 月 17 日)

海鹰舰捕获海盗续志

江浙渔业事务局海鹰巡舰击毙海盗六名，生擒海盗六名，详情业志昨报，惟所纪与事实略有出入。兹经探询详实情形，合再补记于下：查海鹰舰系江浙渔业事务局护洋巡舰之一，因现届渔汛，于上月奉吴局长令派出护洋。本月七日，由甬出巡，驶至小羊山外停泊。深夜二时，突据渔民投报，大戢洋面，有海盗劫船。该舰据报后，随即驶向大戢洋面缉捕。翌晨七时，即遇一黄道关船，形迹可疑，当即前往搜查。盗遽开枪拒捕，并击伤护勇金寿仁一名，海鹰舰长乃令全体护勇开枪猛击，立毙盗匪六名，并生擒台州人罗阿掌、陈昌全、周远泽、周中村、陈相楚、金能能等六名，搜获土造五响快枪三支、子弹三百余粒。该盗同伙共十三人，盗首李飞龙，见同党伤亡过半，情知不敌，遂挟枪械赃物一并投入海中。至生擒盗匪罗阿掌等六名，均鞫供为盗不讳，闻现已由吴局长解送淞沪警备司令部讯办。

(《申报》1928 年 5 月 9 日)

吴淞水产毕业生之出路

国立中央大学农学院吴淞水产学校,为中国之最高水产及航海教育机关,历届毕业生之服务社会者,均卓著声誉,在航海界尤占势力,如冯立民任福建集美水产航海学校校长,张君一任浙江省立水产科职业学校校长及浙江省立水产制造厂厂长,王子健任奉天省立水产学校制造科主任,张君丰任镇海渔业局局长,沙荫诚任常安公司华安轮船主,江裕田代表中华航业公司赴美,购运大商轮驶华,并将任该轮船主。其他领得交通部船主证书者尚有多人。最近招商局改建局务,采用本国航海人才,该校毕业在该校(局)各轮服务者,达二十余人之多。近来各处水产及航业机关向该校聘请毕业生者,日渐增多,如烟台山东省立水产试验场长一席,亦将由该校介绍毕业生前往充任云。

(《申报》1928 年 9 月 21 日)

电请派舰痛剿海盗

奉化栖凤、桐照二村村民,向业捕鱼,半在南洋,半在北洋采捕,讵南洋艇子黄牛礁、螺头等处,海盗蜂起,遍洋不靖,近日被绑渔民如沈昌定、沈阿莲等三十余人,被拔渔船六七艘,均藏匿于象山东勺溪、白沙湾、南韭等处,索取赎款。该渔民等家属闻讯,异常惊骇,兹已由该二村委员会电请水警局饬派舰队痛剿,以冀救回难民。闻王局长接电后,将整顿舰队前往剿捕。

(《申报》1929 年 9 月 2 日)

浙江省立水产科职业学校报告

邓宗岱

该校设于浙省定海县,以该处为渔业最盛之区也。校舍今春始竣工,学生一百六十人,分四级入学,程度为高等小学。毕业分渔捞科、制造科、渔捞职工科、制造职工科。渔捞、制造二科,毕业年限为五年,前四年注重学识,末一年注重实习,以学生毕业后能实地应用为宗旨。渔捞、制造职工科毕业年限为三年,前二年注重学艺,末一年注重实习。学费一律免收,职工科并免膳费。

预算及学校内部组织

该校十八年度经常费预算为五万三千七百十六元,临时费为八万五千四百三十元,预算业经省府通过。校内全境系统如左表(略)。

张校长之谈话

该校校长张柱尊君毕业于江苏吴淞水产学校,曾赴日本研究海洋渔捞一年,对于水产渔捞学识及经验均甚宏富。向在厦门水产学校任教职,去岁始长斯校,一切规划设计建筑均系张君一人之力。虽事属创举,将来之成绩未知,而设立未久,规模已具,以此决之,将来亦必有可观也。兹附记张君之谈话于后:

浙省地滨东海,渔区广阔。惜历年当局不知提倡,加以海盗为患,渔民咸有戒心。官方既不励行保护渔民,又乏自卫组织,而日人之渔轮则大队侵入。据调查所知,此种新式渔轮有四五百艘之多,平均每艘年获十万元,其总收已超过四千万元,反较我国所渔获者多逾一倍。考日本渔业能如是之发达者,实由于政府竭力提倡奖励,发给补助金所致。而民间渔业公司复联合组织一水产研究会,专事渔业上之研究调查、试验设计等事项,内有技师七八人。民国九年时已将我国东海、黄海水深二百米突,可用拖网捕鱼之海面划分为二百二十四渔区,每一渔区占纬度、经度各三十分之面积。而前年又根据调查之结果,更将渤海及南海共扩为五百渔区。每渔轮于捕鱼返港时,必须将经过状况报告于水产研究会,该会遂得根据此种报告而决定鱼族之洄游状况。因而可以推知某时期某渔区某种鱼类之多少,以宣示于各渔轮知所取择。倘任何渔轮在某区内发现大群鱼类,立时以无线电报告总公司,且互为传递,通知其他渔轮同去该区捕鱼。故日本渔轮在我国海面无不获利也。由此以观日人之处心积虑侵略我海渔权,不可谓不烈。而我国人士注意振兴渔业者又甚少,其危险为若何耶!

贵厅厅长独能注意提倡渔业,派员来浙调查,足见眼光远大,令人钦佩,但惜吾浙渔业实毫无足资贵省取法者。惟民有渔轮十余艘,贵处似尚未有。敝校为提倡渔轮及使学生实习驾驶捕捞起见,已在上海大中华工厂定制新式渔轮二只,约下月可下水,共费七万元左右。将来一方可资学生练习,一方亦可增加收入,但经常费年亦须多费一万元。敝校房屋系今春完工,一切设备尚未周全。新设计中者为建筑冷藏库一座,用阿母尼亚使温度降低,此种冷库经营渔业实不可少。盖所获之鱼往往因市中一时货多而价廉,若能保藏至此种鱼类稀少,市价高时而出售,其利不止倍蓰。如定海之黄鱼最低时每斤二分,最高时每斤四角,其相差何等之巨。若有冷藏库则鱼类可保存至数月不坏,绝不受货多价低之影响矣!敝校所筑之冷藏库可存鱼五百石,建筑与设备约需三万元,已经有人包筑,不日即可兴工。敝省建设厅长亦颇重视渔业,曾嘱拟渔业改良场计划,但计划所需经费太多,经两次削减仍未能得省府通过,现在浙省尚无一专任改良渔业之机关也。

(《河北农矿公报》第 4 期,1929 年 12 月)

渔夫漂流记

徐芝棠捕乌贼为生　一叶扁舟山麓遇飓
历惊涛骇浪两日夜　幸遇日轮得获生还

前日(十二日)下午四时许,日商三井洋行 Munakata Maru 轮船,由日驶赴吴淞口外马鞍山。行经大戢山洋面时,该轮船主日人 J. Kawazoe 在舵楼中,用望远镜察看航线,无意间望见远处洋面上,发现有小船一艘,逐浪沉浮。且见该小船上似有一人倒卧其中,因此大为怪异,即命该轮向小船追踪驶去。及至驶近,果见小船中有人,遂令水手放下救生艇,驰往察看,则见小船中之人僵卧不动,气息奄奄。乃设法将人及小舟拖救上轮,当由船医施以急救手术,该人始渐渐苏醒。经船主等叩渠因何漂流洋中,据称名徐芝棠,宁波姜山人,年三十四岁,专捕乌贼鱼为生,住居姜山王家井亭乡间,家中有一妻二子。于十一日清晨,在衢山左近山麓,孑身独驾小舟,捕捉乌贼鱼。迨复至虾脑山脚下,突然飓风大作,小舟不能自主,随风漂荡,徐急用全身之力摇船向岸,不意海浪如排山倒海,反将小舟激向海外,离岸更远。徐力已用尽,无法可施,知无生还之望,乃用绳将身与舟紧缚，只得听其随波逐流。如是者在洋面历一日夜，经巨风猛雨交浸，徐饥寒交迫，旋即失去知觉，而小舟复在大洋中漂流一日。迨至被日轮救起，始行苏醒云云。船主等怜其遭遇，即供给饮食，优礼有加。嗣该轮自马鞍山折回上海，于昨晨七时许，驶进吴淞口时，市公安局检验外人护照吴淞分办事处检验员陈守经，登该轮检验。经日船主告知情由，陈检验员即将徐芝棠并小舟，带至吴淞，送交水巡队驻淞第四分队，经队长丁小屏讯问一过，徐供述前情，即由丁队长代为快函告伊家属，一面派警将徐护送南市水巡总队发落云。

（《申报》1931 年 7 月 14 日）

陈钱山洋面械斗案后台温帮渔民欲压倒姜山帮

崇明县欲兴大狱指捕甬渔民
鄞渔会起而援助发通电呼吁

鄞县渔会昨发代电云，宁波各团体暨各报馆转渔民均鉴，准宁波旅沪同乡会函开，查鄞县南塘乡姜山一带居民，类多网捕墨鱼为业。捕鱼地点在江苏省崇明县属花鸟、绿华诸岛，溯其历史，已有二百七十余年之悠久，即历年移居各岛者不下千数百户。在每年渔汛期间，临得前往住居者亦约六七百户，故远近有姜山墨鱼帮之称。本年四月间，台温帮笼捕渔民，恃强争占鱼产地界，与网捕帮在陈钱山洋面，发生械斗，致演流血惨剧。电查笼捕墨鱼，有碍繁殖，断绝鱼种，迭经财政部、前江浙渔业事务局、江浙区渔业管理局暨江苏省农矿厅分别示禁在案。本年该笼民等，多端设计，朦禀江浙区渔业管理局开禁，一面由浙水警三区五分队队长陈某带同武装水警多名，强制网捕渔民，不得反对笼捕。而崇明县沙田局人员（均台州籍），亦复恃势袒护笼民，压迫网民，以致双方恶感愈深，形势益趋严重。同时渔业试验场发出勘电，通知双方遵照，禁止笼捕之部令，以息争端，而彼方竟悍然不顾，恃势逞蛮，因此械斗流血之惨剧，遂从此发生矣。夫以吾甬人之怯弱，与凶悍台人争，动辄受亏，不问可知。今温台帮渔民，恃其在崇之势力，作进一步之抨击，由沙田局职员陈某出面，向崇明县政府刑事起诉，意欲将此次械斗命案，卸责于网捕渔民，故稍有智识稍有身家者，一律指控在内,其居心叵测,有意罗织,显然可见。已有住西绿华岛潘姓之网民以被捕闻,近复派警赴甬,指捕姜山墨鱼帮总柱首黄某,窥其用意,非将网捕渔民驱散净尽不止。渔民何知,以为柱首被警拘捕,自不敢再往捕鱼,各岛住民,亦将不安于其居,影响渔民生计,关系地方治安,至为重大。查该陈某所控之人,非渔业柱首,即公所董事,或网渔业中之有名望身家者,甚至将江苏实业厅派往嵊山之渔业指导所王主任濂生,亦指控在内,其居心险恶,手段狠毒,无以复加。以指导所之主任、渔业公所之董事或柱首,其决无参加械斗,任何人类能知之。今崇明县政府不加详察,仅凭该陈某片面之词,四出捕人,以遂彼笼民一网打尽之计,实属冤遭不白,且闻派往查案之委员陈殿英,亦属台州籍,其呈复文内,竟将械斗责任,完全诿诸甬人,而带队赴嵊之水警分队长陈亨逵,闻即为原告陈某之子,故其设计巧密,布置周到。若本案仍照普通刑事案与之交涉,势必不得其平。因内容实系笼网之争,而台温人特借刑事以为压倒对方之手段,我甬人无辜遭此恶毒,敝会谊关同乡,势难袖手旁观,业已分电崇县政府、江苏实业厅,请为彻查事实真相,审慎办理,一面仍请严申笼捕禁令,借维吾甬渔民一线生机,惟能否有效,所不可知。素稔贵会为鄞邑渔业法定团体,理事诸公,领导渔界,颇具热忱,对姜山墨鱼帮之被人非法蹂躏,必有以设法援助之。为此函达,即希迅予分电各方面,为有力之主张,渔民幸甚,桑梓幸甚,等语云云。查敝会会员黄富财、黄德馨,平日洁己守法,行动循轨,械斗案内,既无预闻其事,又无参杂其间,然亦无端被人指控,显系奸恶之徒,有意罗织,借兴大狱无疑。如不将笼网纠纷,根本解决,此后横逆迭出,冤狱频兴,当在意料之中。除电实业部暨江浙两省政府查照成案严申笼捕墨鱼禁令,并电崇明县政府审慎处理是案牵涉之渔民外,务希一致主张,分电呼吁,岂仅造福渔民,抑亦地方之幸也,迫切陈词,伏惟垂察,鄞县渔会叩。哿。

(《宁波旅沪同乡会月刊》第 113 期,1932 年 12 月)

甬同乡会电请严缉海盗

宁波旅沪同乡,昨电国府行政院暨实业部,令饬江浙区海洋渔业管理局,派舰严缉。其电云:南京国民政府行政院实业部钧鉴,案据鄞县渔会筱日代电称，万急，上海宁波旅沪同乡会鉴，据报，上月二十七日本县东乡渔民郑谒香、忻谒槽、史济华、徐阿本等渔船四艘，在江苏嵊山洋面，被盗掳劫。九日，王杏荪、忻小根等渔民，又纷纷被劫，人船俱杳，损失巨万，尚有多船，迄未回洋，饬查未报。查本年海洋渔业管理局护洋征费，为数非轻，派舰巡缉，迄未实行。似此掳劫迭出，其办事之不力，概可想见。除分电院部迅赐派舰追缉，并严惩护洋不力人员外，用特电请就近设法，并予有力之主张。渔民幸甚，桑梓幸甚，等语。据此，合亟电请鉴核，迅赐严饬该管理局，派舰追缉务获，以靖海氛，不胜公感云云。

（《申报》1932 年 12 月 21 日）

定海洋海盗掳劫渔船

甬渔会呈请派舰追缉

本市江浙渔业改进会及江浙区渔业管理局，昨据鄞县渔会呈称，顷据会员郑根生报告，民出洋捕鱼时，曾雇大对船四艘，于本月十七日，运往定海县属小班山，将货物卸置后，正拟掉回空船，值盗船一艘经过，匪徒八人，各持手枪，将空船劫去。除一艘放回，声言每只备价洋一百二十元，限五日内缴齐，否则将三船没收等语。为此急报到会。查渔汛期内，渔业生计，向赖此时所得，以资度日。然值此海盗充斥，掳劫迭出，渔民出洋捕鱼，罔不深忧焦虑，栗栗自危。亟盼我政府予以切实维护，确保水上治安，使安心乐业，从事生产。乃消息传来，适得其反，我渔民一线之希冀，将从此绝望矣。近来政府收渔业建设费，为数非轻。一则曰购置巡舰，切实保护渔民；再则曰取之于渔，用之于渔。然我人目之所见，耳之所闻，渔船被劫，渔民被掳，依然故我。所以本年渔船锐减，渔业衰落，非无其因。如不亟谋补救，力图挽回，此后我国渔业，必将沦于万劫不复之地，永无复兴之日。据报前情，理合备文，呈请迅饬所属派舰缉追，以护渔民，而肃盗风云云。该会局据呈后，已分别饬舰保护外，并函外海水警分局，转饬各队，一体协助云。

（《申报》1933 年 5 年 25 日）

航海安旅小学昨举行休业式

本埠私立航海安旅小学,于昨日上午举行休业礼,到有该校校董邬厚葆、邵炳炎及来宾王夏天等十余人暨全体师生三百余人。由该校校长叶恭伦主席,领导行仪并致训辞,次由校董来宾等相继演说,语多警惕训勉。又讯该校为顾全校内外学生荒废学业起见,特利用暑期光阴设立各科补习班,现已开始招生,定八日开学,同时决于是日举行第一届毕业典礼云。

(《宁波民国日报》1934 年 7 月 2 日)

岱山公安局呈报　奉象渔民好械斗

警力单薄未敢径予取缔

定海岱山公安局局长王典,昨呈报县公安局文云,呈为呈报事,案于本月四日民人在小岭墩都神殿酬神演戏,有东门帮及奉化帮渔民数人,在场看戏,因人众倾扎,致起口角,初则于徒手互殴,继以则乱石柴爿投掷殴打,一时秩序大乱。幸经派在戏场弹压警士力予制止,始得恢复秩序。讵各该帮渔民,奔回渔船,喊来本帮渔民约四五十人,在山头树立大旗,手持刀枪棍棒,如临大敌,在小岭墩下桂花树前,互相对峙。东沙角人民,闻之人心惶惶,奔走相告,如大祸之将临,几成惊弓之鸟,商店相继关门,秩序为之纷乱。分局长闻讯率领巡官全体长警,驰往弹压,竭力劝止,强行押回各帮渔船,一面劝令停止演戏,并劝导商店开门,恢复原状,一面邀集各该管公所司事到局,责成力予制止,不得滋扰事端,一场风波,始告平息,幸未酿巨祸。

查象山之东门帮、奉化之桐照栖凤帮渔民,民性强悍,蛮横异常,动辄械斗。曾于民国十一年间,各该帮渔民,在岱山聚众械斗七日之久,死伤人命十余口之多。当时地方驻防军警,兵力单薄,无法制止,旋经外海水陆军警,莅岱弹压,始各押回原籍,但该各帮渔民,结成仇敌,结不解之怨。本年渔汛之间,几度谣言有械斗之举,幸未发生事端。各该帮渔民,每届春汛来岱捕鱼,值至秋汛完落,始行回籍,惟尚有小数逗留在岱山,横行街市,举止越规,居民畏之如虎。

又查各该帮渔民,出洋捕鱼,购备枪械,护洋自卫,但往往用作械斗之具,演成种种不法行为,若不严予取缔,殊非地方之福。分局长本拟径予取缔,第以警力单薄,深恐各该帮渔民,人数众多,反而激成事变,自应妥筹万全,以保无虞,随时严密防范外,理合将肇事经过情形,具文呈报,仰祈钧长察核,迅予转呈,责令该奉化义和公所及东门公所,严予取缔,并设法不再滋生事端,以保治安,实为公便。

(《宁波民国日报》1934 年 10 月 17 日)

劝渔夫勿沉迷赌博

专员饬属执行

第五特区行政督察专员办事处,昨训令定海县长,严禁渔民赌博文云,查该县沈家门、衢山、岱山等处,每届渔汛,游民麇集,大肆赌博,间有渔民夹杂其中。须知渔民谋生不易,浪掷金钱,实为可痛,而一般游民乘机攫取,尤堪痛恨。仰即分别严厉禁止,并择尤惩办具报为要,此令。

(《时事公报》1935 年 4 月 26 日)

慈党部法团赞成沿海各县设水产学校

以振兴渔业教育挽回海权

上海全浙公会,为振兴渔业挽回海权,除建设实业部拨专款在苏浙划界争议之嵊泗列岛,筹设渔产专科一所,并明令恢复浙江定海水产学校,在沿海各县设立分校,并决议函请各县党部各法团,一致主张援助。该会昨已通函慈县党部转达各法团,同情援助,闻慈县党部,已通函各法团主张援助云。

(《宁波民国日报》1935 年 11 月 19 日)

宁波大队渔警奉派护洋

宁波渔业警察局,近以海氛不靖,盗匪猖獗,掳人劫物,迭有所闻,致渔民不能安居乐业,渔业团体请求救护之电文,如雪片飞来。该局以职责所在,已派大队渔警,出发渔区,借资镇慑。又该局订购之护洋轮海门号,不日亦可驶甬,调往渔区护洋。

(《水产月刊》第 3 卷第 1 期,1936 年 1 月)

渔业指导员毕业

浙省水产试验场举办之渔业指导员训练班,自二月一日开学,至今已告期满,定于本月三十日举行毕业礼,建设厅已派技士银丕振代表参加。闻该班学员十九人,均由各县政府选派,于毕业后,即发回各县任用,第一年指导工作,系注重渔业调查、渔民组织及改善渔民生活。

(《申报》1936 年 3 月 30 日)

怡和定生轮撞沉甬帮溜网渔船

约计损失四千余金　咸鱼公会派员交涉

甬帮溜网船船户陆财兴老大陆银香,在佘山以北辽漠洋渔区捕□,于本月十七日晨四时二十分左右,突被怡和公司行驶烟台之定生轮驾驶不慎,将该渔船撞毁沉没,船伙落水,当经该轮救起送沪。闻该渔户被毁网具、获鱼物、船价等,损失约计四千余金。本市咸鱼同业公会得讯后,已派金楚湘向怡和公司交涉赔价,并请上海航政局公断。

(《申报》1936 年 5 月 26 日)

岱山渔盐民大暴动

暴动渔民计数千人　场长以下数人被害　暴民去后始告救平

杭州通信,定海县岱山镇,孤悬海中,为甬属渔盐产地,共有居民二万户,人口约七万余,计有沿海盐板二十余万块,盐民万余名。最近因盐务当局积极整顿盐税收入,防止走私,分期整理浙东西各区盐场,第一步实行渔盐变色,防止渔民走私,第二步进行筹建公廒,将产盐悉行归堆。岱山区已派工程师数度前往调查,择地建筑公廒,正与盐民方面分别磋商。而该处沿海渔民,因本年实行渔盐变色后,迭因细故与税警发生纠纷,复以今岁夏季雨水过多,盐产减少,价格飞腾,每担售价自一元涨至三四元之间,渔民经济方面影响甚巨。一般渔民误为盐务各机关故意为难,因此怀恨甚深。本月八日岱山盐民及就地南峰山帮渔民共千余人,集合在资福寺开会,盐场及合作社等均派代表参加,结果并无轨外行动。讵九日继续开会,即有封板罢晒表示反对归堆之决议,一部分未附从盐民,则有被打毁盐板百余块及焚屋之举。嗣该岱山盐场场长兼秤放总局长缪光据报,另有外来之奉化帮、台州帮之渔船百余艘渔民约千人加入(俗称红蓝旗两帮,为著名凶悍之渔民,民八曾击毙缉私营长),且携带枪械,并有首领数人,从中主持指挥,图谋不轨。十三日上午九时,又集众二千余人,假东华宫召集大会,议决以武力反抗归堆及准备暴动焚毁盐场等消息。缪场长立派税警一分队,由班长胡不归率领前往弹压,双方发生冲突,开枪互击,各有死伤,胡班长当被击毙。下午三时余,暴动群众,乃转往盐场实行包围,由持枪之渔民向前,盐民殿后,经该场税警实弹防御,双方子弹与石块横飞,相持约四小时,计击毙渔民四名,税警略有死伤,结果税警以寡不敌众。至晚七时许,秤放局后面被暴众攻破,税警即保护场长、职员等突围退却。暴动之群众,除将各项物件捣毁一空外,并举火将盐场房屋全部焚毁。而附近东沙嘴驻有税警一小队,亦为暴众包围缴械,场长缪光及书记官钱启荣逃入士绅汤姓家,为暴众侦悉,逼令交出,否则亦将焚烧房屋,结果,以石块将缪、钱等击毙,并腹纳以石块,沉入海中,职员同时被难者十余人,失踪者十余人,场长及各职员私寓,均被抢一空。至十四晨,焚劫完毕,暴众犹扼守各要道,断绝交通,故一切消息,无法外漏。迨下午渔民等登船他去,始告解严。整理盐场工程师贝寿同,始于十五日脱险来杭,向两浙运署报告一切。据谈,此次渔民联合暴动,实肇成空前未有之惨剧,盐场税款亦被劫,损失共约十万元以上。闻运署分别电请浙省府及盐运总署派队驰往镇压,顷省府已派保安队及水警第二大队,派兵会同定海县政府派员前往查勘肇事真相,并办理善后云。

(《申报》1936 年 7 月 18 日)

大批税警驻防岱山　渔民未敢放洋捞捕

庄崧甫等联电甬同乡会呼吁
调回税警抚辑流亡消弭隐患

宁波旅沪同乡会，昨分电财政部盐务署、浙江省政府、两浙盐运使云：案据奉化同乡庄崧甫、王伯宪、林寿廷、□友赞、陈占鳌、林海瑞、沈一本等江代电称，（上略）此次定海县属岱山海岛，因盐务机关，办理渔盐变色食盐归堆之未能通权达变，因势利导，以及平时税警之种种苛扰吹求，以致激成七月十三日之大祸。此中详细情形，业经鄞县区赵专员专文呈报，散见报章，度邀察鉴，无俟崧甫等再为晓赞。顾为首肇事之人，自属罪无可道；而安分守己之辈，允宜显分畛域。查浙东沿海渔民之生计，端在春秋两汛，现值秋汛开始，鱼行正在收本放款，鱼厂制鲞销售，渔船放洋采捕之际，而岱山盐务当局，大调税警，数倍平昔，对于外籍渔民鱼商之赴该地者，动辄不分皂白，逢人威吓，遇船搜索，恐怖之状态未祛，挟嫌之栽诬可虑。人心惶惶，罔知所措。是以善良渔民，不敢放洋捞捕，行厂裹足不前，生计告绝，实逼处此，万一挺而走险，为患何堪设想。窃为善后问题，首要之务，不在于缉凶，而在于安良。安良须先调回税警，俾渔民得以安心放洋，行厂得以照常营业。然后由司法机关，缉凶治罪。其胁从者，概予宽免，不宜多事株连，庶符除暴安良，罪拟惟轻之旨，亦所以保全渔民之生计，消弭隐患于无形。崧甫等心所谓危，难安缄默，爰敢忘其冒昧，代为请命。素念贵会关怀桑梓，仗义执言，用特电达，伏望一致主张，渔业幸甚，渔民幸甚，等情到会。查岱山不幸事件之善后，端在恢复秩序，抚辑流亡。敝会歌代电业经详晰陈明在案，据电称该地盐务当局，调遣大队税警驻防，人民怵于前事，深恐其借端报复，未敢乐业安居。长此以往，地方何堪设想。该同乡等，主张善后要务，不在缉凶而在安良，与敝会所见，不谋而合。据电前情，合亟电请鉴核主持，以弭隐患而定人心，不胜翘企待命之至。宁波旅沪同乡会委员长虞洽卿叩。鱼。

（《申报》1936 年 8 月 7 日）

水上保甲 浙规定渔船按帮编组

定海县政府奉令业已转饬遵办

定海县县政府奉浙民政厅训令,以查编联水上保甲实施办法,沿海各县渔船众多,帮类复杂,而出海渔船,大都陆上各有住所,乘风出海,按时归陆。倘与其他船只,混合编号,不分帮类,则海上稽查,诸多不便。特为补充规定二事:一、凡出海渔船,编组保甲,仍照原定办法按段或按岛编组,但编定船号,须将渔船归为联号。例如某岛有各种船只百艘,内有渔船四十艘,则将渔船编为一至四十号,不与其他船只混合编号。一、渔船编组时,须问明帮别,如闽帮、奉帮、湖帮、定帮、台帮、象帮、东门帮等等。于漆书字号时,在第号之前,冠以帮名,以便稽查,饬即遵照。该县府奉令后,即录令转饬编联水上保甲等,遵照办理云。

(《水产月刊》第 3 卷第 11 期,1936 年 11 月)

难民十三人遇救

本年入冬以来,浙洋海盗,又乘机蜂起,渔船遭劫之案迭出。驻石浦水警队,于十二日得报,知海盗近将北洋掳来之渔船难民,藏匿蒋儿岙。乃于是晚派队驾舟往捕,比至老林山,果与匪船相遇,双方即行激战,结果匪被击退。当在蒋儿岙救出鄞县外海渔业合作社大对船二艘,难民孙阿木等十三人,于十三日送至石浦队部,由队派警护送该民等至沈家门。

(《申报》1936 年 12 月 16 日)

浙渔民赴奉请愿

浙沿海各县渔民,以上海鱼市场地处偏僻,致销路呆滞,鱼价惨跌,一致要求改善,在上海小东门设立分场,以畅销路,而维鱼价,暨废止嵊泗列岛征收千分之八鱼业税,以轻负担。经县渔会推派代表向各方请愿,但结果分设鱼市场虽得该市场理事会允统盘计划,惟缓急不应。因现在已是渔汛旺发之时,日能生产数十万担,而鱼市场尚在计划之中,远水救不得近火。而嵊山之征收鱼税,已有皇皇布告,期在必行。因此在沈之各帮渔民,急不及待,乃集合正待放洋之渔民百余人,检同崇明布告等证件,会同象山渔民,十三日在宁波会集,相偕至奉化,各执焚香,亲谒蒋委员长请愿。恳求蒋委员长体念渔艰,准予迅速通令上海鱼市场克日分设分市场,令崇明当局废止嵊泗列岛征收鱼税。

(《申报》1937 年 4 月 15 日)

象山县抗卫队等营救六渔民出险

转送定县府由家属领回原籍

定海县衢山渔民张爱信、陈长生、郑如品,岱山渔民王明富、赵爱青、李清生等六人,于废历八月初三合驾渔舟出洋捕蟹时,突遇盗匪,被掳至花岙山藏匿,后经象山国民抗敌自卫队等,会同驻该地外海水警队出发围剿,与匪激战数小时后,即将该六渔民连同渔船二艘营救出险,解至象山县政府,转送定海县政府,经讯系实情,当令饬各家属领回原籍云。

(《宁波商报》1938 年 11 月 18 日)

高亭渔民生活状况

涵 子

一千二百余个真正渔民分布在高亭和高亭附近的每一个角落里,他们的生活习惯,大都是一律的,捕鱼人儿世世穷,代代苦,高亭渔民不能例外。租来的船,赊来的米,借来的网具工本,完全要看全汛的盈亏,来作还债的把握,一有亏本,便不堪为命。且今年船租重,米价涨,物价高,而鱼价反跌,经济因之破产,一千多个渔民,应有渔船二百只,才能分配,而他们自己有船的,不上一百只,其余均系向外埠租来。船的名称叫溜网,大者二十五吨,小者十二三吨,每船船夥八人或九人,以网具之多寡,分大溜、中溜、小溜三种。清明起至大暑止,为鱼汛季节,他们先至江苏省境吕泗洋面捕捞鱼,曰吕泗鱼,每尾重约一斤半,鲜而且肥,经销乍浦及上海一带。在吕泗捕鱼约一月光景,至小暑前后均回洋栲网。嗣后不往吕泗,咸至大戢洋、巨江、马迹、黄渡洋各处,仍捕鳓鱼,谓之捕上洋。这江里捕得的鱼,重量及滋味都比吕泗为差,经销区域为本埠或乍浦、上海、绍兴各地,有不愿一时售出者,渔民以复腌方法,自行腌藏,待价而沽。今年营此业者大有其人,惟鱼价愈延愈跌,反而增债,渔村经济力因之愈益衰落。

自胜利后,渔民中一切纠纷调处、水上治安诸问题,均能自谋解决,并已呈请核准筹组渔会,积极开展渔民福利事业。半年来相安成习,造成良好风气。如今年五月十日,渔民在江苏吕泗洋因飓风损失渔网计达二十余只,当即在失网三十余顶中,自动互相查明领还,各给薄酬,即黄钓、山沙各处渔民亦起而响应,据实互还,此实为高亭渔民自治之先声。至水上治安问题,今年赖渔业管理处负责护渔,在吕泗洋上派有专船一艘,尾随保护,风浪不阻,士兵均能忍难耐苦,专心以护渔为职责,渔民多纷纷感动而自动捐助经费,以充船租及员工开支,故自始自终,保护颇力。虽有渔船三艘因距离太远之故,而曾被盗,然事后,立即追缉破案。今渔汛已过,护渔队部,均调回原防。

述及船租问题,甚为严重。溜网船之船租,今年以食米计算,全汛定租米大者六十石,小者二十五石。当定租时米价为三万元,鱼价估计约九百元,今米价达六万元,而鱼价则不满九百元,于是赍船渔伙,纷纷请减租米。渔会方面,以双方均系会员,不得不慎重考虑,一议再议,最后适应大众情形,凡尚未结束之船租,概以百分之八三为付租准标,纠纷始告平息。上月间行政院善救总署专门委员蔡增祥、张元任及中国渔业建设协会职员程梯云等一行莅亭,调查渔船有被敌伪毁损或被盗匪破失者,均查报救济。当时遂将在敌伪时代被害渔船三十二只,详查填报,并面请恩拨渔轮及网具等物资,借资救济,八年来被害之损失,能否如愿尚不得而知。

高亭捕鱼季节,分为二季,自清明起至大暑为止为渔汛,自白露起至翌年清明止为蟹汛,兼捕箸塌鱼等,今渔汛已过,渔民们正事休息,静待蟹汛到来,继续他们的海洋生活。

(《宁波人》第 7—8 期,1946 年 8 月)

象爵溪洋面海盗"奶奶"猖獗

缴护航费不见护航船

（三门湾社讯）最近象山海外旦门、爵溪一带洋面，发现台州蒋儿岙北来海匪首"奶奶"一股，势甚猖獗，被劫帆船不可胜计。日前有上海驶往温州大商船一艘，在石浦海外檀头山，遭该股匪骑劫，全船麦粉一千二百余包及其他货物等，均被洗劫一空。又石浦许姓之子某，上年被该匪在象山洋面绑去，为时已有两月，尚匿羁蒋儿岙匪窟，勒索巨款往赎。现该股匪等仍在象山游弋拦劫，渔商裹足航途。他们都说，"商轮均向浙江外海护航缴护航费，领护航旗，但海面没有看见一只，听任海匪如此猖狂？莫名其妙"。

（《时事公报》1946 年 2 月 23 日）

石浦海外南鱼山岛遭台州股匪盘踞

（三门湾社讯）石浦海外鱼山岛（属三门南田区），近被台州股匪盘踞，势甚猖獗，日前派匪向北鱼山渔网户强借粮款三百万元，向住户勒索二百万元，否则以倾巢犯扰相恐吓。该岛远悬海外，政府鞭长莫及，现岛民纷纷携妇携孺，搬箱带笼，渡海向象南延昌乡逃避。又宁象鹤井，有帆船一艘，满装食谷，运往定海销售，在象东爵溪海面，被匪所劫，损失甚大。

（《时事公报》1946 年 4 月 29 日）

私立渔业小学由鱼市场接管

（新潮社讯）本埠大来街私立渔业小学，原属渔业界人士所筹设，免费供渔业子弟及附近清寒儿童就学。最近宁波鱼市场创办伊始，已接管该校，经费由鱼市场在公益费项下拨支。

（《时事公报》1946 年 4 月 29 日）

浙江渔民生涯

十六日讯 本报杭州特派员储裕生

在浙江二千一百七十六万二千二百四十八个人民中,百分之八十以上是靠着农业过生活的,其中百分之五是赖渔为生,以这百分之五□算起来,也有将越一百外万的人口,是靠着用手工制造成的船,用手工织成的渔网,用两手劳动,在大海里追求着鱼踪而生活的。关于浙省渔业的近况,记者已在九月五日《在舟山群岛上》一文里报道过了,现在仅想写一些关于他们的生活,来作为关心渔业人士的参考。

(一)舟山群岛

浙江的大渔场,当首推舟山群岛,舟山群岛为定海所辖,全部有一百八十五个岛屿,其中岱山、长涂山为产大黄鱼、小黄鱼之区,春秋二季,渔民常来此生活。另属于江苏省辖的嵊泗列岛,为产带鱼之区,冬季渔民聚集于此。据说嵊泗列岛上的人民几乎都为浙江籍的渔民,因此有人说嵊泗列岛,原应属浙江辖的,因为江苏没有渔场,才勉强划入江苏省的。我们姑不管嵊泗列岛是否应属浙江的问题,而在朝鲜和我国烟台以南,台湾以北的海面上,是浙江渔民的家园,这应该是毫无疑义的了。

这号称百万的渔民,散布在舟山群岛与嵊泗列岛上,有极少数的人守着他们自己的渔船飘泊在海洋里。他们真是一贫如洗,逢到渔汛将至时,便向以往的债主或是鱼行里贷款,债主的利息特别高,今年春季,已越一角二角。鱼行里虽然美其名为"不要利息",但是待渔民收获时,必须贬价售给鱼行,还不是等于重利盘剥。渔民们忍痛借了钱却没有一个不含着血泪还着债,这种守信用淳朴敦厚的古风,使债主们和鱼行们有了保障;只要把钱一借出,躺在靠椅里坐待他们来还钱还鱼。

（二）渔民重担

还有一批人，他们用资本来造一些木船，专门租给连破船也没有的渔民。今年春季三个月，每条船要租七十石米，以沈家门七万元一石米来估计，则三个月就要五百万元。我们在杭州咸鱼铺去一问，黄鱼两千元一斤，带鱼三千二百元一斤，就是说要黄鱼在杭州的市价二千五百斤，带鱼在杭州市价一千五百六十二斤半始能偿还这五百万元的船租。但杭州距离产地须两天半的路程，又经过鱼行转售给咸鱼铺运价利息加上后，始为每斤两千与三千二百元市价，如果在产地转售给鱼行，尤其是贷给鱼民款的鱼行，其价贬得使人不能想象，那么不知要几千万斤始能偿还这一季全部的债务！

在渔汛来时，深更半夜，晨光曦微，烟雾迷蒙中都要唤起同船中的人，勉强睁开惺忪的倦眼，在辽阔无边的海洋上，儿女照呼着爹妈，老的照应着小的，把自己频年摸索所得的经验，在此时实地的传习着，偶然一个不小心，船触了礁，或是风太紧，浪太凶，舵把不稳，懂水性的人，赶紧叫全船的人蹲下来，翻了，全船的人就此葬身在海洋里，任那滚滚的波涛把他们送到从没有到过的地方，挣扎！终于被那本来要捕的鱼噬啮着了。债主们还要打听他们的家属，甚至要家属们赔偿债务的。

（三）神的崇拜

渔民们像是没有读书权利似的，因此，多的是文盲，他们不晓得时代在进步，他们不晓得如何可以保障自己的生命，他们更不知道如何减轻自己的负担来享合法的权利，只知道凭他们数千年传袭下来的简单渔具，数千年传袭下来的习惯经验，这样捕鱼，捕鱼！从出生到老死都在捕鱼中生活！一切委诸于命运，一切委诸于自然，结果，他们特别迷信，生活也特别浪漫。在他们之间最崇拜的菩萨是西母娘娘和二郎菩萨。西母娘娘相传千年之前有一位老渔夫，在海上遇险，飘流到一个小岛上，那个岛渺无人烟，却仅有一个庙，庙里有一位女身菩萨，老渔夫在岛上好几天没有饭吃，而这位菩萨的供桌上天天有新鲜面包之类供给。因此浙江的每个岛上□都有西母娘娘庙（二郎庙的传说也类似）。在每年春、秋、冬三季渔汛丰收后，西母娘娘庙和二郎庙的香火鼎盛，前往膜拜者肩摩踵接。渔民生活的浪漫情形也在此时暴露无余，他们似乎只有今天，没有明天；所以纵情纵欲，喝酒非至烂醉不休，赌博非至金尽不止，嫖妓玩乐，无所不为。他们想不着莫待无钱想有钱的时候，他们根本"有钱也是身外之物"，"命中注定的穷苦"，所以无钱穷困的时候，都委诸于菩萨的旨意了。

（四）改善生活

今年春季渔汛太差，他们说："这是去年向菩萨许愿的人，还得太少的关系。"所以夏初的时候，西母娘娘庙与二郎庙香烟更盛，有的借高利贷来"还愿"的。

其实渔汛的好坏事前也可以知道的，只要把海流、水温、比重、盐分、水色、透明度、生物含量调查好。只怪以往我们的政府没有功夫注意到这些，而靠着渔民发财的债主、鱼行的老板们，也没有想到不劳而获的可耻。

现在浙江省政府已经注意这些问题了，但存在渔民间的问题，还是海上治安与高利贷剥削，不能自由卖买等这些。浙省虽然已在沪进行商借登陆艇六条，但登陆艇是平底，不适于远洋的，渔船一飘百千里，登陆艇不能保护。农民银行和浙省地方银行虽然已经举办贷款，但农行仅在温州、玉环分配贷与一万万元，地行仅贷玉环二千万元、象山三千万元，而头等渔场渔户最多的舟山群岛的主岛——定海附近，倒反而没有贷款。联总补充损失的旧式渔船木材部分，要到明年才能运到。政府虽然尽力取缔渔行，改设鱼市场，以求自由卖买，但鱼市场的力量，终究敌不过渔行。

基于以上关于渔民实际生活的陈述和当前为解除渔民痛苦设施的检讨，我们觉得还要加紧一步努力。今天渔民的问题，不单是政治上的问题，而是要集合一切科学家、经济家的力量，合作贯通始能彻底解决。否则，捕鱼人的生活始终不能改良。不能改良，便只有退步。捕鱼人因为生活的不能改良，于是鱼产低劣，使东海的良好渔港归于淘汰。

（《申报》1946 年 11 月 29 日）

象山港护航后海氛告靖

（正义社讯）象山港素为匪徒渊薮,商旅视为畏途,光复以后,劫案层见叠出,象山县政府为保护商旅安全,经商请外海水上警察局派驻护船常川护航,委奉化翔鹤人柯溪游为负责人,配备相当武力,每日派护船两艘来往游弋港面,搜索匪迹,并护送航船,办理迄今颇著成绩,半年来象山港一带始终未发生匪案,商旅称便。

（《时事公报》1946 年 12 月 7 日）

象山南韭山建雏形渔村

象山南韭山渔业生产合作社自成立以后,连日利用农闲,在荒无人烟之南韭山上,建造茅屋五十栋,将成雏形社会。兹闻该社又在永嘉方面,购得海康小汽船一艘,常川行驶南韭山至石浦、定海各埠云。

（《时事公报》1946 年 12 月 15 日）

浙水产学校附设渔民子弟训练班

（正义社定海讯）省立高级水产职业学校,为灌输渔民子弟常识,借以改进渔业起见,特附设训练班一班,名额四十名,定今日开始报名,五月一日正式开学。

（《宁波日报》1947 年 4 月 14 日）

地方零讯

（三门湾讯）浙省外海水上警察局,顷奉省政府指令以海上治安之维护,系属外海水上警察局职掌范围,所有沿海各地护渔队,均应由该局统一指挥,其无存在必要时,即行将护渔队取消。又该局水警第一大队第三中队,日前派第三分队长杨振海,在台州湾海面巡弋,近三山洋面,与匪船两艘遭遇,发生激战,结果击毙匪徒多名,活擒尹吕正一名,夺获匪船两艘、枪二枝。

(《宁波日报》1947 年 4 月 22 日)

浙海渔汛今特旺　　渔船麇集八千艘

象渔区渔民骤增粮荒严重

(三门湾社讯)㊀今春渔汛临海、玉环、温岭、定海、三门、宁波、象山各县大小对网渔船,麇集三门湾及南韭山、爵溪一带海面捕捞,为数不下四千对(即八千艘)左右,渔汛之盛,为数十年来所未有,故今日象山境内,因外来渔民骤增,粮荒空前严重。如果天时晴好,渔汛旺发,则渔盐恐慌,接踵而至。㊁象山县渔会,以该县东门岛大捕渔船,日内将北上定海岱山岛捕鱼,该会为领导渔民,排解渔民纠纷起见,将在定海岱山岛,设立临时办事处。㊂南韭山渔业生产合作社,近日捕虾网罟已下水,每日获量颇丰,因天时多雨,又被渔盐问题,尚未解决,致损失甚巨。

(《时事公报》1947 年 5 月 8 日)

海军舟山巡防处调舰至爵溪护渔

(本报定海讯)舟山群岛附近之佘山、羊鞍、大戢、吕泗、浪岗、甩山、嵊山、青浜、苗子湖等洋面,均系主要渔场,每届渔汛季节,各帮渔民无不赶往捕捞。海匪亦应时啸聚,趁机骑劫,任意勒索,影响渔业至深且巨。本年渔汛初起时,海匪复猖獗,羊鞍洋面被骑劫大对三艘,北佘山洋面被骑劫去冰鲜船三艘,各帮渔民虽有护渔组织,终因海面辽阔,武力薄弱,不胜防范。本省水产建设协会理事长毛庆祥暨总干事吴笔峰据报后,为确保渔民安全计,当于本年三月间商请海军部及海军部舟山巡防处(前称海军舟山办公处)并外海水警第二大队等设法保护。海军舟山巡防处当将所属之义宁、象山、楚观、海鹰等四艘军舰一起调派至北佘山等洋面之渔船群中巡弋,直至是次小黄鱼汛结束,始护同各帮渔船返转定海。小黄鱼汛渔民鱼获量虽甚逊色,然而受海军之极力保障,均得平安无恙。顷闻海军舟山巡防处以南洋（爵溪、玉环等洋面）邻近台温洋面之匪巢，值此大黄鱼汛旺盛时期，必有大股海匪出没，故于昨日又派调义宁军舰前往南洋护渔，俾资渔民安全云。

（《宁波日报》1947 年 5 月 13 日）

头水渔汛苦乐不匀　　渔民生活发生问题

定宁奉象渔帮成绩惨劣　　省银行将发放紧急贷款

（三门湾社讯）三门湾猫头洋、田湾二水渔汛，象东南韭山爵溪头水渔汛（五月二日至八日），因天时寒冷，连朝风雨，渔汛不佳，致获量甚稀。临海、三门、石浦各帮小对网渔船，在三门湾海面捕捞最佳者每队渔船获一万斤左右，最低者一二千斤。定海、宁海、奉化及象山各帮渔船，在象东韭山列岛爵溪海面捕捞，则并无所获，最佳者，每队仅获三四百斤，甚至一鳞未获。故下水渔汛，不但不能继续捕鱼，且渔民生活，亦发生严重问题。浙渔局石浦站主任穆国玑，特要求浙江省银行石浦办事处主任裘时晋发放紧急贷款。闻总数约在三亿元左右，贷放获量最劣之一千对渔船，闻每对渔船所得贷款，可购食米一石五斗云。

（《时事公报》1947 年 5 月 14 日）

提倡水产教育

水产学校招收渔民子弟免收学费并有公费待遇

（宁波社定海讯）省立水产学校杨校长，于上月晋省，请示本期招生问题，顺道赴京、沪各地接洽学生实习事宜，并向农林、教育两部请求拨给渔业物资及仪器等，勾留匝月，方于十五日乘舟山轮返校。据悉该校近奉沈主席手令，为提倡水产教育，并改良旧式渔捞法起见，令饬该校于本期就地招收高小毕业程度之渔民子弟，作为初级干部，名额暂定四十名，学费免收，并有公费待遇，实予贫苦渔民子弟以莫大便利。闻该校教员亦已全部就聘，学识均甚优良，定九月六日开学。

（《宁波日报》1947 年 8 月 29 日）

沈家门两帮渔民争泊船几酿械斗

商店相继闭门　民众恐慌万状
就地军警弹压　商会劝解始息

迩来嵊泗列岛带鱼汛已届,闽、浙各帮渔船纷纷北上,因日前浙洋有暴风雨,各帮渔船咸集沈家门镇避风。前日有奉化帮渔船与福建帮渔船为互争泊船江涂(马峙门一带)起因,发生冲突,两帮渔船均备有枪械,几欲开枪械斗,情势紧急,商店相继闭门,民众恐慌万状。幸由定海驻沈镇保三中队及警察所、水警队等各派警兵弹压。保三中队以渔民不听劝告,乃在要口架设机枪,警告渠如任何一方先开声向彼射击;同时就地商会、镇公所及绅商等,竭力向双方劝解,始各息争。

(《宁波旅沪同乡会会刊》第 21/22 期,1948 年 1 月)

发展渔区国民教育　增办渔民小学

渔业局拟具计划呈报省当局

(省讯)浙江省渔业局为培植渔民子弟,发展渔区国民教育起见,除临海海门北岸、温岭粗沙头及象山东门岛,已设立渔民小学三所外,并拟于本年度起继续在本省沿海各重要渔村港,再增设三所,然后观各渔村财力,再行普及筹设渔民小学,以办完全小学为主,待有高年级学生毕业时,即成立训练班,所收渔民子弟,一律免缴学费。渔民小学教授课目,除奉部规定外,并于高年级加授渔业常识一科。训练班完全灌输渔业必要常识,所有教材,由渔业局编辑分发任用。渔民小学及训练班所需经费,由各该地渔业机构设法筹募,并视渔业局财力酌予补助。闻该项详细计划,已呈报省有关当局核示云。

(《时事公报》1948 年 2 月 15 日)

舟山渔民的生活

宁波社记者　张琴生

当细嚼着鲜美鱼味时，谁也梦想不到这样的一幕。

荒海孤岛上满是痛苦的渔民，又有谁知道呢？

这里是一篇渔民生活痛苦的写真！

钱塘江及甬江口有一个美丽而广大的渔村——舟山群岛，居民约四十五万，皆以捕鱼为生，零星岛屿星罗棋布，有住民的凡一八四岛屿。舟山本岛最大，位于甬江口外东北四公里，面积较次的有岱山、金塘、衢山、六横、桃花等。全岛面积，总共约为一五五四方公里，渔场有浪岗、大戢洋、涟泗洋、黄大洋、大小羊山等，以及本岛附近洋面。渔业种类有刺网、张网、拖网、流网、延绳钓等业，纯粹以捕鱼为生的渔民有二八〇〇八人。

本岛水产物之丰富，洵为东海渔业之中心，八年的抗战，繁盛的渔业遭受了重大打击，渔村几乎濒于破产，渔民们被这战争拖得疲倦极了，毫无一点力量来拓展这蕴藏在渺茫大海的宝库。胜利后，这遐迩闻名的渔场，只剩了满目荒凉，一片寂寞！

胜利后的渔民，心里满以为今后可以过着太平的日子，可是天公偏不作美，事难从愿。渔汛将要旺时，盗匪的横行，行栈的高利贷，不断地袭击着这痛苦的捕鱼人，真所谓"屋漏偏逢连夜雨，行船又遇顶头风"。一年之内，可以分为春汛、秋冬汛，当每个渔汛来临，渔民们都背着捕鱼的网，摇船的橹放出了轻快的步伐，向着海滩上走去。风平浪静的海面，停留着千数只高桅大□的渔船，拥挤在一起，渔民们的脸上露出了一丝的笑容，在招呼着同伴，嘴里还哼着那应时的渔歌，喜笑的声音，洋溢了这整个的海滩。每个船头上都摆起了三牲果品，点香烧烛的祭告这入海之神，然后才慢慢地扬起了风帆，向那茫茫无边的大海中驶去，将生命全付与了汪洋。

碧绿的海水，被大船激起了层层的波纹，好似在欢迎着渔民们的来临。他们面朝潮流鱼群的方向，放下了各式各样的渔网，来捕获着他们所意想中的鱼儿。在每次起渔的时候，看见了千条万尾光彩闪烁的鱼儿，他们都会兴奋地笑了起来。但是在起着空渔的时候,脸孔上就会显出了一种忧郁愁闷的神气,大概是想着了一家的生活。

由于这海岛的散漫,港湾的错综,横行的海上盗匪多作潜伏的所在。他们在每次渔汛终了,满载而归的时候,幸运不好的就会遇着了这杀人不眨眼的盗匪,抢去了满船的渔货,把渔民时推落在这大海里。可怜他们的妻子、儿女,还停立在海滩上,眺望着丈夫——爸爸的回来,谁知道竟成了梦中人!政府虽然在实施护渔,但是海面辽阔,巡弋武力似乎鞭长莫及,只有眼望着这海盗的猖獗——渔民们被害了。

无情的风暴来了,大海一翻脸,就会把他们吞没了,在每季渔汛时,往往有许多渔民消失在这茫茫大海之中。他们在每次出海行渔的时候,护洋修航等费,在在需钱,使他们不得不向行、栈、厂,借高利贷款,来维持这燃眉之急。在每月中所捕获的鱼,变卖了钱,除去了各种佣金、非法捐税、借款的利息,一层层的算上,还了债,还不够养活一家的生活。每个村角落里,都□着"捕鱼人儿世世穷",这海岛上的渔民,无时无刻都在期望这政府的救济。虽然是每汛皆有贷款,但是贷款有限,杯水车薪,何济于事,所谓"公家事",又迟又慢,急于出海捕鱼的渔民们,怎么有耐心能等得住呢?

他们因为接近大海,受着波浪的孵育,天生成一副海风熏黑的脸,强壮的身体,倔强的性情,但是因为环境关系,教育程度甚低,渔民们大都目不识丁,售销鱼鲜时,听从行店栈支配,实为渔业衰落之重要因素。

海匪、风暴、高利贷、非法捐税,压迫得渔民透不过一点气来,呻吟在这荒凉的海岛上,有谁知道呢!住高楼,吃大鱼的人们,只晓得鱼味的鲜美,那里知道这漂泊海洋里痛苦捕鱼人的一幕?

(《宁波日报》1948 年 2 月 19 日)

渔村的女子

童 歌

渔村女子喜穿浓色的短服,养着天然的发髻。偶尔如有外埠的一个女性旅客过境,她们就会钉住不放。"项(像)个妖精!"她们不含毒意地诅咒着讥笑着,送走那个穿旗袍,烫头发,抹口红的女子。

生活比男子艰辛得多,少小的年纪,跟男孩子一道赤着足,不管晴雨,在潮退了的泥渡里捡捕水族。做了媳妇就做起牧羊、挑水、种菜等在一般农村中男子所做的工作来。

她们的体质,健壮似汉子。性生活原始式的浪荡。她们心爱士兵,愿意嫁给士兵。青年的军人,时常来向我夸耀:"我的话水不漏一滴假,真的,我们驻在南田,有一家人只有一个女儿,她一定要跟我,她的父母也高兴。"我没理由不确信他们的话,因为队里排长以上的人员,很轻易地能娶到二三个正副太太。

"你先生贵姓呀?"刚才开学,一个渔民跑进校里来,粗犷地问我,我告诉了他。他干笑着道:"哈哈,原来同姓,那末,好的,村上的女人,由你摆布好了,出什么事,有我担保!"他拍着胸部。我把耳根都烧得通红。

晚上校长——一个小丑型的家伙——回来,听了我的告诉,老练地说:"实在的,这里的女子一夜会有五六个男人!""她们的丈夫允许自己的妻子这样她?"我问了。"怎么不?"他眨眨鼠眼——"丈夫、妻子跟另外的男人,还一床睡哩。"我怀疑着他在夸大,可是他似乎很关怀地忠告我:"谨防着,他们时常在黄昏会到这里来的,你只要看,项颈里没有银项圈,手腕上没有银镯子的都是处女。有的呢,都是嫁了的骚货……"不待说完,我跑开了。"这流氓!"我暗下咒他。

学校很稀,入学的孩子不多,孩子直如戈壁里的花草,即使有几个作为点缀品,却都系乡保长及土绅士的女公子。

(《时事公报》1948年3月16日)

鄞东渔民永安恤嫠会定期发放恤嫠金

(本报讯)鄞东渔民永安恤嫠会,系现今大公、渔源等乡民所组织,创始清时,历史悠久,昔日筹集经费,购置实产田屋于鄞、定两县各地,以作永久之基金,每年发给恤嫠金四次,迄今已有八十余年之久,本年第一次发放恤嫠金约一亿数千万元。该会已定于五月十四日(即农历四月初六)在陶公山忻家老祠堂办理发事宜。届时凡受恤贫苦之渔民,需凭折前往领取,受恤人有一百八十余名,每名约有六十万元左右可取。又该会因经费关系,无专职办事人员,致沈家门岙里,及云龙碶、宝林寺等处田产,已有数年未收花,收花减少。现各穷苦渔民,希望该会负责主持人,速再派员前去沈家门等处,清收历年欠租,而增收入,且保产权。

(《宁波日报》1948 年 5 月 9 日)

泪眼看渔民

余韵龙

我国紧靠着太平洋,从北面的鸭绿江起,蜿蜒南下,海岸线长达八千六百余公里,可渔面积广袤二十七万一千零五方哩,占世界第一位。生长在这漫长的海滨和汪洋领海间的人民,全靠着所谓"渔土之利"来维持生活。俗语说"靠山吃山,靠海吃海",所以渔业成为这一带的主要生产方式。辽宁的熊岳城、山东的庙东列岛,以及江浙的嵊泗、舟山群岛,并称为我国三大渔场。每届渔汛时节,帆樯林立,渔民云屯,鱼货山积,水产之盛,可叹观止。据战前统计,全国有渔轮三九一艘,二九三七○吨;旧式渔船六五二七七艘,一二一八四六九吨;直接从事渔业的在三百万人口以上。渔获物除淡水外,年产一三四八七六八六担,如照世界各国水产品产额统计的最低限度而言,每平方哩全年渔获量为十吨,那么我国每年鱼产实际可达二百七十余万吨,以现时市价每斤金圆券二万元估计,约值一○八万亿元,所以开发渔业,发展海洋经济,在我国国民经济上,是很重要的。然而,我们对于这优厚的天赋资源,未加注意,任它自然生息,尤其对于广大的渔民,更漠然蔑视,听他们在水深火热中挣扎、沉沦,以致渔业凋敝,渔村经济破产,每年渔获量还不及应有产量的五分之一,良用痛惜。

拿浙江来说,她是发展海上事业的良好基地。从江苏的金山卫起,向南直达毗邻福建的关山岛为止,全省一共有六百六十余公里的海岸线。此外,还罗列着大大小小的一千八百零五个岛屿,要占全国三千三百三十八个岛屿中的二分之一强。在镇海以北,是冲积成的沙岸区域,倾斜既微,弯曲亦少,一眼望去,全是低平浅露的沙滩。镇海以南,则成为地层沉降的岩岸区域。沿岸常有磷角或半山伸出海面,形成许多优良的港湾和密密麻麻的岛屿。这些地带的气温、风信,都很缓和,水流速度每小时也只二里至三里,最适宜于鱼类的繁殖。所以舟山、六横、桃花、岱山、衢山、长涂、石浦、爵溪、玉环等地,成为浙海的渔业区域,特别是石浦和长涂为最有名的渔港,盛产黄鱼、墨鱼、带鱼、鳓鱼、大头鱼、沙鱼等鱼类,以及蛤、蚶、蛏、牡蛎、鲍鱼、虾、蟹等介类。

这些鱼产,必须经过人力打捞,才得出现于市场。战前统计浙江全省从事打捞的渔民有十三万二千人,所使用的的大小渔船约有二万四千艘之多,渔获量亦达七百八十万担左右。可是,现在顿见萎缩,三十六年统计浙江全省渔民减至十万九千零三十五人,渔船仅有一万五千三百五十五艘,而渔获量也只及二百七十九万零八百七十二担。这种凋敝的现象,绝非偶然,我们涉足渔村,由渔民生活的苦难中,可以找出造成此因的明确答案。

无可讳言,我国劳苦大众的作业是艰辛的,生活是困苦的,但滨海的渔民更是苦上加苦,表现着大众生活上最悲惨的一页。《渔光曲》中说"捕鱼人儿世世穷",还未远尽渔民悲惨处境的全貌。其实,在今日封建剥削的生产关系和旧式生产技术之下,渔民所受的苦难和在海面操作时的艰险情形,较之《渔光曲》所描绘的,远过千万倍。在渔村里流行着"捉鱼摸虾,饿死一家""能到南海去当驴,不到北海去打渔"一类哀婉的歌谣。从这里面,可以看到渔民心理的矛盾,也可以听到渔民所受剥削的惨痛呼号。

抗战期间,敌人封锁沿海,敌舰常游弋海面,轰击渔船,劫掠渔民,焚毁渔村,使捕鱼为生的广大渔民,不但遭受巨大损失,而且简直无法生活。可是死中求生,仍然有人冒险落洋,同时还要缴纳双重鱼捐,并须按时献款给海盗,领取安全通过的"条子"。那八年,真是渔民厄难最重的日子。对日战争胜利了,国内战争继起,渔民们在八年抗战中的惨痛损失,不但不曾获得应有的赔偿,就连当年所忍受的种种厄难,也丝毫没有消除,还在继续,甚至加深地忍受!

首先是日本的侵渔。照理,我们应该有权为我国利益,反对日本的非法行动,现在为了他们得到靠山的支持,反转来用新式渔轮公开地越界在我国领海内捕鱼。不但妨害我国家的海权,而且直接影响到渔民生计。加上外鱼的输入,战前已经年达五千万元,目前仍有充斥市场,使鱼价不能与其他物价指数比例上升,而紧紧地扼住了渔民的命运。

还有是渔业商行的剥削。渔村的金融权完全操作在鱼行商和小资本家手里,渔民亦贫,无地耕种,只有从事渔业,但又缺乏生产资金,出海之先,只有忍痛向他们告贷,受尽剥削,终日呻吟于异乎寻常的高利贷及放船头等旧制度的压迫之下。据廿六年统计,浙江省直接从事生产的渔民不到十万,但间接靠渔为生的,即达二百九十万人以上,占全省总人口七分之一弱,几乎是每一个渔民要被二十九人寄生着,所受剥削之苦,可以想见。鱼行一般是渔户与贩□的中间人,操纵鱼价,剥削渔民,无论组织大小,均放"船头",或兼售渔需品,附带供给渔民的柴、菜、茹丝、烟、酒等生活品。所放的"船头"虽不取利息,供给渔民的渔需品或日用品虽是赊账,然凡接受"船头"的渔户,例须由该行过秤替卖或介绍交易,不得再托他行办理。佣金率普通是百分之五到百分之十,有仅取自卖方,有买卖双方都取的,归还放款通常是在鱼货中扣除的。这些鱼行因为是渔业的恣意操纵者,家产数百千万金者,习所常见,深居高堂华厦,奢侈浮逸,所谓"天有天堂,地有鱼行"。看来鱼行是多么富气。但是,这不知是聚敛了多少渔民的血汗,剥夺了多少渔民的生命的结果。我们不是常常听着渔民在哀痛地大喊着"本生利,利生息,连船带人一齐卖"的呼声吗?渔民被封建剥削关系束缚得不能一息动弹,又是多么悲惨!

加上一般税收机关和渔棍的敲索,也是不遗余力。据实业部二十一年度公布调查,仅上海一隅,渔船出入一次,解纳官署费用,多至八九种,其他鞭长莫及之处,更是苛重。现在虽说改善,也好不了许多。值百抽五的鱼税,名目繁多的地方经费负担,都转嫁到渔民身上。而沿海治安不靖,杀人越货,时有所闻。于是地方有力人士出来,公开出卖"片子",对渔民敲骨吸髓。水上警察本是保障水上安全的,然而,有许多渔会于护渔终了,假酬劳水警之名,又向渔民索取"护渔费"。另有一些有力分子,则更借安插抗战编余人员的名义,成立所谓"渔业合作社""繁殖公司"之类,实际上多是全不顾渔民生计,企图独占渔业的官僚组织。还有一些生产合作社、信用合作社等等,表面上说是由渔民组成,究其本实,多为土劣把持操纵,变为"活捉社"与"合借社"一类东西,对于渔民毫无裨益。此外土场方面并利用各种手段,以渔土合价二倍的黑市,向渔民放土,残酷非凡。似此重重剥削,无异处渔民于极刑,真为《打渔杀家》一剧扮演所不及。渔民在愤痛之极,也常用"抛大锚"一类惨杀手段来对付这些人。这固然是恶作剧,但所谓"物极必反",也是人情之常。

　　至于渔民的捕捞技术，是非常原始的。赤手空拳，和自然搏斗，渔汛期到了，邀集同伴，带着一批粮草，架上木船，携带网钓出海，披星戴月，餐风饮露，随处漂泊，凭着累积的一点经验，放网捞鱼。当风平浪静，海阔天空，荡漾水面，固也有人羡慕这是一超脱红尘的世外桃源，但遇"风高浪大，浪浪噬牙"的时候，怒海余生，除了泪眼天瞅而外，别无他法。不幸被巨潮吞没，立即丧生，家中老弱妻儿，眼巴巴地再也看不到他们回来了。在"守海吃海"的固有的封建传统观念下，渔民的遭遇艰险至极，真是无以自拔，所谓"可叹打渔郎，拿着四海种庄田，忽然狂风起，焚香烧纸告老天"。就这样听凭自然的安排。渔民间的帮口更紧，渔船出海，一无定所，同一渔场在同一时间内，你可以放网，我也可以放网，无专权可言，所以因此常常有着争执和打杀。这些不幸事件的发生，说来很是痛心。

　　他们打捞鲜鱼之外，也用盐制腌鲞鱼，但是渔盐的不时脱销，渔民蒙受不少损失。浙江近十余年来，为解决渔盐问题，办法迭更，起先研究变色，既而由渔业机关配放，后又仍划归盐务机关办理。在民国二十五年间，省当局盐务机关举办渔盐变色，曾激成岱山民变，场长破腹，盐场职员及民众因此死伤的五十余人。事变过了，渔盐问题至今还是得不到解决，这对于渔民也是一种不小的打击。

　　说到渔民的教育，亦复痛心。他们散居海边和沿海的岛屿上，自小至大，循环地过着"不知不识""顺帝之则"的浑浑噩噩的生活。渔村中除人口比较众多的镇集外，很难找到实施义务教育的机关，甚至连私塾也绝无仅有，直把渔民视为"化外之民"。成人们终日迫于生计，根本无暇受教，孩子们为了弥补一家生活费的不足，也每天在海边旁摸捉鱼类，冀图获得小利。所以没有教育机关的地方，渔民固然受不到教育，就是有教育机关的地方，渔民也无福受到教育。假如你劝他们入学，他们可以很直率地答复你："读书是重要的，但是吃饭问题比读书更重要呵！"我们固然不承认"富而后教"的理论，但也决不能劝导渔民饿了肚皮上学校去读书呀！何况渔民根本就没有受教育的机会和地方呢？

　　对于卫生，更谈不到。他们住的都是阴湿黑暗，充满着恶臭气味的小房子，一家数口，如坐地狱般地挤在一起，终日在疫病中辗转呻吟。迷信很深，信仰"天后娘娘"，每在"出海"或"谢洋"的时候，必须许愿和叩谢一次。生病了，也只求道拜神，既请不起医生，也吃不起药石，任听生命葬送在菩萨跟前。没有穿的,十几岁的孩子还多是赤身露体,成年人穿得也是褴褛不堪,并且还用洋□浸染,以防盐水浸蚀。渔闲时期,缺乏正当娱乐,沉溺在烟酒和嫖赌之中,常常将血汗换来的一点金钱,挥霍在无谓的场所。所谓"今朝有酒今朝醉",他们在重重压迫之下,跳不出火坑,所以一切归之天命,只要今日能活,就不计明天的存亡。这种可怜的意念,是何等惨痛!可是,这被上帝遗忘了的一群,又有谁来顾念呢?

今日,我们也常听到有人在喊:"渔民是海上的长城,是海洋经济的战斗员","渔业是一种生产事业,是一种由无生有的生产事业"。而渔业管理机关也高唱着改进渔业,联总也曾拨发了一批救济物资来救济渔民,可是,这在渔民究竟能真正得到多少实惠?又替渔民解除了多少痛苦?

(《宁波日报》1949 年 5 月 19 日、20 日)

六、困境与应对编

外人侵越领海渔业

浙东洋面产鱼颇丰,捕鱼为业者几及万户。近日忽在定海洋面发见外国捕鱼舰六七艘,船身蓝色,烟囱黑色,并不张挂旗帜,船上渔人皆系日本国人,在该处捕鱼者见之颇为惊异。日昨已由渔业柱首王宏志等呈由鄞县知事转呈民政长察核。查外人侵越渔业领海,不特有损小民生计,且与国家领海主权之关系非浅,未识民政长如何设法维持,保全民生国权也。

(《申报》1913 年 11 月 9 日)

鱼业公所反对日轮越界捕鱼

通告鱼贩勿再贩售

鱼业敦和公所,为日轮越界捕鱼,致菜场联合会函云,径启者,日本渔轮越界捕鱼,侵占我国海权,使我江浙数十万渔民,生机顿绝,是以敝同业声明,不售此等日商之鲜鱼,迄今一载,深恐义始利终,故于敝公所约束所不及者,业由总商会陈明官厅,严行交涉在案。昨接总商会函开,为日轮进沪二次,曾电请省署并转五省总司令派舰游弋,禁阻越界捕鱼,并令交涉使、海关等,不许此等日轮报关进口,摊户方面,嘱为函请贵会,严约各种鱼贩,勿售此鱼,庶得以保利权,而维渔民一线生计,不胜馨香祝祷之至。闻该会接函后,即通知各鱼贩,嗣后一律勿再贩售,以保利权云。

(《申报》1926 年 3 月 20 日)

日轮越界捕鱼谋抵制

江浙省正在谋商办法

鱼商呼请商帮协力抵制　海岸分巡防处亦有报告

浙海洋面近日有日本渔轮八艘,侵入网捕,由外海水警厅来厅长报告到省一节,已志昨报。兹闻沪商会得悉此事,以日本渔轮,越界侵权,有损国体,当电请陈省长设法提出抗议,以保国权。陈氏据报后,以日本人侵占渔权,范围既在江浙两省,非单独可以解决,爰特咨请浙省长夏超,会商抵制办法,现已在讨论之中,不日当有端倪云。又浙江鱼商公会报告,上海商帮公会略称,日船越界捕鱼,愈推愈广,渔民生计,岌岌堪虞。闻报载普陀山麓,有日本渔船强拉渔夫为之服役等事,殊深骇异。查沿海海权,在吾国范围之内,越界捕鱼,岂法所许,年来吾国渔业,一落千丈,甚至平日所需,大半仰给东邻,言之可慨。应即电请当道设法制止,从速交涉云。又驻沈家门全国海岸分巡防处巡艇,前日报告该分处云,日本渔轮越界捕鱼一事,有名利海、安澜、安达各渔船悬挂华旗,但系日本船式,闻系大安渔业公司雇置,其中有无影射情弊,如何办理,乞示祗遵。闻该分处已转报总处云。

(《时事公报》1926 年 6 月 5 日)

沿海渔业之救济策

调查为虎作伥之奸商

苏省抽派通济轮梭巡

江浙洋面因日人屡次侵入捕鱼,由渔业团体,电请两省当道设法抵抗各节,已迭志本报。兹闻渔业团体,以近来华商所组织之渔业公司,每为日人所利诱,以达其囊括我国渔业之谋,似此互相勾结,为虎作伥,欲使我国交涉抗战,举无所施,实较越界侵捕,尤为腹心之患。沪商会电请江浙当道先订划分界线派舰游弋之单行法令,实为目前治标之策,庶使数十万渔户生计,不至侵夺殆尽。一面又请浙江渔业会会长邬振磐,彻查最近各渔业公司内容,果有掺入外股及雇佣日人之弊混,即据实宣布,以引起国人注意渔业之危机,共同起而挽救云。又闻江苏孙、陈二长昨已会令驻沪海军司令部,抽派通济军舰一艘,驶往江浙洋面游弋。凡有外轮越界侵渔情事,即予检查,并即截获,解省核办云。

(《时事公报》1926 年 6 月 11 日)

敦和公所代表报告渔权要点

日人利用华人蒙混注册

敦和公所、江苏水产学校发起全国水产学校联合会,前日假一品香开官商联席会议,渔业派童君志楣参与,即席报告日本渔轮,利用我国人巧立名目蒙混注册,实深痛恨。现在因时势之变迁,而江浙两省,渔民捕鱼之法,习于旧惯,多不知应兴应革者。推其原因一为经济关系,二缺人才提倡,况水产众多,各地各有其特殊之情形。故无发展可能,然昔年自从南通张蓇老向德人赎回福海渔轮,提倡汽船捕鱼兼带护洋。不过旧式渔轮,至民国初有外侨英俄商渔轮两艘来华捕捞,到沪托敝同业代售。当时渔民恐慌,关系海权,由外交家伍廷芳先生出面交涉,且该轮都是雇用外人船主及技师、渔夫等,比较开销浩大,几月后就此停办。后吾商自办者,宁波有富浙、裕浙两艘,改用石油,完全造自本国。不料机力薄弱,所捕不敷开销。再后有旅沪甬商翁君,向英国购来渔轮一艘,取名海利,船质机力颇称坚佳,捕鱼亦比他轮为多。彼时翁君亦雇用英国船主及技师,结果亦只勉强敷衍。后改用本国人才,适翁君逝世,其渔轮转卖于敝同业,事事改革,件件从省,尚称获利。总之人才与机力,均有重要关系,以上不过铁壳拖网船之经过大略。自从去年,有日本发明木质手操网汽船到中国,虽近来所捕,俱是溜货为大宗,成绩尚称不恶。此种汽油渔轮,在日本发明甚早,闻该国政府渔民续在添加,将新船着手减去,所到吾国之船,均是旧劣不堪,来华暗托我国人,巧立公司名目,呈请官厅蒙混注册。而国人被其利所诱惑,不知丧辱国权。万一不注意,贻害渔民生计、鱼商营业,实匪浅鲜。若国人能发明渔轮,完全造自本国,第一要培植捕鱼渔夫,奖励发明的人才,虽在萌芽之时,由此种模范做去,将来溜网之渔民,亦可步步变迁改良,方可与日本渔业竞争,免得本国资本家灰心投资,可使日本渔船,不敢在吾国攘夺渔民生计,尚请大众扶助。全国水产学校联合会之缘起,种种关系国计民生,同业实为钦佩,预祝将来进步云云。

(《申报》1926 年 8 月 29 日)

日渔轮侵入江浙洋面

甬江鱼市日来已大起恐慌　各界电请蒋主席设法救济

庄崧甫电

立法委员兼导淮委员会副委员长庄崧甫氏,昨日过沪返奉化原籍,因见我国渔业,被日渔轮侵入,致起恐慌,特急电国府蒋主席,设法救济。原文如下:国民政府蒋主席钧鉴,崧近日返里,甬江鱼市,大起恐慌。因日本渔轮,侵入江浙所辖佘山浪岗海礁洋面,巨舰大网,竭泽而渔,所以我国渔民,自冬徂春,收入大减。而日本渔轮,则各满载以归。且日人利用我国内奸,冒充中国渔轮,悬挂国旗,变易船名。其运销时,则以船中中国人出面,上海方面鱼行,与之暗订合同,广为推销。如此侵略,不但海权丧失,而渔民生计,将决然断绝。查佘山浪岗海礁洋面,为我国东方大港,产鱼最旺之区。清明立夏间,尤为鱼汛最旺之期,江、浙、闽三省渔船,麇集于此,纷纷捞捕,无□数千余艘。海产收入,不下二千余万,关系国计民生,至重且巨。近年以来,我国渔业,已极凋疲,今又被日轮大肆蹂躏,若不急图挽救,百万渔民,将束手待毙。崧为民生计,为国家计,不得不电告左右,以维持渔民目前鱼汛旺期之生计。望即火速派舰多艘到地,保护渔民生计,借以保全,而领海主权,亦不致于丧失,国家幸甚,渔民幸甚,支电恐未详尽,特再电闻,庄崧甫微叩。又庄氏除电蒋主席外,并分电国民政府、实业部及江苏、浙江两省府,注意保护渔民,以维渔业而张国权云。

江浙渔民电

国民社云,日本渔轮,越界捕鱼,今年骤增至二百余艘。沿海数十万被压迫渔民,环请浙江沈家门鱼栈公所、鱼业公会,设法救济。昨该公会、公所等,联名具呈国民政府,赶派军舰保护,并呈中央常务委员会,督促实现。今录其呈国民政府文如下:呈为日本渔轮越界捕鱼,变本加厉,民不堪命,请求严重交涉制止,以保固定渔区,而维渔民生计事。窃日帝国主义者,制造最新式之捕鱼机,结队来华,越界捕鱼。始则以台湾、香港为根据地,侵略我沿海南部之渔业;继复以青岛、烟台为根据地,侵略我沿海北部之渔业,今乃变本加厉,深入腹地,以上海为销售之市场,横行于江浙洋面,实行侵略我沿海中部之渔业,断绝我数十万渔民之生计。迭经业鱼各界,请当局以外交手腕,严重交涉制止,并函上海市政府转饬鱼商,不买日鱼各在案。兹者江浙洋面,又届头水鱼汛,多数帆船渔民,类被摧残蹂躏。近日来曾请求设法救济者,纷至沓来,垂头丧气,状极堪怜。询得日本渔轮,从前不过三十余艘,今年骤增至二百余艘,悬挂我国国旗,雇用我国领江,在嵊山、海礁、佘山、鲫鱼山、洋安、将军帽等处,横冲直撞,极其蛮强,撕毁我渔具,儿戏我人命。结果,彼则满载而归,我则一无所获。按沈家门为中国第二鱼场,嵊山、佘山等处,本为固定渔业区域,若长任外轮肆意横行,不但已长鱼类,均被捞逐净尽,即各鱼类种子,亦将渐归绝灭。渔民束手,鱼场破产。彼帝国主义者对于渔业上整个经济侵略政策,遂因无抵抗而全部成功。公会、公所等,察日本渔轮,近尚不敢明冒不韪,特以保护之道未周,无知之愚民可欺,故得鱼目混珠,展施鬼蜮伎俩,证以虚悬我国国旗事,已无丝毫疑义。倘政府当局能予切实保护,多调军舰,梭巡洋面,对方知有戒备,势必遁逃匿迹。再查嵊山、海礁、佘山、洋安、将军帽、鲫鱼山等处,早经划为国定渔区,数十万渔民生计之所系。拟请上开各山洋面经纬线以内,明令禁止任何渔轮入内捕鱼,既可培养鱼类之滋长,尤可杜绝外轮之弊混。二水鱼汛,转瞬即届,时机迫于眉急,后患实有堪虞,不得已越级上诉,环请均府秉总理之遗教,为渔民谋解放,打倒帝国主义,严防经济侵略,赶于最短期间内,多调军舰,巡洋保护,一面明令禁止,永远不准任何渔轮在嵊山、佘山、将军帽、洋安、鲫鱼山洋面,捕捞鱼类。翘首待命,不胜惶悚迫切之至。谨呈国民政府主席蒋钧鉴。

(《申报》1931 年 4 月 8 日)

气候剧变中甬属沿海水陆损失数量惊人

甬属沿海水陆损失数量惊人

渔船陡遭飓风多弃网躲避

定海长涂港覆舟三十余艘　盐场漂没　稻米棉均受损害

本月十二日，天气炎热，下午三时许，天空骤起飓风，一时雷电交作，大雨倾盆，气候剧变，至十三日，始告风息雨止。此次风灾虽属暂时，而损失甚巨。兹将沿海调查所得，汇录如下：

鄞东沿海棉收减色

鄞东沿海一带，如咸祥、大嵩等处，本年由浙江省建设厅农业管理委员会，试种改良棉数千亩，以及该地土棉数万亩，正在发育长成之时，发现卷叶虫乘势蔓延，棉株枯萎，现正实熟放絮之际，又突遭巨风暴雨，打击棉铃，棉株亦多损伤仆地，其未成实之棉铃，经此巨风，即行干瘪，已熟棉则发霉腐烂。

风水之后谷粒湿烂

际此频年灾害，农村破产，咸祥一带，今岁早禾虽告全收，而晚禾、淮白、糯稻，除淮白已及成熟，而晚禾、糯稻适在开花结穗，经此巨风打击，禾杆倾覆水中，谷粒腐烂，而晚禾将来更多黑穗、白穗，收成势减大半。

象山港口渔舟惨祸

记者又往大嵩港沿港一带渔区查询，据渔民答称，此次风灾，突如其来，在半小时前，犹为晴朗波静之天时，万不料突变为巨风暴雨交作而来，一时海涛骤起，高可抑天，船身颠簸，事不可遏。大嵩港渔区原有渔船八十余艘，恐遭覆灭，多弃网舍碇，趋避小港，讵料船既启碇，随浪波逐，事不由人，有王辛法、朱阿法等捕船二艘，即被浪漂没。

行船失踪尚难调查

其余捕船，多不能驶进小港内趋避，只得随浪漂去，至记者发稿之际，尚无消息。至在外海捕船，亦不下三十余艘。汪洋大海，一叶扁舟，突遇巨风悍浪，更可酿成不测，至大嵩港沿岸，盐场之漂没，灰料之损失，更其少数耳。

定海覆舟三十余艘

定海长涂为天然优良渔港，建厅曾有辟作大渔港之议，现届秋汛，专捕黄鱼，又台帮北岸杜下桥等处渔船二百余对，相率过海至彼处捕捞。十二日下午该帮渔船，正在朵柱港工作之际，西北风乍起，以风起莫测，猝不及防，当时翻覆达三十余艘之多，幸船只栉比，落海渔人，稍事挣扎，即可攀船舷而出险。惟有一渔船伙子芳、子茂（姓均未详）等多人，先后爬起，一名小芳者，惨遭溺毙，尸首已于事后捞获。按定县地处悬海，每至夏秋之交飓风袭境时，损失不知凡几。日前飓风猝发，因不及避让而遇险之船只，据称不在少数，刻下尚无确实统计。

（《时事公报》1931 年 9 月 17 日）

日渔轮超越领海侵我渔权

佘山洋面，产鱼甚富，定邑渔船，一至小黄鱼汛，无不麇集于此，故每年鱼汛之臧否，一以佘山捕获多少为依归。四年前，日帝国主义者，渔轮由十余艘增至一百三四十艘，超越领海，肆意捕捞，本邑帆船被其撞沉者，不可数计，甚至被难渔民，爬上日轮求救，仍将渔民掀落海洋，其残忍盖有如此，嗣经渔民迭电实业部呼吁，由外交部提出严重抗议，稍形敛迹。近日渔业指导所发表消息，谓日轮侵渔，表面虽已趋消沉实则仍极活跃，第以市上抵制之声颇炽，为避免耳目计，乃由大连、青岛等处转运上海。国人以为无日渔轮进口，遂认为日轮之侵渔稍息，其实大谬不然也。昨有某商轮驾驶员来所报告，本月十五日于佘山北口东向约八九十里之处，发现大队日轮侵渔，目光所及，不下念

355

余艘,均系轮船拖网,且有无线电装置,其最接近之一艘,见有"布引丸"三字,烟囱之上节三分之一为黑色,下节三分之二为白色,上书"四〇"二字,盖号数也,另有英风丸一艘,一二五号。该驾驶员续云,此二轮均为日本株式会社所有,该社共有拖网渔轮四十八艘,专事在我领海内侵渔,且该社设有早稻水产研究所,包括渔洋研究,由熊田头四郎主其事,每年必来我国调查一次,野心勃勃,大欲全部夺取我国渔业也。大好宝藏,一任攫夺,可胜浩叹。又七月二十九日,尚有□州丸渔轮,亦在佘山东北约百里洋面侵渔,且见有登记号数九八八、九八九,且该轮亦为株式会社所有,握日本手操网渔业之最大威权,亦有拖网渔轮多艘云。

(《上海宁波日报》1933 年 9 月 4 日)

海寇横行　渔业破坏

蒋委员长令江浙省府转饬水警机关及海岸巡防局等妥拟海上联防剿捕办法
省府令民建两厅暨保安处切实办理具报

浙省府以奉军事委员会战字第三十七号训令内开,案据上海盐鱼业同业公会筹备会常务张志胜呈称,属会同业,均系营海上渔业,平时贷放渔款,资其放洋捕鱼,必至渔船进口,贷款始能归账,渔商渔民,依为同命。若渔村有荒落之虞,则渔市即有崩溃之患,濒年多故,海盗横行,苏浙沿岸,竟为逃逋渊薮,虽护洋非无渔轮,而缉捕亦有专司,总因兵非久练,官无常责,既狃玩于偷玩之习,又弄其绌智之巧,坐使瓮中之鱼鳖,化为海上之鲸鱼,骑轮劫舰,视为常事,貌兹渔户,讵有抵抗之理。数年以来,沿岸渔村,已日趋危境,而濒荒落,鱼市受此影响,实难勉强支持,惟有将海上缉捕机关,一律照例,由海军部直辖,然后遴选专员,统筹抚剿沿海各地,视形势之宜,分为若干警备区,酌配舰员陆上之窝顿处所,固应密为稽缉,海上之出没渊薮,亟需时为游弋,则海寇之凭借既穷,声援又绝,不过数月,自可肃清等情。查所称海盗猖獗,破坏渔业等语,自属事实。惟请将缉捕机关归并各节,与行政权限,尚属出入。除批候令江浙两省及海军部核办暨分令外,合行令仰该省府严饬所属水警或海上缉捕机关,与两省同等机关及海岸巡防局,妥拟江浙两省海上联防办法,认真剿捕,并仰具报,此令,等因。除先行呈复外,昨转令民、建两厅暨保安处等,即日切实遵照会同办理具报,以凭核转。

(《上海宁波日报》1934 年 3 月 30 日)

本省沿海渔业前途堪忧

日鱼倾销无所不至

本省沿海春季渔汛黄鱼、带鱼已过,乌贼渔汛将届,本季沿海渔业状况甚佳,洋面亦甚为安谧,尚无匪氛滋扰之事发生。惟鱼价跌落,营业状况不佳,较去年收入损失十分之一。渔船在沿海一带捕鱼者,仅有大对渔船千余只,尚有冰鲜船未在内,但以最近市价低落,因日本鱼充斥市面,倾销方法,无所不至,渔业前途殊堪危殆。据谙于渔业者谈,当局应与渔民共同组织捞鱼公司,主持其事,与外商竞争。

(《宁波民国日报》1934 年 4 月 30 日)

杭甬绍温定姚等中国银行行长　集议救济沿海渔民经济

集议救济沿海渔民经济
将在舟山群岛普设代办处经营放款
已推定海中行行长刘寄亭计划办理　金百顺等一行今晨返杭

杭州中国银行行长金百顺,以际此农村衰落,内地经济,竭蹶异常,同时全国资金集中都市,存积银行,此经济界之不景气的畸形发展,即形成内地贫者愈贫,银行存积,反无所用。金行长为复兴农村,发展业务,特于一星期前与陈南琴等一行由杭来甬,视察各地分行业务,于前日至普陀后,召集宁波中国银行行长阮葭仙,绍兴行长王槐新,余姚行长盛祖忻,海门行长尤守发,温州行长陈庭生,定海行长刘寄亭,各地分行行长数人,在定开会讨论救济浙东沿海一带渔村经济,并已商定进行方法,于昨日乘镇北轮返甬,下榻于江北岸大同旅馆。晚间记者访金君于旅邸,适金君有事与友人谈话,由余姚中国银行行长盛祖忻代见。据谈金行长以浙省中行存款有四五千万之巨,为发展业务并救济农村起见,于前星期由杭出发,至浙东一带视察。行长自至岱山后,觉岱山渔村经济,反较内地农村为佳,毫无受不景气影响。近中国银行在岱山设代理处,注意此民放款。查该批放款,对救济渔民,得益甚多,有五元以上价值之物品,既可作为抵押品,故此项放款,全赖信用。近金行长以此法对渔民殊为有利,已决定原则,拟在舟山群岛普设代理处,尽量发展业务,渔事全盘计划,已拟定海中国银行刘寄亭办理。又此种同性质之抵押放款事宜,去年间余姚产棉区周巷地方,本省为救济农村金融起见,特于九月间在该处设立农村物产仓库,俾该区农民于棉花等农作物收获后,于未买脱之前,暂时抵押,利息仅八厘。惟闻开办以来,成绩不佳,自去年九月至年底,仅营业万元左右,总计本行尚需亏本一千元。现为贯彻此旨起见,此后决仍积极实行。又金行长一行以视察已竣,拟明晨(即今日)乘早车返杭,同行之定海刘寄亭,将携温州陈庭生同赴温州视察,同来之杭襄理陈南琴已于日前代表金行长至温州、海门一带视察云。

(《宁波民国日报》1934 年 5 月 19 日)

沿海冰鲜业衰落之情形

因海盗横行为海外越界争夺者甚多

因农村崩溃给借资本营业范围缩小

本省冰鲜一业,为沿海各属唯一之产品,每届渔汛时期,装运沪、粤等处年达数百万元,所以沿海渔民之生活,亦可以维持过去。此渔民之所以安居乐业,与丰收之农村乡民,初无二致者也。近年以来,政府为欲改良冰鲜业及推广起见,设立水产学校,造就渔业人才,与日本渔业互相竞争,使冰鲜业争胜于海外,是亦为渔民争大利耳。况夫水产学校,办理多年,而捞鱼器具及捕鱼方法,虽能较渔民之推陈出新,无如未受教育之渔民,往往故步自封,墨守成法,致吾浙固有渔业,非但不能发展,且从此而逐渐衰败,为关心渔业者所可惜也。昨有客自温州来,谈及冰鲜业之近状,至为详尽,故录之以供阅者。客曰:予自去年侨民温州,沿海情形,已有数月调查,始得到渔业之真相。渔业中之所称极盛者,首推冰鲜业,然以利益论,贩运者与坐收者,到处皆是,足见其利可专,借此以致大富者,时有所闻。不过至于近数年间,内地制冰厂之设立,此业遂受其影响,然此尤其小者也。至海盗横行以来，凡具有大资本之渔民，不敢冒险营业，虽有外海水巡之保护，然以区域之大，有时顾彼失此，以致冰鲜业，为外越界争夺者甚多，所以销路虽大，而出产较少，此其衰落情形之一也。温、台、宁三属之沿海居民，大都以渔为业，每值渔汛时期，由资本家借给资本，从事于渔，而冰鲜业之借款，时间甚短，利息反重，渔民终以生计攸关，不得不借贷以图耳。然以现在之农村以观，经济崩溃，到处皆然，资本家亦大受其影响。所以放冰鲜业之款，范围缩小，亦以力量关系，放弃其权利者有之。况本届冰鲜，在温属方面，只有大洋一分五厘，可买一斤，故本届之蚀本者，实繁有徒，此其衰落之情形二也。以上两种，仅举其肇肇大者而言，至于衰落病因，不一而足。渔业局方面，如能设法救济，则吾国固有之渔业，庶可维持于不堕，然亦可以增进渔税不少云云。

（《宁波民国日报》1934 年 6 月 17 日）

外患内忧交相侵袭　浙海渔业濒于破产

渔汛期届日渔轮侵捞佘山洋

望远镜所及有日渔船十余艘

渔业代表电请制止嵊山征收临时鱼税

本省沿海之佘山洋面，产鱼类甚富，凡各帮渔民，每届渔汛，则数千百大小渔船，咸汇集于是，日则帆墙千列，夜则纵横数里之灯火，映于波浪之间，洵为奇观。故本届渔汛之盛否，视在佘山之获量为标准。数年前，日本渔轮，由十余艘增至一百五十余艘，超越领海，肆意捞捕，致渔船被冲击或撞沉者，不可数计，其有被难渔民，爬上日轮求援，而遭掀掷者，言之痛心。经渔业团体迭电实业部呼吁，咨请外交部，提出抗议，始稍敛迹。讵年来仍极形活跃，据沪渔业机关（消）息，日渔轮将所获之各种鱼类，仍由大连、青岛等处转运上海，复由沪分运各埠。日昨记者遇某商轮重要职员谈，离佘山之东北约九十海哩处，发现日渔轮多艘，望远镜所及，约有十余艘，拖网疾驶云云。查日本人物志，渔业手操网之最大权威者，如早稻水产研究所主任熊田头四郎，每年必来我国领海调查一次，故其侵夺渔权，实有计划步骤云。

电委员长制止渔税

鄞县渔会暨鄞东外海渔业合作社代表林雍敏、史锦纯、陈满生等,以崇明营业税处,迫令嵊山各渔栈代征渔业税,引起渔民反响,形势严重,昨电贵阳蒋委员长,迅即电令该处制止。电文云,贵阳蒋委员长钧鉴,渔民捕鱼海外,蒙批令专舰保护后,海盗绝迹,本届小黄鱼汛,得安心采捕。讵江苏崇明营业税征收处,突派员在渔船暂泊之嵊山岛,违法勒征渔税千分之五,请免被斥,渔业濒危,力难负担,群情惶惑,势将停渔。除向省府呼吁外,迫叩钧长,迅电该处制止,解百余万渔民倒悬之急,不胜盼祷。浙东渔民代表林雍敏、史锦纯、楼谷人、陈满生、何之贞、周开放、王岳雷、王定生、董太庸叩,谏。

分电院部维护渔业

南京监察院院长钧鉴:江苏崇明营业税征收处主任王起元,擅拟征收县属各岛渔业临时营业税办法,征及捕捞渔民,缴纳税费,显违中央豁免渔税维护渔业政令。嵊山分处主办员罗绍梅、襄办员洪莘农,尤敢强迫嵊山各渔栈,勒向渔民在惊涛骇浪中渔获物代价,扣征变相之渔税,并指使当地军警,施其恐吓手段,渔民愤激万分,势难遏止。除分电实财两部暨江苏省府,迅电制止外,该主任违法殃民,事实昭昭,谨请派员查劾,以清吏治,无任公德两感。鄞县渔会常务理事史仁航、鄞东外海渔业合作社常务理事史锦纯同叩(又分电江浙两省府及财政部文,理由略同,从略)。

(《时事公报》1935 年 4 月 19 日)

实业部调查日渔侵华

年约三千万

(京讯)实业部以日渔轮近年以来,侵入我沿海口岸,随意捕鱼,肆无忌惮,非惟有损渔权,即每年所受损失,为数亦属不赀。实部为补救起见,前曾派员分区调查,记者探悉前赴各区调查员,现已完竣,并制定一年来日渔轮侵渔船号输入数量,暨我国漏卮统计,兹特觅录如下:船名及输入数量,昭生丸一百八十担,鹗丸二千二百六十四担,大戎丸一千五百念担,平渔丸四千另七十九担,日新渔行八百三十担,刘藻丸一千二百担,于岛丸七百念八担,海洋丸二千八百担,前荣丸七百廿担,昭胜丸三百五十三担,共同株式会社七百廿担,统计一万二千一百五十三担,而我国漏卮受昭生丸等十二海洋渔侵权者,共计二千九百七十万另一千二百六十三元,倘长此以往,渔业前途,实不堪设想云。

(《宁波民国日报》1935 年 4 月 28 日)

沿海各县中行续举办小额放款

以期调剂渔民经济

浙省沿海各县渔民,年来因受种种影响,渔业收成不振,生计益形困难,故每遇渔汛时届,就地渔民,咸请当地银行,举办小额贷款,以资救济,本年如定海、临海等各县渔民,先后向当地中国银行,请求续办此项小额放款者,为数极多,当由该行分饬各该县支行或办事处,仍照往年成案,就各地信用较著之渔民,予以五百或一千元之放款,以期调剂渔民经营。

(《宁波民国日报》1935 年 5 月 25 日)

日渔轮侵占渔区

浙海佘山洋为小黄鱼产地,产量极富,堪称浙籍渔民之生命泉源。讵近来常有日渔轮侵入捕捞,渔民损失不赀。最近益变本加厉,竟在佘山洋之东北首,发现四条铁链之大浮筒一具,上书日本丸字样。推其用意,大约以该浮筒为界,禁止我渔民捞捕。事为该地土绅闻悉,以该日渔轮竟擅划海网地,影响中国渔业,特面请县长转呈省府,向日领提出抗议。

(《申报》1936 年 5 月 22 日)

浙江渔业衰落之原因

浙江东临东海,位置居北纬二十七度至三十二度之间,海岸线长一千七百余海里,为寒暖流所经,气燠适中,岛屿港湾,星罗棋布,为鱼类最适宜之环境。如舟山、长涂、衢山、岱山、沈家山、石浦、普陀、甸湾①、爵溪、海门、坎门等处。渔场之广大,面积约共十万海里,较陆地大四倍有余,未开辟者尚不计在内。其蕴藏之富,不可以数量计。沿海直接间接依恃捕捞为生者,数约三十万人左右,占全省人口七十六分之一强。渔汛每年按季节分为四期,一月至四月为春汛期(初旺期),重要鱼产有大小黄鱼、鳗鱼、鲤鱼之类;五月至六月为夏汛期(最盛期),重要鱼产有墨鱼、大小黄鱼、螟蜅、黑鱼之类;七月至八月为秋汛期(衰弱期),九月至十二月为冬汛期(次旺期),重要鱼产,如带鱼之类。渔船均系旧式航船,借人力、风力以行驶,无精确之调查统计,约数八万艘左右。种类大别有墨鱼船、张网船、大莆船、溜网船、高钓船、淡菜船、元蟹船、红头船、海山对、大小对、钓冬船等。所用渔具分钩、网二种,粗笨低劣,作业极者辛苦。每船丰收时可获鱼万斤至数十万斤,歉收可获数百斤至数千斤,平均约八千斤。每斤以一角计算,每船至多收益七八百元,共值不过五千万元左右。以作业人口计,每人每年分配不及百余元。倘与日本渔业比较,其微弱之程度,几无渔业之可言矣。

近年来微弱之渔业,复濒于破产。其较直接原因有五:(1)日渔侵略之积极;(2)黑暗势力之摧残;(3)销路推广之阻碍;(4)生产技术之堕落;(5)金融周转不灵。兹分析如下:

外渔侵略之积极

某国渔船恃强侵入我国领海,从事渔捞。其根据地分布南北各港,如大连、青岛、上海、浙江、香港、台湾等地,尤以浙海为重心。如南鱼山一带,为某国采网渔船出没最多之处。据调查仅上海方面,常泊有大渔轮五十六只之多。每届渔汛,即驶入浙海作业,横冲直闯,如入无人之境,喧宾夺主,不一而足。以我国

---

① 甸湾:三门湾外侧田湾。

溜网船所张之网,妨碍其行驶,竟有割弃其网于海者;或我国渔船行驶其左右,致开机枪射击加以驱逐,以致我浙渔民,转不能在我领海内作业,生计势将因以断绝,其侵略有如比者。更次,某国渔人挟有最新式之汽轮,以最新式之器具,最新式之技术,一网所捞之量,足抵我国渔船半年之所捞。收获既丰,设配完善,成本又贱,自得以最低廉之价格倾销于上海市场;或利用奸商渔痞之贪欲,饵以厚利,使直接在海上购买,公然运销各地,可见浙海渔业被摧残之一斑。

黑暗势力之摧残

海盗猖獗,渔船非集合大帮,或购买匪票,或完纳巨额护海税,不敢入渔,否则海盗杀掠之烈,报复之惨,有非笔墨所能形容者。次之,渔船每次入渔,除向匪购票,并缴纳护渔规费外,沿海一带,未经立案之渔公所,于每船归港时,例次抽取规费。各港埠渔痞,以具有黑暗势力,亦向各船抽取规费。倘渔船缺乏资本,除以高利向鱼行及冰鲜客家借贷外,尚须给与回扣。如冰鲜客家之放船头、咸鲜货行之放山本及鸟头票等,均照九九扣算。种种重利盘剥,渔民为黑暗势力或本身经济上弱点,惟有逆来顺受,无可如何。此外每船尚须完纳船舶牌照或各种捐款,其科纳之苛及敲剥之烈,均直接予渔民摧残,是黑暗势力之作祟也。

推广销路之阻碍

海产品运销各地,欲不腐败而保持其鲜味者,惟冰藏与盐腌两法。浙海一带之冰盐鲜船与制鲞业,虽历时甚久,而工作仍极幼稚。揆厥原因,盖一渔业上所用之盐,规定于一定时期,向盐廒购买。而盐廒借势力欺压,每将期限,不照定章,任意减短。渔民无知,不加辨察。逮至出渔,鱼未捕获,而盐已过期,成为私盐。其怯者,在将进港以前,往往忍痛弃海,以期免罚。其不知者,载回港内,一经查获,即受重罚。尤可痛者,渔船配盐之后,或因风浪,或因事故,尚未出港,而期限已过,横遭敲诈,以至倾家荡产者。故渔盐制度不改革,实为渔产制造销路之阻碍。其次,沿海渔业所用冰块,均为窖藏之天然冰,含质既不清洁,价格亦殊高昂,非每渔船所能多备,则渔船为防鱼类腐臭之法,惟利于急售。有此弱点，冰鲜客贩，则任意压低价格。如石浦夏汛黄鱼，每担价值不及一元，尚无人过问者，即因鱼类无法冰藏之故。更次之，渔产均由鱼行经手，鱼介之市况，鱼行得任意把持操纵。鱼行之目的，唯在营利。经营之数量，每不厌其多。虽明知到货太涌，一二日不能尽售，亦听其滞留，不肯代其转销远埠。渔民均为无产阶级，不能久待，即任其宰割，泛价售于行中。一转手间，彼仍善价即估。他若因销数不广，故贬鱼价，以吸收小贩，增加销数，而增多其佣金，以及称手私得鱼贩陋规，从中作弊等，各种敲诈，一般渔民，均因受行头钱之束缚，无可如何。

生产数量之减退

浙海渔业，近年来生产锐减。盖因一，生产技术之拙劣。从捕捞方法及渔具言，浙海渔船，所用者仅钩、网两种。钩又分勤钩、锹钩两种，勤钩每船用长绳一为总网，另以短绳较细者千余，支系于总网上，每丈距离五尺许。其端施网，又于支节上施浮子，俾随潮涨落，一鱼着钩，他钩亦随之即附集，令不能脱逃，惟用以捕大鱼。锹钩每船备网线五十阑，每阑配钩八十枚，放网时先以大锭抛入海底，将船扣定，然后将钩饵依次施放，每间三阑，用小锭扣住总数线，又用八斤重之沉石系于锭尾，使压沉海底，五十阑总线连接为一，各总线有无数施钩之短线，以诱鱼吞噬，此又一法也。网又分溜网、张网、托网、推网四种。溜网系网船首，随潮而溜，分轻重两种，轻者捕黄鱼、鳓鱼，重者捕鲨鱼、鲩鱼及蟹。张网种根海底，迎潮张网，分固定、流动两种。固定者有打桩船一种，流动者，有跳捕船、抛打船、大蒲船、串拖船等。拖网依山拖网，以捕墨鱼。推网傍岸推网，以捕小杂鱼。此皆渔船单独之作业。其合力作业者，为大小对，以两船各系网之下网所施长索之一端，网如仰笠。网口周围极大，约十分之七为上网，系浮子浮于水面。十分之三为下网，系石块沉于水中。两船分向前行，约数里，同时收起下网，至两船相遇后，再收上船，鱼乃收入网中。凡此种种，均属墨守旧法，顽固不化。故生产数量，年有退减。较之日渔，以最新式之渔具，如手操网及 UD 式轮船拖网者，其生产量之差，诚有天壤之别也。次之，近来渔业经济，既极涸竭，渔民胼手胝足尚难图得一饱。渔船之修理，渔具之添置均因经济支绌，无力购办，惟仍其腐败而已。又以船具破小关系，难当风涛之险，其作业范围限于内海，生产能力，殊为有限。即此微弱之生产，亦逐年递减矣。

金融周转不灵

每一渔船入渔，资本至少，亦需四五百元，此种负担能力，非一般渔民所能胜任，往往出诸高利贷（如放山本、放船头之类）。而近年来沿海各埠，金融涸竭，虽极高利贷，有时亦难借到。盖沿海一带，金融之中心，当推宁波。而宁波资金，则多流于上海，本地存现，尚不足以维市面，岂有余资，以周济渔民。又近年来海氛不靖，产销阻滞，渔业一落千丈，贷放渔民，极不安全，行商均不肯做借放。于是周转不灵，渔业遂濒于破产矣。

（《水产月刊》第 3 卷第 11 期，1936 年 11 月）

非常时期救济渔民办法

充实抗战力量　　调剂渔民生计
举办低利借贷　　维持沿海渔业

自抗战爆发后，我沿海各地，以防务关系，均禁止出口捕鱼，致渔民生计，大受影响。而敌海空军又不时滥肆袭击劫掠，渔民遭荼毒者，更不可胜计。我沿海渔民，为数不下百万，处目前环境下，均已不能出海作业，生活势将陷于绝境，且渔民均具有特殊技术，熟悉港海情形，如迫于生计或环境关系，受敌利用，不但减少抗敌力量，且贻后方隐忧，影响国防，至为重大，是以统筹救济，实属刻不容缓。我政府早已有鉴于此，业经拟定"非常时期救济渔民办法"一种，令颁各省市地方政府及有关机关团体切实施行。兹录其要点如下：一、渔民有左列情形之一，经查明确实，不能维持生活时，应由当地县市政府或省政府（或其他管理机关）临时筹款办理应急救济设施。㊀因国家防务关系，所营事业已被禁止经营者。㊁因避免敌军轰击劫掠，致不能作业者。㊂曾经敌军轰击或劫掠查明证实者。二、渔民因战事久长为环境被迫失业，或将不能继续维持原经营事业者，由中央各主管机关会同省市政府，督饬所属，分别妥筹持久性救济，办法如左(下):甲、政府为充实沿海区域抗敌力量,并调剂渔民生计起见,由军事委员会通饬沿海各地主管机关,迅将失业渔民,调查登记(分别壮丁、老弱妇孺、技能等)组织训练,使得参加各项可能之抗敌工作。乙、政府为维护沿海较可偏安区域之渔业,由军事委员会农产调整委员会会同各地方政府,指导组织合作社,举办非常时期渔民低利贷款,以维原业。丙、易受敌军压迫区域之渔民,由各关系机关,会同各省市政府,妥筹移垦办法,实施进行,以维生活。丁、由实业部抽送各省市富有特长渔业经验及躯体康健之渔民,指定各省沿江湖或其他适当地点,设置渔垦管理区,以备战后恢复沿海被敌军侵扰区域之统治,并保持固有渔场渔法渔具式样、渔船式样及养殖等方法(其经费拟请由军事委员会农产调整委员会拨发)。戊、侨外渔民及经营深海渔业各渔轮,在本国领海或邻近区域采捕,遭遇敌军轰击劫掠者,由中央政府商请友邦政府暂时准予变更渔业根据地及采捕之区域,以资救济,并资助其渔业工具等件。前项救济办法,除由中央主管部径派渔业有经验技术人员,赴香港、南洋群岛、安南、沿海渔业重要各地,调查渔业情况外,并指导侨民组织渔业公司,尽量收容上述失业渔民。己、沿海省县市政府,应随时查明失业渔民,凡有建筑公路塘堤开掘河流沟渠等工程时尽量雇用之,如有开矿及小工业之进行者,予以介绍及训练。

(《时事公报》1938 年 3 月 19 日)

浙省渔业备遭蹂躏

定海通讯,浙东舟山群岛,岛屿林立,星罗棋布,总计共达二百余个,其中六横、岱山、桃花、衢山、长涂、普陀等岛附近洋面产鱼尤丰,总计渔区面积共达二万八千八百海里,为我国一大渔场。

过去情形

舟山群岛每年渔船放洋大船约四千号,中船约五千号,小船约千余号,共计大中小渔船一万二千余号,除客渔外,本帮渔船约四千余号,每号船丰收时可获鱼数万斤至数十万斤,歉收时数千斤至数百斤不等,平均以八千斤计之,约可得鱼三千余万斤。查各船所得鱼以黄鱼(又名石首鱼)为最多,鳓鱼、鲨鱼、带鱼、墨鱼次之,通常价每斤自二分至二角不等,平均以七分计之,岁收计国币二百万元。

战后渔业

溯自抗战以还,舟山群岛位处国防最前线,日舰往来不绝,轻则劫夺渔民财物,重则毁舟杀人,种种惨剧,实非笔墨所能形容。渔民因慑于日舰之残暴,相率裹足,不敢出海捕捞。惟因迫于饥寒,乃只得冒险陆续放洋,近且海盗横行,大如王品雄、潘招财等股,人众枪齐,为害尤烈。即以本年二月份计,渔船遭劫者卅余艘,遭杀害者十四人,被掳无踪者卅余人。

损失调查

兹据浙江省建设厅渔业管理处最近统计,自抗战迄今,舟山群岛渔业直接损失,数值国币一四五九五〇元,渔民生命因乘船被日舰烧焚,致为放逐荒岛或投于海中而饿毙或淹死者,估计数一百五十余人,间接损失统计国币二〇六一三〇二元,总计损失国币二二〇七二三二元,而舟山群岛所产干制品如螟蜅鲞等,年值国币二百万元,迨广州沦陷,销路断绝,单此一项损失,亦达一百万元之巨。

(《申报》1939 年 3 月 21 日)

浙全省渔会反对日轮侵渔

电呈政府沉痛呼吁

麦帅准许日本渔轮,在我领海附近捕鱼二年,解决日本粮荒,现派代表分向农林、外交各部接洽中,此事有侵害我渔权、渔业前途、渔民生计,颇引各方注意。浙江全省渔会联合会,曾电行政院农林、外交两部,竭力表示反对,并通电全国渔业界,作同样之呼吁。该会理事长戴行悌、理事叶禄夫,将亲赴杭州、南京,向政府请愿,救济目前我国渔业之危机。兹将原电探录于下:(上略)我国领海渔场,战前为日人越界侵占,日渔轮入境,横冲直撞,滥事捕捞,如入无人之境。我沿海渔民,或船翻货沉,或网具冲破,直接间接,受其损失与残害者,不可数计,迫至抗战军兴,沿海渔民,受害尤烈,烧杀劫掠,备遭蹂躏,创钜痛深,经济已呈崩溃。现幸抗战胜利,我国海面日渔轮,乃告敛迹,海权至斯收回,而我渔民,从此亦得复获苏苏,正谋集资出渔,力图自强,以挽回数十年渔业之厄运。不期近据各报报道谓将有大批日本渔轮分发中国附近领海捕鱼,以期救济日本食粮之不足等语,消息传来,如雷袭耳,我这数十万渔胞,受此严重威胁,惶惶终日。查世界各国,各有渔权,自不容外人越界侵占。如今我国渔业,正届苏苏伊始之际,领海渔场,自不堪再为日渔轮所侵。本会责在复兴渔村,扶植渔业,为我沿海渔胞渔业前途计,此种越界侵渔,妨害我渔业市场之行为,自不容在我领海以内,再有发现,俾得确保海权,增加生产,国计民生两有裨益。

(《时事公报》1946 年 5 月 24 日)

联总拨巨款协助　振兴我沿海渔业

购买大批渔轮及修建鱼船　李象元抵甬等设水产罐头食物厂

(本报讯)行总简任技正李象元,偕联总罐头食物专家端纳(美籍),于昨日由杭抵甬,下榻大同旅馆。记者往访,据谈振兴渔业,关系国计民生甚巨,政府列为建国要纲之一,浙沈主席曾拟具详尽计划,以振我国渔业,业蒙中央采纳,及并由行总提请联总协助,经联总赞同,拨发三千七百万美元作为协助我国渔业振兴之用。该款用途经拟定:(一)向美购买渔轮约六百余艘,俾可至远洋捕鱼,现此项渔轮由美籍人员驾驶,已有三十艘到达檀香山,不日即可驶抵我国。将来该批美籍人员,均将留华担任训练捕鱼工作,由政府在沪设立学校,招考学生,使在校训练后,再随轮入海实习捕鱼。(二)建造一万艘木质渔船,使在近海捕鱼,至建造此项渔船木料,将由美运来。(三)修理我国在战时被毁之渔船。上述之渔轮渔船,将来由政府组织渔业公司贷与或赠与渔民捕鱼,俾达到发展民营渔业之宗旨,使我国鱼产增加,及渔民收入增多,生活改善。至此来任务,可分下述二点:(一)在宁波、定海二地拟设立水产罐头食物厂(是项机件每部值二万元,即可运华)及大规模冷藏厂,惟先决条件为该二地所产鱼类是否足敷应用,故须来甬、定两地先行调查。(二)至定海考查前次派来实地调查战时我国渔船损失状况之工作人员工作情形。(又讯)行总简任技正李象元,原籍广东,曾任中央及复旦教授多年,战时曾任农林部简任技正等职,襄助沈部长擘划甚多,为我国有数之水产专家。

(《时事公报》1946 年 6 月 28 日)

中日公海日轮捕鱼

我国派员监督见习　象渔会奉电选派一名报送

(三门湾社象山讯)象山县渔会,顷接全省渔会联合会,转奉农林部江浙区海洋渔业督导处电,以盟军最高统帅部,为减轻东亚粮荒,商请我国同意,准许日本渔轮约四十艘,在中日公海上由统帅严密监督下捕鱼,为期一年,规定每一渔轮上,由我国政府指派渔业技术视察人员一人至三人。除观察该渔船是否遵守条款外,并可见习捕鱼等技术,经该处指定象山县渔会选报合格人员一名。兹闻该县已选报对于渔业有研究兴趣之优秀青年王梅仙一名,听候集合云。

(《时事公报》1946 年 7 月 28 日)

浙海衰落渔业将有一线转机

(中央社杭州三日电)浙省沿海岸岛屿罗列,鱼产丰富,为全国三大渔市之一。战前渔船有一万一千余艘,渔获物年达两百余万担,渔民达四万八千余人,抗战后备受摧残,渔船渔获物均损失过半,渔民失业者一万六千人。本年渔汛又值暴风吹袭,渔民毫无所获。现浙省府已成立渔业局,决建沿海冷藏库,请求行总拨助新式渔船渔具,并请求政府派兵船维护海面治安,衰落之渔业,将有一线转机。

(《宁波日报》1946 年 10 月 4 日)

十亿渔货开始发放　水产协会派员监贷

浙江水产建设协会主持请领之十亿渔贷,业经四联总处议决,准于本月上旬,汇划宁温台农行。该会为防杜流弊起见,经第二次理监事会议议决:订定严密防制办法,分函宁温台农行支行照办。于发放时,并须通知该会派员会同审核监放。宁属方面,已派陈人宸、何之贞、饶用泌、杨福林、沈渔、程叔言、冯子康、吴贤阁等八人为监审特派员,指定以何之贞为召集人云。

(《时事公报》1947 年 1 月 10 日)

宁属渔贷即可发放

申请日期至四月底为限　合作社为第一放款对象

卅五年秋浙江建设厅及浙江水产建设协会所请十亿元渔贷案,延误秋汛,再误冬汛,春汛已届,各地渔民,如久旱之望云霓,终于上月由农民银行杭州分行与浙建设厅订立合约,并在宁波于昨日下午三时召开宁属六县合作主管、渔业团体、渔会、合作社代表谈话,计到奉化县府谢金章,镇海县府陈马琳,定海县府程宝益,鄞县县府汪殿章、张鉴,宁海县府李洁(汪代),象山县府陈右仁,省合作管理处叶枚,农行邵宗诜,三区专署石汝鑫,浙水建会代表沈渔,宁波鱼市场徐大权,鄞县各地渔业合作社代表忻葭苍、史锦纯、黄麟根、胡定心,渔业局李震涛、李吉来。主席饶用泌,主要议案探志如下:一、宁属各县渔贷应如何重行分配案。议决:核定定海一亿四千万元,奉化一亿二千五百万元,象山九千万元,鄞县七千万元,宁海五千五百万元,镇海二千万元。二、申请日期应如何限制案。议决:以三十六年四月底为限,倘因该地合作社及渔会组织不全或自动放弃者,则由渔业局酌情分配需要之单位。三、放款对象请决案。议决:合作社为第一对象,渔会为第二对象,并以转放直接从事渔业生产者为限。

(又讯)闻本埠农行宁属五亿元渔贷中,已到一亿六千万元,各地合作社贷放手续办理完竣,即可发放云。

(《宁波日报》1947 年 3 月 19 日)

大部渔业救济物资拨交渔管处利用

皮厅长晋京请示造船事宜

（宁波社上海讯）联合国善后救济总署，分配我国行总之渔业救济物资，已到达者有美式渔轮三十余艘，澳式渔轮四十余艘，冷藏箱廿余个，渔网廿余吨，网索八千盘，发动机数百具。该批物资大部分交与渔管处保管利用。闻又有渔艇三十余艘，由英国货船查尔明号载运来沪，约廿三日可到达，该项渔艇价值美金八十八万元。

（宁波社杭州讯）浙江省建设厅厅长皮作琼氏，前向行总请允拨给渔船木料一千吨、马力引擎五百部及渔具二百套、造船厂一所，已志前报。兹为商讨运输及制造经费贷款问题，已于廿一日晋京有所请示。

（又讯）浙江省渔业局局长饶用泌氏，亦携带详细造船计划，由甬转杭赴京，协助皮厅长进行造船及贷款事宜。

（《宁波日报》1947 年 3 月 23 日）

奉三千万渔贷分配办法确定

（春秋社讯）浙江省渔业局秘书沈志梅，于一日莅奉，二日下午三时在县府中正室召开奉化三千万渔贷评议会议，关于渔贷分配，决议以向渔业局登记船只为发放对象。奉化县计登记船只三百九十四艘，分大捕船每只十一万元，流网船每只七万五千元，桐照分会一百四十只，可得贷款一千五百四十万，虹溪分会七十八只，五百八十万，栖凤分会七十六只，八百七十五万元，合计三千万元，并闻三四日内各分会，携带钤章，向省银行奉化办事处具领，俾各渔户早得实惠云。

（《宁波日报》1947 年 4 月 5 日）

奉化渔贷实施贷放

（宁波社讯）前浙江水产建设协会，与省建设厅向农民银行商借渔贷十亿元，分发沿海各渔区，兹于昨日奉化渔会会同渔业合作社，向农行领得一万二千五百万元，计栖凤渔业生产合作社三千六百万元、桐礁渔业生产合作社六千四百万元，虹溪渔业生产合作社二千五百万元，上项贷款，于昨晨派队护送各渔村，分别转贷云。

（《宁波日报》1947 年 4 月 10 日）

行总修建浙渔船　准拨木材三千吨

（新潮社讯）行总为协助恢复本省渔业，修建渔船，前允拨给大量木材，旋经先行分配一千吨，顷省府复接渔业善后物资管理处来电，已准拨浙江区渔船木材三千吨（连前一千吨在内），已另函浙江分署，前往提运。关于是项木材之提运及今后之修建渔船工作，已由省府、浙江分署及渔管处三方面，各派代表一人，进行计划。其运达之造船地点，已定宁波、定海、永嘉三地。

（《时事公报》1947 年 6 月 23 日）

浙省冬汛渔贷决定续拨十亿

定海四亿　石浦坎门各二亿

（省讯）省渔业局以春汛渔贷十一亿一千万元（农行贷十亿元，省银行贷一亿一千万元）已陆续收回，即可告一结束。据该局春汛渔业登记统计，各类出渔渔船，已达一三八七四艘，较上年增加二○七七艘，鱼商轮一七一三艘，较上年增六四九艘，鱼行栈厂二八二○家，较上年增一○六家，从事生产渔民九二七六五人，较上年增加二一四一三人，渔获量亦照比例增加二百八十七万担，每斤以千元计，则生产价值在二千八百七十亿元以上，不得不归上年春汛渔贷救助之功。该局有鉴于斯，遂积极筹备本年秋冬汛渔贷，除拟定三十六年冬汛渔贷计划,并函请中国农民银行放货三亿元,复与浙江省银行接洽,现已函准贷放十亿元,计定海四亿,石浦、坎门各二亿,除定海因虾峙渔分会春汛渔贷尚未清结暂缓发放外,其余已开始发放,估计至少可增加渔获量六十三万担,每斤以二千元计,可增渔业生产价值约一千二百余亿元。

(《时事公报》1947 年 9 月 16 日)

宁波沿海渔民无力出洋捞捕

(本报宁波廿六日讯)春季渔汛已届,渔船除大对船已放洋外,其他大捕、溜网船等,即将捞捕。沿海渔民,近以物价狂涨,渔具工资随之增高,鱼网一顶须三千万元,船伙以米计薪,三月薪金,每人需米约计十石,每船五人即需米五十石,故只薪给一项,即需款一亿余元,再加各项渔具等,即需资本四五亿元。政府渔贷与鱼行贷款,为数有限,无济于事。本年春汛,渔民因乏资捞捕,大都无法出洋,浙省沿海渔船,必致大量减少,渔民生活,殊堪隐忧。

(《申报》1948 年 2 月 29 日)

沿海渔贷区业已划定

本年度浙省渔贷,沪合作金库已与中农行洽定,划镇海、宁海、鄞县南区、定海沈家门、六横、朱家尖等区,由宁波支库贷放,三门、临海划归宁波支库办理。台甬之间由宁波支库在临海海门设立工作站一所。温属永嘉、乐清、玉环三县,由永嘉分理处办理。

(《时事公报》1948 年 5 月 23 日)

浙省渔业物资分配办法审竣

建造渔船渔具百分比已决定

(省讯)各省渔业物资处理委员会联合会,十五日在沪举行成立大会,浙江区出席代表许蟠云,据悉关于□□分配渔业物资问题,在此次会议中可获决定。

又浙江区渔业物资处理办法,业经该会全部审查完竣,今后对渔业合作方面,据该会李星颉告称,决将合作制改为"硬脚制",即不分劳资,各其尽力,盈亏共负责任之经营方式,以免利益为不事生产之"经理"及理事会等所分蚀。兹录志该会分配办法如下:(一)本区物资之分配除依照善后事业委员会所颁各区处理渔业救济物资应行注意事项各规定外,以下列原则处理之:1.物资分配除奖励改良渔船之建造及供试验训练者外,均直接配给战时受损害之渔民。2.物资中凡适合于本区渔民需要者,分配原物,其不切实用或运费过高者,由本会换购适用物资或径以价款分配。3.渔船渔具之建造由本会指定地区督导渔民办理。4.关于改良船渔渔具之建造及试验训练事项由本会统一办理。5.受配物资经营渔业时,每汛应提取改良渔业及普通救济准备金。(二)物资分配以实施硬脚制为对象。(三)物资分配以县为单位,全省各县之百分比依各区渔民损失查报数及渔业重要性酌定之。(四)全省各县分配百分比确定后,由本会通知各县推代表一至三人携同县府证书来会提领物资。(五)本区渔船建造规定百分比:1.对网船建造规定占百分之八十。2.张网船占百分之十,运输船占百分之十。(六)本会□试验改良渔业及训练渔民得与渔业管理及学术机构、渔民团体合组渔业训练机构,办法另订。(中央社)

(《宁波日报》1948 年 10 月 17 日)

渔业救济物资决定利用原则

建造渔船渔具集团生产　划分实施区并建立系统

建设厅对渔业救济物资之运用,有详细之规定,顷已通令各渔区县份指示如下:一、利用原则:(一)各区受配渔业救济物资,依据核定浙江区渔业救济物资处理办法分别建造渔船、渔具,指导渔民利用合作方式集体运用;(二)各区分别建造改良母船,装置无线电等项设备,担任暴风警报灾难救护,以及探索鱼群工作并参加生产;(三)试验训练渔船,除作为指导船外,应密切与渔业生产合作社联系,并参与集体生产工作。二、划分实施渔区:(一)海洋渔业区。甲、宁属区(包括鄞、镇海、宁海、象山、定海等六县)。乙、台属区(包括三门、临海、黄岩、温岭等四县)。丙、温属区(包括永嘉、玉环、乐清、瑞安、平阳等五县)。(二)淡水渔业区。甲、浙西区（包括吴兴、长兴、德清、杭县、余杭、海盐、平湖等县）。乙、钱江区（包括上虞、诸暨、富阳、桐庐、建德、□□武康等八县）。三、建立组织系统：（一）组织渔业生产合作社，指导渔民，分别组织地区渔业生产单位合作社，集团生产，共同运销，并设县联合社及区联合社，联系经营，以扩大生产效率，增加经营经济；（二）组织合作加工厂，依照地区情形及事实需要，指导各级合作社设置合作加工厂，注重鱼类盐干品、罐藏品之制造，以保持渔产品质，开拓运销市场；（三）设置鱼市场，扩充并增设海门、温州渔产集散地鱼市场，并附设冷藏库以平衡鱼类产销，提高渔民收益。（四）组织定海信用合作社，各重要渔区设置渔业信用合作社，以融通渔业资金，扶助渔业生产。四、制定劳资合作方式：（一）渔业合作社之生产工具、渔船渔具为全体社员所公有，由合作社管理共同利用；（二）渔业合作社采集团生产方式，由全体社员参加劳动，并得雇用技术人员；（三）渔业合作社之资金，除由社员□集股金及累积社有资金外，并得另行募集生合基金，其办法依照中央颁行合作农场、合作工厂推进办法详定之；（四）渔业合作社之盈余参照合作农场、合作工厂推进办法分别规定工具、劳动（分普通劳动、特殊劳动）及资金应分配之标准。五、设置指导机构。

（《宁波日报》1949 年 3 月 30 日）

运用渔救物资　省饬组织合作社

浙省渔业救济物资，业于本月十五日分配与各渔区县份。省建设厅顷规定下列三点，通令各该县遵行：（一）各渔区必须组织合作社，以接受此项渔业物资转行分配各渔民；（二）凡在战时遭受损失之渔民，有优先分配权；（三）渔业物资中，如有不适就地需用时，在未经省府核准前不得转卖。

（《宁波日报》1949 年 3 月 30 日）

附录 本书主要征引报刊

1.《申报》

2.《时事公报》

3.《四明日报》

4.《宁波民国日报》

5.《宁波商报》

6.《宁波日报》

7.《上海宁波日报》

8.《新闻报》

9.《东方杂志》

10.《宁波旅沪同乡会月刊》

11.《浙江省建设月刊》

12.《工商新闻(南京)》

13.《宁绍新报》

14.《宁波白话报》

15.《水产月刊》

16.《上海宁波周报》

17.《浙江经济月刊》

18.《宁波旅沪同乡会会刊》

19.《宁波同乡》

20.《河北农矿公报》

后　记

地处东海之滨的宁波海洋资源丰富，渔业历史悠久，至少清末以来，宁波一地渔帮组织与渔业团体活跃，渔业生产与加工业发达，并开始艰难而深刻的近代转型，成为发展中国海洋渔业生产与销售的重要地区。相关行业更是成为地方经济的重要支柱产业，也是在外创业谋生的宁波商帮重要的行业领域。由此形成的宁波渔文化无疑是宁波地域文化的重要组成部分，并在很大程度上反映了宁波人的性格与生活方式，其冒险犯难、勇于开拓的创业精神和注重合作与团体的团队意识更是当代宁波精神的重要源头。但由于相关文献的缺乏，我们难觅其详，而清末以来尤其是民国时期问世的各地报刊特别是宁波本地报刊对此多有报道与记载。当然报刊记载有着不系统、不连贯的缺憾，并且相关报刊的残缺使这一局限更为明显。正因如此，这些不多的报刊史料更显珍贵，而且这一似乎并不系统的历史碎片使今天的我们得以触摸近代宁波海洋渔业的真实面相与历史场景。同时报刊报道与记载还具有较强的可读性，较之一般史料具有亲和力与影响力。显然，收集与整理这些资料，对于我们深入了解宁波渔业的历史，更好地挖掘与传承宁波渔文化乃至建设当代宁波海洋文化，都具有独特的价值与意义。鉴于此，我们组织力量编纂了《近代宁波海洋渔业史料辑录》一书。

本书在整理编纂过程中，得到了上海图书馆、浙江图书馆、宁波图书馆、宁波大学图书馆、宁波市档案馆等单位的支持与帮助；书稿整理阶段，本会工作人员周萱羽做了大量工作，在此均表示诚挚的谢意。

需要说明的是，由于相关报刊的散佚，本书存在着不少缺憾之处，加之受时间与水平的限制，也有不少遗漏乃至差错之处。凡此，敬请读者诸君批评指正。

宁波渔文化促进会

2022 年 6 月